历史学堂

新反智时代

[美] 苏珊 · 雅各比 ———— 著
曹聿非 ———— 译

上海译文出版社

献给艾伦·阿舍

如果一个国家指望无知且自由，在文明状态下，这个指望是过去和将来都不会发生的事。

——托马斯·杰斐逊，1816年

目 录

序言

打了鸡血的反智主义

写出一部能为未来数十年乃至数百年的种种洞见奠定基础的著作，是每一位历史学家的梦想，在谎言遍布的文化中尤其如此。理查德·霍夫施塔特的《美国的反智主义》就是这样一部作品，它出版于1963年初，恰逢麦卡锡时代和1960年代末的社会动荡之间充满希望的交会点。“昔日自由社会的主要美德之一，”霍夫施塔特以伤感却又谨慎乐观的态度总结道，“是让智识生活中如此多样的风格成为可能——人们可以发现，有些人以热情和叛逆著称，有些人则优雅华丽或朴实内敛、或聪敏复杂、或耐心睿智，还有些人敏于观察、颇能忍耐。重要的是开明与宽容，这是理解各种卓越所需要具备的，即使对于一个相当狭隘的社会而言亦是如此……诚然，选择的路径可能正在关闭，非黑即白的头脑简单之人将主宰未来的文化。这是有可能的；但是，只要一个人将意志的砝码置于历史的天平之上，他就会相信事实并非如此。”

45年之前，还是大学生的我初次读到这番话时便被它打动了，并且我现在仍然心有戚戚。向霍夫施塔特致敬，是我在千禧年之后不久开始写这本《新反智时代》的动机之一，在我尚且年轻，荒废的时光尚可弥补之时，他的书将我从习惯性的智识惰性中唤醒，改变了我的人生。本书的大部分研究工作完成于2001年9月11日的恐怖袭击和2008年总统大选初期之间。我当时（像其他很多历史学者和记者一样）以为，乔治·W. 布什的8年总统任期是现代美国政治生活中反智主义和反理性主义的巅峰。

2008年冬，本书的精装本刚刚由万神殿出版社出版，当时，为了争夺民主党总统候选人提名，名字怪怪的年轻参议员巴拉克·侯赛因·奥巴马和年长些的参议员希拉里·罗德姆·克林顿正在新罕布什尔州的雪地里艰难跋涉。我将理性和对知识的尊重视为担任总统的重要条件，因此，我认为，不论是奥巴马还是希拉里，都要好过布什。但是，我并不觉得有理由修改上一版序言中偏于悲观的论调——我当时指出："很难抑制住这样一种担忧，即美国历史的天平已经严重偏离了充满生机、丰富多彩、对民主制度的正常运转至关重要的智识生活。"在我看来，我从布什政府身上看到的反智倾向，与其说是布什个人缺陷的体现，不如说是反映了一种更普遍的进程，也就是1970年代以来美国文化中等而下之的愚蠢。"在过去40年里，"我写道，"一种新的浑浑噩噩的反理性主义大大强化了美国特有的反智倾向，这种新的反理性主义与由视频图像和无休止的噪声构成的无知的流行文化互为表里……不但与这个国家18世纪启蒙理性的遗产背道而驰，也有悖于现代科学知识，由此掀起的反智主义大潮对美国文化和政治为害甚大，远超以往的反智潮流。确实，盛行的反理性主义而今已经成了反智主义的同义词。"

在写作时，我总是担心自己听上去像个惧怕技术的老古板。现在看来，那段话更像是一种小心翼翼的保守描述，而不是反对进步的哀叹。十年前，很少有学者与媒体人士像我一样担心技术，特别是互联网对公众注意力和整体知识水平的影响（尽管也有雪莉·特克尔和尼古拉斯·卡尔等值得一提的例外)。当我提到我们对图像而非文字的依赖日益加深时，我想到的是YouTube、电子游戏和网站上信息的图形式简化。数字技术推动的语言贫乏，因手机短信和发推行为而加速，但由此产生的文化影响尚未扩大到社会的各个层面。社交媒介在2008年的影响力远不及今日——尤其是在新闻的传播和验证方面。如今意义上的“假新闻”① 一词，那时还没造出来。我在书里甚至都没有提到推特，它于2006年成立，当时拥有约100万用户（到了2016年已经超过了3.17亿）。推特问世之初，很多40多岁的人认为它是个只适合年轻人的媒介。毕竟，哪有成熟的人会想把交流限制在140个字符之内呢？我相信，假如我在2008年想象着未来的总统候选人或总统所中意的交流模式是半夜发推，而且那140个字里有很多“骗人”“错误”“悲哀”之类的词，后面还跟着感叹号，我一定会被严肃的评论家们嘲笑。

然而，在2015年夏天，当唐纳德·J. 特朗普乘坐那架现在颇为有名的自动扶梯走向特朗普大厦大堂，宣布参与共和党总统候选人提名的竞争时，我并没有感到多么意外。也许他在某些傲慢的纽约理发师眼里不过是个“大橙子”，但我一直认为他有机会赢得共和党的提名。在他真的征服了共和党阵营之后，我也认为他有机会在大选中击败卷土重来的希拉里·克林顿——尽管作为一个一直认为自己是自由派的人，我对这种带有焦虑的预感并不感到高兴。我在纽约和华盛顿的朋友大多是记者和作家，他们一直告诉我说我疯了。随着大选走向尾声，他们中的一些人（暂时）不再跟我说话，特朗普战胜希拉里的可能性

① fake news，2016年美国总统大选中，大量假新闻通过社交网络传播，根据Buzzfeed网站的统计，在总统竞选活动的最后三个月里，Facebook上前20篇与竞选有关的虚假文章中，有17篇是反希拉里或亲特朗普的。就任总统后，特朗普频繁使用“假新闻”一词指代传统媒体。——译者

让我过度紧张，我不能责怪他们因此而回避与我交往。诚然，他们会说，2016 年前后的美国文化并没有构成一个新的启蒙时代，但美国人还没愚蠢到选出一个拒绝听取国家情报简报、宣称气候变化可能是中国设下的骗局、故意做出手臂痉挛的动作嘲笑一名残疾记者的候选人。(那位记者是《纽约时报》的谢尔盖·考瓦里斯基［Serge Kovaleski］，他曾质疑特朗普关于新泽西州的穆斯林在双子塔因恐怖袭击倒塌之时集会欢庆的说法，引得这位候选人大怒。特朗普说，他真的在电视上看过这一事件的视频片段——这样的视频并不存在，因为根本所谓的庆祝活动从没发生过。)

我之所以一直很重视特朗普，是因为我重读霍夫施塔特以及为写书而做的研究让我把特朗普这位反智候选人视为一种一望便知的典型人物，而非难得一见的怪人。当他宣布他立志要把他对个人品牌的管理变作对美国品牌的管理时，霍夫施塔特的告诫在我脑中萦绕许久，他让我们警惕“选择的路径可能正在关闭，非黑即白的头脑简单之人将主宰未来的文化”。在内华达州共和党初选中赢得了57%的高中（或以下）学历者的选票之后，特朗普宣称：“我爱受教育程度低的人。”美国梦的基石，从来都是为受教育程度低的人提供接受更好教育的机会——而不是爱他们。矛盾的是，交不起大学学费可能是如今很多蓝领工人中反智主义死灰复燃的最重要因素之一。从表面上看，这似乎是个悖论，但美国人对子女青出于蓝的期待——这几乎是一种与生俱来的权利——总是与“受多少教育算是太多”的矛盾心理共存。父母并不希望子女受太高的教育，以至于完全脱离上一辈的世界。因此，工人阶级的父母有可能一边因为知识分子享有特权（或者他们想当然地认为知识分子享有特权）的文化偏见而心怀厌恶，一边又希望自己的孩子有机会跻身特权阶层

（哪怕他们更希望孩子通过大学教育当上医生或高管，而不是成为教授或媒体人）。特朗普有着准确击中他人痛处的本能，在谈到自己对受教育程度低的人的爱时，他意识到了这种矛盾心理。

主流媒体低估特朗普获胜的机会并不是因为个人敌意或不诚实，就像特朗普总统似乎依然相信的那样，而是因为新闻界未能理解使特朗普的意外上位成为可能的社会环境。同样，特朗普就职之后，许多媒体还是不明白，他的支持者最初为什么对调查竞选活动和白宫与俄罗斯的关系等重大政治事态发展漠不关心。甚至在特朗普和其他国家的往来受到进一步审查之后，很多美国人对世界其他地方的漠不关心，使人们的注意力集中在总统的个性，而不是他的政策上。随着人们开始猜测特朗普会被弹劾（在我写此文时，这种猜测更像是一种极左的幻想，而不是近在眼前的可能），媒体继续强调他的个人怪癖和他的责任，而不是投票给他的人的责任。关于特朗普政府的缺点，很多主流媒体做了相当出色的调查，但并未探究一种文化的反理性主义，而这种文化不仅使他能够成事，还将继续把机会赋予他这样的人——不论他的总统之职会有怎样的命运。

由于互联网具有让全世界观念相似的人们联合起来的突出能力，与社交媒介相关的文化孤立呈几何级发展，但主流记者对此的认知尤为迟钝。问题在于“观念相似”这个定语。如果人们只听那些同意他们观点之人的话，那么他们便会相信听到的一切，并强化自己的偏见。眼界狭隘和反智主义总是密切相关，而社交媒介却拥有一种全新的能力，能在瞬间跨越辽阔的地域形成即时的狭隘社群。电视和报纸记者经常把特朗普称作“前所未有”的候选人，但真正前所未有的，是特朗普每天 24 小时都在使用一种刻意截短了的交流工具——非常容易吸引非理性的人。依照定义，推特 140 个字符的格式是反智的，因为这么点空间只够张贴标语。它相当于美剧《广告狂人》（*Mad Men*）时代的那些广告杰作在现代的重现——“云斯顿，香烟该有的好味道”或者“她……还是不是她？只有她的美发师才知道”。区别在于，大部分人知道当年的广告语是广告，而很多人却把一位危险的总统候选人发布的推文当成事实。或者，用特立独行的总统顾问凯利安妮·康威（Kellyanne Conway）的话说，是“另类事实”。特朗普就职典礼的次日，康威在美国全国广播公司（NBC）的《会见媒体》（*Meet the Press*）节目中露面，为她的老板攻击“不诚实”的媒体故意漏报就职典礼人数的说法进行辩护。特朗普声称，在他发表就职演说时，人群一直排到了华盛顿纪念碑，可从当时大量的航拍照片上看，差不多有三分之一的场地是空的。没有什么比在一个经常测量的公共空间中的人数更容易验证或得出更可靠的证据了。也许特朗普希望见到人群一路排到华盛顿纪念碑，但希望并非事实。甚至连另类事实都算不上。

我不能以文化保守派自称，因为这个词在1980年代被宗教右翼盗用，经媒体广泛传播，现在常常用来描述那种满脑子想的都是美国跨性别者使用洗手间等问题的人（他们恐怕已经愚蠢到忘记常识的地步，不知道锁上厕所隔间的门就不会有人看见他们的生殖器长什么样）。不过，我确实认为自己是个文化保护主义者，按照字典上的严格定义讲，我致力于保护文化免受“破坏性影响、自然衰退与滥用，保护其存在、活力、健康与健全等”。

霍夫施塔特对美国反智主义的考察，是文化保护主义的典范，出现在这个国家对第二次世界大战后与“美式和平”① 有关的一大

① Pax Americana，是指从二战结束开始，在美国主导的整个地区持续的相对和平稳定的时期。——译者

堆自鸣得意的虔诚进行更为批判性的审视的时候。在约翰·F. 肯尼迪当选总统到遇刺的三年间，大多数美国人中产生了相当大的乐观情绪，但没有哪个群体比知识界更有理由抱有希望。在 1940 年代末和 1950 年代初，知识分子已经习惯了一种政治气候，这种政治气候把学术和学术兴趣等同于共产主义和社会主义倾向，或者至少对那些同情左翼之人抱有危险的宽容。“书呆子们”就算没有被说成是潜在的叛徒，往往也会被斥为无能之辈。1954 年，德怀特·D. 艾森豪威尔总统在一场共和党募款活动上发表讲话，说知识分子“这种人，说的比该说的多，讲的比知道的多”。

1957 年，苏联成功发射了斯普特尼克卫星，让美国颜面扫地，美国人这时才恍然大悟，知识分子也许还真有点实在的价值。但是，公众的注意力和金钱在很大程度上留给了科学探索——这对于国防和炫耀的资本具有明显的意义。投身于没有显著实惠目的的学术与思想的知识分子，在大众眼中几乎毫无声望与地位。

当我在 1970 年代初搬到纽约时，我遇见的一些知识分子让我十分惊讶，他们在 1950 年代曾经真心相信阿德莱·史蒂文森①能击败艾森豪威尔当选总统——这是一种一厢情愿的误判，确实体现出了他们与美国腹地的普通美国人之间的心理距离和社会距离。我的父母、祖父母和他们的大部分朋友都曾投票给富兰克林·罗斯福和哈里·杜鲁门，但关于史蒂文森，在芝加哥南边一个蓝领小镇上长大的我只听到过人们说他太像个书呆子了，完全不理解普通人和他们的问题。在史蒂文森的知识分子圈子里，文雅的言辞是个突出的优点，但在我童年世界中的大部分成人眼里却是一种负担。我的祖母

① 美国政治家，以辩论技巧闻名。1952 年和 1956 年两次作为民主党总统候选人参选，均败于艾森豪威尔。——译者

在99岁去世前，颇以一生从未投票给共和党人为傲，只有回忆起大萧条和她深爱的罗斯福，她才能克服对史蒂文森话中的语法和高深词汇的反感。“阿德莱跟人说话是居高临下的，”她回忆道，“而且不平易近人。艾克就很亲民，我喜欢他，但是到最后，想想是哪个党给了我们社会保障，哪个党对挨饿的老人不管不顾，我就是没法让自己投票给共和党。”

相比之下，肯尼迪巧妙地完成了一项壮举，展示了他的智慧和才学——他的说话方式和史蒂文森一样优雅博学——却又没被大众视为傲慢的知识分子。公众是对的：如果借用霍夫施塔特的定义，知识分子“在某种意义上是为思想而活的人——这意味着他有一种献身于思想生活的感觉，很像一种宗教信仰”，那么肯尼迪不是知识分子。按照这个严苛的标准，古今各国的政治家鲜少能有资格称为知识分子。美国建国一代最突出的特点之一，就是其中有那么多真正的知识分子（尽管18世纪时还没有这个词）在发挥他们的影响力。在撰写《独立宣言》和《宪法》以及在这个共和国形成的几十年中领导它的政治家当中，拥有非凡学识和才智的人比例极高。他们忠于启蒙运动的价值观，认为自己作为思想家和公共舞台上的演员的角色之间并无冲突：开国元勋们可能会对其随后的发展感到惊讶，莱昂内尔·特里林在1942年将其描述为“美国人长期以来形成的信念，即在现实与思想之间存在着对立，而人们必须加入现实的一方”。①

肯尼迪经常演讲和撰文（早在他成为总统之前就已经在那样做了），论及美国社会需要放弃它那种狭隘的思想和行动之间不可避免

① 这一演讲最初发表于哥伦比亚大学，1950年被收入特里林颇具影响力的文集《自由主义的想象》（*The Liberal Imagination*）中。

的分裂的 20 世纪形象，回归那种认为学问和哲学偏好被认为能够提升政治领导力的 18 世纪模式。肯尼迪政府的一系列任命便是这种理念的反映，在填补政府重要职位的时候，肯尼迪聘请了大批知名学者，这一点充分证明，有思想的男性（而不是女性）会让他颇感安心。新总统请来了约翰·肯尼斯·加尔布雷斯①、理查德·诺伊施塔特②、理查德·古德温③、小亚瑟·施莱辛格④和沃尔特·海勒⑤这些无可否认的“学究”，这些知识大大提升了公众对知识界的尊重，知识分子自己有时也会对新出现的权力可能性以及随之而来的物质回报感到既满足又内疚。

在这个文化均势的时刻，霍夫施塔特的《美国的反智主义》出版了。从某种重要意义上说，这本书在很大程度上是麦卡锡时代的产物。对于反智主义和诉诸司法的反共主义在战后的激烈合流，霍夫施塔特决心在美国文化倾向的更广阔的长期背景下进行审视，而这种文化倾向在第一批清教徒移民抵达普利茅斯岩之后不久便显露出来。“我们的反智主义，事实上比我们的民族认同更加古老，而且有着深远的历史背景，”霍夫施塔特指出，“对这一背景的研究表明，在美国，对知识分子的关注并未稳步下降，也没有在最近陡然下降，而是受到周期性波动的影响；研究也表明，知识分子在我们这个时代所遭受的怨恨并不是他们地位下降的表现，反而是其越来越重要的表现。”照此看来，美国的反智主义体现了美国在宗教和教育方面

① 美国经济学家，新制度学派的领军人物。—— 译者
② 哈佛大学政治学者，把历史学应用于美国外交政策方面卓有成效的倡导者。 —— 译者
③ 美国经济学家，1967 年在剑桥大学任教时提出了名为“古德温模型”的宏观经济理论。—— 译者
④ 美国著名历史学家和政治评论家。—— 译者
⑤ 美国经济学家。—— 译者

民主冲动的另一面。基要主义①宗教，建立在人与上帝之间的个人关系的信仰和对正统教会等级制度的抵制之上，也拒斥与智识主义——包括很多早期清教徒神职人员的宗教智识主义——长期相关的现代化和世俗化趋势。教育的民主化，自19世纪末以来让高中生的数量大大增加，又在20世纪推高了大学入学率，不可避免地让一些社会中普遍存在的较为严苛的教育标准宽松了下来，在这些社会中只有极少数学生注定能接受基础阅读、写作和算术之外的教学。最后，对于没有家世背景或正规教育所赋予的优势可依仗，靠自己的智慧和勤勉取得成功的白手起家者，美国人总是将他们理想化，不能轻易地对那些毕生致力于教育和学习的人给予尊重。

讽刺的是，直到20世纪中叶，对专业教育工作者的诋毁方才真正开始成风，当时，大学学位第一次成为成功必备的通行证，不仅在法律和医学等专业领域，而且在商业世界的许多领域，而商业世界一度被视为白手起家者的天地。在18世纪和19世纪的美国人看来，“有能者做事，无能者教书”这样的谚语颇为荒谬，在当时美国新开拓的边疆社区中，延聘教师是文明的两个基本标志之一（另一个是牧师的存在）。当然，无处不在又不可或缺社区教师往往缺乏正规教育资历，他们和手握文凭的“专家”从文化和社会角度讲完全不是一类人，尤其是在二战之后，后者日益主宰着商业、政府和教育领域，他们经常被当作常识之敌，而常识被认为是普通人特有的美德。

① fundamentalism，19世纪末20世纪初兴起的新教神学思潮，在美国有较大影响。基要主义主张“圣经绝对无误”，反对一切自由主义神学和对《圣经》的批评。一些西方学者也以此指代其他宗教中坚持回归原初信仰、主张严格遵守基本经文、反对世俗主义的思潮。——译者

在新千年伊始重读霍夫施塔特时，我被他学术研究中那种老派的公平性打动了，它不是总是将真理置于对立观点正中的虚伪的“客观性”或乏味的中间主义，而是认真地尝试理解反对者的论点，并承认与自己的偏好相悖的证据。当我在大学里读这本书的时候，我还不能完全理解这种品质，因为在1960年代上半叶（尽管不是下半叶），公平在很大程度上被认为是胸怀大志的青年学者和作家的理想。如果21世纪的美国知识分子开始带着重新燃起的敬意回顾20世纪中叶“共识派历史学家”（霍夫施塔特就是其中的杰出一员）的著作，就必须在意识形态两极分化的公众的背景下看待这一重新考量，这些公众不但赞成将政治对手妖魔化，而且认可对各种艺术、社会、经济问题上的反对意见不屑一顾。

“前所未有”这个形容词，经常被用在特朗普的候选人资格上，这只讲出了一半的真相。说特朗普前所未有，只因为他是第一位从未在政府任职或在军中服役的总统。除此之外，他是一种更普遍现象中显而易见的一部分，它将经济方面的不满情绪与反智主义结合在一起，这在美国早期或现代历史上绝非前所未有。特朗普所拥有的社交媒介工具，其触及面和影响力倒是前所未有的。以Facebook和Twitter为代表的社交媒介在21世纪头几年还处于起步阶段，到了2015年已经成长为一个广泛而有效的样板，让特朗普可以将公共话语拉至大众能接受的最低标准。如果我在2008年能预见到社交媒介会如此飞速扩张，预见到它们在传播和没有事实依据的观点方面效果如此之好，我也许就能看出特朗普或其他一些类似他的人潜伏在不太遥远的未来。

在2008年的总统竞选中，参议员约翰·麦凯恩的搭档、竞选副总统的莎拉·佩林是特朗普真正的前辈。佩林正是那种典型的令霍夫施塔特十分担忧的头脑简单之人（他那代男性学者从未考虑过女性成为正儿八经的总统或副总统候选人的可能性）。这位阿拉斯加州州长是麦凯恩能找到的最极端的副总统人选，一个支持持枪、反堕胎、反进化论的狂热信奉《圣经》的基要主义者，她于 2009 年在任期中途辞去了州长职务，以利用副总统候选人资格在目标人群中留下的名望。在大选中，佩林被证明是继理查德·尼克松 1968 年大选的竞选搭档斯皮罗·T. 阿格纽之后最好斗的反智狂人。（那句把新闻界人士说成“喋喋不休的消极主义者”的不朽名言正是出自阿格纽之口，写下这句话的则是共和党的演讲撰稿人威廉·J. 萨菲尔。）事实上，除了作为候选人与奥巴马较量之外，佩林的不幸在于她恰巧早了两届参选，没法充分利用发推的好处。2008 年时，一位在全国范围内并不知名的候选人依然会觉得自己必须得接受主流［佩林蔑称为“烂流”（lamestream）］媒体的采访。当凯蒂·库里克问佩林会读哪些杂志和报纸时，这位州长连一份出版物的名字都说不出来。就在 9 年前，这种无知还是很要紧的。

特朗普 2016 年的胜选，已经被试图擦掉脸上鸡蛋的记者们分析后认为是一种错误，他们太丢脸，因为错看了这位生意人的魅力、太过相信最终证明是错误的民调。（此处有必要发一份免责声明。全国民调并没有错，希拉里·克林顿明显赢得了普选票。民调错估了多个关键州的白人蓝领选民，正是这些州帮助特朗普赢得了选举人票。）因为不停地对选举人团投票结果的吹毛求疵，特朗普和他的公关团队在选举后的相互指责造成了一个更加不幸的后果，那就是模糊了“错误”与“不诚实”之间的区别。讽刺的是，不论特朗普的总统任期持续多久，它的社会后果无疑会成为几代历史学家的研究素材，而这些历史学家恰恰属于美国第 45 任总统所厌恶的知识分子阶层。我猜想，特朗普主义的长期后果将被证明是广泛的，不过这超出了本书的讨论范围。

除了自上而下地诋毁对智识探求、艺术、科学和专业知识的尊重之外，一个潜在后果甚至在特朗普就职前便已很明显了。特朗普的过渡团队在其就职前一天发布了首批预算公告，其中包含了一项取消美国国家艺术基金会和国家人文基金会的计划，这大概反映了对“精英”的特朗普式蔑视。在这个例子当中，“精英”包含了在公立学校中学习音乐和美术的儿童，还有在全国各地社区使用公共图书馆的公民。特朗普和他的右翼朋党在使用“精英”这个词的时候，从来都不是从经济含义上说的，比如，用来形容那些收入高过99.99%美国公民的人。它主要用于描述学者和记者，尤其是住在东西海岸的那些人。

从某些方面来说，我和很多自由主义者一样，对奥巴马的胜选在美国白人中的一些重要群体——特别是受教育程度较低的——激起的愤怒视而不见。毕竟，奥巴马显然是个理性之人，他不仅是这个国家的首位非裔总统，也是美国历史上智识水平最高的总统之一。人们不免会认为，奥巴马的当选不仅有助于弥合种族分歧，而且能像肯尼迪在其短暂任期中所做的那样，向思想和行动上的反智理念开火，而不是将那种理念引为不可或缺的同盟。在奥巴马开始担任总统时，关于黑色皮肤和智识主义的结合是否会在他的两届任期内对仇恨奥巴马者的敌意起到至关重要的作用这一点，还不太明显。

一个无可争辩的事实（而不是另一个选择）是，美国现在已经将历史上最有思想的总统之一换成了一个以吹嘘对知识和专业问题的轻蔑为荣的人。政治新闻网站 Axios 上发布了一篇对就职典礼前的特朗普的采访，他强调自己对顾问们关于国内外形势的冗长解释兴趣寥寥。“我喜欢子弹，但越少越好。”他说，“我不需要，你知道的，明明一页就能说完的东西写上200页报告。”当然不需要，因为200页的报告也许会包含一些与特朗普自以为了解的东西相冲突的信息。在那次采访中，特朗普被问到了有关书籍的问题，就和库里克询问佩林从哪里获取知识和信息差不多，相较于佩林的无言以对，特朗普的回答甚至更加不着边际。“我喜欢很多书，”他说，“我喜欢读书。书嘛，我现在没空读太多，但我喜欢读书。”

就在奥巴马离任前，他应邀接受了《纽约时报》时任首席书评人角谷美智子的长篇采访。带着显而易见的热爱和知识，他谈起了在他年轻时和任总统期间对他产生影响的作家们——包括莎士比亚、芭芭拉·金索沃、扎迪·史密斯、玛丽莲·罗宾逊、托尼·莫里森、科尔森·怀特黑德、菲利普·罗斯和索尔·贝娄。当被问及哪些书在他担任总统期间最重要的时候，奥巴马回答：“我会说，莎士比亚依然是一块试金石。和大多数十来岁的高中生一样，当我们被布置了阅读《暴风雨》（*The Tempest*）或者别的什么时，我想，‘天啊，真无聊’。我在大学里上了一门精彩的莎士比亚课，直到那时才开始阅读那些悲剧，并读得津津有味。我想，这是我理解某些模式如何在人与人之间重复和发挥作用的基础。”晚上入睡前，奥巴马所做的不是发推，而是抓紧利用那安静的一个小时来读书。

奥巴马显然是个知识分子、读书人和作家（他是自自学成才的知识分子亚伯拉罕·林肯以来最优秀的作家总统），但这在媒体和其他政客面前并不总是优势。奥巴马在其整个总统任期内，经常被描述成一个孤傲清高的人，太过矜持和内向，不能全身心投入到日常政治事务中。作为局外人，我们很难确知这样的批评有多少真凭实据，有多少是对奥巴马毫无歉意的学者倾向的本能厌恶。在这位总统的敌人看来，他性格的这一面是种傲慢的冷漠，尽管这也可以被理解成公平，理解成对全面探究问题的坚持。对于作为知识分子的奥巴马的批评，另一个毋庸置疑的因素是他身为黑人知识分子的特殊性。假如一位白人总统毫不掩饰自己对智识与书籍的热爱，白人还会那么急切地用“傲慢”和“冷漠”来形容他吗？

康乃尔·韦斯特（Cornel West）等黑人知识分子也对奥巴马有所批评，韦斯特给这位总统的矜持贴上了“黑脸吟游诗人”① 的标签。我的一位终身好友——非裔英语教授——和她的终身好友（也是黑人）因为奥巴马在《纽约时报》上提起的最喜欢的作家名单展开了激烈的辩论。“这就是讨好白人知识分子的完美名单，”我朋友的朋友说，“两三个犹太人，两三个黑人，两三个白人盎格鲁-撒克逊新教徒。当然，还有莎士比亚。他的单子里怎么能漏掉有史以来最伟大的白人作家呢？”此外，针对奥巴马提到莎士比亚这件事，我还从一位教高中物理的白人朋友那里听到了大体相同的分析。这些评论证明了两点。其一，做一个黑人知识分子和一个想弥合知行之间鸿沟的政治领袖，甚至比处于同样地位的白人知识分子政治家更难。其二，如果一个拿着工资给大学生和高中生讲课的人，不论是黑人还是白人，认为自称热爱莎士比亚的总统一定是在撒谎或迎合白人，那么这个社会在智识方面肯定出了大问题。

但是，在分析公众的普遍无知、反智主义和狭隘主义在 2016 年总统竞选中所起到的作用时，聚焦于奥巴马和特朗普的个性差异，就像只关注特朗普本人的性格一样，都是错误的。在这个问题上，最精妙的评论之一并非出自教授或媒体专家之口，而是来自凭借电

① minstrelcy，美国奴隶制下发展出来的最早期音乐形式之一，白人表演者将脸刻意涂成黑色以模仿黑人，主要表演种植园里黑奴的生活。——译者

影《藩篱》（*Fences*）中的表演赢得金球奖的女演员维奥拉·戴维斯，她在获奖之后回答了一个暗指特朗普的问题。“信不信由你，我会把特朗普从等式中去掉，”她说，“因为我觉得那（国家进步的努力）比他更重要。我认为美国本身就是一种肯定，但我认为我们做得还不够，因为我们不可能让任何并非我们自己的信仰体系延伸的人上台执政。那么，这说明了我们的什么问题呢？”

有相当多的证据表明，美国人越来越不愿视理性为美德，不愿以严格的真理和逻辑标准来衡量他们在社交媒介上的所见所闻，也不愿考虑对专业知识的刻意漠视对从科学研究到战争与和平决策的一切影响。

仅举一例，在发达国家中，只有美国人对基于自然选择的进化论的看法是“有争议的”，而不是已被接受的主流科学。反进化论之所以荒唐地经久不灭，基要主义宗教在美国的持续影响（这又是发达国家中的孤例）通常被当作唯一的原因。但这个简单的答案无法解答更大的问题：为什么那么多并不信奉基要主义的美国人乐于对科学共识不屑一顾。真正的更复杂的解释不能只从或者说主要从宗教基要主义中寻找，而是要从大众关于科学尤其是进化论知识的欠缺入手。美国国家科学基金会在过去 20 年来的调查表明，超过三分之二的美国人不知道 DNA 是遗传的关键，十分之九的美国人不了解辐射及其对人体的影响，五分之一的成人相信太阳绕着地球转。这些反应，表明了美国公立中小学教育的骇人失败，而且这也很容易理解为什么一个对最基本的科学事实知之甚少的公众不能或不愿理解进化论或科学家关于气候变化的警告。一个人要理解太阳并不绕着地球转，理解 DNA 包含了让我们每个人成为人类独特一员的生物学指令，并不需要成为知识分子，也不需要拥有大学文凭。这种程度的科学文盲为基于纯然无知的政治诉求提供了一片沃土。这也解释了将全球变暖斥为谎言的特朗普为什么没有受到选民的惩罚。对专家的嘲讽只是让特朗普在支持者中更受欢迎。2017 年 8 月 21 日，当身为总统的特朗普观看日蚀时，起初拒绝戴上美国国家航空航天局推荐的特制眼镜来保护眼睛。面对太阳，真男人不需要遮挡他的视网膜!

与此类似，特朗普对“书”漫不经心的轻蔑也是这种文化的映照。当前美国人与阅读和写作的关系，最好不要用“没有能力”而要用“不感兴趣”来形容。美国国家艺术基金会 2002 年发布的一项调查显示，在前一年中读过小说或诗歌的美国成人不到半数 —— 甚至连侦探小说、情色小说或基于《启示录》创作的“被提”① 小说都没读过。(假如新政府一意孤行地废除国家艺术基金会，这样的调查就再也看不到了。) 读过非虚构类书籍的人只有 57%，这大概可以解释为什么那么多人对 DNA 一无所知了。

在人们对读写越来越不感兴趣的美国，岌岌可危的不光是阅读的乐趣，还有批判性思维本身。相比 40 年前，美国人生活在一个不太有深思熟虑和见地的社会，这个说法只有在不断壮大的信息娱乐营销人员和拒绝接受事实的人看来是有争议的，一切事物的数字化和视频化正是他们的利益之源。从电脑和互联网获取信息的便利，助长了一种错觉，以为动动鼠标检索文字和数字的能力也带来了判断这些文字和数字是真、假还是介于两者之间的能力。这种幻觉当然不只出现在美国，但在一个对任何与智识精英主义沾边的一切东西都抱有普遍怀疑的文化（不同于法国、日本等国的文化）中，它

① rapture，即被上帝带走，在这一派基督教思想里，被提事件是世界末日的开端，标志着人类正式走入历史的尽头。—— 译者

的影响尤为有害。在过去十年里，我们听到了很多关于需要为每个学生、每所学校充分提供电脑和接入网络的消息。可我们几乎从未听人说过，有必要从一年级起为每种新的技术工具配上认真的说明，让孩子们掌握用于评判面前屏幕上的图文信息可信度的智识工具。

智识主义往往被等同于被认为与传统美国价值观相悖的自由主义，这是美国生活中反智主义回潮的重要因素之一。这整个概念可以用右翼对“精英”一词的习惯用法来概括。著名的右翼知识分子本身就构成了一个人丁兴旺且政治上强大的精英阶层，但他们成功地掩盖了自己的特权阶层身份，只给自由主义者贴上了“精英”标签。新保守主义“教父”欧文·克里斯托尔在《一个新保守主义者的反思》（*Reflections of a Neoconservative*，1983）中宣称，“知识分子”与“美国的生活方式”格格不入，但美国人民没有。“向美国人民解释他们为何是正确的，”克里斯托尔解释说，“并告诉知识分子他们为什么是错的，这是新保守主义给自己强加的任务。”从这段话里，人们永远猜不到克里斯托尔本人是个彻头彻尾的纽约犹太知识分子，猜不到他与那些固执己见、与美国生活方式格格不入的知识分子的区别在于他支持共和党。按照这种有选择性的定义，“知识分子”指的是任何不同意保守主义者观点的知识分子。当右翼知识分子试图阻止对保守派和自由派老学究都没什么用的特朗普获得共和党提名时，也自讨苦吃了。对那些还记得 2000 年之前的事的自由主义者来说，欧文·克里斯托尔之子、保守派刊物《标准周刊》（*The Weekly Standard*）的编辑比尔·克里斯托尔在电视上的频频出镜，算是 2016 年竞选活动中比较能让人幸灾乐祸的乐子之一。特朗普对传统保守主义原则毫无敬意，这让小克里斯托尔大为惊诧——惊诧！上一代新保守主义者非常有效地把原本光荣的“知识分子”

一词变成了政治贬义词，因此，在谈起为特朗普所背弃的保守主义价值观时，比尔·克里斯托尔尽所能地避开智识主义。终于，有一个对所有政治派别知识分子都嗤之以鼻的全国性候选人了。

因为不读书的美国人对这个国家的智识史了解得越来越少，（有别于右翼宗教基要主义者和强盗大亨的）右翼知识分子将所有知识分子斥为左派的伪逻辑方能一直横行无阻。这种无知的最明显、最不祥的表现在于，人们对其他观点再无好奇心，它既是原因也是结果。在我的《自由思想者：美国世俗主义史》（*Freethinkers: A History of American Secularism*）2004 年出版之后，我收到了在美国很多地区演讲的邀请，我以为自己有机会向更广泛、更多元化的听众讲授美国的世俗传统，于是欣然接受。到头来，我发现自己几乎完全是在向观念相同的人布道。除了几所学生是为了课程学分而来听讲座的大学之外，几乎所有听众都是已经和我意见一致的人。严肃的保守主义者在巡回演讲中也遇到了完全一样的情形。

不愿听取对立的观点，或者不愿去想象一个人或可从意识形态或文化上的对手那里学到任何东西，这代表着对美国大众和精英知识传统最好的一面的背离。在 19 世纪的最后 25 年里，包括许多虔诚的教徒在内的数百万美国人挤满了全国各地的演讲厅，聆听以“伟大的不可知论者”闻名的罗伯特·格林·英格索尔（Robert Green Ingersoll）痛斥传统宗教和教会与国家之间的任何牵连。当英国博物学家、著名的达尔文进化论宣讲者托马斯·亨利·赫胥黎 1876 年第一次访问美国时，他面对站无虚位的人群发表讲话，尽管他的许多听众都对他关于人类出身的见解大为震惊。19 世纪的美国人，不论所受正规教育的程度高低，想对英格索尔和赫胥黎这类人的演讲做出自己的思考。这种好奇心，甚至在魔鬼是否真的有角这类问题上都要求得到第一手证据，对任何社会的智力和政治健康都至关重要。在今天的美国，不论是知识分子还是非知识分子，不论左派还是右派，都倾向于忽略任何不同的声音。这种执拗，既是精神惰性的体现，也是反智主义的本质。19世纪末，人们会骑行数百英里穿过大平原，亲自去听像英格索尔、赫胥黎这样常常攻击听众们最珍视的信仰的人的观点。如今，很多美国人如果不认同Facebook上的政治和观点，甚至都懒得去打开它的页面。

美国现在正受到无知、反理性主义与反智主义交织在一起的一种病症的困扰，由于技术的原因，它演变成比过去的周期性压力更危险的东西。当前这一轮暴发所产生的严重危害与一种不以为意的心态是分不开的，矛盾的是，这种心态既有侵略性又很消极。从政客到媒体高管，所有人都在不遗余力地推动这种状态，他们的生计取决于从媒体讲话片段和博客言论中吸取意见的公众，公众则是被动地接受了这种状况，因为他们受制于一条承诺可以毫不费力地享受信息娱乐之树上的果实的蛇。文化保护主义者还有时间、有意愿来改善这个毒苹果的退化效应吗？只要人将意志的砝码置于历史的天平之上，他就生活在一种坚信会如此的希望之中。

第一章

当下之道：伙计而已

这个词无处不在，如同瘟疫，传播这种瘟疫的有美国总统、电视主播、电台脱口秀主持人、大型教会的传道者、励志大师，还有其他所有想要证明自己认同普通的、可能有良好道德影响的美国价值观的人。就在几十年前，美国人还被称作人民，而在更遥远的过去，他们被称作女士们、先生们。我们现在都成了伙计。电视评论员似乎想要混充神职人员，他们经常说着“我们为这些伙计祈祷”，不论这些伙计遭遇的是干旱、洪水、日常犯罪还是恐怖袭击。这个词只有在小说里才会被用作讽刺。菲利普·罗斯的《反美阴谋》（*The Plot Against America*）一书对查尔斯·林德伯格在 1940 年总统大选中击败富兰克林·D. 罗斯福的国家的黑暗历史进行了重新想象，书中把林德伯格提出的一个计划冠名为“伙计而已”（Just Folks），该计划旨在把城市中的年轻犹太人送去于健康有益的农村和基督教环境中度夏，从而使他们去犹太化。

虽然“伙计”一次曾经是不带政治意义的口头语，但在 21 世纪的美国，当政府官员虔诚地说出这个词的时候，就无法抽离其中的政治意义。2005 年 7 月 7 日，伦敦发生爆炸恐袭之后，布什总统向美国人保证：“我一直在和我们的国土安全伙计们保持联络，我指示他们就在这里和伦敦发生的情况的真相与当地官员及国家官员联系，并在我们的伙计们开始上班的时候格外警惕。”布什接着说：“我们这些深切关注人权和人类自由的人的意图，与那些内心邪恶到要夺走无辜伙计性命的人的意图，相比之下再清楚不过了。”那些邪恶的恐怖分子。我们的无辜伙计。就连国土安全官员，那些应该受过严格训练的专业人士——但愿如此——也摆脱不了这个民间的称呼。总统候选人一直在他们的演讲中加入对民众的奉承，但这个词从他们嘴里说出来时的那份尴尬，就算不一定会显出有过中上层阶级的童年生活，也往往暴露出受过精英高等教育。希拉里·克林顿成长于芝加哥一个保守的共和党家庭，毕业于卫斯理学院，在 2008 年和 2016 年的两次总统竞选中，每当她说出“伙计们”的时候，听上去都像是个犹疑不定的家长，想用青少年俚语跟孩子的朋友套近乎。在印度尼西亚和夏威夷长大，毕业于檀香山名校普纳荷中学和哈佛大学法学院的巴拉克·奥巴马在 2008 年开始角逐总统的时候，还不太能掌握抑扬顿挫，让他口中的“伙计们”听起来有这个词应有的随和可亲，但到他的首个任期结束之时，他已经学会了发这个不可或缺的词的音，而不会听上去纡尊降贵或可笑。奥巴马当然是个杰出的演说家，但即使是杰出的演说家（和 19 世纪的总统不同）也觉得有必要在美国公众面前稍稍简化用词。然而，唐纳德·特朗普总统以自己推文中有限的词语为荣。“我了解词语，”他在南卡罗来纳州希尔顿黑德的一场竞选活动中宣称，“我有最好的词。但没有比愚蠢更好的词了。对吧？”

我们别再在这种话语上犯傻了。随意的语言，除了让人们放心他们的代表并非势利小人外，还隐含着对于讨论中的任何议题的严肃性的否认。说伙计们准备奔赴战场，就相当于把强奸受害者称作女孩（除非受害者确实是女童和非成年女性）。留意一下1980年前美国历史上任何一场重要的总统演讲，你都不会发现有一次对人们的屈尊逢迎。想象一下：我们在此立誓，不能让伙计们白白死去……要使伙计有、伙计治、伙计享的政府不会在地球上灭亡。[①] 到了20世纪中叶，尽管政治舞台上没有了林肯那样雄辩的演说家，但选民们依然期待他们的领导人发表庄严的演讲，即便不一定是博学的。阿德莱·史蒂文森也许听上去太像知识分子，不符合普通美国人的口味，但对于任何谋求高位的人来说，语法正确、称呼的用法恭敬都是必须的。而且，要为美国最高水平的大众演说找个例子，并不需要上溯到林肯时代。以马丁·路德·金1963年的《我有一个梦想》演讲为例，其中根本没有使用"伙计们"一词。这样的措辞会有损于演讲主题和场合的严肃性；金不会再把聚集在林肯纪念堂前的公民称作"伙计们"，就像他不会叫他们"小伙儿们，小妞儿们"一样。

对1950年代和1960年代初的美国成年人而言，（虽然约翰·F.肯尼迪的就职演说是鼓舞人心的语言的又一个高点）总统演讲的黄金标准仍然是罗斯福留下的记忆。罗斯福的成就在于，他的上流社会口音丝毫无损于他和普通民众建立直接联系的超凡能力。阅读罗斯福著名的炉边谈话文本，不免令人哀伤，一种呼吁美国人增长知识、拓宽思维，而不是迎合最低层次民众的公民文化已经逝去。罗斯福在艰难时刻呼吁牺牲与利他主义，他绝不可能把公民称作伙计们，正如他绝不可能在广播中口出污言一样。1940年底，为了让他

---

① 语出林肯的《葛底斯堡演说》，原文为"我们在此立志宣誓，不能让这些死者白白死去……要使那民有、民治、民享的政府不致从地球上消失。"——译者

的同胞们为即将到来的战争做好准备，总统用他特有的措辞对大众说：

> 今晚，面对着一场世界危机，我的思绪回到了8年前国内危机笼罩时的一个晚上……我清楚地记得，当我坐在白宫的书房里，准备对美国人民讲话时，我眼前浮现出了我将要与之交谈的所有美国人的面孔。我看见了加工厂、矿场、制造厂中的工人，柜台后的女孩、小店的店主、忙着春耕的农民，担心一辈子积蓄的寡妇和老人。我想让广大美国人民知道，银行危机对他们的日常生活意味着什么。
>
> 今夜，在美国面临的这场新危机之中，我想对着同样的人民，做同样的事……
>
> 我们必须成为民主的大型兵工厂。对于我们来说，这是一个和战争本身一样严重的紧急情况。我们必须以同样的决心、同样的紧迫感、同样的爱国主义与牺牲精神来完成我们的任务，就像我们在战争中要表现的那样……
>
> 作为合众国总统，我呼吁全国共同努力。我以这个我们热爱和尊敬、我们有幸且自豪地为之效力的国家之名呼吁。我以十足的信心向我们的人民呼吁，我们的共同事业终将大获全胜。①

如果把人民、农民、老人、寡妇换成“伙计”，对庄严的公共话语的抛弃与政治进程的退化之间的关系便一目了然。呼吁决心、呼

① Franklin Delano Roosevelt, *Fireside Chats* (New York, 1995), pp. 48-49, 62-63.

吁爱国主义与牺牲精神，就是呼吁人们超越日常的自我，像真正的公民那样行动。不断地告诉美国人他们只是普通人，就是没什么特别的期待——对平庸的认同与推崇，在任何时代都是反智主义的显著标志之一。

全国性讲话的品质降低在电台、电视和网络上的几乎一切广播与播客中都是显而易见的。在这个真实的、无所不包的公共空间里，同质化的语言与同质化的思想以循环的方式相互强化。正如乔治·奥威尔 1946 年指出的那样："一个人也许会因为觉得自己是个失败者而酗酒，之后又会因为酗酒而失败得更彻底。这与英语中发生的事完全一样。英语因为我们的想法愚蠢而变得丑陋和不准确，而语言上的马虎随意又让我们更容易产生愚蠢的想法。"① 在语言越发模糊、智识歧视越发加深的过程中，政治言论总是先行一步——尤其是在当下，媒体拥有放大和传播谬误的能力，其效率也许连奥威尔都会咋舌。想一想媒体和政客们几乎普遍用"部队"（troop）代替了"士兵"（soldier）。正如每一部字典都会表明的，"部队"是个集体名词，只有在指一个特别庞大的军事力量时才会使用复数。然而，不论什么时候，只要美国人卷入军事冲突，记者们都例行公事地报道"X 个部队丧生"。这不只是语法错误，把一个士兵——一个可以识别身份的个人——变成了一支听起来无名的部队，这种说法会鼓励公众以更加抽象的方式看待战争及其伤亡。有谁会向"无名部队墓"敬献花圈呢？我们很难确知这种表达方式是如何、为何或何时开始进入日常用语的。二战期间，除了正在谈论一场大型军事行动（比如盟军 D 日在诺曼底登陆）之外，士兵几乎从未被称为"部

① George Orwell, "Politics and the English Language," *Horizon* 76 (London, 1946); www.orwell.ru/library/essays/politics/english/e_polit.

队”。这个术语在越战中变得更加常见，但也没有被惯常用来代指“士兵”。我的猜测是，1980年代的某个时候，军队和媒体（也许是军方媒体）中的某些弱智决定，为了尊重军中越来越多的女性，今后必须用“部队”替换掉意指男性的“士兵”。就像对老百姓的不懈逢迎一样，“部队”取代“士兵”提供了一个生动的例子来说明日常语言的劣化和思维糊涂之间的关系。

我所说的语言劣化，并不是指糟糕的语法，尽管在每个街角、每个脱口秀节目里都能听到不少语法错误，也不是指污言秽语的盛行，盛行到在只有一个称呼会发挥作用的罕见时刻被剥夺了力量与意义。我说的也不是西班牙腔英语和所谓的黑人英语，文化保守主义者最喜欢的那些目标——尽管我和保守主义者一样认为公立学校应当专注于讲授标准英语。但是标准美式英语的标准，以及如今私下言论反映电子与数字媒体上的公共言论的方式，恰恰是问题所在。

公共领域的劣化语言——各种形式的社交媒体如今也在公共领域之中——如同一种低剂量的毒素，不知不觉地侵蚀了我们对于什么是可以接受的，什么是不可接受的概念，直到有人说了一些那么不恰当的话，打破了我们对从寡淡乏味到无礼冒犯的各种语言的无动于衷。在特朗普总统就职次日，麦当娜在华盛顿的妇女大游行上发表令人难忘的演讲便是这样一个时刻。她宣称：“对于那些固执地认为这次游行不会有任何结果的恶意批评者，你们听好了：操你妈的。操你妈的！这是人们急需的变革的开始。”［给M女士的语法建议：跟在“恶意批评者”一词后面的正确代词应该是who，而不是that。①］但我这话跑题了。你没法指望一个对不赞同她观点的人说

① 麦当娜的原话是“To the detractors that insist this march will never add up to anything: Fuck you.”。——译者

“操你妈的”的女性感兴趣语法要点。麦当娜的“操你妈的”之所以让人感到冒犯，并不是因为这是句脏话，而是因为这种表达说服不了对手，只能讨好盲目的支持者。不论在私下里还是公开场合，对“操你妈的”唯一可能的回应，只能是“也操你妈的”。麦当娜发表演讲时，我刚好在看 MSNBC 的直播，当这家有线电视网迅速掐断了声音传输以保护观众免受一种大多数五六岁以上的美国人已熟知的表达方式影响时，着实把我逗乐了。虽然 MSNBC 颇感尴尬，但这样的脏话因为用得太过频繁，并没有什么真正的力量。刻意为之的脏话是讲时间和地点的，但不该是在你发表讲话，想向敌我双方表明你是个说话算数的认真的人的时间和地点。这不关左右翼政治之争的事，而与普遍存在的语言贫乏有关。麦当娜表现出的成熟度同 2004 年的副总统迪克·切尼不相上下，当时，切尼在参议院让来自佛特蒙州的参议员帕特里克·J. 莱希对自己做一件从解剖学角度来说不可能的事①。② （莱希对私人军事承包商在伊拉克的做法的质疑激怒了切尼。）正如幽默大师拉塞尔·贝克（Russell Baker）所观察到的那样，前几代政客会以语言缺乏创造性为耻（即使他们可以随意在公共论坛上发布最耳熟能详的脏话连篇的盎格鲁-撒克逊禁令）。1890 年代，众议院议长托马斯·里德在评论一个对手时说，“要是多长点脑子就可以当个傻瓜了”。对另一个政客，里德说，“他每次开口都会令人类智慧的总和减少”。③ 美国人曾经听过（或者更准确地说，读过）这种真正诙谐的言语，也曾试着模仿这样的

① 切尼在 6 月 22 日全体参议员合影后，跟来自佛蒙特州的民主党参议员莱希发生口角，切尼对莱希说：“滚开，去操你自己吧！”——译者

② Helen Dewar and Dana Milbank, “*Cheney Dismisses Critic with Obscenity*,” *The Washington Post*, June 25, 2004.

③ Russell Baker, “*Talking It Up*,” *New York Review of Books*, May 11, 2006.

机智。如今，我们鹦鹉学舌般模仿政客、电台耍贫嘴的节目主持人，还有各种性别、人种、族裔的喜剧演员所使用的愚蠢呆傻的语言。

这种模仿过程远远超出了向来和口头用语有一定距离的政治语言。商业领域标准化用语的毒素如今储存在我们用来思考和描述从荒谬到崇高的一切文字和图像的私人宝库中。比如，电视节目中最常被糟蹋的一句话是无与伦比的李伯拉斯那句玩世不恭的笑谈“我一路哭到银行”——每当严肃的批评家炮轰他的烛台表演[①]庸俗不堪时，他就会说这句话。[②] 这句妙语现在已经成了一句毫无意义的流行语，“我一路笑到银行”——经常在有关中彩票者的新闻之后被用作不合逻辑的推论。媒体扮演了双重角色，它们既是公众语言的创造者，又如同麦克风一般放大和散播着很多美国人的日常用语，媒体构成了一个完美的永动机，是个因果永远无法区分的完美例子。在提到一位刚签下总额数百万美元的多年合同的运动员时，体育节目主播说“他一路笑到了银行”。一个漫不经心地听着——也许一边还在玩着电子游戏——的孩子不假思索地听进了这句毫无意义的表述，并重复了一遍，把它传给其他人，后者日后可能会在电视上接受采访的人，并说“我一路笑到了银行”，从而把病毒传给了新的听众。这一切让人想起《爱丽丝梦游仙境》里爱丽丝、三月兔和疯帽匠之间的对话。“那你应该说出你的意思。”三月兔对爱丽丝说。“我就是这么说的，”爱丽丝回道，“至少——至少我想什么就说什么想的——都是一回事，你懂的。”疯帽匠插话道：“根本就不是一

---

① 这位钢琴家会将夸张的枝形烛台放在三角钢琴上，将观众的目光吸引到烛火照亮的范围内——他的脸、手指和服装。——译者

② 李伯拉斯第一次说这句话是在 1957 年，当时他刚刚打赢了跟英国小报《每日镜报》（*Daily Mirror*）的诽谤官司，该报在一篇专栏文章说这位艺人是“要命的、眨着眼的、嬉皮笑脸的、依偎着的、花哨的、气味独特的、鲜艳的、咯咯笑的、水果味的、扭捏作态的、冰封的一堆母爱”。

回事！要不然，你也可以说‘我吃什么就看见什么’和‘我看见什么就吃什么’是同一回事。”在一种无知且反智的文化中，人们吃的主要是他们看见的。

我们不可能像废奴主义或女性主义那样准确或行之有效地把反智主义界定为一种历史力量，或是持续的美国现实。在霍夫施塔特看来，反智主义并非一种孤立的历史或社会现象，而是别的什么目标——比如希望将教育机会扩大到更广泛的人群，比如从教会等级制度中夺取对宗教生活的控制权——带来的后果。“几乎没有人认为自己反对思想和文化，”霍夫施塔特写道，“人们不会早起对着镜子咧开嘴说：‘哈，今天我要折磨一个知识分子，扼杀一个想法！’”① 在我看来，不论当时还是现在，这种对反智主义的描述似乎都太过宽仁了，哪怕确实鲜少有人喜欢认为自己是思想与文化（或是他们自己眼中的思想与文化）的敌人。然而，人们在公共生活中对文化的所作所为要比他们在镜子前所说的重要得多。就连那位首席发推手（Tweeter-in-Chief），也没听过他自豪地宣告“我讨厌文化”或“我讨厌书籍”。相反，他说了许多经济和社会阶层的美国人完全可以接受的话——他没有时间读书。但他在竞选期间宣布的废除国家艺术基金会和国家人文基金会的计划，比任何表态更能说明他对文学文化和表演艺术的真正态度。（就算这两个基金会从技术上讲依旧存在，它们的作为也将因预算的大幅削减而受到严重影响。）

除了直接审查或恐吓，除了取消财政支持，扼杀思想的办法多的是。暗示对思想、理性、逻辑、实证和准确语言的热烈追求是邪

① Richard Hofstadter, *Anti-Intellectualism in American Life* (New York, 1963), p. 22.

恶的，甚至是非美国的，便是其中一招。2004 年总统选举前夕，记者罗恩·苏斯金德报道了他和布什的一位高级助手之间令人不寒而栗的对话，那位助手告诉苏斯金德，新闻界的人属于布什政府所认为的“基于现实的群体”，这类人“相信解决方案来自对可辨识现实的明智研究”。但是，这位助手强调：“这已经不是世界真正的运作方式了。我们如今是一个帝国，当我们采取行动时，我们创造出自己的现实。在你研究现实的时候 —— 明智地研究吧，如你所想的那样 —— 我们会再次采取行动，创造出其他新的现实，你们也可以继续研究……我们是历史的参与者……而你们，你们所有人，只能研究我们的所作所为。”① 只适合做些研究的人和那些历史参与者之间的明确区分，不仅表达了对知识分子的轻蔑，也侮辱了所有认为需要以证据而非权力和情绪来证明公共政策合理的人。布什的那位助手坚持在苏斯金德的文章中隐去姓名，这与特朗普的顾问凯利安妮·康威毫不顾忌地具名、毫无羞愧地为她老板的“另类事实”辩护形成了鲜明的对比，令人不禁遐想。康威和布什的那位助手所说的是同一件事，即篡改事实以供公众消费。区别在于，12 年前，布什政府中篡改事实的人羞愧到不敢公开承认自己同一项形同政治谎言的政策有关。知耻未必是一种美德，但在应该感到羞耻的时候却不知耻，从来都是一种恶行。

在任何时代，反智主义都可以被理解为一个多种原因造成的复杂症状，随着时间的推移，症状的持续存在有可能将一种可治疗的、与人类共存的状况变成一种危及整个政治机体的恶疾。当然，我们

---

① Ron Suskind, “*Without a Doubt*,” *New York Times Magazine*, October 17, 2004.

可以毫不费力地点出美国反智主义死灰复燃的各种原因，有老的，有新的，这些原因在特朗普的胜利中发挥了如此重要的作用。事后看来，信息娱乐和数字媒介（甚至社交媒介）对我们文化的浸润很容易被视同电视问世之初的必然进程。很多人会断言，电视和社交媒介是对立的，因为看电视是一种全然被动的行为，而在社交媒介上与他人交谈却是主动和互动的。我不同意这种观点。电视（和广播）是社交媒体的早期形态，人们总是会和亲友一同收看收听，会谈论他们看到和听到的。显然，两者之间的区别在于，他们无法和那么多人远距离地交谈。我的祖母有一回在巴士上无意中听到两个女人在说起另一个刚刚离开丈夫的女人时发生了激烈的争执，她的笑声我一辈子都忘不了。“她们气坏了，我真的以为她们中的一个会扇另外一个一巴掌，”祖母说，“然后慢慢地，我发现那些名字很熟悉，原来她们聊的是一部肥皂剧中的离婚故事。我问她们怎么会对剧中角色那么生气，其中一个女人说：‘我对他们比对我自己家的大多数人还要了解。’”我听到很多人在谈起他们只在Facebook上联系的网友时说过同样的话。

1950年代，即使大部分民众只对肥皂剧和综艺节目感兴趣，知识分子还是对电视寄予厚望，视之为一种教育媒介和大体而言可以引人向善的力量。毕竟，电视报道在1954年春天为参议员约瑟夫·R. 麦卡锡的垮台拉开了序幕，美国广播公司（ABC）当时用188小时对陆军—麦卡锡听证会进行了现场直播。麦卡锡看上去像个小流氓，在看到他的样子、听到他的声音之后，人们掀起了反对滥用权力的舆论大潮，而在之前平面媒体报道时，滥用权力的问题似乎没那么严重。听证会上，眉毛浓密的麦卡锡和他的首席法律顾问、脾气暴躁的罗伊·科恩与美国陆军及其特聘的外部律师、彬彬有礼的约瑟夫·韦尔奇展开了交锋。当麦卡锡背弃早先的协议，指责韦尔奇律师事务所里的一位年轻律师是共产主义同情者时，听证会中最著名的声音片段出现了。韦尔奇刹那间由一个和蔼的大叔变成了一个复仇天使，对着麦卡锡咆哮道："在这一刻之前，参议员，我想我都没能算准你的残忍或鲁莽……先生，你到最后连一点体面都不讲了吗？"当麦卡锡和韦尔奇的交锋走向高潮之际，数百万美国人至少通过观看部分现场直播的委员会会议了解了来龙去脉。由于听证会起初没有什么戏剧性的场面（而且因为日间肥皂剧才是当时电视网的摇钱树），哥伦比亚广播公司（CBS）和全国广播公司（NBC）都选择了不直播，因此落得个颜面尽失。

至少对那些支持约翰·肯尼迪当选的人来说，1960 年秋天的首场总统候选人电视辩论的播出再次强化了人们对电视的公民教育价值的乐观态度。然而，肯尼迪在初次辩论中的胜出更多得益于他的外貌，而不是言辞或政策主张；脸色苍白的尼克松满脸胡茬，模样看起来和麦卡锡差不多，而古铜色皮肤的肯尼迪头发浓密，仿佛年轻、活力和男性魅力的化身。当时，根据上镜与否来决定选谁当总统的潜在风险基本上被忽视了。之后的民意调查显示，通过广播收听辩论的人觉得尼克松占了上风，收看电视的人却认为肯尼迪是赢家。这一发现也许在更有远见的知识分子圈里拉响了警报，但几乎无人重视，大概是因为在特朗普登场之前，还没有比尼克松更为美国知识分子所不齿的政客。（知识分子确实看不起乔治·W. 布什，但并不讨厌他。他性格随和，谴责 9·11 之后的反穆斯林偏见，真心关注在非洲抗击艾滋病病毒传播等事业，很难让人心生厌恶。副总统迪克·切尼险恶的右翼形象也转移了原本可能针对布什的鄙视。）

尽管电视对公共事务的影响与日俱增，但在整个1950年代和1960年代上半叶，电视的整体影响力和存在感还不像1970年代初那样无处不在，更不如有线电视崛起的1980年代。这是事实，尽管美国家庭的电视拥有率从1950年的9%猛增到1960年的近90%。1950年代中期，电视机虽已不再是一种新鲜事物，但电视节目的数量依然有限，还没有实现全天候播出。此外，1950年代之初家庭拥有电视机的数量相对较少，这意味着对于1950年之前出生、年纪稍大的婴儿潮一代而言，电视不是来让日常生活产生紧迫感的，而是一种享受——至少在性格成形的学前阶段是这样的。生于1940年代末的美国人或许可以视为在文化上不同于较年轻的婴儿潮一代的另一代人，因为在电视进入他们家之前许多（就算不是大多数）年长一点的人就学会了阅读。最年长的婴儿潮一代，现在已经年届七旬，他们人生的最初5到7年和他们的父辈并没有多少差别，他们在户外玩耍，收听喜欢的广播节目，跟着父母和书本而非《芝麻街》学习ABC。而现在刚过50岁的成年人，也就是婴儿潮中最年轻的一代，早在进入真正的学校之前就已经在电视机前接受教育了。这些人，跟如今他们的子女一样，从婴儿时期就接触电视——尽管在1960年代，很少有父母会蠢到把电视机摆在婴儿床前。

发人深思的是，在接下来的十年里，随着1955年以前出生的婴儿潮一代（甚至包括政客们）走向退休，这个国家的政治和文化领导权将不可避免地交给从出生起便在电视机前长大的第一代人。而且，从出生起便在电脑前长大的第一代人也正在加入他们的队伍。这样的前景令我们这些人感到不安，因为我们怀疑任何在旧的电视或新的数字菜单上添加更多“高质量”节目的尝试，都无法抵消绝对数量对智识的负面冲击。1985年，尼尔·波兹曼颇有先见之明地在他的《娱乐至死》一书中首次表达了这一观点。“我并不反对电视上的垃圾，”波兹曼毫不含糊地指出，“电视上最好的东西就是它的垃圾，没有人或物会真的受其威胁。而且，我们衡量一种文化的标准是它声称重要的东西，而不是它不加掩饰的琐碎的产出。这才是我们的问题，因为电视本身微不足道，所以，当它踌躇满志，当它把自己表现为重要文化对话的载体时，才是最危险的。”①

波兹曼写下那些话的时候，个人电脑时代才刚刚开始，以录像机为开端的各种录制设备还没有成为家家必备的电器，让娱乐消费者能够获得几乎取之不竭的视觉图像以供闲暇之时在家中观看。关于从印刷文化向视频文化转变造成的影响，波兹曼所说的一切如今依然成立，而且更有道理。波兹曼认为，观看的数量比质量更重要，这一观点适用于千禧一代，尽管他们出于多种目的更喜欢用移动设备，但还是会在各种屏幕上观看大量电视节目。我完全赞同波兹曼在这个问题上的观点。1950 年代，当我是个孩子的时候，我的父母立下了一条在那个家长控制一切的时代有些不太寻常的规矩。我和哥哥想看什么节目都行，但在工作日（如果我们做完了家庭作业的话）只能看一个小时，周末只能看两个小时。在我成为一名热情的棒球迷之后，这条规矩有了一个例外，我被允许看完整场比赛。我们也会全家一起看晚间新闻，并讨论当天发生的事情。到我十多岁时，所有的规矩都被废除了，但我已经养成了习惯，只在有我真的想看的节目时才会去看电视。

事实证明，包括相当多的知识分子在内，生活优渥的专业人士特别容易受到这种陈词滥调的影响，即只要视频是“有教育意义

① Neil Postman, *Amusing Ourselves to Death* (New York, 1985), p. 16.

的”，视频消费作为一种生活方式是无害的，甚至可能大有裨益。但是医学研究并不支持这种宽慰人的观点，即定期观看视频，不论是否具有教育意义，对婴幼儿的大脑发育都是有益的。越来越多的儿科研究表明，幼年频繁接触任何形式的视频都会导致年龄稍大一点的儿童注意力持续时间缩短。这些图像的是电视网、电影公司还是电脑软件厂商制作的并不重要，重要的是儿童盯着屏幕的时间长短。美国儿科学会的结论是，对于2岁以下的儿童来说，观看视频没有一个安全的量，但不论该学会如何建议，不让婴儿接触视频的战斗已经失败。

焦虑的父母担心看太多视频对孩子有害，却又渴望电子保姆带来的便利，他们在博客上发表的最常见的言论之一是：“我们从不让孩子看电视，只是看视频。”这种普遍合理化的一个滑稽例子就是望子成龙而又惜时如金的中上层阶级父母对《小小爱因斯坦》（*Baby Einstein*）系列片的热情，该系列片让幼儿观看各种教育影片，向他们介绍从莫奈的睡莲到华兹华斯的诗歌在内的一切。婴儿是它们的下一个目标。HBO频道2005年春天开播的《古典宝贝》（*Classical Baby*）就是这一类型的完美例子。这部每集半小时的节目由柴可夫斯基、巴赫、艾灵顿公爵和欧文·柏林的音乐片段组成，而且全都配着小丑、仙女和动物的动画，还有一闪而过、让人恼火的杰克逊·波洛克、文森特·梵高、克劳德·莫奈等人的名画。当反对向婴儿推销电视节目的团体纷纷对此表示反对时，哈佛大学医学院的儿童心理学家、HBO顾问尤金·贝雷辛博士宣称：“说这种电视节目不好，就等于说艺术不好。”① 这样的表态应被视为一种初步证

① In “*HBO Criticized for Pushing TV to Infants*,” Associated Press, May 12, 2005.

据，证明视频有能力让受过高等教育的专业人士和无辜的婴儿变得迟钝。可悲的是，这些产品现在找到了一个巨大的市场，这个市场上的人们不明白向孩子介绍音乐应该通过在家中播放不受小丑动画干扰的好音乐来进行，不明白应该通过睡前诵读来让孩子认识诗歌，不明白培养一个幼儿对美的欣赏应该通过花园里真正的美景和花香，而不是用莫奈居住过的吉维尼小镇的视频图像来狂轰滥炸。对疲惫的父母来说，通过让孩子着迷于视频来为自己求得片刻的安宁是件好事，谁会那么古板，觉得偶尔看一会儿伴着柴可夫斯基的乐曲起舞的动物会对孩子造成真正的伤害呢？但别再自欺欺人了，以为这就是在进行教育。或者确切地说，教育正在进行，但这种教育让幼小的大脑将注意力集中在预先造好的视觉刺激上，而且是在伴随大量噪音的情况下。

只有勒德分子①才会说，无论是电视还是电脑屏幕上显示的视频文化，对个人的智识发展或社会的智识生活都毫无贡献。《小小爱因斯坦》的意图当然不是提倡反智主义，说到底，它旨在迎合中上层阶级的竞争焦虑和智识虚荣。然而，几乎毫无疑问，视频在美国人年纪更小的时候就侵入了他们的精神世界，它不但让幼儿不再有必要自己玩耍，而且也阻碍了他们的思维和想象跳出框框，这“框框”甚至不是比喻，就是字面意义上的屏幕之框。可想而知，视频文化催生了一个学者和作家拿起大棒保卫的电子家庭手工业，他们为一家价值数十亿的企业集团辩护，并对老派知识分子（又名坏脾气的老年人）嗤之以鼻，因为后者对于从摇篮到坟墓一路吮吸视频乳头持保留态度。只有在当今的美国，《一切坏东西都对你有益：当代流

① Luddite，指反对新技术或新的工作方法的人。得名于 19 世纪用破坏纺织机的方式表达抗议的英国纺织工人。—— 译者

行文化是如何让我们变得更聪明的》（*Everything Bad Is Good for You: How Today's Popular Culture Is Actually Making Us Smarter*）这种书才会得到好评。这本书的作者史蒂芬·约翰逊承认，他在电子游戏上花了相当多的时间。“电视对婴幼儿的催眠效果有时候会让父母感到惊讶，”约翰逊写道，“他们发现，原本精力旺盛、活蹦乱跳的孩子安安静静、大张着嘴巴盯着屏幕，他们作了最坏的猜想：电视正在把他们的孩子变成僵尸。”不用担心，约翰逊向我们保证。神情呆滞地盯着电视——日后又盯着电子游戏——“并非智力衰退的迹象，反而是专注的标志”。[①] 如果一个成人花大把时间玩电子游戏，他自然会形成一种认为一切坏东西都有好处的理论。

真正的重点不在于孩子们专注于什么，而在于他们在高度专注于很可能早已看过几十遍的视频时过滤掉了什么。约翰逊接着宣称，那些证明读写技能下降的研究存在严重缺陷，因为它们“忽视了互联网的兴起所带来的阅读（更不用说写作）的爆炸式增长”。他承认，电子邮件交流和网上对电视真人秀《学徒》（*The Apprentice*）的解读“与文学小说不是一回事”，但他带着赞许地指出，两者“都是以文本为导向”。[②]（在他写下这些话的时候，谁都想不到，《学徒》的监制有朝一日会身居大位，对政府高官喊出“你被炒了”。）只有在自我指涉的数字和视频文化中，才会出现约翰逊那些自我指涉的废话，人们也可以说，儿童色情片和提香画作中的裸体“都是以图像为导向”。在一个贪婪的、依赖技术的社会中，这种辩白的吸引力是显而易见的：父母们会相信他们的钱花对了地方，因为电子媒体玩具都具有教育价值，他们会相信过去半年里没有抽出时间来读一

① Steven Johnson, *Everything Bad Is Good for You* (New York, 2005), p. 181.
② 同上，第 183 页。

本书没什么大不了，会相信当他们的孩子在各种屏幕上观看动画时真的在变得越来越聪明。

在互联网上爆炸式增长的是怎样一种阅读呢？当然不是阅读严肃的虚构和非虚构图书。尽管出版商们不愿意公布具体的销售数据，电子书未能吸引到更多的利基市场依然是这个行业里保守得最好的秘密之一。人们曾经以为电子书将满足不断扩大的市场的需求，但到了 21 世纪第二个十年中期，电子书销售依然停滞不前。早在世纪之交，就已经有迹象表明，电子书不是人人都适合。就连斯蒂芬·金那样广受欢迎的畅销小说作家也在网上碰了壁。2001 年，他尝试着在网上连载一部有关超自然力量的惊悚小说，读者需要为前三期支付 1 美元，后续则是 2 美元。下载图书者需要通过信用系统付费，金承诺，只要有 75%的读者付费下载，他就会继续连载。到了第四期，付费读者的比例下降到了 46%，斯蒂芬·金最终在年底取消了网上连载。这种连载的主意当然也有别人试过，而且大获成功，不过那是在 19 世纪。为了读到查尔斯·狄更斯小说的最新章节，伦敦的读者过去常常起个大早去排队等候；在纽约，当轮船载着那些令人期待的小说驶来时，狄更斯的粉丝们会专门去迎接。然而，网络所关心的只是尽可能快的满足，最喜欢在线阅读的人，恐怕最不愿意为他们喜爱的作家的新作等待一段时间。

曾预言电子书前途无量的科技股分析师们试图用当前的技术水平为自己的误判辩解：万事俱备，只欠东风 —— 一个更好的下载和阅读工具。这种工具应该小巧、轻便，当读者在乘车、吃三明治、倚在床头时也能轻松阅读。就像是……平装书？某种意义上说，电子书的失败更可能是因为，为了愉悦而阅读 —— 与必要的、通常与工作相关的以获取信息为目的的阅读不同 —— 在某些方面与在电脑和便携式数字设备上阅读的整体体验是背道而驰的。互联网是工具书和教科书的完美传播媒介，因为那些书原本就不需要从头到尾逐页阅读。但是，狭隘的、以节省时间为重的那种专注不但不利于为愉悦而进行的阅读，也不利于鼓励通过阅读获取知识。记忆是视频文化的首批受害者之一，因为它依赖于通过接触来吸收思想和信息的能力，以及将新信息与既有知识体系联系起来的能力。要是没有记忆，人们只能依靠短期获取的一知半解的信息，在不健全的基础上作出判断。所有的大众娱乐媒体，以及基于娱乐模式的不断扩大的教育媒体，都强调“独立成形”、无需事先掌握某种知识。媒体提供了酵母，当它与美国其他社会力量和制度相结合时，便会创造出一种肥沃的文化，让不可战胜的无知在整个公共空间里传播。

基要主义宗教的复兴是过去40年里反智主义的第二大推动力。现代媒体或明或暗地诉诸情感而非理性，非常适合帮助传播一种信仰形式，这种信仰形式与启蒙运动开始以来改变西方文明的大多数伟大的理性主义见解背道而驰。心怀必胜信念的基督教基要主义不完全是新教，但大多属于新教，它的信仰基础是《圣经》中的每个字都是真实的，都是上帝亲传的。过去4年中的舆论调查一致表明，超过三分之一的美国人相信对《圣经》的字面解读，近六成的人相信《启示录》中的血腥预言将会成真——包括杀死所有不信耶稣是弥赛亚的人。[1]

从1920年代的电台布道者孙培理（Billy Sunday）开始，在一切问题上都持非黑即白观点的美国基要主义者有效地利用了每一种新

---

① See Nancy Gibbs, “*Apocalypse Now*,” Time, July 1, 2002.

生的大众传播媒体。开明的宗教有着许多灰色地带，并决心在信仰之屋中为世俗知识留出空间，它不太容易接受媒体包装，而且在视觉媒体中甚至比在电台中处于更大的劣势。从帕特·罗伯逊在《700俱乐部》（*700 Club*）节目中的咆哮，到梅尔·吉布森2004年的电影《耶稣受难记》（*The Passion of the Christ*），当宗教不受世俗思想和学习的影响，试图吸收除情感外的任何东西，并不留任何质疑的余地时，它在视频中的额表现最为有力。拿吉布森的《耶稣受难记》来说，它根植于一直被梵蒂冈拒斥的罗马天主教的基要主义，这种信仰从字面上解读《马太福音》，将耶稣被钉上十字架归咎于犹太人。这部在美国大受欢迎的电影，其核心观众并非不信圣经直译主义[①]的主流天主教徒，而是右翼新教教徒。

就算娱乐媒体没有宣传某种特定版本的宗教，它们也会宣扬和利用美国人对超自然力量的普遍轻信。近年来，电视台委托制作了源源不断的节目，旨在迎合相信鬼魂、天使和魔鬼的广大观众。超过半数的美国成人相信鬼魂的存在，三分之一相信占星术，四分之三相信有天使，五分之四相信神迹。[②] 美国人营销的《启示录》是一种多媒体的制作，利用了基督教基要主义和偏执的迷信。主流教派多年来一直在淡化《启示录》中的预言，现代圣经学者指出，《启示录》是在历史上的耶稣去世至少60年后写成的，与《福音书》有着极其微弱的联系。然而，基要主义者拒斥的许多理性发展之一，恰恰是自19世纪中叶以来的圣经学。谁在乎脑袋尖尖的知识分子对于《圣经》的各个部分到底是什么时候写成的，以及那些文本和真

① Biblical literalism，也译经律主义，认为《圣经》字面意义不具有隐喻与象征，主张完全依照字面意义理解《圣经》。—— 译者

② “*The Religious and Other Beliefs of Americans 2003*,” Harris Interactive Poll, February 26, 2003.

实历史之间的关系（如果有的话）有什么看法？美国人对末世幻想的热情恐怕更多归因于《驱魔人》（*The Exorcist*）和《凶兆》（*The Omen*）之类的电影，而不是《圣经》本身。

过去20年来，尤其是自世界贸易中心和五角大楼2001年遭受恐怖袭击以来，种种妄想症都有了实质内容，“末世”——意指世界末日——场景背后的推动力量一直是一系列通过右翼基督教书店和基要主义网站销售的书籍。它们也被称为“末日迷踪”（Left Behind）系列，书名指的是耶稣重临世间进行最后的审判之后，那些被遗弃的人将因不信神而被屠杀，这是写给成人的宗教恐怖故事，还配有一系列童书［《末日迷踪：儿童版》（*Left Behind: The Kids*）］。这套书的作者杰瑞·B. 詹金斯原本以为体育明星代笔为业，他笔下的故事依据基要主义牧师、宗教组织“道德多数”（Moral Majority）的创始成员蒂姆·莱希对圣经的解读写成。① 它在美国卖出了超过1亿册，书迷们还用首字母大写的“被提”（Rapture）来特指这个传奇故事。

被提也是个动词，意思是上帝处理完地上的每一个怀疑者之后天堂中的狂欢，由此应验了《圣经》中的预言，即“神为爱他的人所预备的，是眼睛未曾看见、耳朵未曾听见、从未进入一个人内心的”（《哥林多前书》2：9）。至于那些怀疑祂的人，哈米吉多顿②的暴虐故事阐明了他们不值得羡慕的命运：“有蝗虫从烟中出来落到地上。有能力赐给他们，正如地上的蝎子的能力一样。并且吩咐他们说，不可伤害地上的草，和各样青物，并一切树木，只可伤害额上没有神印记的人……在那些日子里，人要求死，决不得死。愿意死，

① 莱希2016年去世。

②《圣经》中世界末日的善恶大决战的战场。——译者

死却远避他们。”（《启示录》9：3—4：6）另一个很受欢迎的基要主义网站，由内布拉斯加州贝尔维尤的一位空军机械师运营，每天发布“被提指数”，其创始人称之为“末世危机的道琼斯工业平均指数”。这个网站raptureready.com上的指数，在2001年9月24日到达顶点，哈米吉多顿狂热分子由此得出结论，恐怖袭击意味着世界末日近在眼前。

除了数百万美国人已然相信末日迫近之外，最让人不安的是，主流媒体竟然对这些荒诞的想法很当回事，而且郑重以待。2002年，《时代》杂志在一篇关于《圣经》和《启示录》的封面文章中严肃地宣称：“自9月11日以来，来自基督教不太受欢迎的角落里的人们开始质疑《圣经》关于世界终结的说法，牧师们用他们一年前根本无法想象的布道对他们的问题作出了回答。”① 值得注意的是，《时代》杂志的文章中没有任何世俗与理性主义的分析。对于那些将末世场景斥为基于纯粹迷信的集体妄想的人，那些明白应该被视为精神错乱边缘的范畴的思想被视若平常的做法所蕴含的公民危险的人，作者们没有给他们留出任何空间。《时代》杂志的这篇文章讨论哈米吉多顿时，就好像它和地球一样真实存在，某种程度上这是为了利用公众的恐惧多卖杂志。然而，从更深层次看，这篇文章展示了一种新闻观，相信任何“有争议”的事都值得报道，相信一个问题的正反双方必须始终有平等的空间——哪怕其中一方像是异常心理学教科书中的病例。如果事关足够多的金钱，并且相信2加2等于5的人够多，媒体就会一本正经地报道，而且总会添上一句话以示公正，强调“但数学家们说，2加2仍然等于4”。有些主流媒体

① Gibbs, “*Apocalypse Now.*”

带着这样一种相信无稽之谈的扭曲的客观性，它们在破坏逻辑和理性方面所做的比 raptureready. com 还要多。

这种被误导的客观性，特别是在事关宗教时，忽略了有意的无知是基要主义的决定性特征之一。非议他人的信仰是美国人生活中最大的禁忌之一，这条限制源于对宗教自由和让宗教免于像其他社会制度那样受批判性审视的特权之间区别的混淆。宪法和生活在多元社会中的现实，都要求我们尊重我们同胞信任何他们想信的东西的权利——只要他们的信仰，用托马斯·杰斐逊的话说，“一不掏我的兜，二不打断我的腿”就行。但是很多美国人曲解了这条明智的自由放任原则，以为要尊重的是信仰本身。这种盲目的宽容，把可观察到、需要证明的科学事实与无法证明的超自然幻想拉到了同一层次，在反智主义和反理性主义的回潮中发挥了重要作用。依照宪法，数百万美国人完全可以任由自己相信万军之主耶和华终将到来，杀死数百万不信他是弥赛亚的人。但其他人也应行使他们的自由，将这些信仰认定为危险的谬论，而且确实会偷人的钱、打断人腿。

现代美国基要主义（这个词直到 1920 年代才被广泛应用）在一战后成为一场可识别的宗教和文化运动，其最典型的议题是反对在公立学校讲授达尔文提出的基于自然选择学说的进化论。当时，包括非基要主义的宗教信徒和世俗主义者在内的知识分子错误地认为，1925 年发生在田纳西州德顿市，针对约翰·T. 斯科普斯的“猴子审判”已经给了反进化论者和基要主义者决定性的一击。美国知名律师、坚定的不可知论者克拉伦斯·达罗（Clarence Darrow）接下了“斯科普斯案”，这位高中教师被控违反了田纳西州禁止在公立学校讲授进化论的法律。达罗的对手是三届民主党总统候选人、基要主义英雄威廉·詹宁斯·布莱恩（William Jennings Bryan），他的名言之一是，他“对《万古磐石》[①] 比对磐石是否真有万古之龄更感兴趣”。布莱恩犯了个错，即作为《圣经》专家证人出庭作证，而精于诘问的达罗迫使这位他曾经的朋友承认，许多圣经故事，比如太阳为约书亚的军队而静止，以当代科学知识来看都不能照字面意思来理解。

尽管由基要主义者组成的陪审团判斯科普斯有罪是意料之中的事，但北方的记者、科学家和知识分子相信，布莱恩在法庭上所受的羞辱已经一劳永逸地让基要主义名誉扫地。1931 年，文化历史学家弗雷德里克·刘易斯·艾伦（Frederick Lewis Allen）写道：“议员们也许会继续通过反进化论的法律，内陆地区的虔诚信徒也许还是会把他们的宗教锁在他们脑海中一个不受科学侵犯的隔间之中；但世界各处的文明舆论……都带着惊叹和愉悦观察着那场审判，与基要主义信仰的缓慢决裂也在继续。”[②] 对艾伦这样成长于 20 世纪初的知识分子而言，如果有人预言说进化论在 21 世纪初的美国仍会像 19 世纪末一样有争议，他们一定不敢相信。

有关进化论的完美风暴是新反智主义作祟的一个完美例证，因为它的存在不仅归因于宗教基要主义的复苏，而且归因于美国公共教育的普遍失败和许多媒体在科学上近乎文盲。进化论之争往往只被描述成信仰与科学之间的冲突，但它其实是造成当今美国社会非理性盛行的所有文化力量的一个缩影。反进化论主义的持续存在，以及在过去 20 年里作为一种运动的重新登台，让美国与世界上其他所有发达国家格格不入。2005 年 8 月 30 日，皮尤宗教和公共生活论

---

① *Rock of Ages*，基督教著名赞美诗。——译者

② Frederick Lewis Allen, *Only Yesterday* (New York, 1931), p. 171.

坛（Pew Forum on Religion and Public Life）发布的一项民意调查结果几乎没有引起新闻界的注意，因为卡特里娜飓风前一天袭击了墨西哥湾沿岸。可是对那些花了心思去阅读的人来说，皮尤论坛的调查结果揭示了一场和新奥尔良发生的天灾人祸同样严峻的智识灾难。近三分之二的美国人希望公立学校同时讲授进化论和神创论，后者大体可以理解为以《创世记》故事为基础的基要主义核心学说。不到半数美国人——48%——接受任何形式的进化论（甚至包括在上帝引导下的进化），只有26%的人接受达尔文提出的基于自然选择的进化论。足足有42%的人认为，自天地初开，包括人类在内的所有生物都以现在的形式存在。①

对科学如此程度的无知不能仅仅归咎于宗教原教旨主义，因为不接受任何形式的进化论的美国人的比例要比相信《圣经》字面解释的人高出15个百分点。一定还有别的因素在起作用，那就是美国中小学和很多社区大学的科学教育水平低下。从皮尤对进化论的民意调查中所体现的教育差异，我们可以轻松推断出大学以下的公共科学教育的质量低。大学毕业生中只有27%相信各种生物一直以如今的形态存在着，尽管这个数字本身已经高得惊人，但42%的受过部分大学教育的美国人和一半的只读完高中的人坚持神创论的观点，即有机生物在各个时代都保持不变。三分之一的美国人错误地认为科学家们在进化论问题上分歧严重，这种信念强化并反映了右翼宗教人士的口头禅，即进化论“只是一种理论”，并不比其他任何荒唐的想法更能在科学上站得住脚。反进化论者争辩道，既然进化论仅仅是一种理论，那么就不能也不应被视为科学真理。

① “*Public Divided on Origins of Life*,” August 30, 2005, Pew Forum on Religion and Public Life; www. pewforum. org.

从科学方面看，关于进化的细节自然有很多分歧，但通过自然选择进行进化的一般理论已是主流科学界的定论。支撑“只是一种理论”这条流行说法的，不光有宗教信仰，还有我们国家对特定语境中单词的特定含义的漠不关心。很多美国人并不理解理论的定义在日常生活和科学中的区别。对科学家来说，理论是一套旨在解释自然现象的原则，既要有观测的支持，又要经过验证和同行评议；科学理论并非一成不变，而是会随着新的测量工具和研究成果的出现不断修改。然而，日常生活中的理论不过是基于有限或错误的信息所作的猜测，而很多美国人正是这么理解科学理论的。在那些把理论视同无端臆测的人看来，爱因斯坦的相对论和达尔文的进化论无异于一个《末日迷踪》迷宣称：“我的理论是，再发生一次恐怖袭击，世界末日就要来了。”末日预言是典型的非科学理论：每一次预言没有成真时，预言家们就会为预言的应验挑个新日子。一组具体的计算也许是错的，但预言本身总是颠扑不破，泰然地作为一个永恒的且不可验证的超自然真理。毕竟，有谁能证明世界不会毁于下一场大灾难呢？而在科学领域，新的信息要么揭露了错误的理论，就像哥白尼和伽利略的观测结果颠覆了人们长期以来相信的地心说，要么支持了先前根据不太完整的信息提出的理论。

地方对中小学教育的控制是造成这场进化论风暴的最重要因素之一，这种美国传统导致全国各地教育质量存在着巨大且持久的地区差异。在欧洲，国家课程标准占主导地位：西西里人的文化价值观也许和皮埃蒙特人的不同，但这两个意大利地区的高中毕业生都会学到相同的科学知识。而在美国，文化战争的地理维度——基要主义在南方和部分中西部地区势力强大——意味着那些地区的教师就算自己相信进化论，也对将这门学科纳入他们的生物课持谨慎态度。

教育研究机构托马斯·B. 福特汉姆基金会（Thomas B. Fordham Foundation）在新千年之际发布的一份报告指出，美国不超过三分之一的州 —— 大部分位于南方和中西部 —— 不但不向学生讲授进化论的基本事实，也没有让他们了解达尔文的理论对所有现代科学思想的重要意义。①

在课堂上回避"进化"之类的词，换成"随着时间的推移而改变"等毫无意义的空洞说法，是屈服于反进化论者的学校最常采取的策略之一。人们经常忽略生物进化，而倾向于研究太阳系的地质史，这一现象对原教旨主义者而言不如人类血统问题那么令人不安。俄亥俄州是福特汉姆报告中评分较低的州之一，该州奥伯林市的生物教师罗恩·毕尔向《纽约时报》总结了他的教学策略。他认为，讲授进化论是有必要的，但为了避免刺激身为基要主义者的家长，他在讲这个学科时并不把它作为一个"单元"，而是"化整为零，在我能讲的地方见缝插针地讲"。毕尔补充说："我不强迫别人，也不在这上面和学生争论。"② 也许有人会问，如果不能以知识取代无知 —— 这个过程往往涉及相当多的争论 —— 那教学还有什么意义？不过，被动行事和教师回避争议的做法还不是最坏的情况。很多教师 —— 出自同样存在缺陷的公立学校 —— 本身就不理解进化论。得克萨斯大学研究人员 1998 年的一项调查发现，四分之一的公立学校生物教师认为人和恐龙曾经同时存在于地球上。③ 从这些错误认识中，我们也许无法明确推断出这些教师的宗教信仰，不过倒是很容

① "*Good Science, Bad Science: Teaching Evolution in the States*," Thomas B. Fordham Foundation, September 1, 2000, figure I, www. edexcellence. net.

② Cornelia Dean, "*Evolution Takes a Back Seat in U. S. Classes*," *New York Times*, February 1, 2005.

③ George E. Webb, *The Evolution Controversy in America* (Lexington, K. Y., 1994), p. 254.

易看出美国许多教师受的教育是多么糟糕。不知道恐龙早在智人出现之前就已灭绝的教师，连讲授19世纪末的生物知识都不够格，更遑论讲授现代生物学了。（近期没有类似的研究，因此我们没法确定如今的高中生物教师是否比20年前的同行懂的科学知识更多。但是，由于担心基要主义家长的反对，管理层的施压让很多教师在课堂上避免使用“进化”一词。这是我在过去十年中采访过的许多高中教师的痛处。）

更麻烦的是，美国人似乎对宗教的细节和他们对科学的了解一样无知且缺乏教育。在这个被认为是发达国家中宗教气氛最浓厚的国家，大多数成年人说不出四福音书的名称，不知道《创世记》是《圣经》的第一卷。[①] 如果公民连创世故事的出处都搞不明白，他们又怎么能理解神创论的含义，怎么能在知情的情况下决定该不该在课堂上讲授神创论？如果他们曾经和其他无数儿童一起坐在视“进化”为禁忌的课堂里，听着老师说人类曾经和恐龙一同漫步地球，又怎么能指望他们理解进化的任何定义呢？

信息娱乐文化加深了公众对科学和宗教的无知。新闻媒体倾向于以虚假的客观性来报道进化论，就像它们谈论哈米吉多顿的末世景象等其他“争议问题”时一样。就连有关自然的纪录片中，也很少提到进化论。2005年风靡一时的电影《帝企鹅日记》记录了帝企鹅奇特的繁殖周期，但这部在南极巡回拍摄的电影之中完全回避了进化论。事实上，帝企鹅是一个通过自然选择和随机突变的方式来进化的教科书式例子，会在大学生物课程中被引用。这些企鹅从它们通常觅食的海洋出发，跋涉70英里，以便寻找一个能在南极的严

---

① George Gallup, *The Role of the Bible in American Society* (Princeton, N. J., 1990), p. 17, Genesis reference in Steven Prothero, *Religious Literacy* (San Francisco, 2007), p. 12.

冬里为它们提供些许庇护的地方交配。产卵之后，饿坏了的雌企鹅必须把蛋移到雄企鹅的皮毛下面。然后，雌企鹅会摇摇摆摆回到水中饱餐一顿，好有力气再次跋涉70英里，及时赶回去喂养她的新后代，并与饿着肚子、急需回到海中的雄企鹅换班。

一位科学家观察了帝企鹅，看到了随机突变、自然选择和适应地球上最恶劣气候的典型例子。然而，面对同样的事实，神创论或智能设计论的信徒看到的是“神迹”，而不是物种生存的低效。究竟为什么“智能设计者”会把繁殖地放在离觅食地70英里的地方，或者说，就事论事，为什么会将任何物种置于这样一个不适宜居住的气候中，那些相信上帝之手执掌一切的人从来没有回答过这些问题。宗教保守派盛赞这部电影，因为它不光证明了上帝在自然界中的存在，而且还肯定了“一夫一妻制、牺牲、抚育子女等传统规范”。①不过，企鹅家庭的一夫一妻制只能维持一个繁殖周期：一旦小企鹅长大到可以独立生存，企鹅爸爸和企鹅妈妈便会回到海洋，彼此再也不见，与它们的后代也终生不复再见。到了下一个交配周期，它们会选择新的伴侣。但这有什么好计较的呢？只要这一切是一个至高无上的存在规定的，那么每次选择不同伴侣的一夫一妻制显然也足够好了。

假如这部电影的制作方（国家地理电影公司）和发行方（华纳独立电影公司）在片中用了“进化”一词，这部电影在美国的票房表现连猜都不用猜了。2001年，美国公共电视网（PBS）推出了一部由8个部分组成的纪录片，配有为学校教学而设计的资料，并大胆地取名为《进化》（*Evolution*）。基督教右翼勃然大怒，给这部片

① Michael Medved, "*March of the Conservatives: Penguin Film as Political Fodder*," *New York Times*, September 13, 2005.

子打上了反宗教、不科学的宣传的标签，还成功地把配套教学资料拦在了大部分美国学校之外。此外，这部关于进化论的系列片促使布什政府开始监控 PBS 制作的各类节目中的“自由主义偏见”，并为进一步削减一个已经上了宗教右翼的黑名单的政府项目的预算提供了理由。可想而知，PBS 也在特朗普想要大幅削减预算的政府补贴机构名单上。如果像削减艺术资助这样的提议在国会获得通过，此后在全国的 PBS 电视台上我们也许只能看到从英国引进的节目了。反智主义在美国持续存在的另一个证据是，美国是唯一一个以教育为目的的电视网的公共资金依然“存在争议”的发达国家。

在进化论之战中，智能设计论的攻势尤为值得一提，因为他们巧妙地运用了知识和科学的词汇来攻击那些拒绝以宗教攻击达尔文理论的“精英”科学家，从而在许多社群中很有市场。总部位于西雅图、由极右保守主义者资助的智库“发现研究所”（Discovery Institute）是智能设计运动的急先锋。管理发现研究所的那些能言善辩、熟谙媒体的右翼分子更喜欢淡化宗教色彩，强调一小撮在科学上持逆向思维者的反达尔文主义观点，那些人当中有不少和宗教右翼有牵连。受人尊敬的主流科学家普遍拒绝接受他们的观点，而这却被智能设计论者视为自由主义建制派阴谋保护其达尔文主义地盘的证据。发现研究所的发言人不断把他们持相反信仰的研究者与哥白尼和伽利略等曾经被嘲讽的天才进行比较——这一论点很便利地忽略了一个事实，即反对日心说的并不是其他探索科学真理的人，而是罗马天主教会。智能设计论并不坚持上帝用 7 天创造了世界的说法，但它确实基于一个非科学的假设，即生命的复杂性证明了设计者的存在。“如果你想称设计者为上帝，悉听尊便”是智能设计论的口号，另外还有一条是“教授争议”。企鹅为了繁殖要在冰封的荒原上行进，血液需要无数种蛋白质才能凝结并避免人失血而死，这些致命的低效并未被看作自然界中的偶然，而是被当成有意为之的奇迹。为什么一个指导一切的智能会想让他/她创造出来的生灵生存得那么艰难，这样一个显而易见的问题从来没有人问过，因为它没法回答。从科学角度讲，让教育工作者“教授”关于进化论的“争议”，无异于让历史学家“教授”关于纳粹大屠杀的“争议”。

智能设计论的支持者在2005年底受到了沉重打击，因为联邦地区法院法官约翰·E. 琼斯三世做出裁决，禁止宾夕法尼亚州多佛市的公立学校在教学中以智能设计论来替代进化论。琼斯的观点直截了当，它毫不含糊地指出智能设计论是一种宗教理论而非科学理论，因此，在学校中讲授该理论违反了《宪法》第一修正案的政教分离条款。“当然，达尔文的进化论并不完美，”琼斯总结道，“但是，不应把某种科学理论尚不能解释所有细节的事实当作借口，借此把一个基于宗教、不可检验的替代假设塞到科学课堂上，或者歪曲已被广泛接受的科学命题。”① 当然，琼斯以科学为基石的意见不会是这个问题的政治定论。

当布什公开支持教授智能设计论时，不出所料，宗教右翼欢呼，世俗人士和宗教左翼谴责，但没有人指出，一位美国总统居然会将自己置于与当代科学思想直接对立的位置，这是多么不寻常的事。即便当美国总统对哲学、历史和政治上的新思潮漠不关心时，他们在科学问题上也总是想站在正确的一边，而那些对科学一无所知的总统也足够聪明，知道应该闭口不言。人们无法想象卡尔文·柯立芝会宣称教授爱因斯坦相对论或进化论的替代理论是可取的，尽管

---

① *Kitzmiller vs. Dover School District*, U. S. District Court for the Middle District of Pennsylvania, case no. 04CV2688.

斯科普斯审判成为全国媒体宣传和争议的热点时，柯立芝正在白宫主政。特朗普目前尚未卷入任何有关在学校中讲授进化论的争议，但由罗马天主教（和主流的新教一样，它最终将其信仰与进化论进行了调和）皈依的极端保守的新教福音派教徒副总统彭斯，却曾在数不清的场合中诋毁进化论是科学定论。特朗普从未对宗教表现出特别兴趣，但他得到了右翼福音派教徒的压倒性支持，很多政治观察家认为，他把宗教议题“外包”给了彭斯。倘若如此，进化论——以及与对《圣经》的字面解读有所冲突的任何科学议题——未来几年在公立学校中的处境也许会更糟。这一点尤为确实，因为在浓厚的加尔文教派信仰中长大的教育部长贝齐·德沃斯致力于用公共资金资助宗教方面的特许学校。

与1920年代的前辈们不同，当前的反理性主义运动从上到下，从小镇上的学校董事会到华盛顿的权力走廊，已经彻底政治化了。记者兼（从林登·约翰逊政府时代开始）长期担任政治助理的比尔·莫耶斯因为在公共电视频道的节目中支持科学、支持理性主义、反对基要主义的言论而长期受到宗教和政治右翼的攻击，他在一段关于末日景象的犀利演讲中描述了这一过程。“我这一生中，政治方面最大的变化之一是，妄想之症已经不再是边缘的。它从边缘而来，坐上了椭圆形办公室和国会的权力宝座。在我们的历史上，意识形态和神学头一次垄断了华盛顿的权力。神学主张的命题无法证实是真的，各种意识形态坚定地坚持着一种与被普遍接受的现实相矛盾的世界观。意识形态和神学的后代并不总是坏的，但却总是盲目的。这就是危险所在；选民与政客一样，无视事实。”① 在政治化的反理

① Bill Moyers, “*The Delusional Is No Longer Marginal*,” *New York Review of Books*, March 24, 2005.

性主义的土地上，事实就是人们选择相信的任何东西。

问题在于，为什么是现在。相较于过去25年来反理性主义的政治化，1920年代复兴的宗教基要主义要好理解得多。20世纪早期的基要主义和20世纪晚期的反理性主义都利用了对现代主义更广泛的恐惧和对世俗主义的仇恨，这些情绪超越了宗教右翼，并且向来是美国反智主义的一个重要组成部分。但1920年代反动的基要主义深深植根于对一个更简单的时代的怀旧，传统宗教只是这种怀旧中的一环。布莱恩是他那个时代的民粹主义和基要主义政治家中的头面人物，他是19世纪晚期的小镇美国，社会尚未堕落的产物，那时的美国认为自己受到了上帝的特别庇佑，无须外界专家的进一步启蒙。无怪乎基要主义和反理性主义会吸引那么多渴望回到一战之前不那么危险的世界的人。

伊甸园式的过往对今日那些抨击专家、科学家和知识分子"精英"的人发出了怎样的呼唤呢？大多数美国人当然想要回到2001年9月11日之前那个安全，或者说被认为安全的世界，但早在这场恐怖袭击几十年之前，意识形态上的反理性主义就已在美国兴起了。难道我们渴望的不是有形的安全，而是数字革命之前的那个年轻人和中老年人尚未被技术藩篱隔开的世界？然而，随着特朗普的崛起，另一种形式的怀旧情绪进入了反理性主义的大杂烩，那便是对一个国家的理想化，这个国家的城市化程度较低、白人更多、来自截然不同的文化的移民较少，并且总是把基督教（后来是犹太-基督教）身份挂在嘴上。当然，特朗普本人并不是他所颂扬的那种更简单、更乡土的社会的产物——在那样的社会中，美国人总是打赢战争，只会欢迎白人移民。众所周知，总统来自大城市，他的祖父是德国移民，母亲是苏格兰移民（他们都有更讨喜的白皮肤）。尽管如此，很难想象他的移民祖父会预料到自己的孙子——不管他长大后有没有当上总统——公然蔑视学习与专业知识。特朗普的许多反智言论，表达了他对受教育程度较低的人群的热情，那些话哪怕出自1917年的建筑商之口似乎也是不合时宜的，更不用说一个世纪之后了。特朗普的个人经历，这一次依旧没有为他当选总统创造条件的反智怀旧浪潮给出真正的答案。

是什么让美国人对那些不仅与智识的现代主义和科学相悖，而且与对美国的建立做出重大贡献的旧启蒙运动理性主义相悖的价值观如此趋之若鹜？要试着解答这些问题，就必须从矛盾的文化和政治力量入手，它们甚至早在美国建国之前就形成了美国的例外主义理念，并在这个年轻的共和国形成之初的几十年里成为美国实验的不可或缺的一环。其中许多力量结合了对学问的深切崇敬和对拥有太多学问的深切疑虑，它们经历了第一代美国人无法想见的经济和人口变化，一直持续并演变到我们当前的非理性时代。

第二章

往昔活法：一个年轻国度的智慧与无知

1837 年 8 月 31 日中午，哈佛学院的学生、教师和应届毕业生鱼贯进入一间小礼堂，聆听拉尔夫·沃尔多·爱默生在学院一年一度的 ΦβK[①] 日上发表的演讲，这位作家曾是老北教堂一位反传统的牧师，在波士顿之外的同胞中基本上寂寂无名。在《宪法》签署 50 年后，美国已经拥有了一个知识分子精英的核心，其当代和未来最令人印象深刻的一些成员当天也出现在了哈佛广场。学界人士聚集在剑桥的第一教区会堂，该会堂就在安妮·哈钦森 1637 年因“诋毁牧师”而受审并被判处从马萨诸塞湾殖民地驱逐出去的地方。被诋毁的神职人员是为了争取宗教自由而离开英国前往新世界的清教徒，但他们不愿将同样的权利扩大到其他人身上。200 年后，时年 35 岁的爱默生即将带给他那个时代的建制派巨大的冲击，如果不说是中伤的话。他关于美国学者的演讲，无异于一种知识分子的独立宣言——不光是独立于欧洲文化，而且要摆脱在欧洲大陆和英国文化面前的自卑感。爱默生本人是威廉·华兹华斯、托马斯·卡莱尔、塞缪尔·泰勒·柯尔律治等英国文豪的朋友和仰慕者，而这让他的演说更有影响力了。

前一天的大部分时间被冗长的毕业典礼占用：8 月 —— 而不是 6 月 —— 标志着上一个学年结束，下一个学年开始。仪式开始时，大家一定还昏昏沉沉，没有睡醒，因为很多毕业生都会在前天晚上大肆庆祝，而他们的庆祝方式也许未必会得到清教徒先辈的认可。可是，听众当中有不少年轻人 —— 聚集在此的哈佛学生和教授当然都是男性 —— 已经准备接受爱默生的教诲，而后用于自己的智识探索。刚拿到毕业证书的理查德·亨利·达纳便是其中之一，达纳 1831 年进入哈佛，1833 年辍学，然后在美国东海岸经合恩角到加州的航线当了两年二等水手。1835 年重返哈佛之后，达纳开始记述他在旅程中的见闻，揭露当时美国大部分水手过的近乎农奴的生活，这本名为《航海两年》（*Two Years Before the Mast*）的书将于 1840 年出版，至今仍是美国揭露文学的经典之作。1837 届毕业生的另一个代表是亨利·戴维·梭罗，他已经将爱默生视为导师，而且也是熟悉他早期作品的少数读者之一。（爱默生的第一篇论文《论自然》（*Nature*）匿名发表于 1836 年，销量不佳。）当时出席的还有詹姆斯·罗素·洛厄尔（1838 级）和奥利弗·温德尔·霍姆斯（1829 级）。听众中还有一位，已是声名卓著的教育改革家的贺拉斯·曼，他原本对爱默生并无深刻印象，但当爱默生呼吁改变美国对学习的态度时，他改变了主意 —— 爱默生的这种观点和曼作为新成立的马萨诸塞州教育委员会秘书所希望实现的进步非常一致。②

"欧洲那种御用的诗才，我们已经听够了"，爱默生用这句大胆的断言，向在美国政治独立被视为理所当然的氛围中长大的第一代

---

① 即 Phi Beta Kappa，源于希腊文"对智慧之爱为人生向导"，为美国大学优秀生联谊会名称。—— 译者

② Many details of the setting are drawn from Bliss Perry, "*Emerson's Most Famous Speech*," in *The Praise of Folly and Other Papers* (New York, 1923), pp. 81-113.

美国人——1812年战争结束后出生的人——发起了智识挑战。但是，当这位康科德城的未来圣贤严厉批判当时美国文化的低下抱负时，不仅是向站在他面前的享有殊荣的学者，也是向更广大的公众发表讲话。“这个国家的人的思想，”爱默生宣称，“被教导去瞄准低目标，却反噬了自身。”

除了高雅得体、殷勤顺从之辈，其他人没有差事可做。最有前途的年轻人在我们的海岸上开始了人生，他们被山风吹得膨胀，被上帝的所有星星照耀，发现脚下的土地与这些并不契合，而且种种行事之道激起的反感阻碍了他们有所作为……。出路何在？他们还没有明白，成千上万满怀希冀现在挤在职业生涯的关卡前的年轻人也没有明白，如果一个人不屈不挠地依靠自己的本能，并坚守下去，那么这个广阔的世界便会向他靠拢……。若不能成为一个单独的个体——不被看作一个独立的人——不去为了做出每个人生来就要做出的独特贡献，而只是被看作总数的一部分，计作百分之一或千分之一，计入我们所属的派别、部门；并且我们的观点按地理上的南北来预判，岂非这世上莫大的耻辱？不能这样，兄弟们、朋友们——但愿老天保佑，我们不会这样。我们要用自己的脚走路，要用自己的双手工作；我们要说出自己的心声。文学研究不应再是怜悯、怀疑和耽于感官的代名词。人类的恐惧和人类的爱应当成为守护众生的城墙、欢乐的花环。一个属于人的国家将第一次屹立于世，因为人人都相信自己受到了圣灵的启发，而圣灵也在激励着所有人。①

---

① “*The American Scholar*” *Today: Emerson's Essay and Some Critical Views*, ed. C. David Mead (New York, 1970), pp. 29–30.

乍一看，爱默生这番话似乎与他自己的主张相矛盾，即现在是美国人在文化上自立的时候了。如果一个国家的人的思想被“教导去瞄准低目标”，那么这个国家的文化如何能在没有更好的人的指导下存在呢？但是爱默生给出了一个让后世之人对他的这篇演说产生共鸣的答案：改变自己，让自己更关注自己的本能，而后“广阔的世界便会靠拢过来”。然后，也只有到那时，精神生活在美国才会不再被斥为由宗教的异端邪说、懒惰和矫揉造作的欧洲做派——“怜悯、怀疑和耽于感官的代名词”——构成的华而不实的奢侈之物。

听众当中的年轻人将会铭记他们聆听爱默生的演讲时的激动，直到此生结束。“没有一个年轻到能有此感悟的人会遗忘或停止感激他从他高尚、勇敢的同胞那里……得到的精神和道德上的触动，”洛厄尔在1868年回忆道，“走道那么拥挤，人人屏息静气，窗户上凑在一起的满脸热切的脑袋，那么热情的喝彩，对必不可免的异议的那么可怕的沉默……这是我们美国版的阿贝拉尔①演讲……”② 爱默生的听众们很清楚，“美国文化”这个说法被许多受过教育的欧洲人认为是一个矛盾措辞。亚历西斯·德·托克维尔是对年轻的美国最富同情的欧洲观察家之一，他在自己1831—1832年那次著名的美国之旅后总结道：“在我们这个时代的文明国家中，没有几个在高等科学的进步方面不如美国，大艺术家、杰出的诗人和知名作家也没有几个比美国更少。”③ 但托克维尔不同意许多与他同一时代的欧洲贵族所持的观点，即美国的文化缺陷是由民主制度本身造成的。相反，

---

① Pierre Abélard，法国神学家、经院哲学家和早期唯名论重要代表，在中世纪哲学史上占有重要地位，以讲授雄辩术和逻辑著称。他的演讲、辩论才能对欧洲大学的教学风格影响深远。——译者

② James Russell Lowell, “*Thoreau*,” *My Study Windows* (Boston, 1885), pp. 197-198.

③ Alexis de Tocqueville, *Democracy in America* (1840; New York, 1960), vol. 2, p. 35.

他认为，美国和英国的密切联系使得美国人能够集中精力开发新大陆，同时吸引来自母国的“杰出的科学家、有才华的艺术家和出色的作家”。这种得天独厚的条件让曾经的殖民地居民“不必费力积累知识就能享用知识的宝藏”，而且就算忽视智识的追求也“不会重新陷入野蛮”。① 在那篇标志着美国人的智识征途已告别起步阶段的演讲中，爱默生所抨击的正是这种准殖民地的依赖性。

在那些发动了革命的人来说，文化和智识议题与他们克服重重困难才结成的政治联盟是分不开的。亨利·亚当斯从19世纪的最后十年回溯蹒跚起步的美国，他以政治权力第一次从一个政党和平地移交给另一个政党——他的曾祖父约翰·亚当斯1800年被托马斯·杰斐逊取代——为开始进行讲述。杰斐逊当选为总统的“国家尚在襁褓之中，既没有文学、艺术、科学，也没有历史，甚至没有足够的国民来确定这是一个国家”。针对这个新生共和国所面临的严峻的智识、文化和教育问题，亚当斯精辟地概括道：

> 它能把它的社会力量转变成更高层次的思想吗？它能满足人类的道德和智识需求吗？……它能否赋予宗教和艺术新的生命吗？它能在茫茫大众中创造并保持那些迄今为止只属于科学人士的思维习惯吗？它能产生或者说包容人类的更高级变体的分化？只有满足了这些要求，方能取得全面的成功。②

---

① Alexis de Tocqueville, *Democracy in America* (1840; New York, 1960), vol. 2, p. 36-37.
② Henry Adams, *A History of the United States* (1891-96; New York, 1962), vol. 1, p. 184.

亚当斯描述的是催生了独立革命和美国宪法的启蒙运动的全面愿景——这一愿景有着壮丽、宏大的色彩，尽管它激发了人们的崇敬之情，但1990年代的大部分美国人就跟今天的一样对它一问三不知。启蒙思想家所说的“科学人士”，指的是有机会学习的极少数人；要培养出以前只属于少数精英的思维习惯，显然有必要将学习之举扩大到普通公民，这在地位由出身而非知识决定的社会中是件做梦也想不到的事。这样的愿景绝非反智；从18世纪末到19世纪初，受过最好教育的美国人——那些深受启蒙运动理念影响的人——最有可能支持通过一般性税收来支持学校，并为每个州的杰出学者创建一所面向全国的、由政府出资的公立大学。然而，关于政府在推动大众和精英的教育方面应当扮演的角色，人们分歧极大；而革命一代中那些希望联邦政府什么都别做的人的胜利，将给美国的智识生活蒙上一层长长的阴影，并加剧教育上的地区差异，这种差异如今仍然对美国文化产生巨大的反智影响。

当然，美国的缔造者们绝非普通大众。制宪会议的55名代表中，超过半数在美国或欧洲——主要是英国——的大学接受过教育。① 其他人，尤其是本杰明·富兰克林，都是自学成才的国际知名学者。为了让其他代表了解以前有关联邦国家的种种尝试，詹姆斯·麦迪逊拿出了他研究古往今来由城邦组成的联邦制度时所用的大量资料。这些研究借鉴了托马斯·杰斐逊不久前应麦迪逊的要求从法国运回的大量书籍。按照麦迪逊的说法，激励古代政治家的“进程、原则、缘由和期望”只留下了极为粗略的记载，这激励他在制宪会议的每次大会上都留下详细记录。麦迪逊说，这些历史文献

① See Merle Curti, *American Paradox: The Conflict of Thought and Action* (New Brunswick, N. J., 1956), p. 16.

的缺乏“让我下定决心尽全力准确记录大会上可能通过的内容，不负会议的托付，其规模之大令我印象深刻，大会上提出的目标、意见和思考论证将为这个新的政府体制带来独特的结构和组织形式，我希望能够用可靠的记录来满足后人的好奇”。①

那毕竟只是一场政治目标明确的政治会议，只有知识分子才会以如此独特的方式描述准确记录的必要。那个年代，人们依然相信，理解人类各个领域的知识和经验，既有可能，也有必要。当时最具影响力、最受景仰的人——麦迪逊、富兰克林、杰斐逊、约翰·亚当斯、亚历山大·汉密尔顿、本杰明·拉什②等等，在这里只能提及寥寥数人——都是博学之士。华盛顿的受教育程度不如其他很多宪法缔造者，但他对高等教育深怀敬意，在遗嘱中专门留下了价值数千美元的有价证券遗产，希望能说服国会拨款建立一所国立大学。他的遗产在政治分歧中无人理会，那些分歧也为联邦政府对教育的干预和投入问题日后引发的诸多论战定下了调子。国会担心，用华盛顿的遗产建立国立大学，会被视为对宗教机构建立的高校的侵犯，因此只求置身事外。③

不管历史将如何评价美国启蒙运动中思虑深远的公众人物，他们都代表着爱默生在他最著名的演讲中所提出的——相较于他眼中层次较低的“单纯的思考者”（mere thinker）而言的——“思想着的人”（Man Thinking）这个理想，前者属于视野有限的专家，并不比

① James Madison, “*Preface to Notes on Debates*,” in *The Record of the Federal Convention of 1787*, ed. Max Farrand (New Haven, Conn., 1937), vol. 3, p. 94.

②《独立宣言》签署人之一，美国开国元勋，美国政治家、医生、作家、教育家、人道主义者。——译者

③ George Washington, *The Writings of George Washington*, ed. Jared Sparks (Boston, 1834), vol. 1, p. 572, quoted in Adolphe E. Meyer, *An Educational History of the American People* (New York, 1957), p. 103.

“单纯的”工匠、农民、商人、律师和医生更胜一筹。对于爱默生的先见之明，怎么评价都不为过，他提醒人们，专业分工将对整体而言的人类尊严，尤其是对智识生活造成影响。爱默生认为，在启蒙运动知行合一的理想已经褪色的社会中，没有人堪称完整，没有人算得上思虑至深。

> 作为被派到田地中采集食物的大写的人，种植者鲜少会因为想到职责的真正高贵而欢欣鼓舞。他目中所见只有自己的箩筐和推车，他堕落为一介农夫，而不是农田上大写的人。工匠们极少意识到工作的价值，只是循着手艺的流程行事，灵魂臣服于金钱。教士成了仪式，律师成了法典，技工成了机器，水手成了船上的缆绳。
>
> 在这种工作的分配当中，学者分配到的是智识。在理想状态中，他是**思想着的人**。若是沦于堕落，作为社会中的受害者，他往往会变成单纯的思考者，或者更糟，跟着他人的想法鹦鹉学舌。①

就像热情洋溢的“思想着的人”经常会做的那样，爱默生也夸大了他所描述的社会现象的普遍程度。但是，他指出了这个国家重要的智识和社会倾向之一，美国对学识和才智的态度长期陷于精神分裂，正是那种倾向为之埋下了伏笔。专业化的倾向——诚然，这片乌云在19世纪早期才初露一角——与教育应当迎合直接现实利益的美式执念密切相关。正如美国建国者当中很多人所强调的，民主

① “*The American Scholar*” Today, p. 14.

制度的健康需要全民教育作为保障，但也有许多美国人认为，学识太高的个别公民可能取得高于他人的地位，从而伤害本应由教育去培育的民主理想。普通美国人最欣赏的那一类教育意在为亟需解决的现实任务训练人才，而不是把他们变成思想着的人。“我喜欢的是那种将（刚）好识点字的人。”一位印第安纳农民对贝纳德·拉什·赫尔[1]尖刻而生动地评价道。这位毕业于普林斯顿大学的传教士1823年造访了新开拓的疆土，前去协助建设一所公立学院，也就是印第安纳大学的前身。路过赫尔在布卢明顿的住宅时，居民们说：“哟，懂拉丁语和那些高贵东西的聪明人就住这儿啊——迟早得把他赶走。”[2] 这般态度已经将大多数美国民众和聚在哈佛广场上聆听爱默生演讲的文化人区隔开来，这种问题在边疆地带尤为严重。

出现于19世纪初的种种反智势力当中，最重要的当属“第二次大觉醒”（Second Great Awakening）时期兴起的基要主义宗教。[3] 在这场运动中，向新的世俗知识敞开怀抱的自由主义宗教，与视《圣经》记载为事实的僵化落后的信仰短兵相接。不分教派归属，基要主义都有同样的特征，拒绝接受与其笃信的宗教真理相冲突的任何世俗知识。这种对科学和人文知识的抗拒始终都是美国的反智主义当中最持久、最强大的元素。最权威的美国新教历史学家之一西德尼·米德1963年指出，福音派基要主义于革命时代末期兴起之后，“‘宗教’和‘智识’之间不断扩大的鸿沟”便已显现。米德认为，

---

① Bayard Rush Hall，出生于费城，曾就读于普林斯顿神学院。作为一名学者和长老会牧师，他是印第安纳州立神学院（现印第安纳大学）的第一位教员。——译者

② Bayard Rush Hall (under pseudonym Robert Carlton), *The New Purchase*, *or*, *Seven and a Half Years in the Far West* (New York, 1843), vol. 2, p. 85.

③“基要主义”一词直到20世纪才进入美国的语言当中，但我在本书中将用这个词来描述任何以对经律的字面解读为信仰基础的美国宗教和教派。

1800 年以来，美国宗教的历史进程要求美国人民作出“艰难抉择，是要依据智识中心的普遍标准跟从智识，还是要依据教派的普遍标准跟从宗教”。[1] 他的论点需要加以限定：要作出“艰难抉择”的不是全体国民，而是属于某些教派的诸多美国人。拿 19 世纪早期的一位论派[2]教徒来说，面对挑战了《圣经》所谓地球仅有 4 000 年历史的地理新发现，他并不会感到多么苦恼。而对于文化水平不高，在这个年轻的国度中争取信徒的无数基要主义福音派教徒来说，岩石和化石的历史早于《圣经》记载的说法一定会让他们惊骇不已。[3] 米德指出，在共和国早期，面对剽悍的基要主义，更加开明、愿意妥协的美国新教派别节节败退。他无疑是对的。这片失地已经永远光复无望。

第二次大觉醒是以反理性的基要主义信仰回潮为标志的诸多宗教奋兴运动循环之一，它是对以众多建国者为代表的世俗启蒙运动价值的反击，也是对独立战争带来的动荡不定、令人不安的社会形势的回应。独立革命结束之际，美国的宗教版图花样繁多，多少有些混乱，同宗教右翼如今乐于粉饰的虔诚美国大相径庭。和所有战争一样，独立战争颠覆了原有的习俗与包括宗教在内的社会制度。

---

① Sidney E. Mead, *The Lively Experiment: The Shaping of Christianity in America* (New York, 1963), p. 129.

② Unitarians，否认三位一体和基督神性的一个新教派别，倾向自由主义，强调人的自然属性，反对教会等级制度，赞同教会的自主性。—— 译者

③ 1795 年，苏格兰地理学家、博物学家詹姆斯 · 赫顿出版了《地球论》（*The Theory of the Earth*）一书，赫顿断言，苏格兰海岸上的沉积岩并不是在一次大洪水中形成的，而是较长时间内多次洪水的结果。这样的结论含蓄地向地球上所有地质构造都由《创世记》中所描述的那场大洪水造成的观点提出了挑战。赫顿的理论 —— 上古时期就存在着的地质力量如今依然塑造着地球 —— 被称作均变论。1830 年代初，英国地理学家查尔斯 · 赖尔爵士在《地质学原理》（*Principles of Geology*）中扩充了赫顿的理论，并使之广为人知。这些地质学理论并没有像查尔斯 · 达尔文在 1859 年提出的进化论那样富有争议，但对达尔文的研究与思考产生了极大影响。

康涅狄格州温德汉姆19世纪的官方地方志生动地展现了宗教正统势力眼中的所谓后革命道德乱局：

> 她［这座城市］最为繁荣的是世俗事业，宗教却可悲地没落了。这是一个转折期——剧变、混乱和颠覆的时期。革命带来了不信教的行为和普救派，它们吸引了许多民众，让他们脱离了父辈的宗教信仰。思想自由和酗酒自由一样盛行。大为松懈的礼仪和道德取代了严格的古老新教传统……如今，这些受人尊敬的牧师的后代……是怀疑论者和玩世不恭的人，掌权的则是除了参加市民大会和个别世俗活动之外从不走进教堂的人。①

大部分的估算认为，1790年，仅有10%的美国人属于被承认的教派。② 信教比例最高的是新英格兰地区的市镇，最低的是南方和边远地区的农村。但是，就像温德汉姆的历史告诉我们的，就连教会成员也未必会定期去教堂。萨缪尔·马瑟是曾经走出因克里斯·马瑟和科顿·马瑟这两位著名新教牧师的马瑟家族的后人，他在1780年哀叹道，他的波士顿同胞中只有六分之一定期去教堂参加宗教仪式。对美国人不信教的这些怨言无疑有所夸张；无论是独立战争之后，还是200年后“上帝之死”成为流行预言之时，上帝都同样活跃。相比18世纪，除了某些恪守严格教规的基要主义教派之外，如今的教会成员承担的现实义务要少得多；如果把拒绝为教堂里的家

① Ellen D. Larned, *History of Windham County*, *Connecticut* (Worcester, Mass., 1880), vol. 2, pp. 220-221, in G. Adolf Koch, *Republican Religion* (New York, 1933), p. 245.
② See Hofstadter, *Anti-Intellectualism in American Life*, pp. 81-82.

庭包厢付钱等同于没有信仰，那实在是犯了时代错误。不过，自由思想和自然神论——宗教保守主义者所谓的“不信教”——的影响无疑是不少启蒙时代的美国人背弃父辈信仰的原因之一。

自由思想在美国从来都不是多数人的运动，但它在18、19两个世纪的最后25年中都对公众影响深远；自由思想运动的第一轮高潮直接影响了《宪法》的起草。自由思想往往被错误地定义为完全不信上帝，但更准确的做法是把它理解成一种元素繁多的观点，其中既有真正的反宗教思想，也有与正统宗教当局对立，对上帝或上苍——后者是18世纪自由思想者更喜欢的用词——的个人化、非传统的信仰。作为自由思想形式之一，自然神论信仰开启了宇宙运转，但嗣后却不会主动参与人类事务的“钟表匠上帝”，这种信仰在美国的建国者当中尤为普遍。完全的无神论者也许当时并不存在，尽管宗教保守主义者们从未放弃给托马斯·杰斐逊和托马斯·潘恩这样的自由思想者贴上无神论的标签。

在政治方面，自由思想追求的是以人的权利和人类理性，而非神权为基础的政府——换言之，世俗政府。美国宪法刻意回避了提及上帝，同时禁止以宗教信仰评定担任公职的资格，由此让政府不受宗教干预这个自由思想的理想实现了正式化与合法化。之后制定的宪法第一修正案以“国会不得制定任何法律以确立国教；妨碍宗教信仰自由”这个我们熟知的表述，体现了应当保护宗教不受政府干预这个同样重要的自由思想原则。宪法中的世俗化条款是在自由思想者和虔诚的福音派教徒达成的联盟支持下制定的，后者认为，不论政府以何种形式参与宗教，都是对上帝的冒犯和对宗教自由的威胁。[①]（必须指

① See Susan Jacoby, *Freethinkers: A History of American Secularism* (New York, 2004), pp. 15-34.

出，“福音派”经常被误作基要主义者的同义词，近年来媒体的此类误用尤为严重。美国的福音派教徒总在劝说他人改宗，一贯相信和宣扬上帝与人的直接联系，但他们并不一定信奉基要主义者对《圣经》的字面解读。如今的基督教基要主义者都属于福音派，但福音派教徒并不都是基要主义者。）

共和国早期的宗教争议在美国人的信仰问题上制造了永久的断层。这种分歧常常被宗教宽容的公民思想所掩盖，但总是会周期性地浮出水面——最近一次是始于1970年代中期的文化战争——表现出原始而顽固的宗教激情。18世纪的美国自由思想对教育程度最高的社会成员最具吸引力，其中既有为数极少的大学毕业生，也包括众多的自学成才者，富于感染力的福音派奋兴运动则对教育程度较低的人和穷人有着强得多的吸引力。在18世纪晚期的美国，世俗化势力对那些原本以培养受过良好教育的神职人员为目标的高等教育机构影响最大。1650年，也就是哈佛大学建校第14年，足足有70%的毕业生走上了神职岗位；一个世纪之后，这个比例下降到了45%。到了1790年代，三分之二的哈佛毕业生从事着法律、医学、教育、商业等世俗行业。①

注定要成为南北战争前美国最具影响力、最保守的牧师之一的莱曼·比彻1793年进入耶鲁大学，用他的话说，他在耶鲁看到了“最不敬神的景象”，他还将同学个人的恶习归咎于自由思想的影响。“这便是托马斯·潘恩的学校不信教的时代，”他日后回忆道，“过去和我一样在谷仓中穿着亚麻衣服的男孩读着潘恩的书，而且相信他的话……我面前的大部分同学都不信教，以伏尔泰、卢梭、达朗

① Russell Nye, *The Cultural Life of the New Nation: 1776—1830* (New York, 1960), pp. 74-75.

贝尔[①]等人之名彼此相称。”[②] 由革命之中的法国传来的非美国异族哲学和自由思想相结合，同样成为了塑造了美国宗教观的永恒标准的一部分。

包括清教徒的公理会传人和自认为在独立战争前属于英国国教会一员的圣公会教徒在内，传统新教各派夹在了世俗化的18世纪自由思想和富有感染力的基要主义奋兴运动中间。1790年至1830年间，马萨诸塞州由清教徒传袭下来的公理会教会中，约有半数转变为更开明的一位论派教会，后者的特点是更为松散的等级制度和对《圣经》的灵活解读。[③] 波士顿极具历史意义的老北教堂就是其中之一，1829年至1832年间，爱默生在那里当过牧师。可是，对爱默生来说，就连一位论派也显得过于局促，与教区居民发生多次神学争论之后，他辞去了牧师职位。爱默生认为，耶稣从未打算让他和门徒们在最后的晚餐上分享的圣餐成为永恒的圣礼，其中最重要的一次争论似乎就是由这种观点引起的。

发表《美国学者》演讲一年后，爱默生在对哈佛神学院教职人员的演说中告诉牧师们，人只能从自己的灵魂对真理的探求中寻得救赎，而不是借助任何教会的教诲，他和教会团体之间最后的联系由此切断。爱默生的这次演讲被看作对基督教的否定，导致他和哈佛的关系走向破裂：直到1866年，哈佛才再次邀请他前来演讲。文化历史学家普遍强调启蒙运动的理性主义和爱默生的超验主义之间的区别，这种观点确实合乎情理，但爱默生的宗教观和曾说出“我

① 18世纪法国著名的物理学家、数学家和天文学家。——译者
② Lyman Beecher, *Autobiography*, *Correspondence*, *Etc.*, ed. Charles Beecher (New York, 1865), vol. 1, p. 43.
③ See Jon Butler, *Awash in a Sea of Faith* (Boston, 1990), p. 220.

的心灵就是我的教堂”这句名言的托马斯·潘恩几乎没有差异。

早在1790年代中期，因为《理性时代》（*The Age of Reason*，1794）中对正统宗教的攻击，潘恩这位一度广受爱戴的杰出革命鼓动家饱受辱骂，他在书中嘲笑了圣经直译主义，而且提出了“创造所有宗教的都是人而非上帝”的惊人主张。大部分20世纪的历史学家都低估了《理性时代》的影响，声称愤怒的牧师对它的谴责多过了普通人的阅读。但事实上，1794至1796年间，潘恩的大作在5个美国大城市中重印了18次，总印数达到了2.5万本——读者的数量无疑是印数和销量的许多倍。鉴于美国总人口在1790年仅有不到400万，最大的城市纽约常住人口刚过3.3万，潘恩的争议之作可谓超级畅销——相当于如今一本精装书在两年间卖出了150万本。

福音派和传统新教都厌恶潘恩所主张的一切，赞同潘恩的极少数牧师都属于知识分子和一位论派。潘恩1809年去世时，来自马萨诸塞州塞勒姆的一位论派杰出牧师威廉·本特利称赞这位饱受谩骂的自由思想者是“第一位看出每个体系最薄弱环节的人。即便是在对基督教的攻击中，他也在不经意间发现了理性基督徒所面临的最大难题。和已有成见的人不同，潘恩发现了简单、有力、直接的东西，发现了可以在无损道德、无损对上帝的尊崇和心灵平静的同时弃绝的东西”。①

然而，启蒙运动塑造的“理性的基督徒”没能在美国的宗教市场占得上风，他们或是彻底离开了有组织的宗教，或是在较为自由的新教教派中找到了归属。随着美国新教在19世纪早期分裂成数量空前的教派，众多不同的上帝之路给这个年轻国度的智识路途打开

① William Bentley, *The Diary of William Bentley* (Salem, Mass., 1905), vol. 3, p. 442.

了岔道。就理性基督教的道路而言，不论它以何种比例融合了理性主义与基督教，都会接受并支持智识和高等教育。基要主义道路则拒绝与《圣经》相矛盾，因而可能阻碍个人得到救赎的任何形式的知识。不少美国人早在建国之初就已走上了情绪化、非理性的基要主义之路，由此导致相当比例的美国基督徒对不受教会监督的学识和教育机构怀疑至深。

我用反理性和反智来描述基要主义道路，并不是说智识和理性是一回事：历代众多知识分子，以及各种不同的政治与社会信念，都可能包含非理性和反理性思想，让任何类似的说法都显得荒唐可笑。知识分子也确实能够用逻辑和理性的工具来验证反理性观点：托马斯·阿奎那和弗洛伊德皆属此列。并非所有知识分子都是理性主义者，但几乎所有反智主义者都是反理性主义者。超自然的基要主义本质上是反理性的，因为它不能经受自然界任何相反证据的考验。对于那些反对尝试将理性注入宗教的人来说，信仰中的非理性恰恰被视为情感和精神优越性的证明：那没有看到就信的人，是蒙福的。[1] 此外，理性的基督教不但无法抚慰人心，还被视为对传统道德的威胁。

得益于美国的政教分离制度，每个教派都能为了占据美国公民的心灵自由竞争，每种情绪和社交需求都有教堂和牧师来满足；倘若还有什么未被满足的需求，就会涌现出迎合顾客的全新宗教。创立于1830年，相信教徒为“后期圣徒”的摩门教就是个较早的例子，不管它和先前的美国信仰在教义上有多大区别，都明确无误地属于劝人改宗的基要主义岔路，这条岔路正是在第二次大觉醒中分

① 语出《圣经·约翰福音》20：29。——译者

裂而出的。[1] 相较于新教当中较为保守的公理会和圣公会，以及较为世俗化的一位论派，诉诸情绪的福音派宗教对美国人吸引力更强，历史学家们关于个中缘由的争论无休无止。托克维尔说，“在平等的时代，没有什么比服从于宗教形式的想法更让人反感的了”，这意味着很多美国人可能更偏向于那些强调人与上帝的直接联系的宗教，因为繁琐的宗教仪式与美国的民主特别不相称。[2] “生活在这种时代的人们忍受不了造像，”托克维尔评论道，“在他们看来，符号似乎只是掩盖或反衬真相的幼稚把戏，真相本应更自然大方地呈现出来；他们对礼仪性的宗教仪式无动于衷，也不太在意公共宗教活动的细节。”[3]

他也许是对的，但这并不能解释为什么美国人更青睐浸礼会和循道宗，而不是仪式更简单的贵格会和一位论派。也许更可能的情况是，教育程度很低的边疆开拓者们更需要能够提供情感慰藉的宗教信条和牧师，而不是在历史更久远、知识体系更严密的新教教派中寻求智识需求的满足 —— 不论是更开明的贵格会和一位论派，还是保守的圣公会和公理会。生活环境越是严酷，奋斗、罪孽、忏悔、宽恕、救赎之类朴素而又普遍的情感话题就越有影响力，这恰恰是福音派基要主义宗教的核心。对情感慰藉的需要能够很有效地解释，为什么基要主义既能吸引开拓者，又能影响南方的黑奴。当风暴席

① 其他福音派教徒痛恨摩门教徒并视之为非基督徒，但这个事实并不能否认摩门教属于福音派基要主义传统。摩门教徒有两本圣书 —— 据信由来自纽约上城的约瑟夫·史密斯在 19 世纪从金页片中翻译出来的《摩门经》和《圣经》—— 但他们的基要主义性质并不亚于其他基要主义教徒。事实上，摩门教徒被《旧约》严格禁止的多妻制行为也许正是让他们比其他基督教基要主义者更基要主义的原因。1896 年，为加入联邦，教会放弃了对多妻制的官方支持。

② Tocqueville, *Democracy in America*, vol. 2, p. 25.

③ 同上，第 35-36 页。

卷大草原的时候，关于圣餐本质或三位一体的辩论又能带来什么安慰？当奴隶主要把你的孩子卖到下游去的时候，如果牧师说耶稣大概只是一位善良的先知，而不是能够拭去你眼中每一滴泪水的全能救世主，你又怎么会想要听他布道呢？

无论原因如何，正是在爱默生等知识分子觉得连一位论派都过于僵化的时代，基要主义抓住了大批美国人的心，这个事实比基要主义在美国的心灵大集上胜过“理性”宗教的原因更加重要。如果自由思想和受到启蒙运动影响的自由派新教能够共同满足这个动荡国度的情感需求，美国思想和宗教的历史进程将大为不同。

美国在完全宗教自由上的尝试导致大批美国人信奉反理性、反智的信仰形式，这实在是再讽刺不过的事，堪称意外后果法则的绝佳诠释。政教联合在欧洲普遍存在，既不信仰宗教、又不信任政府的人通常会选择某种形式的理性主义——而不是另一种宗教。在19世纪早期的欧洲，反对教权控制政府的人们并不会在台伯河、阿尔诺河与塞纳河畔的培灵会中寻求安慰，而是会追随启蒙运动世俗精神的延续，投身遍布欧洲大陆的民主化和政治改革斗争，在其中寻找自己的智识支柱。美国没有强制性的国教，意味着美国公民无须为了改变政治体制而颠覆既存的宗教制度，反之亦然。对原属教会不满的美国人只需要另找一派加入即可，有时则像摩门教徒那样，如果信仰遭邻人反对，便会亡命奔走。

在北方和新开拓的边疆，美国人根据种种林中幻象显灵创建新教派的活跃趋势催生了或自由、或保守的派别。宗教上的不安也带来了诸如早期摩门教和数十年后出现的基督教科学派、耶和华见证人等类似邪教、难以归类的教派。而在南方，宗教情感几乎全部导向了基要主义。19世纪初，教会和奴隶制开始互为支撑，以麦迪逊和杰斐逊为代表的对信仰自由的热忱不复存在，取而代之的是对旨在维护既有社会秩序的极端保守宗教的坚守。就像 W. J. 卡什（W. J. Cash）在《南方的心灵》（*The Mind of the South*, 1941）中提到的，南方和新英格兰地区在对宗教自由的坚持上互换了立场。基要主义和奴隶制的结合“吸纳了原初的清教徒理想”，由此导致“南方的官方道德哲学……稳步倒向马萨诸塞湾殖民地（过去）的立场”。①

不论在南方还是北方，发生在法国大革命初期之后的暴行都强化了美国人对宗教的普遍敬意——只要那种宗教不由政府支配就行。美国新教徒大多强烈反对天主教，起初并不关心法国革命政府没收教会土地的举动：毕竟法国人所攻击的只是新大陆上众多民众所厌恶的“教皇主义”。但雅各宾专政的恐怖统治和对路易十六的处决改变了大批美国人的想法，而且在 18 世纪末到 19 世纪初大大巩固了保守派神职人员的地位。对奴隶起义的恐惧导致这种情况在南方尤为严重。（法国革命政府丢掉了临近美国的海地殖民地，奴隶和曾经为奴的人们是暴动中的主角，美国南方保守派的观点因此进一步强化，他们认为，无宗教运动威胁着据说是由神授的奴隶制。）尽管很多美国人曾把天主教徒蔑称为“教皇党人”，但不管是什么宗教，都好过没有宗教。

在这个年轻的共和国中，宗教和世俗的影响往往看似矛盾地同时扩张着，教育的发展也受到了类似矛盾动力的影响。人们深深认同公民教育的重要性，但这种理念也纠缠着另一个同样强有力的信

① W. J. Cash, *The Mind of the South* (New York, 1941), p. 17.

念——教育太重要了，不能由受过教育的人专断。由受过良好教育的人们起草的宪法关于教育未置一词。法国大革命初期，数学家孔多塞等自由主义知识分子提出了建立公立学校体系的理想主义计划，本杰明·拉什、诺亚·韦伯斯特①、詹姆斯·麦迪逊等支持建立全国学校体制的少数知识分子正是受其影响。孔多塞在1791年末向法国国民立法议会（French Legislative Assembly）提交了一份报告，其中明确肯定了公共教育和政治平等之间的联系，这份文件在观点相近的美国政治领袖当中广泛流传。

> 给全人类提供满足他们的需求、保障他们的福利以及认识并完成他们的义务的方法；让每个人都有机会提升技能，从而能够完成他们有权履行的社会义务；让他们将自然赋予的才华达于至臻，并由此让所有公民享有真正的平等，让法律所规定的政治平等成为现实，这些应当成为全国性教育体制的主要目标，由此看来，这个体制的确立当为政府应负的公平之责。②

这些理念和它们的实施方案淹没在雅各宾专政的血海之中。孔多塞本人因反对暴行而被判刑，最后死于狱中。对很多美国人来说，雅各宾时期模糊了孔多塞等自由主义知识分子和罗伯斯庇尔等革命暴力代表之间的区别：政府负有教育全体公民的道德义务等早期的革命理想和恐怖统治被混为一谈。

---

① 在美国，他的名字就相当于字典。他是词典编纂者，课本编写者，拼写改革倡导者，政论家和编辑，被誉为“美国学术和教育之父”。1806年，他首创了American English，成了美国英语的固定表达形式。——译者

② Quoted in H. C. Barnard, *Education and the French Revolution* (Cambridge, 1969), p. 82.

对看似与美国社会条件不相称的理想和知识分子的方案抱有反感，只是让美国各地区赢得学校控制权的原因之一。鉴于美国辽阔的国土、宪法对州权的尊重和各州对地方特权的竭力维护，很难想象偏好全国性公立教育体制的启蒙运动知识分子的观点会得到真正的政治支持。建国一代的政治家大多反对用普通税资助教育，即便是在州或地方一级也不行。直到1830年代，为政府资助的学校征税的观念才真正深入人心，而且当时主要局限在梅森-迪克森线①以北。1790年代，主张以普通税资助学校的麦迪逊和杰斐逊几乎是在孤军奋战，那时，这被认为是希望子女接受教育，而且既有意愿又有能力为教育付费的父母的责任。

1786年，在从巴黎写给朋友和导师乔治·威思的一封信里，杰斐逊表达了自己的信念，他认为，弗吉尼亚议会当时正在审议的法案中，他提出的“促进知识在人民中的传播”的立法动议最为重要，他还指出，无知是公共利益最大的敌人。杰斐逊用公共开支普及知识的兴趣自然没有考虑到奴隶和女性，但他却相信，白人男性在智识上的高贵地位与出身无关。他提出的法案兼有有限民主和精英理念，其中最明显的特点之一，是规定了应当选出贫穷的父母最有出息的孩子，用公共开支支持他们完成大学教育。正如教育历史学家阿道夫·梅耶所说：“如果说杰斐逊像是在当今的美国不时受到质疑的知识精英，那么至少和几乎所有同时代人不同的是，他认为普通人不应被高雅人士的圈子排除在外。”② 杰斐逊提出的法案最终未获通过；弗吉尼亚的种植园主们无意为他人子女的教育缴税。

---

① Mason-Dixon Line，最初为美国宾夕法尼亚州与马里兰州之间的分界线，由查尔斯·梅森和杰里迈亚·迪克森在1763至1767年间共同勘测后确定，在美国内战期间成为自由州（北方）与蓄奴州（南方）的界线。——译者

② Meyer, *An Educational History of the American People*, p. 105.

教育资金来源之战中，宗教是另一个重要角色。联邦建立之初，任何旨在推动用普通税资助公共学校——如今叫公立学校——的运动都止步于各州允许公共资金资助宗教教育的种种法律。宪法成文之际，弗吉尼亚是唯一一个禁止公共资金资助学校中的宗教教育的州。1786 年，经过由麦迪逊领头，反对用税收支持宗教教育的政治激辩，弗吉尼亚议会通过了《弗吉尼亚宗教自由法案》（Virginia Act for Establishing Religious Freedom）。让宗教保守主义者失望的是，弗吉尼亚州的这份法案成了 1787 年通过的《宪法》和后续《权利法案》中世俗条款的母版。但既然《宪法》明确了联邦无权插手教育，各州完全可以自由动用自己的税收来为公立学校提供宗教性教科书，大部分州在 19 世纪初就是那么做的。

与此同时，北方的舆论潮流却转而反对在已有的社区学校中讲授宗教内容，尽管那些学校起初有不少是由教会协助建立的。讽刺的是，给了终结宗教教育补贴的决定性一击的，恰恰是宗教狂热的高涨和第二次大觉醒中教派的激增。当浸礼会、公理会和一位论派教徒把孩子们送进同一所学校的时候，支持任何一种特定宗教似乎都会带来激化分歧的风险。1827 年，马萨诸塞州停止用税金为小学购买宗教性质的教科书。10 年后，在很多——尽管不是全部——教会的激烈反对中，马萨诸塞州成立了州教育委员会，任命志在改革的霍勒斯·曼为首任负责人。如今那些支持用税金为宗教学校埋单的人们经常暗示，在建国之初的几十年中，当绝大多数人口都是新教徒的时候，公立学校中的宗教教育曾被看作自然之事。事实上，公共学校的世俗化原本是对新教日益多元化的反应，远远发生在 1840 年代逃荒的爱尔兰天主教徒作为最早的大规模非新教移民群体来到美国之前。

很多正统教会的领袖把曼看作敌基督，但他绝不反对在公立学校中进行包括一般性的《圣经》阅读在内的道德教育。他确实反对公立学校教师对《圣经》做任何解读，并最终加以禁止；而且，正是在他任内，在曾经属于清教徒的马萨诸塞州，学校课程中的世俗内容大大增加，宗教内容减少。矛盾的高潮发生在马萨诸塞州禁止动用州政府资金购买宗教性教科书十多年之后的1838年，美国主日学校联合会（American Sunday School Union）秘书官弗里德里克·A.帕卡德神父（the Reverend Frederick A. Packard）试图说服曼批准采购一本叫作《家中儿童》（*Child at Home*）的书。（1824年成立于费城的主日学校联合会是当时的主要儿童图书出版商之一，除了面向图书馆和个人之外，还在向不断增多的公立学校推销它的出版物。在整个19世纪中，这个联合会成功推出了一批带有道德说教色彩的美国儿童文学读物。）

帕卡德神父在马萨诸塞州的雄心壮志不幸折戟，《家中儿童》近于加尔文派宿命论信条的说教，声称如果小孩犯了反驳父母或是没有完成父母安排的杂活之类的小错误，就会永受苦难。曼明确告知帕卡德，这样的书“不容许出现在马萨诸塞”，因为一位论派和普救派教徒不会把他们的孩子送进灌输加尔文派神学的学校。①

帕卡德没有轻言放弃，他走进曼的办公室，与曼当面对质，帕卡德充满激情地为自己的信条辩护，他相信，学校有义务让孩子知道，上帝会惩罚大大小小一切恶行。曼在一封信中回击道：“亲爱的先生，也许你的意思是任何不接受那种观点的人都不虔诚。难道不

① *Horace Mann to Frederick Packard*, March 18, 1838, in Jonathan Messerli, *Horace Mann: A Biography* (New York, 1972), p. 310.

存在虔诚的普救派教徒吗?”[①][②] 值得注意的是，曼和更加正统的帕卡德都没有对是否应当在学校中提及上帝这个问题提出质疑；但是毫无疑问，为了避免冒犯任何一个教派而淡化学校的宗教性，这种做法即便没有让公立学校教材的世俗化立刻实现，也必将导向那个目标。美国天主教主教们所追随的正统加尔文教派没有看错，由税收支持的教育是一种本质上已经世俗化了的事业，尽管均质化的宗教内容在19世纪的很多学校依然存在，那些内容在有些地方甚至到了20世纪尚有遗存——尤以南方和农村地区为甚。

到了1840年代，争取用普通税资助公共学校的斗争至少已经在这个国家相对较为繁荣、教育水平较高的地区基本取得胜利，但和独立战争之后不久的时代相比，关于全国性税收或全国统一学术标准的提案反而变得难以想象。部分州和市镇为了扩大初等教育覆盖面做了大量工作，但地方自治和依赖地方物业税支持学校的做法却导致了公立教育长期且严重的不平等，对美国的教育不断造成负面影响。到了1830年代，城里的学校已经明显优于农村，富有的社区和州的学校也比贫困地区更好，而和教育程度较低的公民相比，知识层次最高、所受教育最好的公民会出资让子女上更好的学校。更重要的是，北方的学校已经明显好于南方。在美国北方，新英格兰

① 宗教保守主义者和宗教自由主义者之间这场关于罪孽轻重的争论绝不只是概念之争；当时，正统的牧师和激进的废奴主义者之间正围绕奴隶制之恶激烈相争。1836年，莱曼·比彻牧师在一场重要的演讲中把安息日称为“道德世界中的太阳”，疏于遵守安息日规定是美国社会中的主要道德问题。支持废奴主义的编辑威廉·劳埃德·加里森在《解放者》(*The Liberator*) 1836年7月和8月刊上对比彻大加嘲弄，说他在对安息日规定耿耿于怀的同时，“为奴隶制发挥保护性的影响，奴隶制不但打破了第四诫，更将整个十诫一举破坏，奴隶制事实上将他的250万同胞排除在安息日的好处之外!!”

② *Mann to Packard*, June 23, 1838, in Jonathan Messerli, *Horace Mann: A Biography* (New York, 1972), p. 311.

地区——尤其是马萨诸塞州——又是佼佼者。1840年人口普查数据中不同地区的儿童入学率最能说明问题：那一年，新英格兰地区的儿童入学率是中大西洋地区的两倍、南方的6倍。到了19世纪末，中大西洋地区、中西部地区和太平洋沿岸地区的儿童入学率已经赶上了新英格兰地区，但南方和美国其他地区之间的悬殊差距一直延续到二战之后，这道鸿沟甚至至今仍未填平。①

在美国对智识和学问的态度的形成过程中，地区差异的影响不可小视。南方教育的落后起初是因为奴隶制，之后则是因为种族隔离，在研究如今所谓红州与蓝州之间的文化差异时，南方的教育问题尤为值得一提。弗吉尼亚州曾经率先实施了日后在北方各州大大促进了学识传播的非宗教教育模式，后来却因为以奴隶制为基础的阶级体制，因为轻视普通家庭子女的教育而陷入了和南方同样的智识困境。南方重建时期之后的迷思认为，南方教育体制在19和20世纪的一切弊病皆可归咎于南北战争的破坏，以及战后北方人对南方白人的报复。事实上，在战争爆发之前，只有北卡罗来纳州建立起了和马萨诸塞州及新英格兰地区其他各州——或较为落后的中大西洋地区——相当的公立学校体制。（北卡罗来纳之所以成为例外，很大程度上得益于被称作"南方的霍勒斯·曼"的卡尔文·亨德森·威利一人的努力。）②

本书不打算全面探究南方和美国其他地区间公立教育鸿沟的成因；在长期以种植园主贵族地位至上、黑人生来低下的信条为基础的社会中，很难找到什么理由去给贫穷的白人提供像样的公共教育，

---

① Scott Baier, Sean Mulholland, Chad Turner, and Robert Tamura, *Income and Education of the States of the United States, 1840—2000*, Working Paper 2004-31, November 2004, Federal Reserve Bank of Atlanta, Working Papers Series.

② See Meyer, *An Educational History of the American People*, p. 210.

至于黑人就更不用说了，这已经足够说明问题。在南方，只要身为白人——哪怕是不识字的白人——就比黑人高贵，还要额外花什么功夫呢？至于黑人，直到20世纪，南方的公立学校体系都极少为他们提供八年级以后的教育。在19世纪末，巨额联邦援助是让南方与美国其他地区之间的教育差距不至于进一步拉大的唯一原因。联邦政府打破了先例，为解放了的奴隶和白人佃农提供教育资助，但南方无疑会视之为破坏当地生活方式的阴谋。19世纪七八十年代，来自新英格兰地区的众多议员提出了各种法案，旨在为最贫穷的州提供联邦教育援助，并且保证它们能够满足某种由国家统一设定的最低教育标准。和乔治·华盛顿1790年代设立国立大学的努力一样，这些方案最后也无疾而终。

地方对学校的控制不仅意味着最贫穷地区的孩子只能上设施最差、教师水平最低的学校，而且意味着在最落后的地区，教育内容由最落后的人们把持。在欧洲，所有公立学校的科学和历史授课内容一贯由中央政府教育部门中受过高等教育的雇员决定。而在美国，在那些认为地方对学校的控制权和宪法中规定的权利几乎同样神圣的人们眼中，不论是过去还是现在，制定全国教育准则的知识精英形象都让他们生厌。在亚拉巴马州、密西西比州和路易斯安那州的小镇上，审定一代代人所接受的科学和历史教育的，都是相信黑人天生低下、秉持基要主义信条、反对不断增长的世俗科学知识的成人。在这个国家，教育水平最高的地区得到了更好的教育，智识最落后的地区却变得愈加落后。

在爱默生发表《美国学者》演讲前的十年中，地方主义和宗教基要主义对高等教育的发展同样大为不利，而且在南方尤其严重。和杰斐逊创办的弗吉尼亚大学一样，南方其他州立大学也是由启蒙运动理性主义者建立的，不过他们的启蒙运动并不反对奴隶制。1820年代，以学生数量、教职员工数量和水平、图书馆馆藏等方面为衡量标准，南卡罗来纳哥伦比亚学院（今南卡罗来纳大学）和哈佛、耶鲁、达特茅斯、普林斯顿、弗吉尼亚等大学一同名列美国十大高等教育机构。时任校长托马斯·库珀出生在英国，毕业于牛津大学，是这个年轻国度中最知名的学者之一。库珀在1794年移民美国，和潘恩一样，他离开英国的原因也是对法国大革命的暴力和英国右翼反动势力的反感，潘恩正是因为在《人的权利》中宣扬反君主制观点，才在右翼反动势力的审判中被缺席定罪。

库珀是一位强烈反对教权的自然神论者和直率的反加尔文派，当时的地理大发现也让他坚定抵制对《创世记》的字面解读，这一切让他成了南卡罗来纳州的争议人物。在反驳州议会对他的一次攻击时，库珀宣称，他之所以来到美国，是因为新生的美国宪法是史上首次打破政教合一的尝试，在其他国家，政教合一不可避免地压制了自由探索。库珀提醒说，设立州立大学并不是为了建成培养传播福音的牧师的神学院。他直言不讳地指出："学生来这里是为了探索有用的知识，而不是研究宗教神学。"[①] 1832年，库珀被迫和他所聘任的教职人员一同辞职，并且因为宗教异端的罪名被开除出大学。

同一时期的北方，尤其是新英格兰地区，世俗化教育的力量正在不断为成人和学童提供学习知识的新机会。美国的学园运动（lyceum movement）便是文化进步的一个例子，它和爱默生所呼吁的对以天赋为基础的学习的重视，以及1820年代末至1830年代——

① *The Case of Thomas Cooper* ... Submitted to the Legislature and the People of South Carolina, December 1831 (Columbia, S. C., 1831), pp. 14–15, in Richard Hofstadter and Walter P. Metzger, *The Development of Academic Freedom in the United States* (New York, 1955), pp. 266–267.

杰克逊时期——民主的扩大相一致。第一个面向当地社区的学园于1826年在马萨诸塞州密尔伯里建立，它的目标是为在新英格兰各地蓬勃发展的工厂和其他工业企业中就业的年轻人提供扩充知识，尤其是科学知识的机会。通过下班后的一系列晚间讲座，已经工作了的成人可以提升他们年少时所接受的粗疏教育：学习永远不会太迟。密尔伯里学园效仿的是一家成立于1824年的英国学园，但美国的学园运动很快确立了自身的特色，并开始向包括女性在内的社区各个人群延伸。到了1831年，学园的总数达到了800到1 000所。[1] 虽然学园在小镇中依然少见，但在1830年代初仅有不到1 300万人口的美国，这个数字依然令人赞叹。

美国"学园之父"乔西亚·豪尔布鲁克（Josiah Holbrook）1788年生于康涅狄格州的一个富裕农场，后来毕业于耶鲁大学。豪尔布鲁克1806年进入耶鲁，大学后两年在纽黑文担任著名化学家和地质学家、富兰克林之后美国最重要的科学普及者本杰明·西利曼（Benjamin Silliman）的实验助手。按照豪尔布鲁克的设想，社区学园的主要目标是拓展年轻工人的科技知识，但从1730年代开始，学园的目标人群已经飞快地转变为一个复合阶层，一个世纪之后，这个阶层将被称作中流大众。1838至1839年间马萨诸塞州萨勒姆——当时已是一座兼容并包的城镇，与17世纪臭名昭著的猎巫审判之城再无半分相似——提供的一个系列讲座计划体现了学园讲师们包罗万象的主题。萨勒姆的系列讲座先以肖像画家和人类学先驱乔治·卡特林（George Catlin）主讲的"北美印第安人的性格、风俗与服饰"启幕，之后的重要讲座主题包括独立革命的起因、太阳、蜜蜂、

① Carl Bode, *The American Lyceum: Town Meeting of the Mind* (New York, 1956), p. 101.

地理、女性的法定权利、穆罕默德的生平、奥利弗·克伦威尔、维京人对美洲的发现和儿童教育（由人所尽知的霍勒斯·曼主讲）等。[1]

在新英格兰，几乎所有知名学者和政府官员都在利用学园讲座的平台：最受欢迎的主讲人里有丹尼尔·韦伯斯特（Daniel Webster），爱默生，梭罗，出生于瑞士的博物学家、哈佛教员路易士·阿格西（Louis Agassiz），女性教育先锋爱玛·威拉德（Emma Willard）和日后担任萨勒姆学园通信秘书的纳撒尼尔·霍桑。学园中少有女性主讲人，意味着女性在公众场合演讲在当时仍是一个社会禁忌。直到废奴运动在1830年代后期占了上风之后，女性才开始登上公众讲台，而赫赫有名的废奴主义斗士卢克雷蒂娅·莫特（Lucretia Mott）、莎拉和安吉丽娜·格里姆克（Sarah & Angelina Grimké）经常因为与性别不相称的行为而遭受斥责。[2] 尽管如此，在每一个学园繁盛的地区，她们都赢得了各阶层男女的广泛支持。教授和作家们开展义务讲座，而且很多工人也完全负担得起从初秋到来年春天每周听取系列讲座的费用。在波士顿，讲座向成人收费2美元，儿童1美元；1828年到1829年，由于报名听取第一轮讲座的人太多，为了满足大众之需，主讲人们同意在每周讲座之后的两个晚上重复宣讲。

和不断壮大的要求公共资金支持教育的运动一样，学园运动很大程度上也只出现在北方，吸引的主要是中产阶级——上层中产阶级和下层中产阶级工人都把继续教育当成攀爬经济阶梯的手段。南方没有足够庞大的中产阶级来支持定期讲座，只有新奥尔良、里士

① Carl Bode, *The American Lyceum: Town Meeting of the Mind* (New York, 1956), p. 48.
② See Jacoby, *Freethinkers*, pp. 74–77.

满和查尔斯顿是例外。而且，在富有的新英格兰居民为社区学园提供经济和道德支持的同时，南方种植园主却大多对此类活动了无兴趣，许多人把学园运动的新英格兰起源和对废奴主义者的憎恶联系在了一起，积极反对成立学园。他们的担忧很大程度上并无根据，因为学园课程大多回避了有争议的政治和宗教话题。尽管如此，关于地理和女性法定权利的讲座显然会威胁到南方的宗教和社会等级观念。

最后，造就了杰斐逊、麦迪逊和华盛顿的启蒙文化在南方已经无迹可寻：人们把像托马斯·库珀那样掌握科学知识的人逐出门外，而不是招募他们来设立地方教育机构。这一切汇集成了一种文化，最富有、最具影响力的种植园主群体以对智识追求缺乏兴趣著称，而且还以此为荣。“在波士顿会去图书馆读书的那些人，”卡尔·博德（Carl Bode）评论道，“在南方却会去骑马打猎。他们的兴趣在于运动，而非思想。他们对学园毫无兴趣，甚至近乎轻蔑。”①

由此，以完善联邦制度为目标的政治实验进行了半个世纪之后，这个年轻国度的智识生活陷入了严重分裂。在东北部历史更久远的城市中心，不仅能看到知识传播的迹象，智识精英的浮现更是显而易见。南方却只有人为设立的智识藩篱，将可能威胁社会秩序的任何思想拦在外头。在新开拓的边疆，我们在开拓者的西进中看到了各有不同的智识图景：在那么严酷的社会条件下，学识不会是最重要的东西，但也有人渴求文明，他们对书籍和学识充满热情，让爱默生的听众中那些生来享有特权的人们都相形见绌。

---

① Bode, *The American Lyceum*, p. 156.

亚伯拉罕·林肯就是热忱的爱书者之一，他后来写道，自己接受的正规学校教育“加起来还不到一年”。[①] 林肯是最后一位当选总统的自学成才者，正如他明确指出的，他的自学是迫于无奈，而不是有意为之。林肯比1803年出生的爱默生小6岁，当爱默生已经着手在书籍的世界中开启他的作家和哲学家生涯时，林肯还在1831年仅有25户人家的伊利诺伊州新萨勒姆村当杂货店店员，用业余时间努力掌握英语语法规则。林肯走到哪里都带着破旧的莎士比亚戏剧集，研究着从镇上一个受过教育的人那里借来的布莱克斯通（Blackstone）的《英格兰法律评论》（*Commentaries*），尽管曾经因为书呆子气被邻居笑话，林肯还是通过自学当上了律师。想方设法获取书籍是林肯对自己早年生活的描述中反复出现的主题，他通常的办法是借书。有哪个学童没听说过，一天的辛劳过后，年轻的林肯在木屋中就着闪烁的火光读书？没听说过本杰明·富兰克林在辽阔的美国原野上的雷暴中借助风筝探索电的秘密？

自殖民地时期开始，令人敬仰的自学成才形象便铭刻在了美国精神当中，而且一直延续至今，如今这个时代，人们对各种专门教育证书的迷恋是爱默生根本无法想象的。但是，那些形象从两方面形塑了美国人对智识和教育的态度：它们结合了两种信念，一是对学识本身的尊重，二是认为在没有正规教育机构的社会中取得的学识尤为高贵。毕竟，富兰克林不靠政府资助就发明了避雷针和双焦距眼镜，林肯没上过大学也当上了总统。但在美国自我教育自吹自擂的故事中，富兰克林是天才，林肯因为未受系统的正规教育而遗憾这些事实却被忽略了。美国人对自学成才者的夸张吹捧带着道德

① Doris Kearns Goodwin, *Team of Rivals: The Political Genius of Abraham Lincoln* (New York, 2005), p. 51.

浪漫主义色彩，它往往和彻底的个人主义①这个象征性概念联系在一起，经常用来反驳认为政府应当为了维护公平而承担教育义务的一切理念。在那个版本的美国历史中，林肯之所以能成为一名更出色的人、一名更出色的美国人，是因为他在不利的环境中坚持学习。那些出类拔萃的自学成才者的成功变成了道德和社会说教：如果你真的一心向学，没人拦得住你，但社区却没有义务去营造有助于社区成员智识发展的环境。在系统正规的学习和自学成才之间的关系上，知识分子们自己的看法也有矛盾。在《美国学者》演讲中，日后成为（仅次于富兰克林的）美国第二大明星知识分子的爱默生，谈到了最可取的学习之路，谈到了社会对知识的尊重的长久争议的成因。他告诫年轻人不要温驯地

> 泡在图书馆里，把接受西塞罗、洛克、培根所提出的观点当成自己的任务；却忘了西塞罗、洛克和培根在写下那些书的时候也只是图书馆中的年轻人。
>
> 因此，我们有了书呆子，而不是思想着的人。因此，博览群书的阶级珍爱的只是图书本身；不知道书与自然和人类社会有关，反而把它当作世界和心灵中的第三等级。因此才出现了各种各样的修书人、校阅者和藏书癖……
>
> 无疑，读书另有正道，也就是严格地让书为自己服务。思想着的人切不可被自己的工具奴役。书是学者们用来打发闲暇的。当他能够直接理解上帝的时候，切不可浪费这宝贵的时光

① rugged individualism，又译“顽强的个人主义”，由赫伯特·胡佛在担任总统时提出。根据这一理念，个人应当自行解决自身的困难，政府切不可过度干预个人或整个国家的经济生活。—— 译者

> 阅读他人的转录。但在不可避免的短暂黑暗来临时——当太阳被遮掩，繁星收起光芒的时候——我们走向它们的光辉所点亮的灯火，引导我们的脚步再次走向东方，走向黎明所在。我们要先倾听，然后才开口说话。阿拉伯谚语如是说："一棵无花果树，看向另一棵无花果树，而后结出硕果。"①

爱默生是个无比爱读书的人，但为了将他引为同类，19 世纪末和 20 世纪的反理性主义者总是而断章取义地引用他的话。爱默生不但是父辈启蒙运动理性主义的继承人，也受到了 19 世纪早期浪漫主义的影响，他的超验主义哲学两者兼收。《美国学者》这篇演说不但宣告了美国的智识独立，也回应了原生于美国社会生活中的众多反智势力——美国心灵中那些"受着取法乎下的教诲"的部分。爱默生不是在教导美国人无须从过往中学习，而是让他们做好准备，为总体文化知识作出自己的贡献。美国生活中独特的社会和政治条件将为那些贡献提供养料，那些贡献也将根植于民主的个人性这个更广的概念，民主的个人性让每一个人都有权利，也有义务让自己的能力得到最全面的发展。

美国人没等太久，美国独有的文学与哲学的最初成果便已问世。爱默生的第一本文集出版于 1841 年；梭罗的《河上一周》（也是他的瓦尔登湖日志的一部分）和著名的文章《公民不服从》发表于 1849 年；霍桑的《红字》出版于 1850 年；梅尔维尔的《白鲸》出版于 1851 年；惠特曼的《草叶集》第一版出版于 1855 年。这些作品并非全都得到了公众的热烈欢迎，但这无损于它们的价值，它们

① "*The American Scholar*" Today, pp. 17-18.

是真正属于美国的文学作品的基石，有力地驳斥了很多欧洲知识分子把美国独立之初较低的文化水平归咎于民主制度本身的说法。

但那些反智势力并没有包含在更多公民可以接触到的更加丰富的文化生活之中，它们植根于从这个国家诞生起便存在的宗教和教育裂痕。正如爱默生在真正属于这个国家的第一次文学大繁荣的前夜所说，美国的智识之屋已然崩裂。

第三章

文化战起：社会伪科学

内战结束后的数十年中，很多美国人欣然接受了一种由意识形态推动，意在为镀金时代的严重贫富分化辩护的伪科学，于是，形成于19世纪上半叶的智识鸿沟又增添了一个重要的新维度。和占星术、炼金术等旧式伪科学一样，新式的社会达尔文主义伪科学同样使用科学的语言来掩盖它完全不科学的本质。[1]旧式伪科学违背了自然规律，新式的伪社会科学——社会达尔文主义其实只是最早的一个例子——则盗用自然规律来为文明社会中的体制申辩，或是将其用作攻讦的工具。在美国，传播社会达尔文主义的不是无知的乡下汉，而是一些这个国家最杰出的商业大亨和知识分子，包括安德鲁·卡内基、约翰·D. 洛克菲勒，还有耶鲁大学政治科学专家、早期典型公共知识分子威廉·格雷厄姆·萨姆纳（William Graham Sumner）。社会达尔文主义掀起了美国历史上第一波向大众兜售伪科学的大潮，如今，我们将那种伪科学称作垃圾科学。当下的非理性时代中，很多思想面对诸多证据依然顽固不化，美国镀金时代那些其他方面颇具才智的人们在思想方面的执着可谓那种执念的先驱。

萨姆纳的著作如今在学术界之外几乎无人知晓，但他却被视为

19 世纪和 20 世纪之交美国最具影响力的社会达尔文主义者。1872 年到 1910 年间，他是耶鲁大学成千上万未来国家领袖的智识导师，而且善于把自己的思想改写成大众杂志上饶有趣味的文章。② 达尔文提出的基于自然选择学说的进化论在当时是革命性的科学洞见，结果却被萨姆纳及其追随者扭曲成了一种社会哲学，而且总是说那是“科学的”。他们把竞争捧上神坛，为登顶的一切人和事背书。萨姆纳明确断言，镀金时代的商业巨头“一如伟大的政治家、科学家和军事家，是自然选择的产物”。因为所谓的科学法则支配着市场中的公平竞争，而富豪们都是竞争中的胜出者，所以“所有能够胜任那种职责的人都会得到那些职位……”。③ 当时的学者还不了解我们熟知的事实 —— 人类不分贫富，基因中都有尼安德特人的孑遗，尼安德特人过去总是被笑话成近乎猿猴的动物，不可能与一种只比天使略低一些的物种有任何关系。人类的基因有时候就是那么让人尴尬。

对于萨姆纳这样的学者来说，就算只在课堂上向精英青年灌输对不受约束的资本主义的崇拜，他们的理论也会带来足够大的破坏，但是他们还为面向广大中产阶级受众的《科利尔》（*Collier*）等全国性杂志撰稿，能够带来过去无法想象的广泛影响。当时和现在一样，

---

① 尽管在 19 世纪的英国和美国没有人使用过“社会达尔文主义”这个词，我依然将它用在这里。这个词在十九世纪法国和德国曲高和寡的知识分子圈子里早已为人所知，但在理查德 · 霍夫施塔特 1944 年出版《美国思想中的社会达尔文主义》（*Social Darwinism in American Thought*）之前的美国并未得到广泛应用，即便在学术界也是如此。霍夫施塔特的这本书最初是他在哥伦比亚大学的博士论文，之后各版售出了超过 20 万册。

② See Richard Hofstadter, *Social Darwinism in American Thought* (Boston, 1992), pp. 51–66.

③ William Graham Summer, “*The Concentration of Wealth: Its Economic Justification*,” in *The Challenge of Facts and Other Essays* (New Haven, Conn., 1914) p. 89.

新技术传播着或真或假的信息，让大众目不暇接。很多美国人所受的教育足够让他们对19世纪晚期的科技进步兴趣盎然，却远不足以让他们区分真正的科学家和打着科学的幌子兜售社会理论的人。

在19世纪晚期的美国，后达尔文时代围绕进化论展开的文化之战和它现今的后裔一样，一般被看作科学与宗教之争。但是，关于进化论的文化战争实际上有两个战场，其一聚焦达尔文的真正科学对传统宗教的挑战，其二则源于把达尔文关于自然界中的人的理论偷换成伪科学社会理论的尝试，好用来规定人类在文明社会中应当如何对待彼此。在第一个文化战场中，几乎所有知识分子都站在科学一边；而在第二个战场中，很多（尽管不是所有）人拜倒在萨姆纳宣扬的伪科学面前。进化论对圣经直译主义的挑战唤起了以宗教为基础的反智主义，而那种认为自然界中“弱肉强食”的合理生存法则必然适用于人类社会的理论则吸引了上层中产阶级知识分子，导致问题进一步恶化。

三届总统候选人、经济民粹主义者威廉·詹宁斯·布莱恩，从1890年代到他1925年去世为止，都是基要主义者心目中的英雄，他让这两场文化战争合二为一。布莱恩同时对抗着进化论的科学理论和社会达尔文主义的伪科学；前者威胁他的宗教，后者则有悖于他力求社会公正的理想。在美国思想史上的这一阶段，最大的讽刺是，知识分子中的社会达尔文主义者和他们的基要主义对手一样，分不清科学和社会伪科学，而且把混乱的思想传递给了崇尚科学成果，但几乎完全不懂科学方法的大众。

从南北战争结束到第一次世界大战前夕的半个世纪中改变了美国社会的强大的经济和人口结构力量，是曾在1837年有幸聚集在剑桥，聆听拉尔夫·沃尔多·爱默生的美国知识分子独立宣言的人们所无法想象的。尽管内战导致超过60万人死亡，但随着来自南欧和东欧的移民涌入美国，全国总人口在1860年到1910年间还是增长到了原来的3倍——从约3100万到超过9200万。我们已经熟知这些人口统计数字，但还是会为之惊叹。光看数字本身，假如我们不知道成功接纳那么多移民的任务已然完成，一定会觉得那样的目标几乎完全不可能实现。19世纪八九十年代涌现出的公立中小学、大学和图书馆网络成功应对了吸纳数以百万计的非英语移民和提高全民教育水平的挑战。

作为大多数新移民的家园，城市中的公立教育在中小学层面上的扩充最为显著。白人盎格鲁-撒克逊新教徒依然控制着大多数美国城市，在他们和移民自身——尤其是终于在没有任何法定反犹限制的社会中为被禁锢的受教育意愿找到了出路的东欧犹太人——看来，公立学校对于完成对移民的吸收至关重要。1878年，美国仅有不到800所公立高中，这个数字到一战前夕已经突破了11000。1880年和1900年的两次人口普查之间，官方文盲率从17%下降到了11%，哪怕算上普查工作者的疏漏，在那个几乎所有新移民踏足美国之前都完全不懂英语的时代，这依然是个了不起的成就。[①] 1880年到1914年间，很多州通过了义务教育法，让美国人的平均受教育年限从4年提高到了6年，同样，考虑到从未上过学的移民的涌入，这又是一个了不起的成就。[②]

伴随着中学教育扩展的，是成人教育项目的发展和公共图书馆系统的创立，白手起家的卡内基（他对个人慈善的信念和对政府救

① Merle Curti, *The Growth of American Thought* (New York, 1943), p. 601.
② Ibid.

济的厌恶同样强烈）用他的资金和领导力在全国范围内推动了图书馆建设，向普通公民敞开了大门。在大城市里，只要持有借书卡，任何人都能使用社区图书馆，而且中心研究图书馆——日后世界上最大的研究型馆藏最初的核心——也向他们开放。1911 年 5 月 24 日，纽约公共图书馆位于 42 街的总部开门迎接公众，当天约有 5 万名纽约居民走进了这家图书馆在第五大道上的入口，去领略馆内的非凡世界——不久之后，拱卫大门的石狮子便成了著名的城市地标。① 交到读者手中的第一本书是俄语哲学书籍，这是市民文化进化的证据，普通公民现在也能接触到原本由社会中最有权势的成员独享的文化和知识资源。②

对兼具娱乐和教育功用的讲座而言，镀金时代也是它们的黄金时代。过去以社区为基础的学园被全国性讲座机构取代，后者为知名演讲者提供了高额报酬，但由于公众需求庞大，依然可以维持极低的票价。当讲座机构邀请到爱默生、当时最重要的宗教演说家亨利·沃德·比彻（Henry Ward Beecher）、英国博物学家和进化论捍卫者托马斯·赫胥黎、女权运动创始人伊丽莎白·卡迪·斯坦顿（Elizabeth Cady Stanton）和坚持对抗宗教正统的罗伯特·英格索尔等名人开讲的时候，讲堂大小是限制听众人数的唯一因素。1869 年，霍勒斯·格里利（Horace Greeley）的《纽约论坛报》上登载的一篇社论指出："当后世历史学家着手研究现代社会思想发展史的时候，他一定会留出饶有趣味的整整一章，专门用来讲述公共讲座体

① Henry Miller Lydenberg, *History of the New York Public Library* (New York, 1923), p. 419.

② 这本书是 N. Y. 格罗特所著的《我们这个时代的道德思想：弗里德里希·尼采与列夫·托尔斯泰》(*Moral Ideas of Our Time: Friedrich Nietzsche and Leo Tolstoy*)，开馆后 6 分钟就到了读者手上。

系所体现出的各种思想的兴起与发展。他将记录下，爱默生、（布朗森·）奥尔科特［（Bronson）Alcott］、（温德尔·）菲利普斯［（Wendell）Phillips］、比彻、（威廉·劳埃德·）加里森［（William Lloyd）Garrison］和美国知识分子中的其他许多先驱都是公共讲座的演讲者。人们说服哲学家和科学家们走出书斋和实验室，走上讲台。简而言之，柏拉图的学院和阿基米德的工坊都变成了讲堂。”① 《纽约论坛报》没有提到任何女性演讲者，这反映了当时的男性在智识问题上的偏见。事实上，斯坦顿、苏珊·B. 安东尼（Susan B. Anthony）、露西·斯通（Lucy Stone）等颇有争议的女性主义者都吸引了大批听众，同样广受关注的还有女性布道者、女性禁酒运动领袖，以及亨利·沃德·比彻更有名望的姐姐、《汤姆叔叔的小屋》的作者哈里特·比彻·斯托。

不断提高的识字率，加上成人教育项目、图书馆、博物馆和系列讲座的蓬勃发展，刺激了公众对各种智识娱乐和信息的渴求。从惊险故事、家政手册到来自各国的十九世纪经典文学，图书出版商们大量推出的廉价版图书无所不包。因为美国拒绝签署 1886 年制定的世界首个国际性版权保护协议《伯尔尼国际公约》（Berne International Convention），出版商们以“重印文库”之名肆意盗版一些来自欧陆和英国的文学巨著。就连原本以英语出版的作品在美国也得不到版权保护，除非那些书确实是在美国印装的。从 1880 年到 1900 年，美国出版商出版的图书种类每年增长两倍。从主打低俗小说的通俗杂志，到高雅文学刊物和专门科学期刊，每个识字的人都可以在种种刊物中各取所需。从 1885 年到 1905 年，约有 1.1 万种期

① *New York Tribune*, December 18, 1869.

刊面世，尽管很多刊物的生命周期和如今互联网上不成功的博客一样短暂。① 一位文学史专家估计，1865 至 1905 年间，各种月刊的发行量与美国总人口的比值上升了 700%。②

信息来源的激增在很多方面影响了美国的文化生活，出版业和巡回演讲行业 —— 和现在一样，它们和图书业情同手足 —— 的发展在宣传达尔文进化论上扮演了关键角色。宗教与科学都是热门话题，进化论则同时牵涉这两方面。于 1872 年创办了支持进化论的《大众科学月刊》（*Popular Science Monthly*）的爱德华·利文斯通·尤曼斯（Edward Livingston Youmans）是当时最受欢迎、最不知疲倦的演讲人之一。可惜的是，他既是达尔文进化论的宣传者，又是坚定的社会达尔文主义者。尤曼斯负责了由著名的 D. Appleton & Company 出版的国际科学丛书，这套丛书在当时声名远播，把（包括达尔文本人在内的）世界顶尖科学家的著作带给了美国大众。

当托马斯·赫胥黎 1876 年首访美国并作系列讲座时，美国新闻界对他的报道规模并不亚于日后他的两位同胞 —— 温斯顿·丘吉尔和戴安娜王妃。《纽约时报》头版报道了他在曼哈顿奇克林厅一票难求的演讲，《纽约论坛报》则刊发了演讲全文。由于新闻报道反响热烈，较为保守的《纽约时报》在评论版上断言，“赫胥黎先生提到了进化论的证据，好像它跟哥白尼的理论差不多，但这只能证明理论会让清醒的脑袋走（堕落）得多远。”③ 不论褒贬，这些报道都让十九世纪晚期的大批公众至少对进化论有所耳闻 —— 对进化论的普遍

① Joan Shelley Rubin, *The Making of Middlebrow Culture* (Chapel Hill, N.C.), 1992, p. 18.

② Richard Ohmann, *Selling Culture: Magazines, Markets, and Class at the Turn of the Century* (New York, 1996), p. 29, in Todd Gitlin, *Media Unlimited* (New York, 2001), p. 29.

③ *New York Times*, September 2, 1876.

认识远远超出了十九世纪早期的公众对同样挑战了《圣经》创世故事的地理大发现的认知。有阅读能力、会去听讲座的民众规模庞大，事实上确保了关于进化论的文化战争不止和受过高等教育的精英人群有关。

关于生物进化论及其与宗教的关系的争议，很大程度上只是各派美国新教徒之间的家庭纷争的延伸。罗马天主教会和基要主义新教教派类似，它们对进化论的反对只是对各种世俗主义的敌意的一部分；天主教神职人员希望保卫移民子弟不受世俗科学与历史知识侵扰，为美国首个有组织的教区学校体系的诞生助力不少。自由派新教徒决心在信仰中为新生的世俗知识留出空间，但他们当时还没有形成一个堪比美国天主教的大型组织。美国天主教会的宗教领袖思想狭隘，信众则多为教育程度有限的移民，因此独立于19世纪最深刻的智识讨论之外。

真正的讨论很大程度上局限在北方，这同样是智识隔离的结果，这种隔离发端于南方为争取保留奴隶制而发起的战争，在南北战争结束之后又因为南方对战前局势饱含委屈的神话而延续了下去。1832年，托马斯·库珀因为关于岩石年龄问题的异端观点被解除南卡罗来纳大学校长一职，而后，顽固的南方基要主义对高等教育，尤其是科学教育的负面冲击日益显著。在达尔文之后，当代科学知识和南方宗教势力之间的鸿沟越发加深。位于田纳西州纳什维尔的中央大学（Central University）原本是为了培养循道宗传教士而建立的机构，航运与铁路巨头科尼利尔斯·范德比尔特（Cornelius Vanderbilt）1873年捐助了100万美元，要把它变成真正的大学。可问题是，范德比尔特和一位循道宗主教个人关系良好，将后者任命为捐赠受托人委员会终身主席，循道宗教会因此依然控制着受托人委员会。

即便如此，就连委员会中受宗教影响最深的受托人也依然热切希望用范德比尔特的资金来提升这所机构的声望，他们聘用了进化论者亚历山大·温切尔（Alexander Winchell）担任校长。温切尔认为，达尔文提出的基于自然选择学说的进化论事实上证明了黑人是低等种族，这一点本可以让他成为一所志存高远的南方大学的理想人选。根据温切尔在1878年发表的一篇题为《亚当的后裔与亚当之前的人类》（*Adamites and Preadamites*）的冗长文章中的说法，黑人从生物学角度看太过低等，不可能是亚当的后裔——众所周知，亚当是白人。因此，人类的历史一定比《圣经》中的亚当更久远，黑人则代表了进化史上的较早阶段。温切尔用进化论来鼓吹白人至上——在与美国白人对种族隔离和种族歧视的辩解有关的其他很多议题上，这是个反复出现的主题——但南方的循道宗信徒依然对他认为人类生命早于亚当出现的观点不满，不论那种人类多么低等。于是，他们炒掉了这位被请来带领那所机构跟上时代的校长。温切尔转头北上，走向了成功的职业道路，他那融合了进化论、优生学和《圣经》的古怪理论并没有妨碍他当上密歇根大学的古生物学和地质学教授。类似的远遁在南方随处可见，不愿遵从对《圣经》字面解读的科学家们不得不另寻高就。

作为优生学进化论者，温切尔在学术上取得了成功，在大部分科学圈子里得到了敬重，证明社会达尔文主义有效地搅乱了真正的科学和伪科学之间的界限。通过优生学和社会达尔文主义的结合，这一理论的支持者们不但能够证明爬到社会顶层的个人的价值，而且还能证明顶层群体的价值，这当中首先便是生于美国的盎格鲁-撒克逊血统白人。对优生学的兴趣显然不只在美国出现，但在这个长期将大量异族人口当作奴隶，而且在奴隶制终结之后几乎没有为弥补这个少数族裔的不幸作出努力的国家，从生物学角度对种族歧视的粉饰有着或明或暗的特殊吸引力。在一个不同于任何欧洲国家，文化背景和原有人口差异极大的移民——包括犹太人、斯拉夫人、意大利人——蜂拥而至的社会中，优生学迎合了人们的恐惧。

19 世纪晚期的美国主要社会达尔文主义者几乎全都属于上层阶级，都是白人盎格鲁-撒克逊新教徒（其中有些人已经跨过了自由派新教和不可知论之间的界限）。他们无视与其哲学观点相悖的任何证据，这种阶级偏见实在令人吃惊，因为他们在智识层面上全都尊重理性。然而，其中很多人用宗教皈依一般的语言来描述自己的智识觉醒。“我记得，光如洪水般涌来，而后一切澄明。”卡内基日后在自传中解释道，“我不但摒除了神学与超自然的东西，而且还找到了进化论这个真理。‘美好源自进步’成了我的格言。”这本在卡内基死后出版的自传恰于第一次世界大战毫无意义的屠杀之中写就，他居然还能接着断言人类“这种有机体，天生抗拒一切有害的，也就是错误的东西，在尝试之后吸收有利的，也就是正确的东西”。①

“社会达尔文主义”这个词在美国一度广为人知，但之后却变得不受欢迎，原因恰恰在于，萨姆纳等 19 世纪晚期的学者属于第一代坚持认为自己的社会理论是客观科学分支的人。学术界的社会达尔文主义者和工业领袖们齐声宣告，生物进化和社会进步是一回事（这从来不是达尔文本人的观点），那些学者声称，反对他们就是反对科学本身。这种认为社会科学和自然科学一样，牢牢立足于客观

① Andrew Carnegie, *Autobiography of Andrew Carnegie* (Boston, 1924), p. 339.

观察和实验原则的观点，为优生学和社会达尔文主义取得智识声望助益良多。那些完全接受达尔文提出的基于自然选择学说的进化论，却反对将它扩展到社会领域的知识分子明显属于少数派，他们常常受人嗤笑，被指为反动的反科学者。拉尔夫·沃尔多·爱默生和威廉·詹姆斯都属于这个人数不多的精英群体，二人身处社会科学的新世界之外，但重要的是，他们都归属于人文和自然科学综合教育这个更古老的美国传统。

社会达尔文主义对美国，尤其是对美国知识分子的影响，可能主要源自赫伯特·斯宾塞的著作。这位生于英国的哲学家如今已经少有人读，但在19世纪却是个了不起的大人物。提出“适者生存”这个说法的正是斯宾塞，而不是达尔文。霍夫施塔特精辟地写道，斯宾塞是“自学成才知识分子中的形而上学者，朴素不可知论者的先知”，他同样也能吸引非基要主义的宗教信徒，因为他坚持认为，不论科学对自然世界的研究多么深入，科学家都无法理解“那不可知的”——换言之，上帝。① 对于千百万想要同时拥有他们的上帝和达尔文的自由派教徒而言，这是条完美的出路，但这却无法让基要主义者满意，你永远无法说服他们相信《圣经》仅仅是隐喻。多亏了美国人的支持，斯宾塞合计达6000页的多卷本著作《合成哲学系统》（*System of Synthetic Philosophy*）才能出版。卡内基、洛克菲勒和托马斯·爱迪生为他提供了直接资助，新英格兰地区的许多知名知识分子提前订购了斯宾塞巨著的每一卷，这种营销手法恰似如今的图书推介。最为知名的早期订购者有历史学家乔治·班克罗夫特

① Hofstadter, *Social Darwinism in American Thought*, p. 32.

(George Bancroft)、植物学家阿萨·格雷（Asa Gray)、哈佛大学前校长贾雷德·斯帕克斯（Jared Sparks）和诗人詹姆斯·罗素·洛厄尔——有这样的精英知识分子背书是任何出版商都梦寐以求的事。

斯宾塞宣扬着自由放任经济的福音，认为它是保证适者经由与达尔文的自然选择相对应的“社会选择”，在社会中走向胜利的唯一路径，他的福音在美国远比在英国更受欢迎。斯宾塞关于社会选择普世法则最早的枯燥论著发表于1858年，达尔文的《物种起源》一年后方才问世，斯宾塞总是不厌其烦地强调他在时间上的领先。可是，这位自学成才知识分子中的形而上学者立刻利用了达尔文的科学研究，来支持自己从哲学角度对不受约束的工业资本主义的文饰。这位英国哲学家坚定不移地狂热反对在他看来会妨碍社会选择的任何政府计划——包括公共教育、卫生法规、关税，甚至还包括邮政服务。他比爱戴他的美国大佬更加专一，毕竟那些工业巨头们总是乐于从保护自己的产品免受外来竞争影响的关税中得益。卡内基捐建图书馆之举创造了政府和私人进行慈善合作的典范，这样的人显然不会逐字逐句接受斯宾塞，就像他们不会逐字逐句接受《圣经》一样。相反，社会科学学者往往更容易成为原教旨的斯宾塞主义者。

在斯宾塞的理论和强调《圣经》经文作者只是凡人的新兴圣经批评影响下，本已取得循道宗牧师职位的威廉·萨姆纳逐渐转变为不可知论者。根据查尔斯和玛丽·比尔德（Charles and Mary Beard）夫妇的记载，萨姆纳“把个人主义当作严谨的科学”教给数以千计的耶鲁大学本科生，“试图让平和的年轻共和党人相信，保护性关税是对共和党（社会达尔文主义的个人主义）传统不可容忍的违背”。[①] 因为

① See Charles A. Beard and Mary R. Beard, *The American Spirit: A Study of the Idea of Civilization in the United States* (New York, 1942), vol. 4, p. 347.

萨姆纳能够在大众出版物和科学期刊上为自己的伪科学理论套上科学权威和理性的光环，想必他不但是当时最富影响力的学者之一，而且还是 1980 年代以来对美国社会施加类似影响的右翼公共知识分子的哲学先祖。放在今天，萨姆纳的思想可以完美融入传统基金会和美国企业研究所[1]的意见书。通过反复论证不应向富人征税——“没有人可以在不帮助百万人小有收益的情况下赚取百万美元”——萨姆纳宣扬的正是如今所谓的涓滴经济学[2]。和进步时代的改革提议一样，社会主义并非政治辩论的主题，只不过是破坏科学所揭示的自然生存秩序的尝试。

为了回应揭露小说作家厄普顿·辛克莱关于立法监管服装厂用工问题的呼吁，萨姆纳在 1904 年发表于《科利尔》杂志上的文章《答一位社会主义者》(*Reply to a Socialist*) 中详细阐述了他的哲学，对启蒙运动大加鞭挞。

> 所谓人人皆应幸福，和其他人一样幸福的观点，是那种 200 年来越发流行的哲学开出的娇花。关于自然权利、自由、平等云云的所有琐碎要求，不过是通向那种哲学的踏脚石，那种哲学才是他们真正的目标。纵观人类历史，总是有人富，有人穷。有人被生活中的不幸带走了所有的快乐与力量，但总有幸运儿能让我们看到人生会有多么辉煌，他们装点着极乐之梦，引诱着失败和受苦的人。于是，有人编造出了普世幸福的哲学理论。

---

① 传统基金会（Heritage Foundation）、美国企业研究所（American Enterprise Institute）都是美国著名保守派智库机构。—— 译者

② trickle-down economics，常指里根时期的经济政策。其理论是给富人、企业家减税，将有助于刺激企业扩大投资、鼓励企业家精神，从而有利于经济增长、就业增加和工资上涨，最终令中产阶级获益。—— 译者

> 他们告诉我们，幸福、舒适、健康、成功，拥有知识、家庭、政治权力，拥有一切至臻之物，是人人享有的自然权利……于是他们说，我们皆应平等。这样的主张完全忽略了运气……不幸者将毁掉幸运者。这便是平等的唯一意义。①

（接招吧，你们这些大错特错的《独立宣言》作者！）

斯宾塞为“不可知的”信仰留出了空间，因此，除了不可知论者之外，那些在宗教方面开明但经济上保守的新教知识分子同样热烈拥护他的观点。作为这个国家最知名的牧师，来自布鲁克林的普利茅斯公理会教堂的比彻指出，镀金时代严重的经济不平等不但是自然选择的结果，也是《圣经》的授意。对于一个同时认为《圣经》中的创世故事应当被视为隐喻的神学家来说，这种观点实属反常。穷人之所以穷，是因为上帝决定了他们的人生地位，而达尔文在自然界中发现的生存竞争，则为上帝让人类为生存而竞争的意图提供了科学“证据”。读到比彻关于穷人的无能和工会、社会主义、共产主义等所谓生于欧洲的“恶魔”的非美国性的布道，真是让人瞠目结舌。1877年，在被《纽约时报》引述的一次布道中，比彻庄重地说，“上帝让强者为强，让弱者为弱……我不是说一天一美元足够做工的人过活，但这足够让人活下去了！”这种“政府应当像父亲一样，负责国民的福利，为他们提供工作”的欧洲观念“是非美国的”。在最后的总结中，比彻宣称：“从富足跌入贫困的人们不应含怨带恨，而是应当坚强地承受这一切。他们永远不应忘记自己是人，即便他们将饥馁而亡。看看那些尚不开化的印第安人吧，他们在火

① William Graham Sumner, “*Reply to a Socialist*,” in ibid., p. 57.

烧及身时从不畏缩。要想像男人一样面对不幸，就应当大胆走向贫穷。"①

不论比彻是否大胆，他从来都不用面对贫穷这种不幸。1875年，比彻曾经的朋友、他的堂区居民西奥多·蒂尔顿（Theodore Tilton）控告比彻与自己的妻子通奸。由于陪审团最终未能达成一致意见，比彻保住了在布鲁克林的牧师职位，这场丑闻和随之而来的名气让他能为自己的巡回演讲收取更高的费用。之后的十年里，为了说服宗教方面持自由态度的新教徒，让他们相信对上帝作为"第一因"的信仰可以和进化论的细节协调共存，比彻比任何牧师都着力更多，他还有力地论证道，恰如自然界某些物种的生存证明了它们是适者，社会中的富人积累的财富证明了他们更加"适应"这个社会——而且较为富足的社会也更加"适应"这个世界格局。

达尔文从未这么说过。他在《人类的由来》中明确指出，当人类从自然状态进入文明社会之后，自然选择的重要性随即落到了环境因素和道德问题之后。"我们觉得不得不向无助的人们伸出援手，这主要是伴随着同情本能而来的附带结果，"他写道，"这种行为最初作为社会本能的一部分而习得，后来却变得……更加温情，广为散播。即便我们受到了严格理性的催动，只要本性中最高贵的部分尚未堕落，就无法压抑自己的同情……如果我们存心忽视弱者和无助的人，好处未必会有，但无疑会带来莫大的恶。"②

爱默生的"民主的个体性"理想被对"彻底的个人主义"——另一个延续到21世纪的符咒——的鼓吹所取代，这也和社会达尔文

① Henry Ward Beecher, "*Communism Denounced*," New York Times, July 30, 1877.
② Charles Darwin, *The Origin of Species and The Descent of Man* (1859, 1871; New York, 1948), p. 501.

主义伪科学的兴起关系密切。在爱默生和美国建国一代看来，政治平等与个体性并无冲突：作为人类和公民，人们是平等的，"因为人人都是有着独特位置的有代表性的人，让自己特有的潜能发展到极致的机会是他的天然权利……人人平等并不意味着人人相似，或人人拥有同样的利益与能力，而是意味着所有人在天地间同样重要。"① 镀金时代的美国个人主义观念往往被冠以"彻底"这个形容词，它的含义完全不同：不仅意味着各人禀赋能力相异，而且能力的差异证明了社会天地中的有些人比其他人更有价值。

大体说来，直到进步时代在世纪之交拉开帷幕，才有知名知识分子开始真正地向将自然选择等同于社会选择的做法发起挑战。威廉·詹姆斯是最值得一提的例外。和同时代的多数学者不同，他看穿了斯宾塞社会达尔文主义核心的垃圾科学。詹姆斯是受过良好训练的医生和博物学家，同时还是哲学家，他从科学和形而上学两方面揭穿了自然选择和社会选择的混淆。詹姆斯生于 1842 年，属于第一代在《物种起源》出版之后步入成年的人，美国人对斯宾塞的热情走向高潮之际，他的智识影响力也达到了巅峰。詹姆斯证明，尽管社会达尔文主义完美地契合了当时对彻底的个人主义的崇拜，但那种哲学几乎对个人毫无尊重。更重要的是，詹姆斯将社会达尔文主义界定为非科学的东西，而不仅仅是有害的科学。

1880 年，詹姆斯在哈佛自然历史学会（Harvard Natural History Society）发表演讲时指出，斯宾塞盗用了达尔文关于自然界中的改变的深邃洞见，把它当作解释一切社会变动的万灵丹，这种做法实际上和占卜一样毫无逻辑。"沿用这种方法，"詹姆斯指出，"如果

---

① Quoted in Mead, *The Lively Experiment*, p. 95.

有位朋友曾经和12个人一同用餐，几个月之后在门口的冰面上滑倒，摔碎了脑袋，我们便有十足的把握说，他死于那场不祥的宴席。”詹姆斯继续说道，事实上，他知道这场致命的事故会发生，可以“凭借完美的逻辑”说冰上的这一跤早已注定。

> “科学当中没有意外可言，”我可以说，“世界的全部历史汇成了那一跤。如果其中缺少任何一环，那一跤就不会在彼时彼处发生。否认这一点，便是否认了全宇宙的因果关系。真正的死因不是那一跤，而是引发那一跤的条件——包括他曾在6个月前作为13人之一坐在桌前。那才是他死在那一年的真正原因。”

如此有说服力的例子空前绝后，驳斥了盗用以事实为基础的真正科学为无法验证的一元论形而上学社会理论服务的做法。在这次演讲绝妙的结尾中，詹姆斯在社会理论和科学理论之间划出了明确的界线。

> （与有关变化个例的独特信息不同的）“进化哲学”不过是一种形而上学信条。它是一种臆想的心境，一种情绪化的态度，而不是一个思想体系——那种心境和世界一样古老，驳倒它的任何化身（比如斯宾塞的哲学）都无法将之驱散；宿命论的泛神论和它关于神与万物的直觉可以推导出世间一切，过去、现在，甚至未来都将如此。在此，我们绝不会轻视这种陈腐却有力的世界观。当今所谓的科学发现和它的产生毫无关联，也没有人能够轻易想象它的寂灭……批评者无法证明这种形而上学

> 信条并非真理，但他至少可以大声抗议它用“科学”的羽毛加以伪装的行为……斯宾塞关于社会和智识进步的“哲学”是不合时宜的陈腐之物，把一种前达尔文的思想变成了斯宾塞式的“力量”哲学，抹去了物理学家费尽千辛万苦才在能量、动量、功、力、质量等真实和潜在的问题上辨识出的所有差异，把我们带回了前伽利略时代。①

在关于进化论的文化战争之初，也许只有同时接受过自然科学和哲学训练的人才能发现形而上学理论的空洞与傲慢，那些理论略过了棘手的事实，与之对立的科学理论却会依据新发现的事实加以修正。詹姆斯将社会达尔文主义的非逻辑性，而非对社会政策的潜在影响（尽管这种影响已经够坏了）作为反对它的基础，他的论说因此永不过时。论及20世纪早期的“科学共产主义”幻觉，以及1950年代在美国达到顶点、以弗洛伊德精神分析理论为科学基础的半宗教性信仰，他的论说也同样有其意义。② 它在今天可以用来反驳智能设计论，反驳经过重新包装的社会达尔文主义——老式社会达尔文主义者颂扬现代工业资本主义，新式社会达尔文主义则把后工业时代的资本主义吹捧为由亘古不变的自然法则捍卫的大厦。

詹姆斯揭示了斯宾塞的思想非科学的心理和情感基础，索尔斯坦·凡勃伦则摧毁了将社会达尔文主义称作科学的经济学基础，他曾在耶鲁大学跟随萨姆纳学习，最后得出的结论却同老师的主张大

---

① William James, “*Great Men and Their Environment*,” *Atlantic Monthly* (October 1880); www. cscs. umich. edu/~crshalizi/James/ great_ men. html.

② 当弗洛伊德的著作在美国几乎还不为人知的时候，詹姆斯对这些作品兴趣极大，而且在1909年弗洛伊德和卡尔·荣格抵达美国的时候，他也在克拉克大学的欢迎人群当中。但当时詹姆斯却认为弗洛伊德和荣格的思想十分僵化，认为那是一种“执着于某种顽固观念”的倾向。

相径庭。他的《有闲阶级论》(*The Theory of the Leisure Class*, 1899) 不但为后世留下了犀利的“炫耀性消费”之说，还向财富与收入的悬殊差距源于自然界中类似力量的说法发起了致命一击。在凡勃伦看来，最优越的社会成员——那些富足到足够形成一个有闲阶级，用炫耀性消费将自己的成功广而告之的人——其实是自然选择的敌人，以“阻碍那种被称作社会进步或社会发展的环境调节”为行事目标。有闲阶级相信卡内基所说的“凡存在的都合理”，但凡勃伦指出，自然选择法则恰恰证明了“凡存在的都不合理”。在凡勃伦看来，任何时代的统治制度都落后于社会的急迫需求，在19世纪末那样的剧变时期，社会需求和统治制度满足那些需求的能力之间的差距越发加大。

> 它们［社会制度］源自对过去某个时刻通行的生活方式或多或少，但并不充分的调整……因此，它们是不合理的，这种不合理之处不止于今昔之间的时间区隔……通过阶级利益和本能的力量，借助戒律与循例，有闲阶级的制度导致原有的失调长期存在，甚至倾向于退回到某种更古老的生活格局；和刚刚过去的往昔传承下来的那种公认过时的生活格局相比，它更加不能适应现有条件下的迫切需求。①

和萨姆纳不同，凡勃伦没有收到《科利尔》杂志的约稿。

从世纪之交到美国加入一战之间的岁月中，一些知识分子转向了真正的社会科学——基于直接观察和大规模统计研究的科学——

① Thorstein Veblen, *The Theory of the Leisure Class* (1899; New York, 1995), p. 210.

向社会伪科学发起挑战。不公地被遗忘的人物、富有创见的社会主义思想家威廉·英格利希·沃林（William English Walling）便是其中之一。毕业于芝加哥大学和哈佛大学之后，沃林先后在简·亚当斯（Jane Adams）设在芝加哥的赫尔馆（Hull House）① 和伊利诺伊州的工厂督察机构中工作。在《社会主义的总体特征》（*The Larger Aspects of Socialism*，1913）中，沃林特别着重提到了对优生学的前提构成质疑的人类学新证据。援引同时期哥伦比亚大学人类学先驱弗朗兹·博厄斯（Franz Boas）的研究成果，沃林指出，因为更好的饮食条件，近期到达美国的所有移民——不论是东欧犹太人、西西里人、波希米亚人、匈牙利人还是苏格兰人——都在仅仅一代人的时间里长得更高、更壮。“博厄斯划时代的报告表明，”沃林写道，“就连那些移民父母在抵达这个国家数年之内生下的孩子，都表现出了和先辈的本质差异。”

沃林接着重点阐明，除了其他左翼知识分子之外，如果还有别人关注这个问题，那么至少可以说服部分反智的基要主义者改变他们对进化论的看法。“人的职责不是去研究进化论如何创造万物，”沃林提出，“而是去创造进化论。”自然选择远非斯宾塞吹捧的那种高效机制，根据沃林（和当代进化论科学家们同样）的描述，它的效率很低。“按照达尔文本人的说法，”沃林提醒读者，“自然会在尽可能长，也就是一个物种从诞生直到灭绝的时间里，进行各种可能的实验……和达尔文观察到的遵守机会法则的偶然变异不同，科学实验会将偶然因素控制在最低。人在一年中可以完成的重要测试

---

① 赫尔馆，服务于当地社区及贫民，集教育、娱乐、服务于一体的综合性安置场所，简·亚当斯的社会化教育哲学正是在创办赫尔馆的过程中发展出来的。——译者

的次数是大自然在一万年里所能摸索着完成的一万倍。”①

没有证据可以表明，这些对社会达尔文主义的明智批判曾经触达世纪之交的美国中产阶级。对于早期文化战争中站在反进化论一方的美国人来说，达尔文的进化论和保守派社会学家对它的扭曲没什么区别，而他们拿来对抗不信神的科学和不信神的伪科学的武器，则是结合了基要主义和社会福音运动的宗教。反进化论和经济民粹主义斗士布莱恩似乎既没读过斯宾塞，也没读过对斯宾塞的明智批判，而且也没有证据表明他读过达尔文。在 1925 年的斯科普斯审判中，布莱恩引用的不是达尔文的话，而是一本出版于 1914 年的粗略的中学生物教科书［乔治·亨特（George Hunter）编写的《大众生物学》（*A Civic Biology*）］，书里展示了一幅试图估算每个物种生命体数量的“进化树”。书中充斥着社会达尔文主义的优生学，但布莱恩完全没有提到这一点——那本书的作者说精神病人是“真正的寄生虫”，还说“假如这些人是低等动物，为了防止他们的蔓延，也许我们应该杀光他们。”这种思想确实应当禁止进入课堂，但正如这场诉讼广为人知的别名“猴子审判”所体现的，它的中心议题完全是圣经直译主义和人是从较低等生物进化而来的思想之间的冲突。

也许正如历史学家迈克尔·卡津（Michael Kazin）所说，布莱恩只是没读过那些建议社会应当如何防止不适者繁殖的煽动性内容。另一个可能的解释是，布莱恩将社会达尔文主义同达尔文本人的进化论混为一谈，在两者之间不加区分，而且想当然地以为陪审团和法庭上旁听的人和他想法一致。② 萨姆纳之流的保守主义知识分子把

① William English Walling, *The Larger Aspects of Socialism* (New York, 1913), pp. 81-82.
② Michael Kazin, *A Godly Hero: The Life of William Jennings Bryan* (New York, 2006), p. 289.

达尔文的思想曲解成反对一切社会改革的论证：如果文明世界和自然界中的人类都必然以残酷斗争为特征，那么这种残酷斗争的参与者们发起的任何改革尝试都必定会失败。对于这样的说法，像布莱恩那样的基督教民粹主义者一定会断然说“不”。他把适者生存描述成“强者脱颖而出，将弱者杀得精光的冷酷法则”①，他也许从未发现，这个说法和达尔文对文明人类行为方式的观点完全无关。

布莱恩这种人只受过狭隘的教育，他们将达尔文的自然选择理论混同于斯宾塞的社会选择理论，这并不意外，因为斯宾塞的伪科学的影响力之大，已经足以让受过高等教育的美国人（包括反对社会达尔文主义的一些人）犯下同样的错误。非常熟悉达尔文、赫胥黎和斯宾塞著作的西奥多·罗斯福 1912 年在美国历史学会的演讲中，充满遗憾地提到了“进化论学说”和“自然选择学说”在大众心目中的混淆。② 罗斯福真正想说的是，大众已经将达尔文的理论和斯宾塞的社会选择混为一谈。作为政府干预和进步运动改革措施的有力推手，罗斯福接受了自然界中的进化，但反对将“适者生存”套用在社会领域。一位著名的博物学家和历史学家在一群专业历史学家面前的演讲居然如此不准确，证明了斯宾塞的理论即便在社会达尔文主义的反对者中也传播甚广。

社会达尔文主义在美国伪科学、反理性主义和反智主义历史上的重要性因为诸多原因被低估了，原因之一是，当社会达尔文主义这种在上层阶级中盛行的智识思想在美国走向极盛时，它还不叫这

① Robert W. Cherny, *A Righteous Cause: The Life of William Jennings Bryan* (Boston, 1985), p. 172.
② Theodore Roosevelt, "*History As Literature*," in History As Literature and Other Essays (London, 1914), p. 12.

个名字。拿共产主义来说，它先有其名，又在布尔什维克革命之后有了莫斯科这个大本营，相比之下，用威廉·詹姆斯的话说，社会达尔文主义（尽管他从未用过这个术语）只是用科学的羽毛加以伪装的形而上学信条。相比能够明确定义的意识形态，萦绕着无形科学光环的无名哲学更方便针对不同时代的新受众重新包装。

人们已经忘记了产生于19世纪晚期的最恶劣的伪科学思想原本的样子，但它们并未消失，而是在美国不断地打着崭新的旗号向人们推销。社会达尔文主义从未消亡：它在二战前是优生学的卫道士，在单调乏味的世纪中叶则表现为安·兰德的“客观主义”哲学；而在最近，它以市场经济崇拜的形式出现，不再表现为政治见解，而是作为对客观事实的总结登场。这些理论全都可以归入社会达尔文主义的名目，也许可以用兰德的《源泉》（*The Fountainhead*，1943）中主人公的不朽妙语一言以蔽之：“人们唯一能够互相行使的善举和他们之间恰当关系的唯一表达就是——‘放手！’”兰德是无神论者，但美国人却成功地把她的社会达尔文主义转译成了信仰的语言：最近的一项调查表明，大多数人都误以为“神帮助自助者”是《圣经》中的话。①

我们有必要记住，在美国人心中，智识主义并不总是自由主义，尤其是经济自由主义的同义词。进化论和圣经直译主义的冲突不可调和，这也许足以引发基要主义者对质疑《创世记》中创世故事的所有知识分子和科学家的敌意。但是，很多著名知识分子曾经以达尔文的进化论作为反对一切社会改革的论据，又为基要主义者当中的民粹分子提供了一个新的借口，不光要摒弃进化论，还要击败那

---

① “*Americans' Bible Knowledge Is in the Ballpark, But Often Off Base*,” Barna Group, July 12, 2001.

些似乎最热情地支持进化论的富有知识分子。假如在布莱恩作出“黄金十字架”演说[①]的 1896 年告诉他，到了 20 世纪末，很多认同他的宗教信念的美国人会和为富人利益服务的政党结盟，要求基督徒帮助同胞的社会福音运动则被神帮助自助者（而且这还是《圣经》告诉我们的）的信仰取代，他一定会大惊失色。

除了政治立场的反转之外，美国反智主义和反理性主义的两大关键元素自 1890 年代以来基本没有变化。前者是数量不多但不可小视的一些美国人的信念，认为理智和世俗高等知识与他们的信仰不共戴天。后者则是伪科学的毒素，左右两翼的美国人都在不断吸收这种毒素，好让他们的社会理论在以事实为依据的质疑面前刀枪不入。

---

① 1896 年 7 月 8 日，布莱恩在芝加哥民主党全国代表大会上发表的演讲中强烈批评金本位制，在演讲最后指出，“不能把人类钉死在黄金十字架上”。—— 译者

第四章

赤色分子、左倾分子与同路人

如社会达尔文主义的伪科学俘获了很多19世纪的美国知识分子，共产主义对两次大战之间的20世纪美国知识分子形成了强大的吸引力[①]。作为世界上首个以共产主义自我标榜的国家，苏联成了超级大国，成了美国的首要国际敌手，这是大部分普通公民把共产主义看成一种反美哲学的重要原因，和社会达尔文主义的情况大不相同。对知识分子的猜忌源自马克思主义意识形态对老左派的吸引，但却比共产主义本身延续得更久。苏联解体迄今已有25年，而且马克思主义的诱惑在西方早已消逝，但奇怪的是，特指一种思想的大写的共产主义在美国依然被当作大棒，用来敲打各式各样的自由主义和自由智识。1994年中期选举一周之前，让共和党在比尔·克林顿总统的首个任期中历史性地拿下国会两院的指挥官纽特·金里奇告诉共和党的游说者们，赢得选举的办法是把民主党人描绘成“斯大林主义”政策的支持者和“正常”美国价值观的反对者。[②]早在金里奇说出此番至理名言40多年之前，斯大林就已经死了。没有党的“党的路线”——这个概念在右翼圈子里一次又一次地卷土重来——依然是个趁手的幻影，可以用来质疑自由主义者是否爱国，可以用来模糊进步时代以来美国各种中左翼政治运动之间的差别。

美国公众对知识分子是否爱国的怀疑，很大程度上以一战之后仇外性的赤色恐慌为基础，一些当时美国最著名的政治激进分子出生于外国。1918 年 11 月 11 日，一战停战协定在法国贡比涅森林中的一节火车车厢里签订。一周之后，纽约市长禁止公开展示红旗，这是一年前刚刚在俄国诞生的布尔什维克政府的标志。同月，当憎恶布尔什维克的美国社会主义者在麦迪逊广场花园举行和平集会时，数百名对左翼内部的政治差异既不关心，也不了解的复员军人和水手冲进大门，掀起了一场骚乱，局面在骑警抵达之后才得到控制。对赤色分子的猎捕已经开始了。

一战之后，大多数民众依然渴望回到美国既不用为世界其他国家负责，又无须承担国际义务的更单纯的时代；二战之后，美国人在战胜轴心国之后洋洋得意地接受了帝国地位，转而反对那些对不久前的盟友、当今的首要国际敌手斯大林的苏联过于支持的公民。从一战后的孤立主义到二战后对左翼分子的反对，这是一段长远的

---

① 与赫伯特·斯宾塞类似，卡尔·马克思也挪用了达尔文提出的基于自然选择学说的进化论，用以支持一种社会经济意识形态。马克思认为，社会中的阶级斗争与自然界中的生存斗争相似。在无数失败的经济和农业实验中，作为苏联政权对马克思主义最教条的诠释（与真正的马克思主义几乎完全无关）的核心，社会伪科学显露无遗。在斯大林钦点的生物学家特罗菲姆·杰尼索维奇·李森科（Trofim D. Lysenko）领导下，苏联的御用文人一直宣扬着一种政治优生学理论，他们声称，只要你愿意，政治制度的变化就能改变物种的基因构成。在“胚胎不是傻瓜”的响亮宣言之下，李森科发起了一系列无视忽略了孟德尔遗传学的灾难性农业计划。公开反对李森科主义伪科学的苏联科学家被解职，许多人死在了古拉格。当然，李森科主义者总是坚持认为他们自己的理论是纯粹的、客观的科学，尽管一个又一个实验证明了李森科主义的错误，而且那些实验不是在实验室里开展的，而是在真正的农场里，以真正的动物和农作物为对象。

② Dan T. Carter, *From George Wallace to Newt Gingrich* (Baton Rouge, La.), pp. 118–119, in Glenn Feldman, ed., *Politics and Religion in the White South* (Lexington, Ky.), p. 308.

精神历程。第一次赤色恐慌把孤立主义、本土主义倾向和对外来的布尔什维克意识形态的恐惧结合在了一起，为一种延续得更久的公众情结铺平了道路，在其影响下，自由主义知识分子的政治活动最轻也会被看作在美国生活方式之敌面前的天真幼稚——老学究们普遍容易上当的又一证据——而在最严重的情况下会被视同背叛。严重怀疑知识分子（又名“精英”）的美国人的比例时有变动，但从最近选出了特朗普的运动中，我们可以发现，在社会压力非同寻常的时期，知识分子作为无能的左倾分子——或者只是无能的人——的负面形象总是可以加以利用。

一战期间，根据一项禁止“对合众国政府政体的任何不忠……辱骂或侮辱性言论”的反煽动法规，政府提起了超过两千起诉讼。1919 年，根据一个叫 J. 埃德加·胡佛的兢兢业业而又雄心勃勃的年轻职员汇编的名单，司法部开始打击生于外国的激进知识分子和政治活动家。当年 12 月 20 日，249 名参与种种左翼政治活动的移民被送上一条被大众媒体戏称为“赤色方舟”的船驱逐到苏联，其中很多人已经在美国居住了数十年，信奉反马克思主义的无政府主义而非共产主义，他们大多是出生在原帝俄领土上的犹太人。赤色方舟上最著名的乘客是充满激情的无政府主义者和女性主义者，被媒体冠以“赤色爱玛”绰号的爱玛·戈尔德曼（Emma Goldman），她 1885 年从俄国移民到美国时年仅 16 岁，不仅受过欧洲社会理论家的教育，还是托马斯·潘恩、瓦尔特·惠特曼、爱默生和梭罗的学生。1893 年，因为一场号召工人如果找不到工作就去抢面包的演讲而被拘捕之后，她才在纽约市一所监狱的图书馆里第一次读到了美国作家的作品。和雅各宾恐怖时期身在巴黎的潘恩一样，戈尔德曼一眼就看穿了对革命理想的背叛。被驱逐到苏联之后，她写下了《我在俄国的幻灭》（*My Disillusionment in Russia*，1923），这是左翼人士对正在列宁领导下发展壮大的苏维埃极权国家最早、最有力的控诉之一。作为左翼圈子里的国际名人，戈尔德曼 1919 年受到了苏联官员的热烈欢迎，但她很快发现，与她一同被驱逐的人都处在军队的监视之下，“他们因为政治见解被逐出美国，如今在革命的俄国再次成为囚徒”①。

说回到美国，到 1920 年年底，超过 6 000 名共产主义者和共产主义同情者在家中或工作场所被捕。次年元旦，自称“奋战的贵格派”的司法部长 A. 米切尔·帕尔默（A. Mitchell Palmer）在节日氛围中发起了针对共产党办公室的一系列协同突击行动，按照传统，忠诚的同志们会在那天聚在一起庆祝节日。美国最著名的辩护律师克拉伦斯·达罗日后把这一时期称作“暴政、野蛮和专制的时代，至少是在当时，动摇了我们这个共和国的立国之基。”② 美国公民自由联盟（American Civil Liberties Union）于 1920 年 1 月 20 日正式成立，它的诞生正是帕尔默突袭的直接结果。

随着这个国家步入前所未有的繁荣年代，公众对搜捕激进分子——无论他们是否生于美国——失去了兴趣，第一次赤色恐慌很快就泄了气。旨在向南欧和东欧移民关上金色大门的移民配额制度于 1924 年通过，1880 年代以来的本土主义梦想终于成真，打击赤色分子的运动随之真正终结。假如激进的工人动乱和陌生的智识哲学都是外国人的功劳，那么让外国人概莫能入一定能解决问题。种族偏见和反布尔什维克主义共同为移民限制提供了支持，这种限制主要针对意大利人与来自东欧和俄国的犹太人，1930 年代试图逃离纳

---

① Emma Goldman, *My Disillusionment in Russia* (1923; Gloucestor, Mass., 1983), p. 262.
② Clarence Darrow, *The Story of My Life* (New York, 1932), p. 218.

粹魔掌的犹太人因此走向了万分悲惨的结局。

限制性的移民政策是赤色恐慌直接而显著的后果；另一个难以察觉，但却同样重要的后果是，反共主义介入了美国的文化冲突，这种冲突原本只被视为传统宗教和世俗化之间的本土战争。在进化论之战中，布尔什维克主义取代了斯宾塞的社会达尔文主义，成了昔日宗教的敌人。经济民粹主义原本一直是威廉·詹宁斯·布莱恩政治生涯中的支柱之一，和他对圣经直译主义信仰的辩护同样重要，就连布莱恩也开始把达尔文的进化论同布尔什维克主义挂钩，而不是和不受限制的资本主义联系在一起。1924年，恰巧在斯科普斯审判一年之前，在描述一个“试图决定我们的学校应该讲授什么，并以此塑造这个国家的宗教”① 的阴谋集团的时候，布莱恩用上了“科学苏维埃”这个意味深长的词。

布莱恩信仰基要主义，反对世界上第一个共产主义国家及其官方无神论，从他将两者揉在一起的空洞言辞中，我们也许可以推断出20世纪美国反智主义阴魂不散的三大元素。首先，是把专家——不只是“苏维埃”专家，而且还是“科学苏维埃”的专家——描绘成美国政治机体中的外来生物。而后，布莱恩对这个被看作独立阶级，决心把他们的观点灌输给大众的受过教育的少数人群表达了他的憎恶。最后，再把这个独立的阶级指认为宗教之敌。达尔文的进化论总是被反对者看作空谈和形而上学，而不是科学的理论，激起了大部分人对专家的莫名憎恶，他们要依靠这些专家，却不理解专家们的工作。（想想如今公众对医疗专业人员的矛盾心态吧。）但对于那些夸夸其谈，似乎因为读的书比普通人多而知道什么对社会最

① Lawrence W. Levine, *Defender of the Faith: William Jennings Bryan: The Last Decade, 1915—1925* (New York, 1965), p. 279.

有利的知识分子，反进化论者还怀有一种更深、更具体的愤怒。20世纪早期，作为专家的知识分子的重要性日益提升，尤其是在自然科学和技术方面，但这并不能转化为政治、社会或宗教问题上的智识权威，至少大多数美国人是这么认为的。

20世纪知识分子对共产主义的兴趣大多只是一时兴起，但招来的怨恨却同基要主义者对宣传进化论的知识分子的反应很相似。如果说进化论向宗教信仰的基础发起了挑战，那么苏联的共产主义挑战的则是美国信仰本身更为广泛的经济和政治根基。这种挑战在繁荣的1920年代似乎无足轻重，但在1929年股市崩溃和大萧条开始之后——不光是马克思主义知识分子，很多美国人都将这些事件看作资本主义终结的开始——却显得真实得多，而且更像是潜在的威胁。

对于在两次大战之间长大成人，并被政治左翼所吸引的知识分子来说，从事实上并不“左”、位于30年代美国政治谱系中央的新政自由主义，到源自本土或欧洲的各种社会主义变体，再到极少数人所选择的由莫斯科资助的美国共产党，全都是可能的选项。真正入了党的知识分子当中，无疑有很多人支持笼统而言的共产主义，或是支持斯大林治下的苏联。他们便是“同路人”。这个术语直到冷战期间才在美国广泛运用，最早运用这个词的是苏联，指的是那些积极参与布尔什维克文学宣传，但却没有入党的作家们。①

有些人希望通过限制移民来让美国对激进哲学的病毒免疫，1930年代击碎了他们的希望。整个30年代，尽管及时逃脱的杰出德

---

①“同路人”（俄语 poputchik）在苏联时代早期并不是贬义词，但在二战之后的美国却总是含有贬义。布尔什维克在1920年代需要他们，但在30年代的大清洗中处理掉了那些不够忠诚的同路人。

国犹太难民大大扩充了美国左翼知识分子和政治激进主义的队伍，这个行列还是变得越来越本土化。早期工人阶级移民，尤其是犹太子弟已经做好了登上美国智识舞台的准备（尽管人们直到战后才充分感受到了他们在泛文化领域的影响）。两次大战之间长大成人的知识分子当中，最杰出的那些人都出生在美国，应该在自己的书的封面上盖上“美国制造”的大印。“我是美国人，生于芝加哥。”索尔·贝娄《奥吉·马奇历险记》（*The Adventures of Augie March*, 1953）这句著名的开篇也许应该成为所有那一代美国犹太知识分子著作的引言——不论政治倾向如何。

在相当长时间里，1930年代的诸多知识分子不但没有认清斯大林的苏联的本质，而且被某种类型的马克思主义革命夺取美国、扫除资本主义的可能性所欺骗。要理解个中原因，我们需要充分运用想象力去回想往昔。新政为美国人带来了资本主义或许能够自我改革的希望，在那之前，面对30年代初的恐慌和经济上的绝望，共产主义的吸引力很容易理解。但是，我们很难理解为什么会有明智的公民——不论是不是知识分子——在1936年总统大选之后还会认为美国人会乐于接受政体的剧变。1936年的美国依然深陷经济困境，美国人以压倒性的多数选举富兰克林·D. 罗斯福连任总统。共产党的得票率从0.3%滑落到了0.2%，得票率原本总是远高于共产党的美国社会党则从2.2%跌到了0.4%。显然，大部分公民，即便是那些位于政治谱系极左翼，依然陷于经济困境的人，都对新政寄予厚望。

知识分子的情况则相反，和早先的大萧条时期相比，共产主义的吸引力反而在1930年代中期变得更加强烈，部分是因为他们比其他美国人更加担心法西斯主义在欧洲的兴起。1935年到1939年的人民阵线（Popular Front）时期中，美国共产党党员数量稳步增长到了7.5万。那些年中，为了联合反法西斯力量，苏联表面上不再反对非共产主义的左翼运动，共产党吸收的不光是知识分子，还有某些工会中的共产主义同情者。在很多美国人低估了法西斯主义的威胁，多数人还是坚定的孤立主义者的时候，人民阵线的理想对那些认清了希特勒（但不包括斯大林）邪恶本质的知识分子有着莫大的吸引力。绝大多数知识分子从未入党，加入对苏联所支持的事业——其中最急迫、最具吸引力的便是反对纳粹——有所助益的组织或文学活动，才是同路人们最普遍的做法。

共产主义者和反共的自由主义者之间的尖锐分歧正是出现于这一时期，后一群体的成员五花八门，既有进步教育家约翰·杜威，又有前马克思主义者、曾在1932年支持共产党总统候选人的哲学家西德尼·胡克。他们一度同情共产主义，但在斯大林把一个又一个老布尔什维克斥为叛徒，在1937到1938年的大清洗审判中消灭了真实和臆想的敌人之后，杜威和胡克这样的知识分子没有上当。较为年轻的左翼人士中也有些人从未和斯大林式的共产主义过从甚密，从欧文·豪（Irving Howe）和欧文·克里斯托尔关于他们从1936到1940年在纽约市立学院接受的多愁善感的政治教育的回忆录中，我们可以找到对反斯大林主义的左翼游击队中羽翼未丰的士兵最贴切的描述。[①] 两人当时属于同一派别，克里斯托尔在1970年代成了铁杆新保守主义者中最坚定的一员，豪则在很大程度上依旧忠于年轻时的民主社会主义理想，没有把它们当作全然不现实的观念而抛弃。

反斯大林主义者在市立学院午餐厅的一号厅长篇大论，斯大林主

① See Irving Howe, *A Margin of Hope* (New York, 1982), pp. 61-89, and Irving Kristol, *Reflections of a Neoconservative* (New York, 1983), pp. 4-13.

义者则在二号厅里发表他们的声明，日后因窃取核武器情报的间谍行为被处决的朱利叶斯·罗森堡便是后者中的一员。豪的描写似乎相当符合民主社会主义者的视角，一号厅听起来像个相当欢快的论坛。

> 无论日夜，几乎每时每刻，一走进阴暗的一号厅，你就能听到关于法国人民阵线、美国新政、西班牙内战、俄国五年计划、不断革命论和“马克思真正想说的是……”的贴近时事的论辩。有个叫伊兹·库格勒（Izzy Kugler）的伙伴懂得不少知识和近乎知识的东西。在同一位我们从一号厅外边引诱过来的斯大林主义小子的争吵中，伊兹拿着英帝国主义的相关数据对他狂轰滥炸，当这个可怜的家伙显出怀疑时，伊兹严肃地叫他去图书馆“查一查”。事实就是事实。但伊兹真的是在用事实批判他吗？我问他那些统计数字是怎么一回事，他带着迷人的微笑答道，好吧，其实略有夸大（也就是说，夸大了不少），为了让那帮斯大林主义懒汉们读读书，不得不做些什么！①

让很多知识分子——即便不是真正的党员——认清斯大林完全不讲道义的，是1939年让希特勒得以攫取波兰，并由此引发二战的苏德协定。尽管如此，在希特勒进攻苏联，美国站在苏联和英国一方参战之后，苏联领导下的共产主义重新收获了很多人的忠诚。苏德协定让美国共产党失去了近半数党员，但它的规模从1941年到1944年翻了一番，党员数量达到了约8万的新高。② 对于罗伯特·

① Howe, *A Margin of Hope*, p. 65.
② Irving Howe and Lewis Coser, *The American Communist Party: A Critical History* (New York, 1974), p. 419.

雷福德（Robert Redford）在1973年的电影《往日情怀》（*The Way We Were*）中所扮演的角色的愤怒，人们很容易心生同情；这部电影讲的是不关心政治的白人盎格鲁-撒克逊新教徒和芭芭拉·史翠珊扮演的犹太裔前共产主义者之间注定要散伙的战后婚姻。“我们到底该不该参战？”白人盎格鲁-撒克逊新教徒问他的左翼伴侣。“斯大林既支持希特勒，又反对希特勒。这全都是政治骗局，但你还是紧抓不放。我不知道你是怎么做到的……”

面对1940年代晚期和1950年代的反共诘难，自由主义知识分子群体的反应大可称之为软弱，有时简直算是怯懦，要理解这种局面和30年代知识分子围绕苏联的共产主义发生的内讧之间的复杂关联，我们需要再次运用想象力回溯过往。包括宗教基要主义和对过多教育的质疑在内，美国反智主义的很多特征——也许可以说大部分特征——和知识分子的所作所为几无关联。但公众对知识分子和共产主义之间的关系的看法却是例外，因此，我们不能仅仅把知识分子30年代关于斯大林主义的纷争看作美国思想史中的一个费解片段。老左派知识分子曾在30年代围绕斯大林主义互相攻击，到了50年代依然没有停手，这次的战场不只是“小众”知识分子杂志，他们还在大众媒体和国会委员会前彼此攻讦。同路人和曾经的党员们，包括那些反反复复退党入党的人，在国会和州立法机构面前互相告发，大众渐渐习惯了这种可鄙的奇观。① 还是那些知识分子，在60年代晚期和70年代又上演了同一幕，克里斯托尔等自由主义者蜕变

① 欧文·豪和刘易斯·科泽（Lewis Coser）拥有毫无瑕疵的反共自由主义资历。依据美国共产党自己的文件，他们充分地证明了这个党是多么成功地驱离了大部分30年代有志入党的美国人。从1931年7月到1933年12月，新加入的党员中有70%最终脱党。参见《美国共产党：一部批判的历史》（*The American Communist Party: A Critical History*），第528—529页。

为铁杆保守主义者，不出意外地在新左派行列中发现了一些裹着赤色尿布的婴儿——前共产主义者的子弟。

对某些知识分子和苏联共产主义旧有关联的执念——左翼和右翼在阿尔杰·希斯一案①中互揭疮疤的行为便是绝佳案例——不能仅仅归因于真正充当苏联间谍的个别美国共产党人的行为，甚至也不能归咎于更为普遍的同路人现象。战后反共主义和反智主义合流的另一个关键因素是，知识分子在追溯以往时不但夸大了自身的重要性，也夸大了他们之间长达20年的政治对立与个人仇怨的重要性。

整个30年代，老左派知识分子只是一群主流之外的高雅人士，在30年代后期成为反共自由主义堡垒的《党派评论》（*Partisan Review*）以及编辑政策较为支持共产主义和苏联的《国家》（*The Nation*）等刊物上倾诉自己和自己的思想，这种倾诉几乎总是小圈子里的自说自话。40年代晚期和50年代，高雅文化元素开始出现在以更广大的受教育群体为受众的文化机构当中，那时候，许多老左派作家、艺术家和学者——比如埃德蒙·威尔逊（Edmund Wilson）、玛丽·麦卡锡（Mary McCarthy）、内森·格莱泽（Nathan Glazer）、大卫·里斯曼（David Riesman）、丹尼尔·贝尔（Daniel Bell）、莱昂内尔·特里林、西德尼·胡克等等——开始拓展他们的事业，用流行小说、文学评论和社会学来吸引受过教育的中产阶级读者，积累起了他们如今的声名。虽然在政治谱系上的位置各有不同，但共产主义都是他们青年时期颇有影响的政治议题。和国会中的质询者一

① 阿尔杰·希斯，原美国国务院高级官员，1948年被指控为苏联间谍，1950年因与间谍罪名相关的伪证罪被判刑。该案使非美活动委员会声名大噪，并推动了反共主义的蔓延和麦卡锡主义的兴起。——译者

样，他们对青年时代的政治理想念念不忘，尽管原本的理想早已被修正或抛弃了。

我并不是说共产主义不重要，我想说的是，夸大共产主义——尤其是苏联的共产主义——作为一种美国文化力量的意义的，不只是麦卡锡主义的政客，还有知识分子自身。宣扬那种夸张说法的，既有那些对早年同情共产主义表示悔恨的人，也有并不悔恨的；既有那些在50年代顶住压力没有告密的人，也有没能顶住的；既有那些依然身为反共自由主义者并且强调“自由主义”的人，也有完全抛弃自由主义的。

反共自由主义者戴安娜·特里林没有抛弃自由主义和身为同路人的过往，她在1993年出版的回忆录中就有一段典型的夸张言论。她声称，几乎没有美国人能够理解“二战前斯大林主义对美国文化的控制达到了何种程度：在艺术界、新闻界、编辑出版界、戏剧和娱乐界、法律界、学校和大学中，对教会和市民领袖，苏联完完全全地控制了我们文化生活中的每个角落”①。30年代的美国知识分子创造出了“斯大林主义”的这种用法，当时，除了少数党员之外，同情共产主义、信仰马克思主义的人恐怕全都认同斯大林和苏联。那个体制对他们来说主要是一种抽象的思想，说他们本应进一步深入观察，这一点毫无争议，但如果把视角转换成所谓斯大林主义的文化影响，那完全是另外一个问题。

如今的美国人不会接受特里林所谓斯大林主义“完完全全”控制了30年代文化之说，人们拒绝这种单向度的分析，因为他们对现实的理解比很多老左派知识分子所表现出来的更加深刻。“斯大林主

① Diana Trilling, *The Beginning of the Journey* (New York, 1993), pp. 180-181.

义”实际上并未控制大部分美国人的文化，相较于思索党的路线的最新转折，他们在大萧条和二战期间有更重要的事情要做。戴安娜·特里林是个忠于温和自由主义的作家，但她却用如此绝对化的措辞来描述斯大林主义对文化的影响，这实际上更多地反映了她年轻和年老时期纽约知识分子圈子的本质，而不是苏联意识形态对美国文化史方方面面的浸染。在特里林提到的大多数行业和企业中，当然有不少知识分子和艺术家强烈支持包括共产主义在内的左翼思想，但这并不意味着文化世界被苏联“完完全全”控制。纽约的杂志编辑部、百老汇的剧院舞台和好莱坞的电影布景中挤满了同路人和一些“正式持证”的共产党员，但这怎么能等同于苏联的控制呢？

苏联政府的很多国际政策确实得到了美国左翼人士的支持，在美国参战之后，也得到了那些因珍珠港遇袭而放弃了孤立主义的右翼人士的支持。反纳粹主义就属于此类，而且反映反法西斯而不是反共观点的电影、戏剧和小说确实越来越多，在 30 年代晚期尤为多见。30 年代的大部分时间里，与知识分子不同，社会大众希望对希特勒和斯大林都不加理会。甚至在英国参战，伦敦部分地区在闪电战之下一天天化为瓦砾之后，罗斯福总统仍然要使出浑身解数，才能让《租借法案》为民众所接受并在国会通过。1941 年 8 月，政府提出的延长《选征兵役法》的议案以仅一票的优势在国会通过——甚至在纳粹大军占领了欧陆大部分地区之后，孤立主义依旧大行其道。

因此，如果同路人们写的反纳粹电影和小说有助于削弱强大的孤立主义情绪，让舆论为美国最终参战做好准备，这是坏事吗？我们难道能因为读书识字的民众 1939 年对约翰·斯坦贝克的《愤怒的葡萄》反响热烈，就说他们上了斯大林的当吗？斯坦贝克当然有些共产主义者朋友，他和第一任妻子跟很多作家一样访问过苏联、受过欺骗。鉴于《愤怒的葡萄》依旧是有史以来最受欢迎的美国小说之一，我们只能认为，斯大林还在从他如今已不起眼的坟墓里，继续遥制着美国文化。或者说，当终生不渝的社会主义者叶·哈伯格（Yip Harburg）写出《飞跃彩虹》① 的歌词时，是否意味着斯大林主义的又一次胜利呢？不光是桃乐丝，铁皮人、稻草人和胆小狮肯定也上了斯大林主义的当。至于他在1932年写出的大萧条时期经典歌词《兄弟，能否施舍一毛钱？》就更不用提了。作为典型的人道主义社会主义者，哈伯格从铁杆共产主义者那里得到的只有蔑视。可到头来，他还是在50年代被列入了黑名单——误把粉红当赤红。

30年代的老左派没能从"赤色恐慌"一代身上学到一个重要教训：知识分子之外的美国人并不关心赤色深浅。在普通美国人看来，无政府主义者、托洛茨基主义者、斯大林主义者、社会主义者，不论是土生还是外来，都是同一条船上的人，而且最好让这条船驶向俄国。到了二战结束，大众开始重视赤色分子之时，左翼知识分子内部至关重要的宗派之分，和他们因为意见分歧而彼此攻伐的激情，导致整个知识分子社群在政治攻击面前脆弱不堪。

麦卡锡时代结束半个多世纪之后，由于美国政治的极化，人们完全不可能就二战之后不久开始搜捕国内共产主义者的理由及其长期文化影响达成共识。右翼权威和政客们总是语出惊人，把现今反对伊拉克战争的人和麦卡锡时代揭发出来的亲斯大林"叛徒"联系在一起（把"斯大林"和"萨达姆·侯赛因"这两个名字放一块用

---

①《飞跃彩虹》，1939年根据同名童话故事改编的电影《绿野仙踪》插曲。桃乐丝、铁皮人、稻草人和胆小狮都是电影中的主要角色，电影讲述了他们寻找回家之路的故事。——译者

谷歌搜索一下，看看右翼博客圈子里有多少条结果吧。）在左翼这边，一些记者和历史学家用“清洗”这种意味深长的词来描述40年代晚期和50年代开除大学教师、封杀艺人和编剧的行为。在我看来，其中的隐喻恰似不加区分地用“大屠杀”这个术语来描述各种连环谋杀案，既令人反感又不准确。就定义而言，清洗的影响是永久性的：斯大林1937年到1938年的大清洗导致了数百万人死亡，他们或是被立即处决，或是在古拉格死于饥饿和苦役。从1948年延续到60年代初的好莱坞黑名单严格讲来算不上清洗，被送进古拉格的作家们可没法靠用假名继续写剧本过上安逸的日子。

被美国人概括称为麦卡锡时代（尽管麦卡锡本人起初并非主角）的时期，大致始于1946年温斯顿·丘吉尔令人印象深刻地说“一道铁幕”已经在欧洲大陆降下的时候，结束于50年代后半叶某个难以明确判定的时刻，那时候，政客与选民们似乎都已经对中年男女被召来解释自己的思想与社会关系的场景失去了兴趣，他们和证人席上的人们一样显得单调无趣。不论人们如何看待共产主义猎手的成果与方法，事实无可争辩：几千人丢掉了工作，几百人进了监狱；朱利叶斯和埃瑟尔·罗森堡夫妇被判窃取核武器情报罪名成立，被送上电椅处死。在一本反映了左翼对战后反共运动的普遍看法的书中，历史学家艾伦·施维克（Ellen Schwecker）坚称，“麦卡锡主义效果惊人”，而且“造就了美国历史上最残酷的政治镇压之一”。政府调查和国会听证会代表了“一种美国特有的镇压形式——非暴力且两相情愿。只有两个人被杀，只有几百人进了监狱。对它的效果功不可没的，也许正是它的温和”。[1]

---

① Ellen W. Schwecker, *No Ivory Tower: McCarthyism and the Universities* (New York, 1986), p. 9.

我同意，相对较少的拘捕也会导致全面恐慌，但我并不认同麦卡锡主义总体而言的有效性。要衡量对思想的压制和对异见者的恐吓是否成功，时间长短是个至关重要的指标。照此看来，虽然反共运动对人们事业的打击和带来的恐惧造成了不可估量的恶果，它还是可耻地失败了。反共狂热退潮的同时，新的社会抗议活动迅速涌现，作为最早、最显著的例子，民权运动最为有力地证明，我们不该高估战后的反共围猎整体而言的文化冲击。麦卡锡时代的高潮和民权运动最伟大的胜利之间只隔了不到十年。不再年轻却仍然大权在握的J. 埃德加·胡佛竭力想让美国公众相信，共产主义者是种族平等之战的幕后黑手，结果却没能成功。假如麦卡锡式的政治恐吓真的影响深远，那么，在民权运动得到大多数美国民众支持之前，受共产主义影响的指控就足以将其扼杀。

从历史角度看，麦卡锡时代对知识分子的个人财富与他们在美国社会中的整体声誉的影响也未可定论。当时对知识分子的抹黑有两个办法。首先，知识分子，或者是那些看起来、听起来符合人们对知识分子的印象的人，只有极少数被召来在众议院非美活动调查委员会（HUAC）① 和麦卡锡的参议院调查委员会等州和国家调查机构面前作证。除了已经被共产党渗透的某些工会之外，知识分子是受共产主义和较为民主化的其他左翼运动影响最深的阶层，鉴于这个事实，上面的说法显然是正确的。战后，当过共产党员，或者有过普遍得多的同路人行为的知识分子天然地更容易在各种层次的教育机构，在艺术界，在需要统计学家、历史学家、政治分析师和宣

---

① 众议院非美活动调查委员会（House Un-American Activities Committee），学者们往往使用HCUA这个缩写，但此处使用的HUAC是媒体和日常对话中六十多年来一直使用的写法。

传人员的政府部门中取得职位。

在州和国家层面的忠诚听证会上，“学究”在证人席上频频亮相，必定会强化那种认为知识分子要么是共产党，要么支持敌对国的印象。效仿杜鲁门政府1948年对联邦雇员提出的宣誓要求，许多被认定特别重要的知识行业——比如教师——引入了忠诚宣誓制度，强化了将知识本身视为危险因素的旧有美式猜忌。因为能够影响美国年轻人的心灵，教师被看作具有战略意义的职业，假如麦迪逊大街上的业务企划们在四五十年代因为职业因素而要进行忠诚宣誓的话，公众恐怕也会怀疑他们长期心怀非美观念。

另一个在麦卡锡时代强化了对知识分子的怀疑的重要因素，是宗教与反共爱国主义在情感上的合流，一战之后的赤色恐慌中同样的结合预示了这一点，只是这一回风头更劲。相较于葛培理（Billy Graham）① 1954年“共产主义必死，否则基督教必亡”的豪言，布莱恩把进化论斥为“科学苏维埃”阴谋的言论还算温和。对于共产主义者来说，“魔鬼是他们的上帝，马克思是他们的先知，列宁是他们的圣徒”，而马克思“把这种肮脏、无道、邪恶的世界社会主义信条呕吐在了堕落的欧洲易受蒙骗的人民头上”。和战后所有凶残的反共斗士一样，对于社会主义和共产主义之间为知识分子所重视的差异，葛培理完全不加区分。② 和20年代相比，强烈反共的罗马天主教会在50年代对美国的影响要严重得多，在纽约这个老左派知识分子的堡垒，神职人员的反共情绪尤为激烈。50年代，富尔顿·J. 施

① 葛培理（1918—2018），美国新教福音派布道家、美南浸信会牧师，作为二战后福音派教会代表人物之一曾任多位美国总统的顾问，与德怀特·艾森豪威尔、理查德·尼克松等关系甚密。——译者

② Marshall Frady, *Billy Graham: A Parable of American Righteousness* (Boston, 1979), p. 292.

恩（Fulton J. Sheen）主教（他对自己成功让党员皈依天主教的成就颇为自豪）凭借电视节目《生活值得珍惜》（*Life Is Worth Living*），成了美国最著名的天主教教士。无神论和共产主义之间的联系那时已经成了全美反共斗士们的主要说辞。

作为一个群体而言，知识分子非常容易受到这种手段的打击，因为他们中的大多数要么是不加掩饰的无神论者，要么是几乎不把传统宗教当回事的世俗人文主义者。如果不能证明一个人是共产主义者，那么还有无神论这个方便的后手。1949 年，在西弗吉尼亚州费尔蒙特州立学院担任艺术系负责人的吕拉·拉布·芒德尔（Luella Raab Mundel）被撤职事件就是一个例子。如果不是知名作家威廉·曼彻斯特（William Manchester）将细节披露在全国性刊物上，芒德尔事件绝无可能得到更广泛的关注，只会和发生在鲜为人知的小型教育机构中的其他许多解职事件一样湮没无闻。在 1952 年发表于《哈泼斯》杂志的一篇文章中，曼彻斯特完整讲述了这一事件：芒德尔在美国退伍军人协会赞助的一场研讨会上反驳了自由主义者与共产主义者无异的观点，似乎因此惹恼了西弗吉尼亚州教育委员会中的一位有权有势的委员。

这位委员要求学院院长核查芒德尔在联邦调查局的档案，在发现芒德尔完全没有在联邦调查局留下记录之后，依旧以“无神论者”为由将其解雇。芒德尔提出了诽谤诉讼，但她得到的只是对方律师在法庭上将“无神论者、共产主义者、马贼和谋杀犯”并称的发言，对方还要求学术机构只聘用“没有任何所谓无法证明上帝存在的清高思想”的教师。[1] 芒德尔的诽谤诉讼被驳回，州教育委员会之后又

① Quoted in David Caute, *The Great Fear* (New York, 1978), p. 421.

开除了曾作为芒德尔主要品德见证人的学院院长。从美国建国之初开始，对宗教的漠视就与外国影响和过多学识联系在一起，因此，知识分子在美国公众心目中不敬神的无神论者形象实际上甚至比他们的左倾形象遗毒更久。美国的知识分子和其他美国人一样，比欧洲的同行们更可能去信仰某种形式的上帝，但明白无误的是，知识分子作为一个群体更倾向于世俗主义——尤其是在事关政府行为的时候。

最后，破坏1950年代知识分子形象的，还有他们自己在州立法机构和国会调查委员会面前的告密行为。没人喜欢告密者，即便告密的内容是议员和公众认为自己有权知晓的。这不是马后炮式的道德审判，我们有幸没有生在那个年代，不用面临为了道德或政治信念而丢掉中产阶级生活，甚至失掉更重要的东西的风险，那种说法对于我们来说太过轻巧。一些原共产主义者和曾经的同路人供出了他们三四十年代在左翼圈子里认识的人，得以继续在各自的行业中谋生，但没有那样做的同伴却不会喜欢他们、羡慕他们，甚至不会容忍他们。就连很多铁杆反共分子也不会尊重他们。有些证人真心相信与共产主义有所勾连的人是对美国的威胁，应当被揭露出来，但大部分友好证人①显然并不比黑手党的告密者更有操守——即便是全心全意的共产主义者“猎手”也会这么认为。哪怕是在要求他们合作的国会质询者看来，除了那些早就公开坚决反共的人，供出他人姓名的知识分子和艺术家也像是懦弱的滑头。但是，对告密者的天然反感并不能完全解释直觉式的反智，这才是那个召来证人，不仅让他们忏悔自己的过去，也让他们毁掉他人生活的相对短暂的

① friendly witness，检方或辩方所请有利于己方的证人，与不利于己方的“敌性证人”相对。此处指有利于调查委员会的证人。——译者

时代最具破坏性的遗产。

除了始终对苏联抱有幻想的极少数人，四五十年代的知识分子都在因为昔日的观点而自我谴责，那些观点虽然不值得赞赏，但却和 30 年代的国内国际形势以及战时的同盟脱不了干系，在时代背景下情有可原。而在公众和很多知识分子眼中，误入苏联共产主义的歧途不仅是过错，某种意义上更像是罪孽，不仅意味着对抗自己的政府，更是对历史进程的阻碍。阿瑟·米勒生动地描述了这种状况——米勒 1956 年被众议院非美活动委员会传唤，这已是他的戏剧《推销员之死》大获成功 7 年之后，是含蓄地将萨勒姆的女巫审判与对共产党员的围猎相比照的《萨勒姆的女巫》在百老汇上演 4 年之后。

米勒从未入党，但和同时代其他作家一样，他的朋友中无疑有很多曾是共产党员。他同意回答关于自己的政治经历和政治观点的问题，但拒绝供出他人。和很多先是为自己不告密的原则自夸［让人想起了道貌岸然的丽莲·赫尔曼①］，然后又援引宪法第五修正案以免坐牢的作家不同，米勒没有这样做，并在 1957 年被判藐视国会。反共狂热退潮之际，他的罪名在上诉之后被平反。米勒在自传《时光枢纽》(*Timebends*) 中写道，萨勒姆的女巫审判与反共狂热的共同点在于一种负罪感：

① Lilian Hellman，美国左翼作家、剧作家，于 1952 年被众议院非美活动委员会传唤作证。按照她的律师约瑟夫·劳（Joseph Rauh）的建议，为了得到有利的新闻报道，避免被称作“第五修正案共产主义者”，赫尔曼于 1952 年 5 月 19 日致信该委员会称，她只愿意为自己的行为作证，并且不想主张美国第五修正案规定的权利。然而，赫尔曼 5 月 21 日在作证时又援引第五修正案，拒绝回答有关他人的问题。约瑟夫·劳事后向新闻界提供了信件副本，并得到了媒体的详细报道。有历史学家指出，赫尔曼的信并不是为了说服非美活动委员会，而是为了博得媒体的正面报道。——译者

对社会中最正统的拥护者所定义的标准、光明的社会怀有不正当、被压抑的疏离感与敌意。

倘若没有这种负罪感，50年代的“赤色围猎”不可能有那么大的威力。人们一旦承认，哪怕只是和马克思的观点略有相似的想法在政治和道德意义上都不正当，那么，一贯能接受马克思主义理论和观点的自由主义者便在事实上丧失了活动能力。前共产党人是有罪的，因为他确实曾经相信苏联人正在建设属于未来的制度，那里没有剥削，没有不合理的浪费。他天真地把俄国当作一种精神环境，而不是现实中的帝国，就连这种天真也成了罪过与耻辱之源。

……和在萨勒姆一样，一个时刻到来了，随着社交法则在40年代晚期悄然剧变，或者说被引入了剧变，曾经不过是反资本主义、反体制的观点如今成了道德上引人反感的邪祟，就算没有真正背叛，那也是心怀此意。美国一直是个宗教国家。①

知识分子之外的普通大众当中，不关心意识形态的人们——也就是大部分美国人——并没有要求对像米勒这样只是谈论自己，未曾告发他人的艺术家和知识分子施以持续的惩罚。而且，历史车轮飞速转动。到了60年代初，《萨勒姆的女巫》在人们眼中便已堪称经典，进入了很多高中和大学的英语课程。我上高中的密歇根州奥克莫斯绝非左翼政治中心，1961年，我们在高二英语课上学了《萨勒姆的女巫》，尽管老师对当时美国的政治背景避而不谈。

当然，很多告发了他人的人们也在各自的专业领域中功成名就，

① Arthur Miller, *Timebends* (New York, 1987), pp. 341-342.

甚至更上一层楼。导演伊利亚·卡赞曾为自己短暂的共产党历史作证，而且供出了剧场中30年代曾是共产党员的朋友们。两年后的1954年，他导演的电影《码头风云》上映，这也许是他最著名的作品，既叫好又叫座。在1999年奥斯卡颁奖典礼上，89岁的卡赞获颁终身成就奖，那些因为他在众议院非美活动委员会前作证而从未原谅他的人们发出了愤怒的抗议。“我希望有人开枪打死他，”曾在50年代被列入黑名单的编剧亚伯拉罕·鲍伦斯基（Abraham Polonsky）说，“如果没有这么个有趣的时刻，那天晚上肯定很无聊。”[1] 让很多人感到吃惊和不满的是，米勒为卡赞的获奖而辩护。在卡赞屈从众议院非美活动委员会检举原共产党员的要求之前，他们曾是亲密的朋友。米勒对卡赞告密者角色的批评从未改变，但他还是认为，卡赞在戏剧和电影方面的成就无愧于这个奖项，出于政治原因而剥夺对他的表彰无异于篡改历史。当然，在他们不得不决定如何应对国会质询者的时候，米勒和卡赞都已成名。声名既是保护，也是软肋。

吕拉·芒德尔那样的无名大学教授和教师也要面对同样的抉择，可能会失去5 000到10 000美元的年薪，他们有的只是软肋。那些收入不高、志向不大的男男女女和左右逢源、才华出众、请得起一流律师的人面临的是同样的抉择，我们永远无法知道政府的调查给他们造成了多大的损失。就算人们自证其罪的记忆已经被扔进了美国历史的垃圾堆，但坚持和传播非美思想的嫌疑依然存在，有嫌疑的不仅是知名导演、剧作家或哈佛教授，还有本地高中的历史教师或附近州立学院的教授，那里的学生都是普通人家的孩子，没有财势

① “Elia Kazan,” American Masters, http：//www.pbs.org/wnet/americanmasters/database/kazan_e.html.

背景。

尽管如此，在知识分子作为一个阶层被政府中的反共斗士当作目标的同一时期，他们的财富却在以意想不到的方式增长，这实在是战后文化方面最大的讽刺。在《军人权利法案》推动下，高等教育的扩张带来了对大学教师不断增长的需求，到了50年代末，原本工资接近贫困线的教职员工们拿回家的已经是中产阶级水平的薪酬。就在众议院非美活动委员会和相应的州级机构把注意力集中在左翼思想对高等教育的影响的同时，大学争相雇用那些在30年代从未指望过能靠知识糊口的知识分子。欧文·豪回忆说，“到了50年代初，纽约开始有人说，我们也许能找到在大学里教书的工作——我认识的人里没人想象过从事这样的职业。”他是司法部长列出的颠覆性组织名单中的一个社会主义小组的成员，但他还是在1953年获得了在布兰迪斯大学英语系教书的工作。

布兰迪斯大学成立于1948年，师生几乎全是犹太人，相比其他很多大学，形形色色的犹太左翼人士更愿意选择布兰迪斯，这所机构也因此在反共质询面前尤为脆弱。不管怎么说，豪的经历并不独特：即便在战后美国反共主义的高潮时期，对教师的需求还是压倒了对政治纯洁性的一切要求。时年三四十岁的新任教授成为整个50年代扩张中的大学教职员工队伍的核心，塑造他们的则是30年代的政治。如果要清除掉每一个曾经被共产主义吸引的教师，就意味着要在越来越多的美国人有意愿、有能力把孩子送进大学的时候关上教室的大门。繁荣和人口结构的变化没有和那些希望将左翼分子逐出文化和学术机构的人站在同一边。

因此，产生了20世纪最后一次严重的赤色恐慌的50年代，也是美国对只有知识分子——至少是受过智识教育的人，而且不分对错——才能提供的服务和产品的需求的转折点。对非知识分子来说，猜忌和需求的结合带来了一个长期无解的难题，它有时藏在潜意识里，但大多数时候却显而易见。如果知识分子在政治上不可靠，那又怎么能信任他们，让他们从事教育美国青少年的重要工作？但就禀赋与技能而言，又有谁能有资格担起那些现实责任，向下一代传授知识，让今昔的美国梦中都不可缺少的让子女青出于蓝的宏愿成真？20世纪中期，让子女接受高等教育，是认同当时所谓“中流”文化的成人最殷切的期望。婴儿潮一代的父母梦想着培养出能用头脑而不是双手来谋生的儿子，培养出会嫁给能用头脑而不是双手谋生的人的女儿。这样的期望也对那些需要知识分子来帮助自己实现梦想的人提出了一个问题。在继续怀疑知识分子是左翼分子的同时，很多美国人还怀疑——这是一个更有根据的怀疑——知识分子自命不凡，看不起乐意为他们的服务付费的那些人的中流志向。

第五章

中流文化：由盛及衰

在19世纪那个还没人想过用“流”来区分文化的时代，中流文化在学园运动中以有组织的形态兴起，一直延续到1950年代和1960年代初每月读书会（Book-of-the-Month Club）的鼎盛时期。本质上说，那是一种有所追求的文化，虽然战胜粗鄙文化也是它的目标之一，但提供通向更高层次的通道才是它的重点。我成长在一个渗透了中流价值观，而且热爱这种价值观的家庭里。在大学里学习美国思想史课程之前，我从来都没听说过“中流”这个词，这恰恰是我们中流之“中”的铁证。弗吉尼亚·伍尔夫（在1942年左右）说[①]，中流是“把优雅与柔情搅在一块的黏糊糊的牛蹄冻”[②]，要是小时候读到这句话，我可不会同意对我家的丑化描述。可是，在观看根据爱德华·阿尔比的戏剧改编，由伊丽莎白·泰勒和理查德·伯顿主演的电影《谁害怕弗吉尼亚·伍尔夫》之前，我从未听说过属于上流文化的弗吉尼亚·伍尔夫之名。1950年代后期，在密歇根州奥克莫斯的雅各比之家，也能找到伍尔夫对英国中流附庸风雅的描写中的某些细节。家里的墙上挂着伍尔夫带着厌恶所说的“死去画家的画作，或是那些画作的复制品”，我的妈妈喜欢梵高、雷诺阿和德加。我现在还能回忆起挂在卧室墙上的德加画笔下的舞者，如果说年少时接触到的中流画作复制品和直到我20多岁时才显现出来的艺术热情之间有些联系，我并不会感到吃惊。

20世纪初，美国人的中流抱负并非跻身上流——这个词当时已经被广泛用作贬义，就像50年代的“老学究”一样。文学评论家范·威克·布鲁克斯（Van Wyck Brooks）1915年指出，20世纪初之前，人们认为“美国社会的唯一希望在于设法把其中的‘下层’元素提升到‘上流’水平”。但布鲁克斯强调，美国人必须“在空洞的理想主义和自私的实用性之间的中间水平上”表达自我。[③] 上流文化和“空洞的理想主义”、下层文化和“自私的实用性”之间的联系表明，不论是否属于知识分子，人们普遍认为，全心投入精神生活的理念，必然与对日常生活中迫切需求的认真关注相对立。

只要愿意投入时间与精力自学，人人皆可进步，美国中流文化的独特之处就在于它是这个古老的民间信条的具体体现。很多未受过教育的底层民众，尤其是移民，都对中流价值观抱有好感：从20年代到50年代，那些自己从未拥有过一本书，在成长中从未接触过有关这个世界的信息，但愿意为了让孩子得到这些知识而作出牺牲的父母们，以分期付款的方式买下了数百万套上门推销的百科全书。在众多移民群体之中，严肃认真的中流奋斗精神仍然依稀可见，但是，更加宏大，吸纳了社会阶层和种族背景各异的美国人的中流文化体系已经崩塌。中流文化的解体和贬损，与政治和阶级极化之间

---

① Virginia Woolf, “*Middlebrow*,” in *The Death of the Moth* (New York, 1942), p. 182.

② 可惜的是，伍尔夫活得不够久，无法对徒劳地利用了她的形象与姓名的作品发表评论。这些作品除了阿尔比的戏剧之外，还有电影《时时刻刻》（*The Hours*, 2002），片中扮演伍尔夫的是电影女神尼可·基德曼（Nicole Kidman），她用一个大大的假鼻子掩盖了自己的美丽。

③ Van Wyck Brooks, *America's Coming of Age* (1915; New York, 1975), pp. 28–29.

关联密切，这种极化导致当前这一轮反智主义潮流不同于美国精神中对上流人士和老学究时高时低却又绵绵不绝的普遍猜忌。大众流行文化借助承载着视频和简短文字的数字媒介渐入人心，我们失去了大众流行文化之外的另一种可能，失去了努力向上的文化。

人们常常错误地把二战之后的15年说成文化的荒原，他们记忆中的50年代似乎只剩下了诺曼·洛克维尔（Norman Rockwell）为《星期六晚邮报》绘制的封面和理查德·尼克松的“跳棋演讲”①。统计数字却讲述了另一个故事。1960年的美国有1 100家交响乐团，是1949年的两倍。社区美术馆的数量是1930年的4倍。50年代末，古典音乐唱片占唱片总销量的25%，如今只有不到4%。（这里比较的是1960年的唱片销量和21世纪初的CD销量，没有计入苹果iTunes在线音乐商店的下载量。不过，没有理由认为下载音乐的人会比购买CD的人更热衷于古典音乐。）在1945年不过几十家的“艺术”影院在50年代大批涌现，到了1962年已有超过600家。②我们这一代的青少年里，有谁能忘记在小小的中西部大学城的艺术影院中第一次看到外国电影时的激动？最后，50年代也正是平装书革命的年代，这一发展对中流文化至关重要，因为中流文化首先就是一种阅读文化。

---

① checkers speech，是时任美国参议员、共和党副总统候选人尼克松于1952年9月23日发表的一场电视演讲。在被指存在与政治基金有关的不正当行为后，尼克松决定发表电视演讲，为自己辩护并攻击对手。尼克松在演讲中表示，将留下支持者赠送的一只被他的女儿取名为“跳棋”的狗，因此此次演讲被称为“跳棋演讲”。“跳棋演讲”是政客利用电视媒体直接向选民发出呼吁的早期典型案例，也是政治家煽情演说的代名词。——译者

② Classical music figures in Julie Lee, “*A Requiem for Classical Music*,” *Regional Review*, Federal Reserve Bank of Boston, Quarter 2, 2003. Other cultural statistics in Dwight Macdonald, “*Masscult and Midcult*” (1960), in *Against the American Grain: Essays on the Effects of Mass Culture* (New York, 1962), p. 59.

成长在50年代的中流家庭中，意味着家中有书籍、有报刊，而且所有达到识字年龄的家庭成员都有图书馆借书卡。大多数阅读材料都不入上流知识分子法眼，但图书无疑还是为成长提供了充足的食粮。小时候，家里到处散落着各种现当代流行小说，有些来自每月读书会，但大部分借阅自公立图书馆，想起这些真是让人觉得不可思议。15岁的少年翻得烂熟的心爱小说有詹姆斯·米切纳（James Michener）的《沙扬娜拉》（*Sayonara*）、《南太平洋故事》（*Tales of the South Pacific*）和《夏威夷》（*Hawaii*），霍华德·法斯特（Howard Fast）的《斯巴达克斯》，劳埃德·C. 道格拉斯（Lloyd C. Douglas）的《袍服》（*The Robe*）（只要一本书和古罗马有关，我才不管它的视角是基督徒、无神论者，还是一只狮子），欧文·斯通（Irving Stone）的《痛苦与狂喜》（*The Agony and the Ecstasy*），约翰·赫西（John Hersey）的《墙》（*The Wall*），詹姆斯·琼斯（James Jones）的《从这里到永恒》（*From Here to Eternity*），埃德温·奥康纳（Edwin O'Connor）的《最后的欢呼》（*The Last Hurrah*），J. D. 塞林格的《麦田里的守望者》，内维尔·舒特（Nevil Shute）的《海滩上》（*On the Beach*），赫尔曼·沃克（Herman Wouk）的《马乔里晨星》（*Marjorie Morningstar*），还有菲利普·罗斯的预言之作《再见，哥伦布》（*Goodbye, Columbus*）。

罗斯的短篇小说《信仰的卫士》（*Defender of the Faith*）1959年刊登在了《纽约客》上，这份杂志在中流和上流人士之间的鸿沟上架起了桥梁，在我们家，它被尊为每周都会从精致与兴奋之都前来拜访的使者。我的当代小说大杂烩其实只是经典阅读之外的甜点——父母从不要求我阅读那些重要的东西，但还是相信我在吸收它们。他们是对的：到上高中的时候，我已经读了莎士比亚、马克·

吐温和狄更斯（我最爱的“老”小说家）的很多作品，还有不少18和19世纪的一流诗歌。按照伍尔夫的定义，我属于真正的中流，几乎没有读过创作于20世纪头几十年的诗歌与小说。

除了阅读，除了陈列死去画家的画作复制品，中流父母们也很重视培养对历史和时事的兴趣。放暑假的时候总会去那些历史名胜：莱克星顿和康科德、葛底斯堡、海德公园、阿波麦托克斯［没错，《每月读书会通讯》（*BOMC News*）曾在1954年提醒我们关注布鲁斯·卡顿（Bruce Catton）的《沉寂的阿波麦托克斯》（*A Stillness at Appomattox*）］。爱德华·R. 默罗（Edward R. Morrow）的《随我倾听》（*I Can Hear It Now*）系列广播节目录音刚刚以新式33转LP唱片形式发布，父母就把它们买了回来，好让我们听到温斯顿·丘吉尔、富兰克林·罗斯福和阿道夫·希特勒的著名演讲，还有默罗在二战中从伦敦发回的广播报道。当威廉·夏伊勒的《第三帝国的兴亡》（另一本入选每月读书会的书）1960年出版时，我心急火燎地想要读到它，因为我早已听到过那个时代一些重要历史人物的声音。我的父母同样笃信电视的教育价值，当CBS立意高远、以戏剧演出实况为特色的《剧场90分》（*Playhouse 90*）出现在节目单上的时候，哪怕第二天要上学，父母们还是允许我们看到很晚。

当然，中流文化在个人、种族和地区方面也有许多差异。我的父亲就不喜欢大部头的历史和哲学概论，威尔·杜兰特那本被很多中流家庭视为必读书目，却广受知识分子嘲讽的《文明的故事》便是一例。在父亲看来，文明的故事本来就在图书馆的书架上，在小说家和诗人的作品中，任何人只要想读就能读到，完全不需要再给什么商业公司开张支票去买。要是他知道那些被他称作老学究的人们也这么想，他或许会大吃一惊。古典音乐是另一种中流家庭趋之若鹜，但却从未走进我家的东西。在我的很多犹太裔或意大利裔同龄人的回忆中，每个星期六下午，大都会歌剧院的广播都会在家中回荡。我从没听过歌剧，大学毕业之后遇到的第一个男朋友让我了解了我错过的那些东西，在那以前，除了柴可夫斯基的芭蕾配乐之外我完全没听过古典音乐，他同样来自中流家庭，但他的成长中却有面向儿童的交响音乐会。

我并不是要说童年的中流文化拼图有多伟大；以“伟大”来标榜文化体验的碎片，再推销给寻求指引的美国中下层中产阶级，这种做法着实可笑 —— 正如我的父亲对文化权威的怀疑所表明的，发笑的不仅仅是高雅知识分子。回顾中流文化，我感到的不是优越感，而是喜爱、感激和惋惜，这不仅是因为每月读书会把种种杰作带进了我的人生，还因为书评人的月度评述成了激励我探寻广阔世界的众多因素之一。在如今的信息娱乐文化中，每个消费者的意见似乎都和评论家的见解同样重要，大型商业实体不可能再把伟大之类的客观概念当作任何商品的卖点。人们应当渴望阅读，应当考虑伟大的书，甚至应当渴望被考虑成伟大图书的读者，这对社会而言并非坏事。

更重要的是，美国的上流和中流文化之间的联系总是比这两个群体的成员 —— 尤其是上流人士 —— 愿意承认的更加紧密，更富成果。20 世纪头 30 年中，智识和教育都较为贫乏的社会下层出身的知识分子还偶有出现。但由于知识日趋专业化，对正规学术资历的要求日益提高，人们已经无法通过自学进入许多行业，无法在自我教育的过程中形成越发精微但却更加重要的文化热情。在新的美国世纪中，19 世纪的自我教育奇迹已经几无容身之地，列在那张光荣榜上的，有克拉伦斯 · 达罗、弗雷德里克 · 道格拉斯（Frederick

Douglass)、托马斯·爱迪生、罗伯特·英格索尔、亚伯拉罕·林肯、马克·吐温、瓦尔特·惠特曼，还有其他许许多多名字。

在20世纪初到一战之前生于美国，在二三十年代长大成人的重要知识分子，大多来自典型的中流家庭，那些家庭都非常重视正规教育，不分经济状况、民族背景和影响力强得多的种族因素。伟大的非裔美国历史学家、生于1915年的约翰·霍普·富兰克林（John Hope Franklin）在回忆录中讲过自己在俄克拉何马州一个贫穷但却有自尊、有修养的家庭中的成长，戴安娜·特里林也写过自己作为被同化的犹太移民之女在布鲁克林和纽约市郊的快乐童年，读着那些文字，超越了地域、阶级和种族界限的中流抱负影响之广跃然纸上。年少的戴安娜学习了小提琴和声乐，天真地做着歌手之梦；16岁的约翰是那么想去现场听一场歌剧，于是他不顾父母的反对，为聆听芝加哥市民歌剧团在塔尔萨上演的《茶花女》和《波希米亚人》而接受了那里的种族隔离座位。富兰克林的父母认为，黑人应当放弃歌剧之类的"非必要"公共活动，而不是向种族隔离屈服。"我选择了去听歌剧，时至今日，我依然在自责。"富兰克林写道，"70多年过去了，一听到《茶花女》和《波希米亚人》，我还是能想起当初那让人蒙羞的环境，正是在那里，我学会了欣赏那些伟大的音乐杰作。"① 富兰克林终究还是学会了欣赏那些杰作；他上的是种族隔离的学校，但他的中流父母和中流教师保证了他的思想不被属于白人的美国所隔离。

就算那些未来知识分子的家谱中找不到中流文化的痕迹，往往也有外部的中流导师为他们指明道路。曾任《评论》（*Commentary*）

① John Hope Franklin, *Mirror to America* (New York, 2005), p. 28.

杂志总编辑的诺曼·波多雷茨（Norman Podhoretz）在《成长》（*Making It*, 1967）中，讲述了一位高中英语教师是如何帮助他从布鲁克林布朗斯维尔地区举步维艰的底层阶级中脱颖而出的：

> 那个年代，公立高中的教师在课后与学生鲜有来往，那么做或许还是违反规定的。可K夫人还是不时邀请我去她家中，那是一幢美丽的褐砂石房屋，那片地区也许是布鲁克林唯一一片时髦得令人敬畏的地方。我把自己的诗歌读给她听，她会跟我讲自己的家庭，讲她上过的学校，讲瓦瑟学院，讲她见过的作家们。我特别害怕她的丈夫，知道他是犹太人（K夫人赶紧多此一举地说，不是我那种犹太人）的时候，我大吃一惊。他端坐在屋子另一头的扶手椅上，戴着我在电影之外头一次见的夹鼻眼镜，眯眼看着报纸。K夫人不光邀请我去她家中，还带我出去过几次，这么做更加不寻常，我们去了弗里克画廊，去了大都会博物馆，还有一次去了剧院，看了改编成戏剧的《波士顿故事》（*The Late George Apley*）。我想，那是她精心挑选的剧目，想让我对贵族气的波士顿的辉煌留下印象，这种想法也并不全错。①

如果说中流文化的传承依靠的是家庭和个人的导师，这种传承总是发生在大规模营销这个更广阔的背景之下。随着印刷速度达到空前的每小时两千册的纳皮尔蒸汽印刷机问世，自1820年代起，中流文化总是和出版技术的变革紧密相连。20世纪，尤其是在两次大

① Norman Podhoretz, *Making It* (New York, 1967), pp. 10-11.

战之后的繁荣时期中，广告的威力让中流出版物的受众大大增加。正如琼·雪莱·鲁宾（Joan Shelley Rubin）在生动而公允的《中流文化的形成》（*The Making of Middlebrow Culture*，1992）中所指出的，1920年代，随着年轻犹太高管的涌入，长期由盎格鲁-撒克逊白人新教徒把持的印刷行业大为改变，在前者看来，图书的潜在市场要远大于过去的判断，而且他们决心通过更加积极的广告策略来进军这个市场。①

H. G. 威尔斯1920年出版的《世界史纲》（*The Outline of History*）所取得的成功证明，能够帮助公众理解不断增长的专业知识的书籍需求庞大，《世界史纲》是包括杜兰特的系列畅销书在内的纲要类书籍的原型，直到60年代依旧销量可观。作为《时间机器》（*The Time Machine*）、《莫洛博士岛》（*The Island of Dr. Moreau*）和《世界大战》（*The War of the World*）的作者，威尔斯早已成名（尽管奥森·威尔士1938年根据火星人入侵地球的故事改编、引发了公众恐慌的广播剧让威尔斯的名声更盛）。但他的大名只是《世界史纲》取得成功的因素之一。第一次世界大战是一个关键事件，在一战影响下，人们渴望理解文明的起源，理解人类成就面临的潜在威胁：看似文明的国家有能力、有意愿互相厮杀，让彼此山河破碎，美国人和欧洲人都对那种恐怖记忆犹新。

在1926年出版的《世界史纲》第二版序言中，威尔斯动人地讲述了促使他在1918年开始写这本书的情感动因。“那是大战的最后一年，也是最让人感到厌烦和幻灭的一年，”威尔斯写道，“遍地饥馑，处处哀痛。千百万人或死或残。人们觉得世界危在旦夕。他们

① Joan Shelley Rubin, *The Making of Middlebrow Culture* (New York, 1992), p. 160.

不知道自己面对的究竟是文明的灾难，还是人类联合新阶段的开端……突然间，艰巨的难题悲剧般地落到各个民主国家头上，人们还不能充分理解它们的本质，这成了一种普遍认识……”当人们试图去回忆“他们在短短的学校时光中学到的狭隘历史”时，威尔斯说，他们除了“没启发、记不全的各国国王和总统名单”之外什么都想不起来。学校教给大众的是“被民族主义蒙蔽，只会关心本国”的历史。

要打破这种陈旧、偏狭的历史观，自然要靠威尔斯的这本书，他在书中作出了宏大的尝试，从人类的生物学起源一直写到欧洲、中东和亚洲的文化。“诚然，尽管没有得到什么专门训练，世上所有有识之士或多或少都在有意识地为世界问题的整体性解决‘寻找窍门’。事实上，他们各自在心中拼凑出了为自己所用的‘世界史纲’。”在这种时候，一个通才又怎么能不去写下宇宙全史呢？[①] 这本书的第一版成了所向披靡的畅销书，在非虚构类图书排行榜之首盘桓了两年之久，总共重印了 22 次。

8 年后，威尔斯的《世界史纲》依然风头不减，人们把这本插图颇为引人入胜的书买回家，似乎不只是为了装点门面，而是真的会去读。这个大规模营销项目最突出的地方是，作者毫不掩饰地赞同达尔文的进化论，而且呼吁他人同入此门。威尔斯是赫胥黎的学生。1926 年版《世界史纲》在斯科普斯“猴子审判”仅仅一年之后出版，一翻开就是色彩明快的整页卷首插图，图上画着三只恐龙，题为“人类出现之前的动物”。但愿对得克萨斯大学的研究人员说恐龙曾经和人类同时生活在地球上的那 25% 美国高中生物教师能读读

---

① H. G. Wells, *The Outline of History*, 2nd ed. (New York, 1926), pp. 1-2.

这本书。

《世界史纲》前九章讲的是宇宙和包括人类在内的所有动物的起源，从自然主义和科学的角度与《创世记》相对立。萧伯纳半开玩笑地说，威尔斯《世界史纲》的头几章应该全部拿《创世记》代替。购买这本书的大多是图书馆和希望让还在上学的孩子们接触到当代思想精华的父母，当时中流文化的世俗特色由此可见一斑。“首先，在开始讲述生命的历史前”，威尔斯如此开篇：

> 我们先来讲讲上演这场戏剧的舞台和背景……
>
> 过去数百年中，人类对自己所在的可见宇宙的了解有了极大的拓展。与此同时，他们或许不再那么自高自大。他们发现，栖身其中的宇宙要比祖先们的一切梦想和猜测都更宏大、更久远、更壮丽……
>
> 直到最近三个世纪以来，遮蔽了恒星之间莫测深渊的帘幕才被拉开。对我们的宇宙巨大的时间跨度则认识得更晚。古人之中，似乎只有印度哲学家们对宇宙的无尽岁月稍有察觉。就在150多年前的欧洲，人们对于万物存在时间的猜想还短得惊人。伦敦的一家图书辛迪加1779年出版的《万物史》（*Universal History*）声称，这个世界创造于公元前4004年的秋分（精确得很让人满意），而作为创世之功的顶点，人是在从巴士拉沿幼发拉底河而上刚好两天路程的伊甸园里创造出来的。这些说法的信心来自对《圣经》纪事的字面解读。如今，就连最虔诚的信徒也很少会把《圣经》上的启示当作确有其事的记载。①

① H. G. Wells, *The Outline of History*, 2nd ed. (New York, 1926), pp. 7-8.

总体而言，中流文化的世俗化影响之所以被忽视，部分是因为它和上流知识分子圈子里流行的无神论和不可知论大相径庭。与19世纪最后25年以来的自由主义新教教派和犹太教改革派类似，中流文化在科学与宗教之间的关系上采取了妥协立场。中流作家们强调信息与事实，倾向于接受威尔斯《世界史纲》当中隐含的说理，言下之意是，宗教不一定和科学对立，除非有人坚持从当代知识角度看来已经不合时宜的《圣经》字面解读。

在当今反对宗教右翼将创造论和智能设计论塞进高中生物课堂的斗争中，很多科学家采取的正是这样的立场，但当前调和进化论和宗教的尝试实质上只是被动防守。比较而言，过去的中流文化对科学和理性的倡导丝毫不加掩饰。威尔斯没有说人们必须为了接受进化论而放弃宗教，但他确实曾经吁请人们放弃《圣经》是真实历史记载的想法。因为中流文化推崇科学发现和进步，它的衰落对于近30年来反智主义与基要主义者的反科学战争的合流至关重要。

威尔·杜兰特关于文明的纲要最终取得了比威尔斯的开拓之作更高的销量，他同样是个完完全全的世俗主义者，一位曾经想当罗马天主教神父的无神论者。在他的名字变得家喻户晓，让我的父亲感到不快之前，杜兰特参与过另一个极为成功的商业出版项目，也就是怪人伊曼努尔·哈尔德曼-尤利乌斯（Emmanuel Haldeman-Julius）推出的“小蓝书”系列（Little Blue Books）。哈尔德曼-尤利乌斯是一位俄国移民图书装订工的儿子，这位出版天才将启蒙运动时期的小册子编写经验、作为进步时代典型特征的协作经济思想和1920年代兴起的大规模营销技巧融为一体。他的谋划是一个“印刷在纸上的大学”，这些售价25美分的书全部采用标准的3.5英寸×5

英寸开本，每本1.5万字，封面统一为蓝色。他在1919年用一个简单的办法启动了这项计划：向一份已经不存在的社会主义周报原有的17.5万名订户寄送直邮广告，恳请他们每人支付5美元。哈尔德曼-尤利乌斯承诺会给他们寄50本包含一些世界伟大文学和思想著作的小册子，每本书一出厂就会寄出。

头两本“小蓝书”是《鲁拜集》（*The Rubáiyát of Omar khayyám*）和奥斯卡·王尔德的《雷丁监狱之歌》（*The Ballad of Reading Gaol*）。20年代初，哈尔德曼-尤利乌斯的出版社每天能卖出24万本“小蓝书”，这些书里有《圣经》节选、古希腊经典、歌德、莎士比亚、伏尔泰、左拉、H. G. 威尔斯，还有罗伯特·英格索尔的演讲。1922年，哈尔德曼-尤利乌斯委托杜兰特对柏拉图、亚里士多德、斯宾诺莎和约翰·杜威等大哲学家的作品进行缩编；在广告中，这些小册子被称作“自学和自我提升”的好帮手。他们也强调了杜兰特的专业背景：他的署名为“哲学博士威尔·杜兰特”（那时获得博士学位的人还很少）或“威尔·杜兰特博士”（上流人士觉得此举太过浮夸，医生们认为这是虚假广告[1]）。[2] 1925年，哈尔德曼-尤利乌斯提议，把杜兰特为“小蓝书”写的哲学文章集结成册，由新成立的大型出版商西蒙-舒斯特出版公司出版销售。杜兰特这本厚达600页的大部头作品《哲学的故事》（*The Story of Philosophy*）几乎是“小蓝书”内容的逐字重印。到了1925年年底，《哲学的故事》高居畅销书榜首，为日后让杜兰特赚得盆满钵满的《文明的故事》（*Story of Civilization*）丛书确立了先例。当初委托杜兰特写下那些文章的哈尔德曼-尤利乌斯也同样大发其财。

---

① 英语中，“博士”与“医生”同为“doctor”。——译者
② See Rubin, *The Making of Middlebrow Culture*, p. 233.

“小蓝书”是19世纪自由思想和20世纪心理学、哲学、社会学的结晶，也是它们的组成部分。它们代表了美国传统的自我教育理想，这种理想与初露曙光的自助励志时代不同，相较于心智，后者更强调性格与公共形象的提升。从1919年到商业出版机构大举进军平装书市场前夜的1949年，“小蓝书”出版了超过3亿册。在大萧条中，只要花1美元就能买到50本二手“小蓝书”，而且看完还能接着卖掉，在买不起精装书的广大读者群体中，小蓝书保持着巨大的流通量。“完全没办法估算出到底有多少人读过那些书，”哈利·戈尔登（Harry Golden）说，“在医院、刑罚机构、平民保育团[1]营地和军营中，还流传着无数本‘小蓝书’。”[2]

要是略过两项最为知识分子所轻蔑的计划，那么对中流商业的探讨便难称完整，它们是成立于1926年的每月读书会和在1952年问世、受到极大欢迎的“西方世界伟大著作”丛书（Great Books of the Western World）。后者由大英百科全书公司出版，重达100磅，共32 000页，分54卷，总字数2 500万字。它一共收录了76位作者的440部作品，总价249. 95美元，可以分期付款，首付仅需10美元。上流评论家德怀特·麦克唐纳（Dwight Macdonald）在《纽约客》上的一篇尖刻而诙谐的批评文章中列出了上面那些细节。[3] 鉴于这本杂志素来以一丝不苟的事实核查著称，他们一定在曼哈顿西43街的老办公室里用秤和码尺测量过那些书，那些字数统计一定是前计算机

① Civilian Conservation Corps，美国1933年至1942年间对19至24岁的单身救济户失业男性推行的以工代赈计划，是“新政”改革项目之一。这些救济户大多是大萧条期间失业、难以找到工作的家庭。政府为这些年轻劳工提供免费住所、饮食与衣物。——译者

② Harry Golden, *The World of Haldeman-Julius* (New York, 1960), p. 5.

③ Dwight Macdonald, “*Book-of-the-Millennium Club*,” *The New Yorker*, November 29, 1952.

时代所能取得的最精确的结果。《纽约客》上麦克唐纳的署名也是二战之后中流和上流文化融合的诸多迹象之一。

“西方世界伟大著作”丛书的内容由专家委员会负责挑选，委员会中为首的是芝加哥大学（作为学术—文化—工业联合体的主要成员之一，它持有大英百科全书公司的部分股权）享有盛名的前校长罗伯特·哈钦斯（Robert Hutchins），和20年代曾在哥伦比亚大学任哲学教授、后在哈钦斯执掌的芝加哥大学任教的莫蒂默·J. 阿德勒（Mortimer J. Adler）。意料之中的是，哲学家和神学家的著作占比甚高，有柏拉图、亚里士多德、奥古斯丁、托马斯·阿奎那、笛卡尔、斯宾诺莎、黑格尔、康德，但却没有尼采、马克思和弗洛伊德。从书里自然包括许多20世纪初之前的文学大家——荷马、埃斯库罗斯、索福克勒斯、欧里庇得斯、乔叟、但丁、莎士比亚、塞万提斯、弥尔顿、托尔斯泰和陀思妥耶夫斯基。大部分20世纪的小说理所当然地被忽略了，因为正如伍尔夫所说，中流格调的权威人士一贯敌视文学、视觉艺术和表演艺术之中的现代主义。丛书出版方在纽约华尔道夫酒店为“创始订户”们举办了一场奢华的宴会，这场宴会的资金来源和文化特征多种多样，每月读书会的图书评鉴人、热门电台问答节目《请回答》（*Information Please*）主持人克里夫顿·法迪曼（Clifton Fadiman）作了吹捧众人的餐后演讲。法迪曼是阿德勒在哥伦比亚大学的学生，他对顾客们说，他们如同“基督教早期的僧侣”，因为他们肩负着使命，要在又一段黑暗时期中保护“让我们独享文明人之名的远见、思想、痛苦的叫喊和得到启示时的欢呼”。[1] 此处的“文明”，指的是为可以分期付款的伟大著作把关的

① Dwight Macdonald, “*Book-of-the-Millennium Club*,” *The New Yorker*, November 29, 1952.

人所定义的文明。

这种特定文明的灵感源自阿德勒1943年为芝加哥的企业高管们组织的一场被戏称作“胖子”班的研讨会，这个诨名可能取自参会者厚实的钱包，也可能是在拿他们的体形取乐。在它的带动下，类似的团体出现在美国各地，到了1946年，这些团体已有约2万名成员。当时的观察家们认为，对这些研讨会的热情很大程度上是因为人们重新认识到了文明的脆弱，与一战之后简史类图书需求高涨的原因类似。[①] 研讨会和伟大著作丛书的热潮中也有明显的炫耀性消费因素。一位参加过阿德勒的研讨会的广告业高管总结说，为每一册尚在讨论阶段的伟大著作图书设计广告语是商业营销的关键。亚里士多德的《伦理学》搭配的宣传语是这样的：“富人不懂该如何生活，但他们一定知道该在哪儿生活。”[②]

和20年代的各种简史不同，日后的事实证明，从商业上讲，推出伟大著作丛书这类昂贵的精装书的时点可谓失算——恰逢平装书为图书营销带来变革的前夜。麦克唐纳注意到，丛书中所有作者的作品都依然在印，如果分开购买的话，加起来的总价远不到249.95美元。1952年的麦克唐纳还不知道，短短几年之后，那些伟大著作便会以平装本的形式出现，不知道它们会便宜到什么程度。正如麦克唐纳和我的父亲用差不多的话所说的，伟大著作丛书不是打算让人读的，而是为了证明某人属于读书之人，证明他们买得起用来炫耀的书卷。麦克唐纳最有力的论点之一是，在某些领域，尤其是在科学方面，这套丛书极少提及新出现的知识与原本广为接受的真理之间的冲突，因为这会让过时的真理的作

① See Rubin, *The Making of Middlebrow Culture*, p. 191.
② Milton Mayer, “*Great Books*,” *Life*, October 28, 1946.

者（比如希波克拉底[①]）在相应的领域中显得只有历史价值。

被麦克唐纳归入此类作者的，还有将亚里士多德改头换面融入罗马天主教神学的阿奎那。对那些被阿奎那在“是否应当区分高层次欲望中的愤怒与性欲?”或“低级天使是否会和高级天使对话?”等问题上的思虑所震惊的批评家，我们难免心生同情。但我们永远都不会知道，当读者打开一本伟大著作的时候，他究竟会认识到什么。我差不多11岁的时候，在密歇根州东兰辛的圣托马斯·阿奎那学校上学，有个朋友家里有一整套伟大著作丛书。那个虔诚的天主教家庭有10个孩子，居然还在拥挤不堪的起居室里给那套丛书留出了那么大空间，这是它们让我心生向往的主要原因。有一次在他们家过夜的时候，我翻开了一本阿奎那——挺括的封皮表明，从没有人打开过它——结果，我读过的《神学大全》比理应成长为正统天主教徒的人需要读的更多。我其实是想为修女教给我们的一些东西寻求解释，在我看来，其中有些内容完全是谬论。为什么神是三位一体，而不是四位或者五位？谁创造了上帝？为什么上帝可以安排万物，让婴儿带着罪污出生？不错，阿奎那有答案，但在我看来，他的答案比《巴尔的摩教理问答》[②]中的简单论说更加荒谬。对罪孽的“沾染”通过“生殖”自动传递了下去——我专门查阅了所有与生殖有关的内容——因此，生殖手段本身显然已经受到了污染。我确信自己终将走向怀疑和无神论，但手上厚重的《神学大全》让

① 希波克拉底，古希腊伯里克利时代的医生，他将医学与巫术及哲学分离，使之发展成为专业学科，被尊为西方“医学之父”。希波克拉底也是被后世研究证伪的“体液学说”的提出者。——译者

②《巴尔的摩教理问答》，由美国天主教会官方颁布，供儿童阅读的教理问答。该书以罗贝托·贝拉尔米诺（Robert Bellarmine）1614年编著的《小教理问答》（*Small Catechism*）为基础。作为第一本面向北美天主教徒的教理问答，从1885年至1960年代末，一直是天主教学校的标准教科书。——译者

这一天来得更早。让知识简单易得本身就是美德，哪怕采取的手段枯燥、做作、具有高度的选择性，很多讥笑中流文化的人都没能认识到这个事实。

和伟大著作丛书不同，每月读书会的策略主要是给美国人提供娱乐，而不是招募他们加入“基督教早期的僧侣”。与此同时，每月读书会的评鉴人在虚构和非虚构类图书的挑选上总是体现着一种强烈的偏好，他们选择的都是严格意义上极富信息量的书。从 20 年代创办开始，一直到来自平装书的竞争将精装图书俱乐部的存在意义蚕食殆尽的 60 年代中期，每月读书会都是中流文化和中产品位的代表。和伟大著作丛书计划类似，每月读书会也认为，普通人需要受过更好的教育、更加见多识广的向导来带领他们走入文化丛林。每月读书会 1927 年的一份广告宣传册表明，它的定位就是迎合顾客对方便的要求，同时利用他们智识上的不安。这份册子用一种保姆般的语气，引用了一个典型美国“爱书人”的话，听说了一本很有趣的书之后，他对自己说，“我得读读它”，却因为懒惰和健忘没能打好自己的小算盘。接下来是这个懊悔的懒汉可怜的画面：“也许以后，他会再次听到书虫们推荐这本书。他遗憾地承认，自己‘从来没能抽出时间读它’。”①

在评鉴委员会首任主席亨利·塞德尔·坎比（Henry Seidel Canby）身上，二三十年代负责为每日读书会挑选图书的那些人的价值观体现得淋漓尽致。坎比在耶鲁大学当过英语教授，是《星期六文学评论》（*Saturday Review of Literature*）创刊主编，也是美国文学界优雅传统的代表。坎比敌视文学中的现实主义和现代主义，不过

① Rubin, *The Making of Middlebrow Culture*, p. 100.

他的反现代主义观点在之后几十年中稍有软化。1878 年出生的坎比强烈质疑流派各异的当代作家——威廉·福克纳、埃兹拉·庞德、T. S. 艾略特、欧内斯特·海明威、托马斯·沃尔夫、F. 斯科特·菲茨杰拉德、詹姆斯·乔伊斯和 D. H. 劳伦斯——他们的作品从未出现在二三十年代的主推书目当中。（1940 年，海明威的《丧钟为谁而鸣》终于入选其中。）这些遗漏本身就足以构成对二战前中流品位的批评。但中间派的文学品位并非一成不变，海明威、沃尔夫、菲茨杰拉德，还有相对没那么受欢迎的福克纳都在战后成了中流文学偶像。我们也不能说每月读书会二三十年代推荐的虚构和非虚构类书籍毫无文学价值。那时的主推书目里有埃里希·玛利亚·雷马克的《西线无战事》、西格丽德·温塞特（Sigrid Undset）的《新娘·主人·十字架》（*Kristin Lavransdatter*）、薇拉·凯瑟（Willa Cather）的《磐石上的阴影》（*Shadows on the Rock*）、弗雷德里克·刘易斯·艾伦（Frederick Lewis Allen）的《崛起的前夜》（*Only Yesterday*）、理查德·赖特（Richard Wright）的《土生子》（*Native Son*）和伊尼亚齐奥·西洛内（Ignazio Silone）的《面包与酒》（*Bread and Wine*）。

战后，每月读书会选出的书籍和寄给订户的信息通讯中评鉴的许多其他图书开始体现出更多样的偏好，尽管评鉴人对福克纳和海明威迟到的敬意让他们选上了比那些作家的早期作品差很多的书。和中流文化本身一样，每月读书会的影响力在 40 年代末到 60 年代初之间达到了巅峰。从 1947 年到 1965 年，每月读书会的通讯中评论过的很多虚构和非虚构类作品不仅名动一时，而且也经受住了时间的考验：诺曼·梅勒（Norman Mailer）的《裸者与死者》（*The Naked and the Dead*）、杜鲁门·卡波特的《别的声音，别的房间》（Other Voices, Other Rooms）、阿瑟·米勒的《推销员之死》（1949

年成为首部入选每月读书会主推书目的戏剧）、乔治·奥威尔的《1984》、J. D. 塞林格的《麦田里的守望者》、拉尔夫·艾里森（Ralph Ellison）的《看不见的人》（*Invisible Man*）、夏伊勒的《第三帝国的兴亡》、詹姆斯·鲍德温（James Baldwin）的《没有人知道我的名字》（*Nobody Knows My Name*）和《下一次将是烈火》（*The Fire Next Time*）、约瑟夫·海勒的《第二十二条军规》、蕾切尔·卡森的《寂静的春天》［1962 年由热情的环保主义者、最高法院大法官威廉·O. 道格拉斯（William O. Douglas）撰写书评］、玛丽·麦卡锡的《群体》（*The Group*）、哈珀·李的《杀死一只知更鸟》，还有《马尔科姆·X 自传》。[1]

如果没有每月读书会的推荐，那些书也许不会那么畅销，其中有些——尤其是《第二十二条军规》——起初并未得到评论家的青睐，进入每月读书会会员的视野必定对它们大有好处。这个书单里都是"好书"，但不少都对读者的智识水平有一定要求，而且挑战了许多当时被普遍接受的观点。每月读书会推荐的很多书并没能经受住岁月冲刷，只是因为反映了当时的普遍观念才能在今天引起人们的兴趣。我少年时最喜欢的书之一，沃克的《马乔里晨星》（*Marjorie Morningstar*）——这本 565 页的书探讨了一位犹太小姐失贞之事惊天动地的重大意义——就属于后一类。

中流历史小说在整个 50 年代和 60 年代初持续畅销，它们完全属于前一类。上流评论家们看不上詹姆斯·米切纳和欧文·斯通等人的小说，但是，单从为了写成这些小说而做的大量一丝不苟的历史研究上，我们就能看出今昔流行文化的巨大差别。直到最近，严

① See Al Silverman, ed., *The Book of the Month: Sixty Years of Books in American Life* (New York, 1986), "Decade Three" and "Decade Four," pp. 93–180.

肃的评论家们才开始重视中流时代在大量研究基础上写成的历史小说的优点。在2006年发表于《纽约书评》的一篇文章中，艺评人英格丽德·罗兰（Ingrid Rowland）对比了欧文·斯通1961年发表、以米开朗基罗的生平为原型的畅销历史小说《痛苦与狂喜》（*The Agony and the Ecstasy*）和丹·布朗2003年的轰动之作《达·芬奇密码》（*The Da Vinci Code*），两相比较很能说明问题。斯通这本703页的小说忠实于我们所了解的米开朗基罗，讲的都是真正的艺术史。相比之下，为了成就一个与真实的列奥纳多·达·芬奇完全无关的超自然惊险故事，《达·芬奇密码》曲解了艺术史，轻易上钩的读者们却不知道书中的证据其实是虚构的，他们兴致勃勃地在欧洲寻找小说中提到的地点，倒是为那些荒废的教堂带来了新的财源。罗兰在评论一个大型米开朗基罗画展时指出，展览图录上的米开朗基罗生平介绍和斯通的小说非常相似，因为“斯通的认真研究运用了同样的材料来讲述同样的故事……。在《达·芬奇密码》草率地分析着列奥纳多、关于圣杯信口开河的时代，斯通的小说尤其让人印象深刻，特别是因为他充满感情地向人们展现了米开朗基罗的魅力，这在那个年代并非易事”。①

1965年根据这本小说改编的电影却没能以同样的精度还原历史，查尔顿·赫斯顿生硬地扮演了米开朗基罗，片中还强加了一段和女人的爱情戏。最后一幕中，赫斯顿“在卡拉拉的大理石矿场中大汗淋漓，脑海中浮现出暗褐色的西斯廷礼拜堂天顶的幻影，天空中回荡起（当时还没写出来的）哈利路亚大合唱”。《达·芬奇密码》的小说和电影都不在乎艺术史实。布朗犯的最可笑的历史错误是，他

① Ingrid D. Rowland, “*The Titan of Titans*,” *New York Review of Books*, April 27, 2006.

以为列奥纳多《最后的晚餐》中略显女性化的“爱徒”约翰形象实际上描绘的是抹大拉的马利亚[①]。因此，这就是“密码”。其实在文艺复兴时期的画作中，约翰总是被描绘成头发飘逸的少年，因为人们认为他是十二使徒中最年轻的。布朗认为，耶稣并未死在十字架上，他最终娶了马利亚为妻，在耶稣受难之际，马利亚正怀着他的孩子，但这个观点成立的前提是，列奥纳多在壁画中描绘的约翰确实是抹大拉的马利亚。[②]

当15岁的我读到《痛苦与狂喜》时，斯通对西斯廷礼拜堂天顶和米开朗基罗雕塑的描述让我心驰神往，我第一次为了在美术书上寻找翻印的作品而走进图书馆。对于读者确实会从这些作品中学到东西的观点，30、40、50年代的上流评论家们不屑一顾，但大众的中流文化与上流文化之间的关系那么密切，以至于上流评论家们的轻蔑几乎无法理解。在没有博物馆的密歇根州奥克莫斯，如果要让那里的女孩认识那些伟大的雕塑，弗吉尼亚·伍尔夫又能想出什么办法来呢？毕竟我没办法坐地铁去大英博物馆，观看额尔金伯爵掠夺自帕特农神庙的雕塑。

很多畅销小说的厚度足以证明中流读者对信息的渴求，买书的人在意的是长篇阅读，而不是快速浏览。艾伦·哲瑞（Allen Drury）超过700页的政治小说《忠告和同意》（*Advise and Consent*，1961）不只描写了华盛顿的政治阴谋与性，而且在认真研究之后细致勾勒出了白宫和参议院的政治程序。（这也是第一部正面描写同性恋者的

---

① 抹大拉的马利亚，《新约》中耶稣的女性追随者，在耶稣从她身上赶出了七个鬼之后加入了耶稣门徒的行列，无论耶稣往哪里去，她都跟随着。最后随耶稣到了耶路撒冷。耶稣受难时，所有男性门徒都不见了踪影，她仍守在十字架之下，并且观看耶稣的安葬，见证了耶稣复活前后的事件。——译者

② Ingrid D. Rowland, “*The Titan of Titans*,” *New York Review of Books*, April 27, 2006.

美国流行小说，书中来自犹他州的摩门教参议员是一位饱受煎熬的未公开的同性恋者。读到《忠告和同意》之后，我才知晓了同性恋者的存在和他们为了隐瞒性取向而忍受的痛苦，我想，我不是唯一一个这样的少年。）米切纳的《夏威夷》（*Hawaii*）厚达 900 多页，从长乐会传教士的历史到海啸的地质学起源与特点①无所不包。那些大部头小说的文笔往往不够优美，但它们的厚度还是能够证明，过去 40 年中有阅读能力的美国人的注意力集中时间缩短了。

从书籍到廉价的名画复制品，战后美国的繁荣和高等教育的发展带来了人们对各种中流文化产品日益增长的需求。金钱同样推动了文化的转向，至少在书报杂志上，上流知识分子和中流文化史无前例地交织在一起。对于那些用中流杂志上发表的作品换取收入的上流人士来说，这种转向带来了相当程度的焦虑与尴尬，但中流编辑们为真正的知识分子提供讨论平台——有些人认为这是拉拢他们的手段——的热情无疑体现了当时美国文化的活力。左翼知识分子随时可能被带走，被要求公开解释左倾的过往，但这无碍他们获得图书合同、为报纸写报道、为流行杂志写文章或当编辑，或者是从对种种文化评论不断增长的需求中获利。

到了 1950 年代，一些在 30 年代长大成人的纽约顶尖知识分子——他们以“家族”之名为人（也就是他们自己）所知，大部分但并非全是犹太人——跃出了他们高度政治化的小众知识分子杂志。到了四五十年代，上流作家们的署名开始在无疑属于上层中产

① 在 2004 年 12 月的印度洋大海啸期间，当潮水突然退去时，很多人走上前去看海床上露出的生物和珊瑚丛，结果海啸却带着致命的威力席卷而来。当我读到死亡人数的报道时，我立刻想到了《夏威夷》。米切纳在小说中描述过类似的情景。

阶级的《纽约客》杂志上现身，甚至在《星期六晚邮报》这样的大众刊物上也有亮相。这批定期在《纽约客》上发稿的作者以德怀特·麦克唐纳为首，他是那一批陷入困境的纽约知识分子中的领军人物。唯一能胜过他们的才华的，便是他们彼此攻讦的习惯，纷争的由头五花八门，既有斯大林主义之类的严肃话题，也有能否在喜欢底层和中流好莱坞电影的同时保有知识分子名声之类的闲扯。30年代曾［在《党派评论》（*Partisan Review*）上］攻击《纽约客》的中流商业主义的麦克唐纳，从40年代开始为原本的敌人写作。麦克唐纳一贯以愤世嫉俗著称，靠曾经攻击过的人谋生显然不会让他有所顾虑。年轻的诺曼·波多雷茨就没那么坦然，《纽约客》曾在50年代初邀请他撰写书评，他却因为担心这种背叛有损于自己在纽约知识分子中的地位而颇为犹豫。真正的知识分子怎么会为一本充斥着第五大道时尚百货店、钻石珠宝、陈年香槟和昂贵的白人盎格鲁-撒克逊新教徒度假胜地广告的杂志写稿，由此败坏自己的名声呢？波多雷茨拐弯抹角的答案是：出现在《纽约客》上无伤大雅，因为它“从来都不完全是中流杂志，它扎根于前现代主义时期——也就是上流与中流的划分出现之前——的文化传统，也许是那一时期留下的唯一文学典范”①。唉，就这么办吧！

埃德蒙·威尔森（Edmund Wilson）、玛丽·麦卡锡和阿尔弗雷德·卡津等人要么不像波多雷茨那般敏感脆弱，要么足够聪明，意识到了知识分子的清高是多么荒唐。40年代晚期，作为《军人权利法案》（GI Bill）的红利消退之后突然发现自己难以维生的很多人之一，欧文·豪在最终当上布兰迪斯大学英语教授之前，接下了为

① Podhoretz, *Making It*, p. 169.

《时代》杂志撰写书评的兼职工作。讽刺的是，保守的卢斯出版帝国[①]多年来一直为纽约的无数激进知识分子提供着充裕的收入，麦克唐纳就当过商业杂志《财富》的特约撰稿人。“家族”中的一些女性成员甚至还为妇女杂志写稿。当戴安娜·特里林在40年代晚期开始为《党派评论》撰稿的时候，她的作品已经出现在了《魅力》杂志上，这对这两份杂志来说无疑都是头一次。特里林在回忆录中回顾了中流和上流交织的文化时点，她敏锐地察觉到了真正的知识分子在大众杂志上的出现对战后美国社会的意义。她回忆道：

> 一家大众妇女杂志的编辑告诉我，不久前，所有大众刊物的编辑们……都需要作出抉择，是去争取更广泛的受众，还是像她说的那样去“劫掠《党派评论》”。选择了后一条路的杂志都扩大了读者群，力求让自身变得更受欢迎的杂志反而卖得更少。她所描述的正是这个国家文化生活的转型时刻，上流的严肃世界和我们更大众化的文化之间原本天上地下的距离突然开始变短了。[②]

我怀疑，这位编辑关于上流人士之名和发行量增长有关的说法只是有意恭维特里林的套话，但执掌流行杂志的人会有心撒那种小谎，却印证了特里林关于文化差距缩小的观点。六十年代初，随着肯尼迪政府精明地利用知识分子来凸显他的“新边疆”[③] 与古板的

---

① 亨利·卢斯（Henry Luce，1898—1967），美国著名出版商，曾取中文名“路思义”，先后创办了《时代》（1923）、《财富》（1930）、《生活》（1936）三大杂志。—— 译者

② Trilling, *The Beginning of the Journey*, p. 346.

③ “新边疆”是约翰·肯尼迪在竞选中提出的纲领性口号，在肯尼迪当选总统后，成为其内外政策的象征。—— 译者

艾森豪威尔政府之间的差异，这条鸿沟愈发变窄。当时，受过教育的民众大大增加，越来越多的人在以他们为对象的报刊上读到了知识分子的作品。保罗·古德曼（Paul Goodman）最初（在波多雷茨放弃自由主义，把美国犹太人委员会的旗舰刊物变成新保守主义喉舌之前）发表在《评论》杂志上的《荒谬的成长》（*Growing Up Absurd*），汉娜·阿伦特的《耶路撒冷的艾希曼》，鲍德温的《下一次将是烈火》，以及也许最令人震惊的迈克尔·哈林顿（Michael Harrington）的《另一个美国》（*The Other America*）是60年代初的四个例子，它们都曾刊登在《纽约客》上。哈林顿的书曾被肯尼迪和约翰逊政府中的知识分子们认真研读，由此推动了林登·约翰逊"向贫穷宣战"。

得到了上流人士的贡献，中流文化似乎风头正劲，但在那些在50年代中期浮出水面，到了60年代越发强大的社会力量影响下，它却逐步走向了衰落。这些社会力量中最重要的自然就是电视，短短十年间，它从奢侈品变成了必需品。上流文化能够免受这种新媒介的侵蚀，因为电波中基本没有上流文化，但它却可以破坏中流文化，而且这种破坏确实发生了。

影响了早期电视时代的很多人无疑都心怀中流抱负；他们认为，从《剧场90分》中的戏剧实况到爱德华·R. 默罗的纪录片，"高质量"节目是每月读书会等中流机构的补充而非敌手。电视或广播网络公司并不要求所有部门都能赚取高额利润。受众广泛的流行节目可以用来补贴较为小众的严肃节目——同样的哲学也支配着当时的图书出版业。默罗大受欢迎的《面对面》（*Person to Person*）和《现在请看》（*See It Now*）之间的关系便是这种哲学在电视方面的典型案例，默罗在《面对面》中拜访名人家庭，采访利伯拉契和亨弗莱·鲍嘉那样的明星，《现在请看》则以严肃、犀利、富有争议的纪录片为特色。《面对面》让默罗的面孔变得家喻户晓，就像他的声音在广播时代广为人知一样，这档节目首播于1953年秋天，三周后，电视上播出了默罗以国会围猎共产主义者对人们的后续影响为主题，最值得铭记的一期《现在请看》节目。《现在请看》的纪录片讲述了空军预备役军官米洛·拉杜洛维奇（Milo Radulovich）的痛苦，他被迫要在军中的职务和被控与共产主义者有关联的父母之间作出选择。默罗的传记作者写道，“当一个朋友日后调侃默罗‘在《面对面》里装模作样，可别说你演得不开心’的时候，他（默罗）勃然大怒：‘听着，你知道大获成功的《面对面》让我做到了什么吗?’”① 尽管如此，面对着这种新兴媒介中势不可挡的娱乐内容，电视的严肃一面和第一代较为严肃的电视人迅速走向了没落。

做了手脚的问答节目——如果说真有什么“黏糊糊的牛蹄冻”的话，那便是这种节目——最明显地体现出了50年代的大众娱乐价值观对中流抱负的侵蚀。问答节目现象结合了中流人士对事实的崇尚和大众对种种暴富机会的追捧，由1955年的《64000美元问答竞赛》（*The $64,000 Question*）拉开序幕，在1958年纽约大陪审团的调查发现很多选手事先已经得知答案之后戛然而止。我家也是收看乔伊斯·布拉泽斯博士（Dr. Joyce Brothers，她是诚实的选手）之类的奇才在《64000美元问答竞赛》节目中叱咤风云的千百万家庭之一，他们凭借各种专业知识取胜，布拉泽斯博士更是在拳击领域无所不知。大名鼎鼎的英语学者马克·范多伦（Mark Van Doren）之

① A. M. Sperber, *Murrow: His Life and Times* (New York, 1986), p. 426.

子、哥伦比亚大学英语系讲师查尔斯·范多伦（Charles Van Doren）在《21点》（*Twenty One*）中击败对手赫伯特·斯坦普尔（Herbert Stempel）之时，我们都在观看那个节目，可是根据剧本，两人都提前拿到了答案，有人已经向他们讲解过要怎么做才能延续节目的悬念。知识界巨子范多伦气质非凡，有如莱斯利·霍华德在电影《乱世佳人》中扮演的卫希礼。可怜的斯坦普尔一看就知道，他在讨好观众的竞赛中从来都得不到机会——他是典型的书呆子，而且还是犹太知识分子尚不时兴之时的犹太人。在观众当中的受欢迎程度决定了电视台会让谁知道正确答案，决定了谁必须输掉。

《21点》中的有些问题确实很难，阅读面狭窄的人不见得能答得上来。而在斯坦普尔和范多伦展开角逐的那一晚，结果已经内定，问题简单得可笑。范多伦被问到，哪位演员［爱娃·玛丽·森特（Eva Marie Saint）］在《码头风云》中扮演了马龙·白兰度的女友。恰好身为影迷的斯坦普尔则被问到，哪部电影赢得了1955年奥斯卡最佳影片。答案是欧内斯特·博格宁（Ernest Borgnine）主演的《君子好逑》（*Marty*），斯坦普尔却照着剧本假装不知道答案。

我当时11岁，我记得除了8岁的弟弟之外，家里人全都知道这两个问题的答案。我当会计师的父亲曾经是赌徒，他窃笑道："你们知道一个来自布鲁克林的单身汉不知道《君子好逑》赢得去年奥斯卡的赔率是多少吗？"母亲惊讶地说："鲍勃，我认为电视台不敢这么干。斯坦普尔也许只是紧张得忘了答案。"父亲又笑了笑："等着瞧吧。"

近三年后，范多伦对一个国会委员会承认，在对纽约大陪审团否认自己参与舞弊时，他作了伪证。1959年，范多伦依然闪烁其词，他承认自己是那场问答节目骗局的"首要象征"，却声称自己也是受害者，因为他起初并不知道整个活动被彻头彻尾地操纵了。发生在艾森豪威尔时代末期的问答竞赛丑闻往往被比作矿工的金丝雀，预示着未来十年间美国文化与政治机构普遍丧失信仰的局面。这么说也许没错，而且我当然也认为那些真相对我和同龄人影响颇深，但那种幻灭的对象更多的是范多伦那种有欺诈行为的个人，而不是电视或美国的其他任何机构。范多伦的人生毁于一旦，这部分是因为他出身于知识分子圈子，在那个圈子看来，这种欺诈不仅背叛了公众和自我，也背叛了神圣的学术生涯。

需要对这场丑闻负责的电视网络高管们很快就为这个他们眼中的纯商业问题找到了商业性的解决办法：他们引入了多个赞助商，而不是会给制作方施压，要求他们在留下某些选手的同时赶走其他人的单一赞助商。这些节目推销的是事实知识、明星和金钱的结合体，是掌握某些特定类型的知识和在千百万观众面前记起事实知识的能力能让你名利双收的理念。问答节目丑闻的余波中，电视网络的高管们舍弃了中流的事实知识，留下了明星和金钱，原本的难题变成了连四年级小学生都能回答的问题。不论美国人对范多伦有多失望，电视本身却毫发无伤地崛起了，挤压着书刊报纸文化，继续自由地扩大着影响力。

这一进程起初几乎无法察觉。直到20多年之后，各种客观评估——从以儿童和成人为对象的测试，到为了愉悦而阅读的美国人数量的下降——才证实了人们读写能力的骤降。书籍在60年代初还很重要，在60年代末的社会动荡中依然如此。但是，阅读群体变化的迹象已有显露。全国的大小城市中，午后发行的报纸的读者在60年代初开始减少，晚报在60年代末渐渐沦为濒危物种。《星期六评论》（*Saturday Review*）之类值得尊敬的传统中流杂志的读者也在迅速流失，严肃的中流形式和内容已经无药可救，新编辑和新老板们拼命地给它们披上更加时髦的外衣，但却几乎毫无成效。到了60年代中期，就连卢斯出版帝国那样的大众发行巨头都在节节败退。

同样，电视是罪魁祸首，在肯尼迪总统遇刺之后的日子里，它们成了突发新闻的主要来源。所有平面媒体都在电视投下的越来越长的阴影中苦苦挣扎，可是几乎没有文化观察家预见到了这种变化。中流文化——有志超越最低标准的人长期以来的自我教育工具——只能在暮色初显的黄昏中走向没落。

近十年来，大多手持右翼政治利斧的各种社会评论家们又关注起了中流文化。当今的文化保守主义者惯于毫不客气地把中流的没落归咎于左翼分子——60年代的新左派和30年代的老左派——而不是利益驱动的信息娱乐产业。《纽约时报》专栏作者、电视节目上无人不晓的保守派权威大卫·布鲁克斯（David Brooks）认为，麦克唐纳、威尔森、玛丽·麦卡锡和艺术评论家克莱门特·格林伯格（Clement Greenberg）等上流激进知识分子应当负主要责任，这些人受到了30年代的影响，到了五六十年代又拥有了更大的文化影响力。“知识分子们向他们眼中的中流机构发起了攻击，”布鲁克斯阴郁地写道，“凶残得让人毛骨悚然。”①

布鲁克斯当时想到的一定是麦克唐纳1960年发表在《党派评论》上，猛烈抨击中流文化一切事物的《大众文化与中流文化》（*Masscult and Midcult*），这篇文章当时基本上只有那份杂志为数不多的读者读过。针对大众文化和中流文化，麦克唐纳确实有些很不中

---

① David Brooks, *New York Times*, June 16, 2005.

听的话要说。

> 《生活》是一份典型的均质化杂志，富人的红木书桌上有它，中产阶级的玻璃鸡尾酒桌上有它，穷人铺着油布的餐桌上也有它。和它的读者群一样，这份杂志的内容也是完全均质化的。同一期杂志上……庆祝伯特兰·罗素（依然困扰和装点着我们这个时代的伟大心灵）八十大寿的评论另一边是中年妇女和棒球教练争吵的整页照片（给妈妈竖大拇指）；九张彩页的雷诺阿画作后头，紧跟着脚蹬轮滑鞋的马……不知为何，这些东西堆在一起只会贬低严肃事物，而不是让毫无意义的东西升华……看到脚蹬轮滑鞋的马，人们的最终印象是，雷诺阿和这匹马都可谓才华横溢。①

值得注意的是，麦克唐纳认为《生活》属于大众文化，而不是中流文化杂志。用一匹滑轮滑的马换来整整九页的雷诺阿画作，这还真是实惠。但麦克唐纳想象不到即将出现的大规模发行的杂志的世界，编辑们再也不会想着为任何真正的艺术留出九页的篇幅。那个时候，亨利·卢斯还在哭着去银行的路上。

布鲁克斯认为，《党派评论》那伙人需要为中流文化的瓦解负一定责任，这着实荒唐可笑。首先，尽管知识分子开始现身中流文化媒体，但他们对普通大众并没有那么大的影响力。涉足中流杂志——在《纽约客》的例子里，是上层中流杂志——的知识分子们完全没有损害那些杂志的质量，而是全面提升了它们的品质。如

① Macdonald, "*Masscult and Midcult*," in *Against the American Grain*, pp. 12–13.

果说美国人在60年代的某个时刻之后不再购买《生活》和《展望》杂志，那并不是因为他们注意到了麦克唐纳之类的文人，而是因为就连最优秀的摄影师拍下的静态照片都不如电视上的视频短片来得刺激。当知识分子们指责纽约大都会博物馆和现代艺术博物馆这样的机构向大众口味屈服的时候，知识分子圈子之外的人，以及纽约之外的大部分知识分子丝毫没有在意。参观博物馆的人数从60年代起迅速增长，博物馆是六七十年代脱颖而出，经济和文化状况较好的少数中流机构之一，这大概是因为它们并不依赖印刷文字。

麦克唐纳认为，中流文化的威胁比大众文化更加严重，因为前者代表着“上流文化的堕落”，“能够以假乱真地传承下去”。以假乱真传承下去的中流文化包括桑顿·怀尔德（Thornton Wilder）的《九死一生》（*The Skin of Our Teeth*）（模仿乔伊斯的《芬尼根的守灵夜》，但却“故弄玄虚又令人尴尬”），现代艺术博物馆，万斯·帕卡德（Vance Packard）的畅销书《隐形说客》（*The Hidden Persuaders*，1957）和《身份寻求者》（*The Status Seekers*，1959），包豪斯现代主义设计特征向烤面包机、超市和自助食堂的渗透，被描述成“曾经前卫而渺小……如今成功而可敬”的美国公民自由联盟。考虑到美国公民自由联盟更多的是为了上流文化而不是中流文化向审查制度开战，它被列到这个名单当中尤其莫名其妙。麦克唐纳1960年的观点的主要问题在于，被他打上中流文化劣质产品标签的一切，是否仅仅体现了走向上流文化之路的“成长的烦恼”。

> 处于上升阶段的社会阶级难道不是都要走过一个暴发户阶段，学习文化的形式却不了解其本质吗？这些阶级难道不会最终被吸收进上流文化吗？确实，过去往往都是这样……19世纪

之前，还存在着新兴阶级会顺应的公认标准。但如今，大众文化的瓦解……导致那些标准再也不可能被广泛接受。危险在于，中流文化的价值观本身也许就会成为一种等而下之的永久标准，而不是作为“进步的代价”发挥过渡作用。①

麦克唐纳差点就说对了。美国人确实将走向一种等而下之的文化，把它当作公认的标准，但胜利的不是中流文化，而是大众文化。俯视中产阶级的上流人士的哀号和事实完全无关。20 世纪初以来，在大批希望让自己和子女生活得更好的美国人看来，对书籍的喜爱，理解科学的渴望，强烈的理性主义倾向，还有最重要的，对事实的尊重，这些中流文化最突出的特征都属于理所当然的东西。无论 60 年代初的人们如何看待中流文化，认为它会在战后的长期繁荣中胜出的年老上流知识分子们既没能预见到中流价值观的堕落，也没有让这一进程加速。不久之后，中流价值观就将面临连续不断的挑战，这种挑战不仅来自新左派 —— 对保守主义者来说，他们是比头发花白的老左派更能花言巧语的恶棍 —— 而且也来自反智的右派，他们在 60 年代媒体雷达的视线之外建立起了一个反-反主流文化的框架。美国的中产阶级再也不会翻阅同时印着雷诺阿画作的复制品和会轮滑的马的杂志了，因为雷诺阿和轮滑鞋上的马腿不久之后就将消失，取而代之的是列队袭来的粗俗图片，引诱着人们去比较马身上的另一个器官。

① Macdonald, “*Masscult and Midcult*,” in *Against the American Grain*, pp. 54-55.

第六章

都怪 1960 年代

1964 年，披头士乐队首次亮相美国电视节目《艾德·沙利文秀》（*The Ed Sullivan Show*），1969 年，伍德斯托克音乐节践行着“我们便是父母不希望我们成为的人”的标语。有些人似乎认为，美国的反智主义和反理性主义初露锋芒，恰恰是在 1964 年和 1969 两个年份之间。当保守主义者和自由主义者谈起菲利普·罗斯所说的“消解神话的年代”时，他们指的都是左翼掀起的政治和社会反叛，包括民权运动、反战运动、早期女性主义运动，还有以“反文化”之名为人所知的一切——性革命、致幻剂、混乱的大学生活，以及最后同样重要的，在年轻人中一统天下的摇滚乐。此外，关于 1960 年代的大多数讨论都有一个共同的前提：婴儿潮一代是这十年中的社会抗议的主力军。

将这些运动与文化力量混为一谈是严重的历史错误，认为当时十几二十岁的人是要求社会变革最具影响力的煽动力量，这个前提同样是错的。欧文·克里斯托尔 1977 年在《纽约时报杂志》上断言，“60 年代的激进主义是一场缺少成人榜样和成人引导的代际运动”[①]，他实在是大错特错。克里斯托尔想起的是 30 年代他激进的青少年时期，那时的他还没有背弃托洛茨基主义和社会主义，还没有开始向右翼共和党人转型。尽管如此，他还是认为30年代的左翼活动家比60年代的激进分子更优秀，因为不管老左派在哲学方面受到了多大的误导，他们的运动还是“无可否认的成人运动，年轻人们被允许加入其中”，和幼稚的新左派“令人困惑，自我毁灭的孩子气”不同。大部分为克里斯托尔那一代的激进知识分子提供“成人引导”的人，自然不是斯大林主义者就是托洛茨基主义者。

60年代的各种警句告诫人们，年过三十的人全都不可信任。然而，种种抗议运动的领导者很多早已远离了愉快的大学时光。② 马丁·路德·金1963年在林肯纪念堂的台阶上发表《我有一个梦想》演讲时34岁。同年发表《女性的奥秘》（*The Feminine Mystique*）的贝蒂·弗里丹（Betty Friedan）时年42岁。丹尼尔·艾尔斯伯格（Daniel Ellsberg）1971年向《纽约时报》泄露五角大楼机密文件时40岁。格洛丽亚·斯泰纳姆（Gloria Steinem）次年创办《女士》（*Ms.*）杂志时37岁。而反战运动中最受敬重、最坚定不挠的人物中，有些是已达征兵年龄的年轻人的父母，甚至是他们的爷爷奶奶。以本杰明·斯波克医生（Dr. Benjamin Spock）、威廉·斯隆·科芬神父（the Reverend William Sloan Coffin）和贝拉·阿布佐格（Bella Abzug）为例，他们都是青年反战示威者心目中的英雄。把60年代所有的社会抗议斥为孩子气大爆发的保守主义者真正想说的是——也还是他们如今想说的——认为美国社会大有弊病的人，不分年龄，都只是像小孩子似的胡闹。把所有反对者说成小孩——或者用猛批60年代的人的话来说，是孽子——消解了严肃对待他们的论点

① Irving Kristol, *New York Times Magazine*, January 23, 1977.
② Susan Jacoby, “*We Did Overcome*,” *New York Times Magazine*, April 10, 1977.

的必要性。

虽然肯尼迪的遇刺让人们大受冲击，民权运动引发了社会不安，但 60 年代前半部分仍然是一段相对稳定的时期，延续着 50 年代后期较为乐观的文化趋势，包括种族平等斗争和核裁军运动。自由主义知识分子在 60 年代初大交好运，原因之一是公众开始逐渐形成共识，不论共产主义者有多讨厌，核战争都不可接受——这早已是左翼知识分子的老生常谈，肯尼迪则将这一点明确为政府政策，他在 1963 年发表于美国大学的著名演讲中，呼吁与苏联就禁止核试验条约展开磋商。在我的童年时期，小学生要演练在遭遇核打击时躲到桌子底下保护自己，仅仅不到十年之后，美国人已经云集影院，观看（上映于 1959 年的先锋之作）《海滨》（*On the Beach*），还有 1964 年的《奇爱博士》（*Dr. Strangelove*）与《奇幻核子战》（*Fail Safe*）。对于那些从专业知识和良心出发，在 50 年代初的反共高潮中反对军备竞赛的核科学家们，公众的态度也发生了转变。

由于公开强烈反对美苏军备竞赛，支持对原子能的国际管控，被誉为“原子弹之父”的物理学家 J. 罗伯特·奥本海默的安全特许权在 1954 年被撤销。从古巴导弹危机中对尼基塔·赫鲁晓夫实施核边缘政策的经历中得到了一定历练，变得更加成熟的肯尼迪 1963 年决定，将表彰科学方面终身成就的恩里科·费米奖①授予奥本海默。在中流书刊的教育下，公众认识到，即便美国在核冲突中“取胜”，也会面临悲惨的后果，但舆论的转变自然而平静，在大多数美国人看来并不显得突兀。要是放在 50 年代初，那些大公司总裁和美国总

① Enrico Fermi Award，是美国政府机构原子能委员会于 1954 年设立的国际奖项，费米去世前成为首位获奖者。恩里科·费米奖每年颁发一次，用来奖励在核物理领域有高度成就的杰出人士，候选人由美国全国科学院院士、各科学技术学会的官员投票选出。恩里科·费米奖不授予单一成果，而是以候选人的终身成就为评价标准。——译者

统的言论也许足以让他们收到众议院非美活动委员会或者乔·麦卡锡的小组委员会的传票。美国介入越南战争之举改变了一切，在那之前几年，乐观气氛无处不在，就连肯尼迪遇刺带来的创伤都没有真正扰乱那种氛围。

激进反叛的60年代后半部分——不管你认为它是好是坏——真正的起点是越战在1965年和1966年的升级。当人们痛骂或赞美60年代的时候，他们真正所指的那个时代其实一直延续到了70年代中期——西贡陷落，最后一批美国士兵从越南回国，身心憔悴的种种反战运动参与者们开始生儿育女，进入企业谋求晋升，或是去探寻与“唯我年代”[①] 更相宜的自助形式与精神信仰。在反叛的60年代，（不只是在年过三十的人看来）似乎每天都有人讲着不该讲的话。约瑟夫·海勒以二战尾声为背景的《第二十二条军规》在1961年刚出版的时候，困惑不解的评论家们众说纷纭。到了60年代末，随着公众开始思考越战的非理性，这本书的销量翻了很多倍。在一个外部审查和自我审查都已没有了什么威力的环境中，小说不需要公然谈论政治也能从中汲取能量。罗斯出版于1969年的畅销小说《波特诺伊的怨诉》（*Portnoy's Complaint*）就是个不错的例子。关于这部小说颇有争议的成功和当时的社会动荡之间的关系，作家本人的描述最为贴切：

> 如果不是因为1968年的灾难与动荡在那个以藐视权威和抗拒公共秩序为标志的年代之末到来，那样的书恐怕不可能在

---

①“唯我年代”（Me Decade），语出托马斯·沃尔夫发表于1976年8月23日的《纽约客》杂志上的文章《唯“我”年代与第三次大觉醒》（*The "Me" Decade and the Third Great Awakening*）。沃尔夫以此描述1970年代美国人的整体态度向原子式个人主义的转变和对社群主义的背离，与60年代盛行的价值观截然不同。——译者

> 1969 年得到那么高的声誉。就在三四年前，如果一部小说带着滑稽与不恭去写家庭权威，把性描写成道貌岸然的公民生活的荒谬一面，买下小说的美国中产阶级也许远不会像现在这样容忍和理解它，提到它的媒体恐怕也会觉得它无足轻重（而且我猜会更有敌意）。但在 60 年代最后一年，在敌我双方的帮助下，我们的约翰逊博士那么高明地推行了全国性的非理性与极端性教育，粗俗地曝光了日常生活中的性困扰和家庭浪漫故事的平淡一面，就连《波特诺伊的怨诉》这样的东西忽然间都变得可以接受了。发现自己能够接受这本书，甚至就是不少读者为之着迷的原因。①

和罗斯不同，很多 60 年代的过来人忘记了，左右两翼共同实施了这个国家的非理性教育，很多时候，理性本身就是它的攻击对象。部分攻击是由新左派发起的，它们在大学校园中的威力令人感触尤深。但是只有新左派的攻击被宣传得最多，在全国性媒体上，由宗教和政治右翼发起的其他攻击行为不是被忽视，就是被当作无关时代的琐事抛诸脑后。巴里·戈德华特（Barry Goldwater）在 1964 年总统大选中惨败之后的十年里，主流媒体对保守主义者几乎未加关注。恰恰是在六七十年代之交，一种融合了宗教的新型保守主义扎下了根。戈德华特的老式自由意志保守主义走向了没落，以宗教为基础的新型保守主义却在兴起。60 年代中，新教基要主义者建立了从幼儿园到大学的基督教学校网络，那些学校的毕业生将在 1980 年代成为宗教右翼的生力军。甚至就在学生们攻击世俗大学中的学术

---

① Philip Roth, "*Imagining Jews*," *New York Review of Books*, September 29, 1974.

权威的同时，基要主义的劝导者们正在将千百万其他年轻人揽入怀中。但在评价 60 年代的遗产时，不论是自由主义者还是保守主义者，都把他们看到的激进反文化当作整个时代不可或缺的一部分——当时还年轻的那些人当然会这么看。①

此外，人们惯于以一种独特的人格化视角去审视那个年代，好像“60 年代”是个独立行动的演员，而不是上演诸多社会悲喜剧的舞台。对 60 年代怨气最深的右翼人士罗伯特·博克（Robert Bork）进一步延展了这种人格化的做法，把那个年代称作一种癌症，不但无法治愈，而且时刻准备着向政治机体发起新的攻击。“暴动的人和暴动本身在 1970 年代初偃旗息鼓，在 70 年代后半期似乎完全消失，”博克写道，“……60 年代好像终于结束了。但它没有。那个年代如同恶性肿瘤，经过了 15 年的缓解期，在 80 年代发生了较 60 年代更加灾难性的扩散，遍布我们文化的全身，悄然占据了如今执掌主要文化机构的人的道德和政治思想。”② 1987 年，罗纳德·里根提名博克担任最高法院法官，但最终被参议院否决。也许正是因此，他才会坚信，80 年代标志着初次确诊于 60 年代的那种癌症卷土重来。

右翼对 60 年代的描述本质上是一种政治控诉，却假扮成了保卫西方文化的样子。右翼知识分子笔下特指的“运动”便是一个明白

① 值得一提的例外包括托马斯·弗兰克（Thomas Frank）的《酷之路：商业文化、反文化与嬉皮消费主义的兴起》（*The Conquest of Cool: Business Culture, Counterculture, and the Rise of Hip Consumerism*, 1997 年）、莫里斯·艾泽曼（Maurice Isserman）和迈克尔·卡津的《分裂的美国：1960 年代的美国内战》（*America Divided: The Civil War of the 1960s*, 2004 年）。另可参阅托德·吉特林的《重估 60 年代：对政治和文化遗产的讨论》（*Reassessing the Sixties: Debating the Political and Cultural Legacy*, 1996 年）。

② Robert Bork, *Slouching Towards Gomorrah: Modern Liberalism and American Decline* (New York, 1996), p. 53.

无误的标志，不管谈到那个时代的哪一种社会抗议运动，他们都会把严肃与荒谬、正直与偏私、利他主义与机会主义混为一谈。70 年代初由诺曼·波多雷茨担任主笔的《评论》（*Commentry*）杂志可能是将“运动”用作特指的始作俑者，好像它们是 30 年代的美国共产党那样的纪律严明的组织。抗议越战的不义与徒劳的人？“运动”的成员。幻想胡志明是民主社会主义者的抗议者？“运动”的成员。年轻的非暴力示威者？“运动”的成员。安放炸弹的气象员①？“运动”的成员。要求堕胎合法化的女性主义者？“运动”的成员。坚决要求异性恋女性必须停止“和敌人睡觉”的女性主义者？“运动”的成员。要求学校雇用更多黑人和女性教职员工的大学生？“运动”的成员。想要废除评分、考试和指定阅读书目的学生？“运动”的成员。环保主义者？“运动”的成员。

照此逻辑，1970 年举行的首个世界地球日活动大概跟莫斯科红场上的劳动节游行是一回事。而且，如果说那些“运动”的成员和老共产党员们一样思想统一，那么他们一定得到了“同路人”的帮助——还能有谁呢？波多雷茨在自吹自擂的回忆录《打破等级》（*Breaking Ranks*, 1979）中，把拉姆齐·克拉克②、《纽约时报》专栏和美国公民自由联盟放进了臆想的同路人名单。（美国公民自由联盟也许是唯一一个既被德怀特·麦克唐纳骂又被波多雷茨骂的组织，前者骂它上了资产阶级的当，后者骂它上了同路人的当。）“在从犯罪到艺术的性质，从毒品到经济增长，从生态学到新平等主义的各

---

① 又称地下气象组织（Weather Underground Organization）的俗称，美国极左派组织，以秘密暴力革命推翻美国政府为目标。其名称来自鲍勃·迪伦的歌曲《地下思乡蓝调》（*Subterranean Homesick Blues*）的歌词：“你不需要气象员也知道风向哪里吹。”——译者

② Ramsey Clark，1967—1969 年间任美国司法部长，任内推动《1965 年投票权利法》《1968 年公民权利法》等法案的制定。——译者

种问题上，”波多雷茨断言，“作为‘运动’的信条——不论是完整版还是如今被用‘自由主义’这个修饰语（原文如此）自称的同路人文化当作传统智慧的洁本——《评论》杂志也许是‘运动’在知识分子群体中唯一鲜明的敌人。”① 在克里斯托尔和波多雷茨那样的保守主义者看来，“运动”必然是反智的，因为真正的知识分子不可能不同意他们的观点。在关于70年代早期的冗长论说中，保守主义者从未承认过右翼之中的反智主义，因为和现在一样，“无所不能的左翼”这个概念在保守主义者对激进主义和自由主义的妖魔化中不可或缺。

出于各种原因，很多自由主义者对保守主义的60年代——塑造了反-反文化的“另一个60年代”——一笔带过。在自由主义者，尤其是积极参与各种异见运动的自由主义者的神话中，60年代被当作了“我们”的时代。我这一代知识分子如今依然很难理解一个历史事实，60年代的孩子们既有人在终结林登·约翰逊总统生涯的斗争中出力，也有人在1968年投票给理查德·尼克松，并在尼克松因水门事件下台短短六年之后推动了“里根革命”。1968年总统选举中，现在正在老去的很多激进分子作壁上观，因而让尼克松得以上台，由此产生的负罪感可能是那种情绪化的否认的原因之一。在休伯特·H. 汉弗莱（Hubert H. Humphrey）被提名为总统候选人，警察与反战示威者在芝加哥举行的民主党全国大会期间发生暴力冲突之后，很多反战分子心中极度不平，甚至都不愿去考虑给汉弗莱投票这件事。作为自由主义和智识主义真正的敌人，为年轻的纽特·金里奇和汤姆·迪莱（Tom DeLays）那样的青年充当导师的宗教基

① Norman Podhoretz, *Breaking Ranks* (New York, 1979), p. 306.

要主义者和极右翼政治操盘手远远躲在媒体聚光灯之外，因此，年轻的激进分子和纽约的大部分新保守主义者一样，对“另一个 60 年代”知之甚少。60 年代还有一群毫不关心政治的孩子，比如唐纳德·特朗普，他从未服过兵役，日后把避免感染性病的经历称作他个人的越南战争。

大学校园自然是那个时代某些重要文化之战的战场，冲突往往始于有关越战的话题，最后却几乎总是会联系到大学生活的方方面面，从对大学生社交行为的规定到课程设置无所不包。所有大学，不分公立私立，在 60 年代初的时候都对本科学生保持着一种代行家长责任的关系。要记住，当时的成人年龄是 21 岁而不是 18 岁，多数大学生在法律意义上还是未成年人。当我 1963 年上密歇根州立大学的时候，一个女孩 —— 把那个时代的大学女生称作“女人”是一种时代错误 —— 可能单单因为踏足异性的校外公寓就被开除。大学的核心课程往往相当于学术上的伟大著作丛书。到了 70 年代初，大部分公立和私立学校已经放弃了代行家长职责，并且降低了核心学术标准。无人否认这些改变，但个中缘由却存在争议。按照右翼攻击 60 年代的传统说法，占领大学校园并使之陷入瘫痪的，先是反战的疯子，然后是拿枪的黑人好战分子，最后是烧掉了胸罩的女性主义者 —— 全都是西方文明中一切正面事物的死敌。如此非议 60 年代的，是那些声称邪恶年代的剧变摧毁了学术界，但却不知何故依然在学术界风生水起的教授们。他们的剧本大体是这样的：

在很久很久以前（确切地说，也就是辉煌的 50 年代），美国文化生活中既有秩序，又有自由，在作为知识堡垒和社会灯塔的大学中尤其如此。是的，一些左倾的教授们在自由主义者所谓的麦卡锡时代遇到了一些麻烦，但说真的，麦卡锡远未重要到足以冠名一个“时代”。大多数时候，学生和教授们都在探寻真理，肮脏的商业主义和肮脏的政治极少插手其中。想想伯里克利时代的雅典、19世纪的海德堡大学、一战之前的牛津和剑桥，那便是美国人曾经享受过的高等教育，不一样的，只是人类历史上空前巨大的规模。后来，野蛮人兵临城下——不，野蛮人已经打进城门了。学生们开始把自己幻想成不同肤色的美国人的解放者，而不是去学习备考、听从师长。之后，他们开始游行反对一场遥远的战争——尽管他们待在校园里头平安无事。那些原本在研究生讨论会上从不首先发言的可爱女生开始开口演讲，可是她们哪有什么值得一听的话要说呢？面对如此乱局，身陷重围的教授们根本无力回天，只能去争取终身职位，继续领取工资，由着那些孩子随心所欲。呜呼！或者正如亚历山大·蒲柏（那些堕落的小傻瓜才懒得去读他的作品）所写下的：“看！你那可怕的帝国，混沌！已经复原；/光辉在你的破坏之言前熄灭；/你的手，伟大的霸主！让帘幕落下，/无涯的黑暗埋葬一切。”①

阿兰·布鲁姆的《美国心灵的封闭》（*The Closing of the American Mind*, 1987）是保守主义学者对60年代最具影响力的批判，这位1992年去世的芝加哥大学哲学教授断言，50年代，“没有哪里的大学在自由教育②和启迪学生的智识追求方面比美国的大学做得更好”。布鲁姆准确地指出，自1930年代中期起，逃离纳粹德国，涌入美国的流亡知识分子让美国的大学受益匪浅，他们成就了美国生机勃勃的学术圈，它既是知识分子在暴政面前的避难所，也是这个

① Alexander Pope, *The Dunciad*, 1743.
② 自由教育（liberal education），指的是旨在培养自由人类的教育理念，以启蒙运动自由主义理想为基础。——译者

国家、这个世界的知识仓库。"如果美国的大学在 1930 年全部消失，"布鲁姆写道，"虽然对我们来说肯定不是什么好事，但一般意义上的种种丰富知识并不会有多大损失。到了 1960 年，大部分智识生活早已扎根大学校园，而最好的大学又在美国，就此意义而言，它们的堕落或崩溃意味着灾难。这种伟大的传统是由外界移植至此的脆弱之物，不安地栖息在这片飞地上，在土生的民粹和庸俗面前极易受伤。60 年代中期，打着学生的伪装，土著人发起了攻击。"①

"土著"与包括大学中的教育当局和中流文化信条在内的一切形式的权威为敌，这一点并无争议。60 年代初的公立和私立教育机构对核心课程的要求确实比 70 年代中期更为严苛，但如果说那时的典型美国大学是辉煌的高等教育中心，那却是感伤主义的不实之辞。到了 60 年代中期，高等教育圈内的所有人都已不再或不该认为，索尔斯坦·凡勃伦 1904 年称大学校长们为"学术巨头"（captains of erudition）的说法——化用了世纪之交广为人知的"工业巨头"（captains of industry）——含有任何讽刺意味。二战之后，《军人权利法案》让千百万工人阶级出身的老兵成了他们家庭中的第一批大学生，为传统自由教育的真正崩溃拉开了帷幕。从 1945 年到 1965 年，常青藤盟校和七姐妹学校也许变化不大，但大部分公立学校的情形却大不一样，它们满不在乎地接受了为日益增多的学生提供职业训练这个无关智识的任务。就算密歇根州立大学之类的机构依然坚持着一定程度的核心要求，那也是为了满足 50 年代流行心理学的"全面发展"理想，而不是要遵循要求极高的传统人文教育精神。人们曾经认为，文科教育对女生尤为重要，据说她们除了学士学位之外

① Allan Bloom, *The Closing of the American Mind* (New York, 1987), pp. 323-324.

还想要“夫人”之位，因为就像我们高中的辅导员所强调的，受过教育、全面发展的母亲更能胜任教育子女的职责。

60年代的校园骚乱兴起于最精英的公立和私立教育机构，尔后迅速蔓延到了全国范围内更为大众化的学校当中，某种程度上说，这是从战后高等教育扩张中获益的两代人之间的冲突。受益于《军人权利法案》的老兵们对上大学的机会深怀感激，因为那一纸文凭是他们走向白领工作的通行证，但他们的子女却将高等教育看成与生俱来的权利，而且觉得当他们准备好担起成人责任的时候就会得到现成的工作。这样的代沟在大学里尤其是个麻烦，因为在校园大乱的60年代末，相当一部分获得终身教职的人和中层管理者都属于充满感激的一代，其中除了老兵之外，还有少数在大萧条中出生的人。

大学中的感激一代格外有理由表示感激，学术生涯在50年代初还像是一条确定无疑的穷酸之路，可是因为大学的预算和教职员工数量随着学生增加不断提升，学术工作到60年代已经变成了舒适的上层中产阶级闲差。他们还有一个感到害怕的理由：在刚刚实现财务安全的中年学者眼中，学生骚乱威胁的不光是学术声望，还有大学的财务基础，尤其是那些依赖公共资金支持的大学。由于这种感激和不安交织的心态，当婴儿潮一代——对，就是不领情的那一代——站出来说他们的父母有幸接受的那种教育有问题的时候，上一代人的反应宽严无常。一方面，感激一代高估了反叛者的力量，既没有理解、也没能用上每个机构最大的筹码——从情感和经济角度出发，大部分年轻人还是希望能保有自己品行良好的大学生身份。另一方面，大学的管理者们没有意识到，大型教育机构中毫无人情味的本科生教育严重疏远了学生中的关键少数，往往就是那些最优秀、最聪明的学生。大多数管理者都不知道应该在什么时候、以什么方式使用诚恳对话的胡萝卜和开除学籍的大棒。

按照右翼的说法，传统人文教育的要求是在 60 年代后期至 70 年代前期被抛弃的，新左派教职员工和沉迷于行使权力、扰乱校园的新左派学生共谋，决心打破学术界的等级制度，并在这个过程中用咄咄逼人的新马克思主义者、好斗的黑人和愤怒的女性主义者喜好的课程来取代西方文明。这种说法的问题在于，在大多数学校中——包括那些作为学生抗议活动中心，在全国范围内得到最广泛报道的精英学校——激进的新左派活动分子在学生中从来都不是多数，在教职员工中的比例更加之低。在 1968 年 4 月因学生罢课而被管理人员关闭的哥伦比亚大学，4 400 名本科学生中只有约 1 000 人参加了罢课，参与占领学校大楼的学生数量还要少得多。按照一位历史学家的说法，这是人数众多的少数——但毕竟还是少数。①

当时，各个大学校园中的骚乱此起彼伏，学生抗议者看似拥有比实际上大得多的影响力。经历过那个岁月的人，不论是否置身学术界，都不会忘记 1964 年发起于加州大学伯克利分校的言论自由运动和史布罗广场上被捕的大批学生，不会忘记 1968 年学生占领哥伦比亚大学洛氏图书馆的行动，不会忘记 1969 年康奈尔大学的黑人学生挥舞着枪支的威胁姿态，也不会忘记 1970 年在肯特州立大学被国民警卫队射杀和在杰克逊州立大学被警察射杀的反战示威者。人们对 60 年代的文化遗产或珍视、或厌恶、或爱恨交织，但同样都无法忘却那些场景。然而，保守主义者却只关注学生的大逆犯上之罪，鲜少提及肯特州立大学和杰克逊州立大学的枪击事件，也不提其他

---

① See Mark Kurlansky, *1968: The Year That Rocked the World* (New York, 2004), p. 203.

得到了大学当局授权的警察行动，他们只是坚持说，镇压学生抗议的一切行动都是正当的。而且，不论各所大学如何对付反叛学生，破坏性的抗议到了70年代中期便已告终。学生和教师队伍中的反叛分子都被狂热的野心家取而代之，后者既没有时间，也没有兴趣去挑战既存秩序。既然如此，为什么实际上影响有限的校园动乱会对美国的大学造成那么深远的冲击呢？

不论是学生还是教师，60年代的所有校园抗议者都把怒气指向了学术等级制度，正是那种制度造就了筹划越战的某些大战略家。他们的怒火针对的不是学术课程本身——尤其不是人文学科——而是半企业化的学校体系，以及一些美国最受敬重的高等教育机构和军方资助的研究之间的紧密联系。以哥伦比亚大学和由美国国防部资助的武器研究智库国防分析研究所（Institute for Defense Analysis）之间的隐秘关联为典型，这种从属关系在全国各地的大学中激起了反战示威。1968年的整个春天，武器研究方面的关联在哥大晨边高地校区引发大规模抗议，导致正常学术生活陷于停顿。（哥大最终终止了与国防分析研究所的合作。）

1965年，最初几场广为传播的时事讨论会在加州大学伯克利分校举办，反战运动中最杰出的新左派教职人员之一、耶鲁大学历史学副教授斯托顿·林德（Staughton Lynd）在其中一场讨论会上表达了对“军事-学术综合体”的愤慨。其他教师指责林德的反战行为与学术无关，林德回应道：“聘用我的是耶鲁大学，这所学校培养出了策划猪湾事件的理查德·比塞尔、起草针对越南的“六号计划”（Plan Six）的W. W. 罗斯托（肯尼迪和约翰逊两任总统的特别助理）和轻松自如地重新评估局势的麦乔治·邦迪（肯尼迪和约翰逊的另一位鹰派助手）……我想我对那些未经选举的专家在常青藤盟校接受的训练有些了解：训练他们假充内行、训练他们狭隘的民族优越感、训练他们自私利己和肆意操控人类的态度。”① 耶鲁大学开除了尚未取得终身教职的林德，他最终成了一名劳工律师。

很多著名新左派领袖的言论乍听起来和多年后的保守主义者一样，因为他们眼中学术界对传统学术理想的背叛而感到失望。哥伦比亚大学最知名的抗议领袖马克·拉德（Mark Rudd）说，入学的时候，他“期待的是山上的象牙塔，在亟需帮助的世界中，专注的学者们在这里探寻真理。相反，我见到的是一个从地产、政府研究合约和学费中赚钱的巨型公司，教师们只关心各自狭小的研究领域里的进展。最糟糕的是，这个机构无可救药地染上了社会中的种族主义和黩武主义”。② 人们可以指责拉德这样的异见分子天真幼稚，可以指责他对学术研究假惺惺的关心只是为了支持自己的社会观点，但如果说他们是反智的野蛮人，或者像布鲁姆以帝国主义者的口吻所说的那样是“土著”，那样讲并不公平，而且从任何客观的学术标准看都有辱斯文。尽管如此，毫无疑问的是，对战争、对国防工业和从事科研的大学院系之间的联系的怒气变成了吹袭整个学术等级制度的全面风暴 —— 有时目标明确，有时漫无边际。

如果说反战示威者们并不总是以课程方案为目标，黑人和女性却不是这样。虽然许多黑人和女性主义者的诉求并不是拒绝经典，而是要求将少数族裔和女性研究纳入其中，但这两个群体中呼声最高、最粗俗、最愚蠢的某些代表 —— 往往是自封的，而且总是很擅长吸引媒体关注 —— 确实想要丢弃那一部分以被他们蔑称为死白欧

① Staughton Lynd, “*Non-Violent Alternatives to American Violence*,” in *Louis Menash and Ronald Radosh*, eds., Teach-ins: USA (New York, 1967), p. 54.
② Quoted in Kurlansky, 1968, p. 180.

男（死掉的白人欧裔男性）的人为主的课程。那些年里，我作为《华盛顿邮报》的教育记者报道了很多校园纷争，许多学生抗议者和我年龄相仿。我一直不能理解，怎么会有学生和教师认为，讲授传统的伟大著作和讲授从未在任何中流和上流基础阅读书单上出现过的女性和非裔美国人的作品之间存在着固有的冲突。多年思考之后，我得出的结论是，很多传统的学术要求之所以会被抛弃，并不是因为激进分子比学术传统主义者权力更大，而是因为不论学术和政治观点如何，大部分教职员工和管理者都是带着软弱和对学生、对彼此的怨气来作出反应的，由此断绝了有效的谈判。很多时候，试图居中调和的人得到的却是来自各方的攻击。

右翼对一切社会抗议活动都抱有敌意，决定了他们会如何看待大学中要求改变的学生。学术界的新保守主义者甚至将60年代初的民权运动和60年代末的“黑人权力”武装斗争混为一谈。比如，布鲁姆就对投身南方民权运动的北方白人学生大加嘲讽。

> 它（北方大学生的民权行动）的主要内容是度假一般的游行示威，这些活动往往在学期之中进行，而且很有把握教授们不会惩罚他们离开学校去别处做大事的旷课行为，他们以前没去过那些地方，以后也不会再去，因此，和定居在那里的人不同，他们无须为了自己的态度付出任何代价……。1964年在华盛顿的游行是民权运动中最后一次有学生参与的重要活动。此后，黑人权力走上前台，南方的种族隔离制度已经废除，白人学生除了煽动黑人权力的过激行为之外再无贡献，发起过激行为的那些人却并不想要他们的帮助。学生们并不知道，关于平等的教育、独立宣言的允诺、对宪法的研究、有关我们历史的

知识和许许多多别的东西，都是支撑他们的资本，那些资本的获取和积累经历了千辛万苦。①

就我所知，再也找不出什么别的片段——在其他具有同等影响力的书中肯定找不到——能比上面这段话更清楚地表明，在关于美国心灵的开放与封闭的讨论中，右翼的言辞为什么不能只看表面。布鲁姆说南方的民权示威如同“度假”，这一点告诉我们，他不但对种族平等斗争的漫长与危险缺乏切身体验，而且还毫不关心当时的新闻报道。他甚至连日子都搞错了，在说“华盛顿的游行”时，他想说的也许是金领导的那一次，那件事发生在 1963 年，而不是 1964 年。至于那场游行之后学生较少参与民权运动的说法，布鲁姆显然忘记了 1964 年的“自由之夏”——来自纽约的白人学生安德鲁·古德曼（Andrew Goodman）、迈克尔·施沃纳（Michael Schwerner）和密西西比黑人詹姆斯·钱尼（James Chaney）为了推动选民登记献出了生命。好一场了不起的度假！

布鲁姆回忆说，60 年代，他在康奈尔大学的各种委员会上“徒劳地不断投票反对取消一项又一项要求”②，这当然是可信的。但是，如果一位教授藐视一切社会抗议分子，自由主义者肯定很难严肃看待他的学术观点。假如我在那时是康奈尔大学一名年轻的古典文学教授（鉴于当时大学教员中鲜有女性，这种可能性几乎不存在），在听到布鲁姆之流宣扬他们有关“土著人”——任何敢于质疑男性教授的女性都必然被归入这个群体——的观点之前，我一定会坚定地和我心爱的死白欧男们站在一起。而后，我原本的文化保守

① Bloom, *The Closing of the American Mind*, p. 334.
② Bloom, *The Closing of the American Mind*, p. 320.

主义也许就会被那种让人无法理智交流的愤怒所压倒。这么说并无自豪，因为任何一个让政治上的愤怒压倒学术观点的教授都没有资格再当大学教师。但这正是60年代和70年代初的事实，在左右两边都是如此。

这种愤怒往往只会在人文和社会科学院系出现，除了终止一些与国防有关的研究项目之外，“硬”科学基本没有受到其他影响。那些因为厌恶布鲁姆的政治立场而没有给他的学术观点一个公平申辩机会的终身教授们难辞其咎——毕竟和故意作梗的同事打交道也是工作的一部分。分不清自己的学术标准和保守社会观点的右翼教授们同样难辞其咎。不过，显而易见的是，和今天一样，60年代的自由主义者和保守主义者都不愿在校园中与彼此对话：如果有谁想玩推诿卸责的游戏，那足够玩上很多个回合。

这种失职行为最严重的恶果之一，是对非裔美国人、妇女和种族研究的隔离。要是大学教员既有毅力又足够敏感——不管他们的政治立场如何——也许可以用一种完全不同的办法来应对学生调整课程的要求。谁应当去做些什么，来阻止他们把黑人研究和妇女研究纳入核心课程，而不是将这些新的课程塞进学术上的隔离区？难道60年代在讲台后边瑟瑟发抖的教授们害怕的是学生们放弃申请大学，转而去当门房或服务生吗？

自由主义者和很多保守主义者之所以屈服，并不是因为他们害怕学生的抗议，而是因为把种族和女性研究扔进少数群体的隔离区是最省事的办法。建立智识隔离区可以增加教职数量，依然占绝对多数的白人男教师们可以像从前一样——从白人男性的视角出发——自由讲授历史、美国文学或社会学。过去30年来，大学校园中的很多白人自由主义者都有一个不体面的小秘密，他们和布鲁姆一样蔑视多元文化主义，却不敢公开表示不屑。索尔·贝娄的名言“祖鲁人的托尔斯泰是谁？巴布亚人的普鲁斯特是谁？”如今依然在学术界中回响。托尼·莫里森（Toni Morrison）的小说《宠儿》（*Beloved*，1987）在 90 年代初以看上去快得过分的速度进入大学英语课纲，学术界颇有微词。A. O. 斯科特（A. O. Scott）在《纽约时报书评》上写道：“那些日子里，保守主义者造谣说，为了迁就莫里森，左翼教授们把莎士比亚丢到了一旁。”① 事实上，一些白人自由主义者也在传播同样的谣言：不少自由主义者和保守主义者很乐意给多元文化主义者一点小恩小惠，在把莫里森列入自己的阅读书目的同时，在关于非裔美国人文学的专门课程之外，几乎没有给兰斯顿·休斯（Langston Hughes）和拉尔夫·埃里森（仅举两例）的作品留出空间。如今，太多白人教授毫不关心大部分白人学生能否接触到美国黑人作家的作品，一些多元文化帝国的建设者也同样乐于支持一种没有亨利·詹姆斯和伊迪丝·华顿的非裔美国人研究专业课程。

同样的隔离意愿在历史教学中也昭然可见。几年前，当我在南加州的一所公立大学做讲座的时候，碰巧提到了约翰·霍普·富兰克林的《美国之鉴》（*Mirror to America*）。富兰克林的自传是一本独一无二的书，因为它将一位生于 1915 年的伟大历史学家的洞察力放到了 20 世纪美国出现的所有和种族相关的重大问题当中。这是一本关于美国历史，而不只是非裔美国人历史的著作，它也是每个美国大学的历史基础教学大纲的内容。讲座之后，一名白人学生上前说，她在非裔美国人历史选修课上读过富兰克林的这本书。我问她课上

---

① A. O. Scott, “*In Search of the Best*,” *New York Times Book Review*, May 21, 2006.

有没有其他白人学生，她回答说，除了一位越南裔学生之外，包括教授在内，所有人都是黑人。少数族裔研究中的这种事实上的隔离在很多机构中普遍存在，学习这些课程的几乎全是少数族裔学生，讲课的也都是同一族裔的教授，这对大学中占多数的白人和对黑人、拉丁裔和亚裔同样有害，把这些课程单独归类的做法，拉低了它们对于不准备在多元文化研究的隔离区中从业的人的价值。

“我和莎士比亚坐在一起，他却并未退缩，”W. E. B. 杜波依斯1903年在《黑人的灵魂》（*The Souls of Black Folk*）中写道，“穿过肤色的界限，我与巴尔扎克和仲马父子携手漫步，微笑的男人和友好的女人在金色大厅中穿行。走出在强健的地球和瑰丽的星空之间游移的夜之洞穴，我呼唤着亚里士多德与奥勒留，我想召唤任何灵魂，他们都会翩翩而至，全无轻慢。于是，我与真理结缘，生活在云雾之上。哦，豪迈的美利坚，这便是你不愿让我们拥有的生活吗？”① 和我拿到密歇根州立大学毕业证书那时一样，21世纪各个族裔的大学毕业生中有很多人对那些话一无所知，这无疑是一场悲剧。我是在40多年前毕业的，那时没有人要求我们读一读美国黑人著作，哪怕一个字。

在破坏70年代中期大部分大学校园中本已达成的和解方面，感激一代和不领情的一代各自都有责任。很多时候，大学管理者们不但允许这种破坏，甚至还加以鼓励。即便在被视为反文化堡垒的学校里，教职员工们依然乐于接纳学生们在传统的等级体制之内提出的要求，只要职位够分就行。60年代伯克利的抗议运动主要的教师

① W. E. B. Du Bois, *The Souls of Black Folk* (Cambridge, Mass., 1903); Great Books Online (Bartleby. com, 1999); http://www. bartleby. com/114/6. html.

支持者之一、政治学教授谢尔顿 · S. 沃林（Sheldon S. Wolin）1969 年指出："绝大多数教职员工放弃了重要的社会责任，既不去反思大学的本质，也没有重构大学制度。担负这些责任似乎与当初对杰出教职员工最有吸引力的'研究型大学'理念相冲突。"和很多其他大学一样，伯克利的教职员工最希望的还是回归研究和发表论文的"现实工作"。[1] 正如历史学家莫里斯 · 艾泽曼所说："尽管激进势力曾经短暂地统治校园，60 年代的知识分子阶层还是在飞快地从边缘化的对抗者向稳固的体制化角色转型。"[2]

当然，我们还是可以在任何一所美国大学中接受到一流的自由教育。有些机构要求更严，但不管怎么样，主动拥抱知识的人总能学到东西。只要人类这个物种当中继续涌现出能够抵御周遭大众文化的影响，有勇气、有意愿去追寻自己的兴趣和才华的杰出个体，高雅文化就不会被消灭。真正受到 30 年间高等教育机构稳步增长的入学率伤害的，是属于中间群体的大批学生 —— 在任何一个学术要求更加严格的时代，自由的中流教育至少能让他们有充分的机会脱颖而出。核心课程沦陷之后，在很多所谓的高等教育机构中，学生不上中等水平的生物学课程也能拿到心理学学位，非裔美国人研究专业的学生不用读"白人"启蒙运动的基础读物就能毕业，商科学生大一之后再也不用学习文学。如果这些大学毕业生选择在各级教育机构从教，他们也将把自己的狭隘与无知教给下一代。

近十年来，很多机构已经着手重建更为严格的核心课程（就像它们在 70 年代晚期做过的那样），但这种不太情愿的程式化趋势和

① Sheldon Wolin, "*The Destructive Sixties and Postmodern Conservatism*," in Stephen Macedo, ed., *Reassessing the Sixties: Debating the Political and Cultural Legacy* (New York, 1996), pp. 150–151.
② Maurice Isserman, *If I Had a Hammer* (New York, 1987), p. 116.

中小学手忙脚乱地强化标准化测试的做法无异：它与政治紧密相关——既有学术圈里的政治，在公立大学中也包括从州立法机构争取资助的政治。当大学官员开始谈论回归“基础”的时候，那一定是因为有些重要的州议员或州长已经盯上了州立大学的学术缺陷，而且，他们考虑的一定不是无法量化的更纯粹的学问，它对社会的重要性无法以测试分数来衡量，而且只有在逝去之后才会引人怀念。

当大学校园和城市街道中的反战运动和种种反叛行为走向高潮的同时，在透过晚间新闻的画面把社会抗议——更准确地说，电视版本的社会抗议——带进美国人起居室的电视摄像机之外，“另一个60年代”也正在发展着。报界全体出动报道“另一个美国”60年代最大的游行：1969年1月22日理查德·尼克松的就职典礼。《华盛顿邮报》给我和负责市内报道的其他大多数年轻记者分配了一个苦差，让我们在那个阴冷的日子里站在户外，跟踪报道宾夕法尼亚大道上庆祝尼克松就职的游行队伍的行动。在用冻僵的手指做着记录的时候，我看着一辆满载青年男女的彩车驶过，他们跟着《人人至上》[①] 令人厌烦的节奏机械地手舞足蹈。这首普通人的赞歌向就职典礼上瑟瑟发抖的人群保证，“不管到哪都能遇上他们”。

此地参加游行的，正是尼克松所说的“沉默的大多数”，这群年轻人打扮得干净利落，不是留着长发的怪胎，60年代的他们正相当于如今被尊为“伙计们”的人。跟尼克松的女儿朱莉和特里西娅一样，聚集在华盛顿的年轻共和党人看上去从未参加过和平游行，没有理过古怪的发型，没有在裙子里光着腿不穿连裤袜，没有同几个

① 国际非营利组织“人人至上”（Up with People）的团歌。该组织以在各国开展义工服务和歌舞演出为特色。——译者

异性未婚同居。虽然大麻在我们大学的同龄人里十分流行，我们这一代的年轻记者还是会通过大喝苏格兰威士忌来证明我们的男子气——尤其是在那时女性记者还很少的情况下。那天晚上，当我和同事一起用苏格兰威士忌掩埋就职典礼的痛苦时，我呜咽着说："60 年代结束了。"

1968 年发生了太多可怕的事件，就连猎奇成癖的记者都不会怀念那个年份。在马丁·路德·金遇刺引发骚乱的日子里，我们在报社里看着火焰和烟尘在城市上空升起。之后，罗伯特·肯尼迪被谋杀，苏联入侵捷克斯洛伐克，然后是芝加哥的民主党全国大会——8 月的第三周，后两个事件几乎同时出现在电视上。鲜血在布拉格和芝加哥的街道上流淌，苏军杀死了 70 多人，造成 700 余人受伤，芝加哥市长理查德·J. 戴利（Richard J. Daley）的警察队伍对示威者大打出手，电视摄像机拍下了鲜血淋漓的年轻男女四散逃命，在希尔顿酒店大堂中寻找庇护的实况。数百人在芝加哥事件中受伤，但"不可思议的是"，没有一个人被打死。[①] 示威者举着的标语牌上写着"全世界都在看"，确实如此。但世界——至少是投票给尼克松的那些美国人的世界——对芝加哥事件的理解却和亲历惨剧的示威者们不同。大部分民众看到的不是对手无寸铁的孩子下手的失控警察，相反，他们看到的是法律和秩序的捍卫者，对不停高喊污言秽语、蔑视一切传统礼仪和规矩的肮脏嬉皮士忍无可忍。某种程度上说，投票给尼克松，就是投票给沉默的大多数心目中理想的家庭价值观和行事规范——投给尼克松夫人由"共和党材料"制成的精致外套[②]，投给他

---

① Kurlansky, 1968, p. 286.

② 语出尼克松"跳棋演讲"。尼克松称："帕特一件貂皮外套都没有。但她确实有一身'共和党材料'制成的体面外套。而且我总是对她说，她穿什么都好看。"——译者

那两个恭谨的女儿，她们的扮相和语气都像是电影《老爸大过天》（*Father Knows Best*）中的大女儿。

我们很难为尼克松在这血与怒之年的意外逆袭找出单一的决定性因素。对参议员尤金·麦卡锡[1]失望的支持者们很多才二十出头，他们第一次有资格投票，却只是袖手旁观。一些美国人单单因为越战在民主党执政期间升级，就误以为尼克松比汉弗莱更有可能去结束那场战争。尼克松总是厌恶反战示威者的选民中呼声最高的候选人。1968 年，汉弗莱只拿下了得州这一个南方州。作为第三党候选人参选的亚拉巴马州州长乔治·华莱士（George Wallace）拿下了亚拉巴马州、阿肯色州、佐治亚州、密西西比州和路易斯安那州，尼克松却在其他南方和边境各州都取得了胜利。假如华莱士没有参选，尼克松无疑会（像在 1972 年大选中那样）赢得整个南方。说到底，民主党还是要为结束了公共场所种族隔离政策的 1964 年民权法案和 1965 年选举法案的通过负责：南方人有充分的理由相信，假如当时执掌白宫的是共和党，那些对他们生活方式的挑战绝不可能成为法律。

在对 60 年代的所有文化变迁心怀怨恨的人眼中，就算不提合法的种族隔离制度这个渐渐远去的问题，尼克松依然是个完美的候选人。对于那些从他年少时从未享受过的教育和经济条件中受益的人，尼克松的嫉妒几乎从不掩饰，这是他的职业生涯中的永恒主题。在大学校园被视为左翼反战抗议孵化器的年代，尼克松与反智主义和反共主义的长期联系是宝贵的竞选资本。“迪克”尼克松是“另一个 60 年代”的完美代表，他代表了与那些一生中从未劳动过，却总

---

① 麦卡锡在 1968 年美国总统选举中以反对越南战争为竞选纲领，试图获得民主党候选人提名但未能成功。—— 译者

是逃避兵役的老学究们相对立的一切人和事。

1969年盖洛普公司为《新闻周刊》所做的民意调查揭示了沉默的大多数对学生示威者的反对是何等深远。（值得注意的是，《新闻周刊》此次民调对象都是成年白人。调查者认为黑人不属于调查所针对的“普通美国人”。）超过84%的人认为，大学当局和执法机构对校园中的抗议者“太过宽容”。超过85%的人认为对黑人激进分子的处理同样太过宽容。[①]“普通美国人对大学校园里近来的动乱已经不满到了极点，”一位分析师说。他还补充指出，这种不满“让经济水平较差的人尤为痛苦”，因为他们认为抗议活动体现出了“那些拥有他们从未得到的机会之人的忘恩负义和不负责任”。在另一个学生抗议活动中心、学生争取民主组织（Students for a Democratic Society）的诞生地密歇根大学，哲学教授亚伯拉罕·卡普兰（Abraham Kaplan）解释说，年轻的示威者们破坏了父辈眼中的“大学形象——树木繁盛，孩子们喝着可可、嚼着棉花糖、读着莎士比亚，男孩在春日里不时可以看看女孩的内衣”[②]。

这种不知感恩的幸运青年形象也殃及了被误当作大学管理者的知识分子，父母们认为，因为学生一闹就同意取消课程的学校管理得太糟，才不会开开心心地把学费支票签给那样的机构。对校园抗议示威活动的强力镇压让旧金山州立学院校长早川一会（S. I. Hayakawa）成了保守主义者的英雄，他的做法引起了全国共鸣，因为它们发生在一个被视为反文化大本营的城市里。早川的支持者们并没有忘记，旧金山州立学院当时是一所走读大学，很多学生都是家族中第一代有机会上大学的人，旧金山湾另一边的伯克利

① Richard Lemon, *The Troubled Americans* (New York, 1970), pp. 235–236.
② 同上，第35页。

却是加州富裕家庭的选择之一。和其他人相比，受过大学教育的父母更有可能认为学生的抗议情有可原，他们对“性革命”同样没有那么深切的敌意，也不太在意传统宗教价值观的衰落。随着60年代的结束，报界往往把沉默的大多数或——被当作同义词的——普通美国人看作主要以蓝领工作和相对较低的教育水平为特征的群体。

在民权问题之外的讨论中，媒体很大程度上忽略了另外两个元素——地域和宗教认同。事实上，就像在近20年来重新燃起的文化战火当中一样，对宗教和地域的忠诚在“另一个60年代”中扮演了关键角色。基要主义和反智主义既有的结合，再加上新出现的对科学和学术“精英”的鄙夷，构成了那个消解神话的年代中掩盖得最好的故事。乔治·华莱士放言“那些脑袋尖尖，最清楚如何管理每个人的生活的伟大知识分子的时代已经过去了”，他很好地概括了为自己的竞选活动助力的阶级、地域和反智怨念的大杂烩。

被当时的媒体和学界忽视的各种文化现象中，最重要的无疑是基要主义宗教的复兴。基要主义从未真正离去，60年代初期的民权法案和60年代后期的文化反叛带来的刺激为它注入了活力。基要主义的回潮完全是反智的，这部分是因为脑袋尖尖的知识分子被视为取消校内种族隔离制度的元凶——富有的自由主义知识分子策划了方案，付出代价的却是普通人家，因为他们负担不起进入继续实行种族隔离的私立学校和富裕白人区的公立学校的费用。但新式基要主义的反智主义当中还有另一个同样重要的元素，也就是教会自身对自由主义智识潮流的仇恨。毫无疑问，60年代反对自由主义的白人基督教基要主义者——包括当时的年轻人和已经成为重要的教会领袖的人——在过去40年中为他们的信众集会招来的信徒比社会观点倾向自由主义的基督教宗教人士更多，出于社会进步的理想而坚定反对越战的威廉·斯隆·科芬和罗伯特·德里南神父（Father Robert Drinan）便是后者的代表。基要主义者致力于让人们皈依他们特有的宗教信仰，而科芬和德里南那样的神职人员却希望说服信仰不同宗教的人，一起来支持他们各自心目中让美国更加公平的理想。

整个 60 年代，从保守的美南浸信会到五旬节派，基要主义教会不断扩张，压过了一般而言更加开明的主流新教教派，那些教派包括偏右的路德会和长老会，以及偏左的一位论派。这种趋势一直延续至今。达拉斯魅力非凡的牧师 W. A. 克里斯韦尔（W. A. Criswell）是 60 年代基要主义运动的关键人物。1968 年 10 月 13 日，他以“为什么我说《圣经》字面意义上是真实的”为题，在他那成员多达 26 000 人的达拉斯第一浸信会讲坛上作了一场激动人心的布道。克里斯韦尔 2002 年去世，享年 92 岁，《今日基督教》（*Christianity Today*）的讣告把他描述成“一个拥有博士学位的圣滚者[①]……他的布道既有孙培理的激昂，又有萨伏那洛拉[②]的急切”。作为 1960 年之后美南浸信会——全国最大的教派组织——右倾运动的重要推手，克里斯韦尔曾将政治和宗教上的自由主义者痛斥为“无赖”。[③] 克里斯韦尔毕业于贝勒大学，这所机构自 1845 年获得特许状以来一直都是浸信会学校，但克里斯韦尔觉得他的母校太过自由化，培养不出

① 圣滚者（holy roller），通常指某些五旬节派教徒。这些教徒会自认为受到圣灵的影响，做出打滚、喊叫等异常行为。——译者

② 吉罗拉莫·萨伏那洛拉，意大利道明会修士，从 1494 年到 1498 年担任佛罗伦萨的精神和世俗领袖。他以在虚荣之火事件中反对文艺复兴艺术和哲学，焚烧艺术品和非宗教类书籍，毁灭被他认为不道德的奢侈品，以及严厉的讲道著称。他的讲道往往充满批评，并直接针对当时的教宗亚历山大六世以及美第奇家族。萨伏那洛拉因施政严苛而被佛罗伦萨的市民推翻，以火刑处死。——译者

③ Timothy George, “*The ‘Baptist Pope’*,” *Christianity Today*, March 11, 2002, p. 54.

正统传教士，于是，他在 1971 年创办了自己的基要主义神学院——克里斯韦尔圣经研究中心。[①]

对于日后基督教右翼的形成更重要的是，达拉斯第一浸信会建立了一整套私立学校系统，这样做起初是为了坚持种族隔离制度，但最终却具备了重要得多的意义，也就是培养出不受进化论教学等世俗影响污染的基督教儿童。作为南方最具影响力的浸信会牧师，克里斯韦尔的教育策略被整个地区虔诚的右翼福音派信徒广泛效仿。由此建立的私立学校系统保证了“教会成员和志同道合者的子女从幼儿园到大学毕业都能生活在一个他们认为没有神学危险的教学环境之中，而不是去往公立中小学和大学，以及其他被认为难以控制的……教会大学，比如南卫理公会大学和贝勒大学”[②]。

卷土重来的基要主义者反对的不只是 60 年代的反文化；和威廉·詹宁斯·布莱恩及其追随者们在 20 世纪头 30 年中所做的一样，新一代基要主义者也反对智识主义和现代主义。在南方之外，极少有人注意到新生基要主义者的有力与顽固。1970 年 6 月，一个例外出现了，当时，距肯特州立大学和杰克逊州立大学枪杀学生事件发生不足一月，美南浸信会正在举办第 125 次年会。在那段社会大乱的年代，困扰美南浸信会成员的主要问题并不是越南战争，让被称作“使者”、代表了超过 35 000 个浸信会教堂的 13 355 名参会者真正感到愤怒的，是一本评论《圣经》的书，书中指出，《圣经》的前五卷是在长期内取自很多不同来源形成的，而不是由上帝直接向摩西口授。

---

① 1991 年，贝勒大学董事会成员投票决定，终止与得克萨斯浸信会的一切法律关系。

② David Stricklin, “*Fundamentalism*,” *Handbook of Texas Online*, General Libraries at the University of Texas at Austin and the Texas State Historical Association; http: //www. tsha. utexas. edu/handbook/online/ articles/FF/itfl. html.

19 世纪中期以来，包括很多犹太人、天主教徒和新教徒在内的主流圣经学者都认为，尽管受了神的启示，《圣经》是很多人的智慧与辛劳的结晶。《圣经》是否是上帝言论的字面记录？这个问题自 18 世纪以来一直是基要主义者与较为开明的新教教派之间的分界线。尽管如此，绝大多数美南浸信会代表还是对他们的主日学出版部怒火万丈，认为不该出版这样一本质疑《圣经》神圣权威的书。《纽约时报》在一篇头版报道中指出，这场争端“反映了越来越面向城市、学术水平越来越高的国民领袖，与宗教教派中传统的乡村和反智元素之间的冲突”，对无关种族冲突的宗教事件如此突出的报道在当时极为少见。会场上，为那本书辩护的人被反对声浪淹没。一位牧师起身说，美南浸信会因为“运用心理学”损害了自身的圣经直译主义传统，而且还和对神职人员的“敏感性训练”等反文化做法拉拉扯扯。“我相信《圣经》，”罗伯特·斯科特牧师（the Reverend Robert Scott）说，“耶稣相信《圣经》。美南浸信会相信《圣经》。有人说，美南浸信会为最保守和最开明的人留出了空间。但是教友们，我要说的是，这种空间已经太大了。”①

这本触怒了他们的书的作者，英国浸信会学者亨顿·戴维斯（Henton Davis）还鲁莽地说过，当亚伯拉罕同意牺牲以撒的时候，他可能误解了上帝的要求。事实上，在这条圣经修正主义言论中，美南浸信会准确地发现了潜藏的神学自由主义。自由派教徒总是有疑问，为什么反复无常的上帝会那么残忍，要求一个人牺牲自己的独子，如果把错误归于亚伯拉罕，耶和华自然就会摆脱困境。而且，如果说亚伯拉罕确实误解了上帝，那么谁又能说耶稣在耶路撒冷的

① “*Southern Baptists Bar Liberal Treatise on Bible*,” *New York Times*, June 4, 1970.

那个厄运降临的夜晚没有误解圣父的意愿呢？在任何一个基要主义者看来，这些思想无疑都是不虔诚的。

在大会投票同意禁止主日学出版部发行这本不敬的书之后，一位先知先觉的浸信会官员把他们的反应与更广泛的政治极化和席卷全国的“极端保守潮流”联系在了一起。“作为整体而言的美南浸信会一直是他们文化的体现，这是一个悲剧，”来自休斯敦百利第一浸信会的李·波特牧师（Lee Porter）说，“我希望这不是真的，但事实就是这样。”① 此后的20年中，在政治和文化两方面都十分保守的反智主义者战胜了《纽约时报》所说的“越来越面向城市、学术水平越来越高”的美南浸信会成员。认为宗教可以与科学和（包括圣经研究在内的）现代学术相容的浸信会教徒都选择了离开，加入了隶属较为开明的美北浸礼会（American Baptist Churches）的教会，让人想起了19世纪支持进化论的科学家的北上之旅。美南浸信会的很多牧师和教会成员却成了新右翼军团中的基督教战士。

另一个同样重要的变化是强大的基督教右翼青年运动“学园传道会”（Campus Crusade for Christ）的兴起，它的成员往往被左翼同龄人称作“耶稣狂”。学园传道会实际上是1951年由南加州商人比尔·布莱特（Bill Bright）创办的，但直到福音派在60年代晚期开始招徕对毒品和性革命感到幻灭、寻求重塑人生的年轻男女之前，它在圣经地带②之外的大学中毫无吸引力。作为极具象征意义的一步，它于1967年在伯克利举办了全国大会，一个名叫乔恩·布劳恩（Jon Braun）的青年传道者站在史布罗广场前的台阶上，称颂耶稣是

① “*Southern Baptists Bar Liberal Treatise on Bible*,” *New York Times*, June 4, 1970.

② Bible Belt，指美国基督教福音派在社会文化中占主导地位的地区，多指美国南部。——译者

“世上最伟大的革命者”。正如艾泽曼和迈克尔·卡津在他们关于分裂的 60 年代的历史著作中所指出的，学园传道会的传道者们有意采用和改造了反文化的着装和语言，为了传扬传统宗教而去芜存精，这种做法非常有利于给人们留下良好的第一印象。

这些宗教斗士们留着长发，穿着扎染的衣服，看上去跟激进的左翼同龄人一模一样。有些组织连名字都赶起了时髦，叫做“基督教世界解放阵线”和“耶稣基督光电公司”，为因滥用毒品而身心受挫的年轻人提供栖居之地。[①] 基督教基要主义者的魅力与犹太人社区中严守教规的哈西德派类似：对于那些在其他人寻得个人自由的地方只会感到不快的年轻男女来说，它们提供了规范与确定性。学园传道会在 1960 年仅有 109 名受薪员工，到了 70 年代中期已经成了雇用 6 500 人、预算高达 4 200 万美元的全国性组织。[②] 如今的学园传道会是一个国际性传教组织 —— 它的做法在伊斯兰国家颇有争议 —— 在 190 个国家拥有 2.7 万名受薪员工和 22.5 万名志愿者。[③]

从 60 年代到 70 年代初，忽视了激进基要主义复兴的不只是众多媒体，还有崛起中的新一类脑袋尖尖的保守知识分子。在基要主义者和大部分美国民众看来，尖脑袋就是自由主义者的同义词。纽约的那些以犹太人为主的保守尖脑袋们对基要主义者的了解也许和基要主义者对他们的了解一样少，又或者他们只是不知道应该对右

① Maurice Isserman and Michael Kazin, *America Divided: The Civil War of the 1960s* (New York, 2004), p. 254.

② 同上。

③ 在如今美国的大学校园中，学园传道会更有效的做法是，针对提出自由主义或世俗观点的演讲者作对抗性的活动安排。当我在东肯塔基大学作一个关于我的书《自由思想者》的演讲时，庞大而活跃的学园传道会分部赞助了一个混杂了讲座和培灵会的活动，邀请的演讲者是一个自称通过奉基督之名重生而克服了自己的恋童癖冲动的人。我的讲座只吸引了 150 名学生，我后来得知，当晚那个改过自新的恋童癖引来了 500 名听众。

翼宗教的复兴说些什么。在《评论》杂志“出柜”承认自己的新保守主义身份，向反文化发起攻击的 1970 年，编辑们对形成中的反-反文化未置一词。

当然，《评论》杂志的出版方是美国犹太人委员会，编辑也以犹太人为主，保守的世俗犹太知识分子总是不愿意面对和接受基督教基要主义者在整个保守主义运动中的关键地位。基督教右翼在里根的竞选中大显身手，而在十年前，新保守主义信仰的犹太捍卫者们也许从未想过，他们日后需要严肃看待那样的政治盟友，那些人强烈支持以色列的主要理由是，哈米吉多顿在那里 —— 耶稣将在最后的正邪之战中再临人间，犹太人和所有不相信耶稣是弥赛亚的人都将被杀死。等到那一天来临，《评论》和《国家》（*The Nation*）这两本杂志 —— 过去和现在 —— 的撰稿人都将坐上漂向无底坑的同一条船。

同样注定要到坑里去的还有大批自由派天主教徒。在研究 60 年代的美国宗教格局时，美国天主教应当被看作一个特例，因为在若望二十三世于 1958 年被选为教宗之后，天主教会内部按照梵蒂冈的指示开始了改革。我在 1945 年受了天主教洗礼，在 1956 年受了坚信礼，正如一句天主教妙语所说，罗马天主教信仰代表了“唯一的真教会”。安德鲁 · M. 格里利神父（the Reverend Andrew M. Greeley）写道：“在 19 世纪和 20 世纪早期主宰着天主教生活的说法是‘教会不应改变，不能改变，也不会改变’，与《巴尔的摩教义问答》中‘上帝过去与未来永远不变，永不会变’的说法相对应。”① 但在教宗若望领导下，教会确实开始变化了，这位八旬老人是数百年来最

① Andrew M. Greeley, “Children of the Council,” *America*, June 7, 2004.

为开明的教宗。原名安杰洛·朱塞佩·龙嘉利（Angelo Giuseppe Roncalli）的教宗因为二战中对陷入困境的犹太人的援助而闻名，关于这位胖乎乎的教宗的所有故事都充满了善意，令人心生爱慕。他上任最初的举措之一便是废除教宗总是单独用餐的规定，他面容瘦削的前任庇护十二世一直坚持那样做。1962 年，为了改革宗教仪式，并为这个长期以来一直被上层反现代主义和管制教徒性行为的执念所支配的组织注入新的活力，若望二十三世主持召开了第二次梵蒂冈大公会议。当他迎接旁听第二次梵蒂冈会议的犹太人（又一次空前之举）时，他提到了自己的中名与《圣经》上约瑟①及其兄弟们的故事，他对拉比们说："我是约瑟，你们的兄弟。"

对于那些没有经历过第二次梵蒂冈大会之前的天主教环境的人来说，若望二十三世担任教宗的短短数年中，在教会内部引发了争议的自由与希望气氛很难理解。很多天主教徒希望可以允许神父结婚，希望教会不再严厉谴责离婚，希望允许再婚的天主教徒接受圣礼，最重要的是，希望梵蒂冈不再禁止人为控制生育——在性交时采取避孕措施的滔天大罪将招致永罚，这条禁令一直以这样的威胁折磨着已婚的天主教徒。教宗若望去世时，第二次梵蒂冈大会的会后工作才刚刚开始，鉴于教会的专制本性，如果没有教宗积极主动的全力支持，任何体制性的自由化尝试都不会成功。但对于美国和欧洲的天主教徒来说，精灵已经再也回不到瓶子里了。60 年代中，生于美国的天主教徒与宗教教义和教会当局的关系和主流新教徒越来越像：他们依然希望在教堂中受洗和结婚，希望死后葬在教堂墓

---

①"朱塞佩"（Giuseppe）为约瑟（Joseph）一名在意大利语中的形式。约瑟是《圣经》中亚伯拉罕之孙雅各的 11 个儿子之一。根据希伯来《圣经》的描述，犹太人的先祖可追溯至亚伯拉罕及其子孙。——译者

地上，但他们不会再让神父、主教和教宗来告诉他们应该想些什么，应该在私密的卧室里如何行事。神学保守主义者们给较为开明的教友起了个充满鄙夷的称号，把他们叫作“自助餐式天主教徒”。

然而，还有另一种完全不同的“自助餐式天主教徒”，取消拉丁弥撒等宗教仪式的变化深深地激怒了他们，很多神父、修女，甚至还有主教越来越坦率地反对种族歧视和越战，这同样让他们感到愤怒。很多草根天主教社会保守主义者和南方的基要主义新教徒一样反智，但他们的反智主义却不是源于圣经直译主义，而是因为渴望回到第二次梵蒂冈大会之前，回归他们年少时的那种教会。在最高法院 1973 年的判决使堕胎合法化之后，幻灭的右翼天主教徒与基要主义新教徒结成了从前根本无法想象的联盟。就像基要主义者怀疑贝勒大学之类的新教教育机构中暗藏世俗势力一样，右翼“自助餐式天主教徒”也反对历史最悠久、最受景仰的天主教高等教育机构中的世俗化倾向。从 50 年代末到 60 年代初，在若望二十三世普世教会主义的鼓励下，美国最优秀的天主教大学都在向宗教和世俗两方面的一流知识中心转型，直至今日，自由主义天主教知识分子在那些大学中的影响依然是梵蒂冈保守主义者的肉中刺。美国天主教徒围绕改革的战火由若望二十三世点燃，一直延烧到了高级知识分子层面，一边是《公益》（*Commonweal*）杂志的自由主义天主教知识分子和耶稣会的《美国》（*America*）周刊，另一边是威廉 · F. 巴克利（William F. Buckley）的《国家评论》（*National Review*）杂志的右翼勇士。自 1951 年出版《耶鲁的上帝与人》（*God and Man at Yale*）以来，巴克利便是青年保守主义的代言人，他反对世俗化，但并不反智。他对传统罗马天主教信仰的辩护只是更加广泛的文化、政治和经济保守主义的一环，比诸多犹太知识分子的新保守主义反叛领先了 15 年。

到了 1968 年，理查德・尼克松已经意识到，包括基要主义新教徒和右翼天主教徒在内的保守宗教信徒可以成为共和党的新据点。"迪克与帕特"夫妇①在竞选活动中没有去拜访美国最著名的自由派新教神学家莱因霍尔德・尼布尔（Reinhold Niebuhr），而是去匹兹堡大事张扬地参加了葛培理的一场"圣战"活动。就职典礼上，知恩图报的葛培理感谢上帝"在这个重要的历史时刻，允许理查德・尼克松来领导我们"。当尼克松向宗教仪式敞开白宫大门的时候，葛培理是最重要的发言人。他经常现身各种庆典，尼克松在白宫为尼尔・阿姆斯特朗举行的晚宴上也有他的身影。② 尼克松就任仅仅半年之后，尼布尔就撰文向他称之为"尼克松-葛培理教义"的理念发起攻击，那种理念坚持认为，美国严重的种族和贫困问题应当靠个人的精神手段来解决，而不是通过政府有责任参与的社会行动。③ 他的文章以"国王的礼拜堂与国王的宫殿"（The King's Chapel and the King's Court）为题，发表在自由派新教徒的主要媒体《基督教与危机》（*Christianity and Crisis*）上。葛培理这样的传道者的追随者们形成了新的保守派票仓，他们放弃了新政时期的旧盟友，而且已经准备好了与最高法院 1973 年的堕胎合法化判决后兴起的保守派天主教徒结成政治联盟。

但在 60 年代和 70 年代初，媒体和知名学者在分析宗教发展趋势的过程中，注意力几乎完全放在了宗教的世俗化和自由化进程上，

---

① "迪克"和"帕特"分别是尼克松夫妇的昵称。——译者

② Lowell D. Streiker and Gerald S. Strober, *Religion and the New Majority: Billy Graham, Middle America, and the Politics of the Seventies* (New York, 1972), p. 70.

③ Reinhold Niebuhr, "*The King's Chapel and the King's Court*," *Christianity and Crisis*, August 4, 1969.

这些变化在他们自己身上表现得最为明显。耶鲁大学历史学家西德尼·E. 阿尔斯特伦（Sydney E. Ahlstrom）在他的权威著作《美国人民宗教史》（*A Religious History of the American People*，1972年）中，把“宗教反传统主义”说成六十年代的精神特质。他论证道，这种反传统主义最有力的要素是“对自然主义或‘世俗主义’越发坚定的信念，以及由此逐渐产生的对超自然和神圣力量的怀疑”。他接着写道，“对当今的宗教、政治、社会和教育机构矫正这个国家深层问题的能力不断加深的怀疑”强化了世俗主义的影响。① 阿尔斯特伦的这本书倒数第二页上的一条脚注为我们提供了一个有趣的机会，我们由此能够了解，为什么大多数自由主义和保守主义知识分子都没有发觉，美国大地上的反世俗和反智的基要主义反叛力量正在蠢蠢欲动——在南方尤其严重。

> 1970年四五月间，我的美国宗教史课程的最后两周淹没在游行示威的混乱之中，引发抗议的有纽黑文几个黑豹党成员广受报道的审判、美国入侵柬埔寨、国民警卫队在肯特州立大学杀死4名学生、警察在杰克逊州立大学杀死2名学生。换句话说，那门课与（60年代）终章的主题合而为一……也许只有在岁月流变之后，人们才能看清楚当下的哪些元素最具长期影响，哪些将在未来的历史学家身上留下印记。如果要记录下整整十年中发生在全国范围内的动荡，那几乎绝无可能！②

① Sydney E. Ahlstrom, *A Religious History of the American People* (New Haven, Conn., 1972), p. 1087.
② Ibid., p. 1095.

这段文字的作者完全没有意识到笃信宗教的千百万美国人的存在，那些人认为，假如教授们让尘世纷扰“淹没”了他们的课程，那么他们根本就没有资格讲授宗教史。那些教授们以为，席卷全国的自然主义和世俗主义逻辑深深影响了 60 年代复苏的基要主义者，但基要主义者们其实根本不在乎，反而进一步强化了他们对超自然——包括蒙神佑护的美国例外主义——的信仰，以及对以世俗主义或理性主义为基础的智识主义的轻蔑。

在政治、教育，还有最重要的宗教方面，60 年代身处左右两翼的孩子们都给文化留下了持久的反智印记。但是，那十年中的青年文化才是 60 年代最强大的遗产，它跨越了阶级、种族和宗教界限，由此释放出了比任何形式的政治和社会抗议所带来的反智势力都更加强大的反智和反理性力量。

第七章

时代遗产：青年文化与名人文化

关于1960年代诸多颇有影响的迷思当中，把那个年代的青年文化与左翼反文化混为一谈的普遍倾向最为顽固。青年文化之所以力有万钧，正是因为它能够跨越美国人长期以来习以为常的社会和思想界限。促成这种超越的，是庞大的青年人口，还有完全非政治性的营销机器，急不可耐地想要满足30岁这条魔线之下的青年的所有欲求。年轻人在时装、电影、电视节目、诗歌（还记得罗德·麦昆[①]吗？）还有最重要的音乐方面的偏好，变得和整体意义上的流行文化几乎一模一样。

我对60年代青年文化有所异议，认为它具有很多反智的特征，这种看法更多来自它的普遍性，而不是其中的独特细节。流行文化几乎完全由青年的偏好所驱动，而不是让代际喜好成为其中一条与众不同但却未必重要的支流，它妨碍了重要的智识和审美差异的形成，而且倾向于抛弃以往流行文化中的优点。当我听到《昨日》或《在我64岁时》的时候，也会和千千万万听过保罗·麦卡特尼演唱会的同龄人一样眼含热泪，但这只是因为它们让我想起了那个64岁和1 000岁生日显得同样虚幻的时光。60年代，爵士乐走向了式微，即便在诞生了这种独特的美国艺术形式的黑人圈子里也是如此，这个令人心碎的例子只是青年文化和流行文化不分彼此之后的悲剧之一。年轻的自由主义者和保守主义者们都乐于接受他们那一代经过精心包装和大规模营销的流行观念，这种包装的精妙之处在于，千百万年轻人全都相信，不同于被麦迪逊大街上的广告人洗脑的上一代人，他们对商品的选择是自由个性的表达。

为了放大影响力，学园传道会的年轻传道者们蓄起长发，在史布罗广场前的台阶上布道，若非蒙神启解，那些做法可谓绝妙至极。他们明确传达了一条有力的讯息，对耶稣和约翰·列侬的爱可以并行不悖——列侬1966年说的“披头士比耶稣更受欢迎”除外，那句话引发了圣经地带的抗议，也招来了梵蒂冈对列侬个人的批评。当时不止一个观察家指出，基督教救世主的肖像确实很像60年代末留着长发的列侬。学园传道会的教谕大体上无关智识，“耶稣，古往今来最伟大的革命者”和“爱，爱，爱”② 融为一体，因此几乎能够让各种政治信仰的人都感到满意，几乎可以把任何东西推销给任何人。不论是特指的基督教之爱还是泛指的精神之爱，营销中对爱的利用是60年代的永恒遗产之一。可口可乐著名的广告唱出了爱的梦想，“我想教世界和谐同歌，我想给世界买杯可乐让它陪伴着我”，这条广告2015年在电视剧《广告狂人》大结局中的效果和它在1971年首播的时候一样好。大通曼哈顿银行2006年推出了一条大获成功的广告，里边用了披头士《你所需的只是爱》的歌词，画面中的性感男女充满爱意地刷着大通信用卡。不论推销的是“潮人耶稣”

---

① Rod McKuen，美国诗人、歌手、作曲家，麦昆的歌曲在全世界卖出了超过1亿张唱片，诗集卖出了6 000万册。——译者

② 披头士乐队1967年发布的单曲《你所需的只是爱》（*All You Need Is Love*）中的歌词。——译者

还是信用卡，来自60年代的流行音乐和口号甚至感染了青少年，可当长辈们谈起那个时代的时候，他们却毫不意外地一个字都不想听。

60年代流行音乐的大规模营销与长期和老左派挂钩的老歌的去政治化密切相关，这真是个让人哭笑不得的意外转折。有些民谣在麦卡锡时代会被认为具有或明或暗的颠覆性，后来却成了50年代放荡不羁的异见文化与60年代影响广泛的反文化之间的重要纽带，反感其他一切反文化元素的人也能接受那些民谣——尽管它们的洁本删去了某些被视为批判美国的歌词。整个四五十年代，伍迪·格思里创作于1940年的《这是你的国家》一直被看作左翼的颂歌，它是一度具有颠覆性的歌曲走向主流的典型代表。丹·维克菲尔德（Dan Wakefield）以50年代的印第安纳波利斯为背景的小说《一路前行》（*Going All the Way*）中，如此描述了缺乏自信的年轻主人公初次听到那首歌的感受："唱片中，一个男人边弹吉他边唱着歌，但那不太像乡下人的音乐。在桑尼听来，那首歌更像是英格兰民谣，唱的却是美国。唱的是'这是你的国家，它是我的国家'……似乎有些共产主义色彩。"①

到了1968年就不一样了，尼克松就职典礼期间，"人人至上"的游行彩车欢快地大声播放着《这是你的国家》，唱歌的人听起来不像格思里，反倒更像摩门大教堂合唱团。《假如我有一把铁锤》由皮特·西格和他的"纺织工"乐队在1949年的共产主义者集会上首次唱响。1962年，"彼得、保罗与玛丽"组合翻唱了这首歌，在音乐排行榜上高居前列。一年后，《假如我有一把铁锤》已经变得足够主流，马丁·路德·金演讲之前，"彼得、保罗与玛丽"在林肯纪念堂

① Dan Wakefield, *Going All the Way* (New York, 1970), p. 190.

前的台阶上唱了这首歌。因为1955年在众议院非美活动委员会作证时藐视国会，《假如我有一把铁锤》的创作者曾被传讯十次，但当时没人在乎。你在60年代站在哪一边？区分的办法很多，却没法根据流行音乐的喜好加以判断。在美国似乎正在被互不相容的政治激情撕裂的时代，那种去政治化就更显突出。

当然，每一代人都有自己钟爱的音乐、仪式、药物和情感史。婴儿潮一代在整体人口中不成比例的巨大数量，让60年代的孩子与前辈们显得不同。1946年到1964年间——人口专家所界定的婴儿潮时期——出生的近7 800万人中，超过三分之二生于1960年之前。他们如今占美国总人口中的近28%，到2030年，也就是最年轻的婴儿潮一代66岁、最年长的84岁的时候，他们仍然将在美国总人口中占到20%。[①] 较为年轻的婴儿潮一代在60年代还太过年少，没有参加当时的抗议活动，但已经足够去吸收由年纪稍长的人们创造的商业性青年文化了。在婴儿潮高峰的1957年出生的孩子是伴随着60年代青年文化——电视、音乐和媒体大事宣扬的文化标准——的场景和声音成长起来的。

更重要的是，除了弟弟妹妹之外，婴儿潮一代还塑造和改变了父母的喜好。50年代的家庭合影上，少年和成人的着装泾渭分明，但到了70年代初，家庭相册中不同辈的人们都穿着同样的中性服饰，在非正式场合尤其明显。创立于1969年的服装品牌GAP的愿景据说是满足年轻一代的休闲着装需求，但这家连锁品牌及其诸多效仿者实际上却填平了着装代沟。三四十年代，少女的时尚榜样是凯瑟琳·赫本、贝蒂·戴维斯和琼·克劳之类的电影明星：要打扮成

① "*Demographic Profile: American Baby Boomers*," MetLife Mature Market Institute Analysis, Populations Projection Project, 2003; www. metlife. com.

精致的成人。60 年代初的时尚偶像是杰奎琳·肯尼迪和奥黛丽·赫本——还是成人。但到了 60 年代末，成人在时尚方面已经开始向年轻人学习了。60 年代末，就连高居时尚顶端的杰奎琳·肯尼迪·奥纳西斯都开始打扮得更显年轻；她的长发、看似休闲却精心剪裁的裤子和丝绸 T 恤，让四十岁的她看上去比三十出头时仔细打理发型、戴着白手套的卡米洛①第一夫人年轻得多。

我并不是说这些变化不好（尽管有些偏执的新保守主义者把休闲装束与思维凌乱相提并论，视之为“运动”的又一个阴谋)，我要说的是，40 年前的那些年轻人在与之接触的每一代人身上都留下了或好或坏的影响，这种影响强大异常，而且效力持久。婴儿潮一代最年长的 62 岁，最年轻的才 44 岁，他们把持着一切，管理着媒体集团、政府机构、大学、计算机软件公司、服务业与零售业。很多时候，迎合一般所谓“令人垂涎的 18 至 34 岁年龄段”的营销决策，都是由在里根当政之初就过了这个年龄段的人们作出的。鉴于那些在 60 年代和 70 年代初进入成年的人所掌握的政治和经济权力，他们必须对美国流行文化过去 40 年中的变迁负责，不管他们在政治上属于左翼还是右翼。

导致我对 60 年代的青年文化有些成见的是一段个人经历。20 多岁的时候，我偶然度过了与世隔绝的关键两年，躲开了日夜变幻的纷乱世事，尽管作为记者的我也对那些混乱难辞其咎。1969 年，24 岁的我嫁给了《华盛顿邮报》驻莫斯科记者，暂时离开了报道岗位，和新婚丈夫一起去了俄国，开始为我的第一本书做准

① 肯尼迪总统的任期后来被称为卡米洛时代，该说法由杰奎琳·肯尼迪在肯尼迪遇刺后提出，将肯尼迪的执政成果与亚瑟王和圆桌骑士缔造的志业相提并论。——译者

备。和理查德·尼克松私交甚好的列昂尼德·勃列日涅夫为首的老人统治着苏联，抵达那个国家的感觉仿似登上月球。远离了一个繁荣而又少有审查的社会带来的纷扰之后，唯有写作、阅读、思考和与朋友交谈能占据我的思想和时间。苏联严格的审查制度意味着经典的戏剧、芭蕾和音乐是仅有的能带来愉悦的公共娱乐，那时候，包括互联网和便携音乐播放设备在内的商业性私密娱乐方式还没出现。

苏联当然有电视，但除了体育节目之外，电视上没有任何跟娱乐搭边的东西。莫斯科有很多东西可看、有很多事情可做，但某种意义上说，值得看、值得做的皆是严肃事物。剧院之夜意味着契诃夫的戏剧或俄国名著的改编。音乐会意味着古典音乐，因为当局不喜欢大部分西方流行音乐。演奏音乐的往往都是一流乐手，因为政府对旅行的限制意味着艺术家不能自由出国演出，无法自由掌控自己的职业生涯。1971 年 2 月的一个晚上，我聆听了俄国著名大提琴演奏家姆斯季斯拉夫·罗斯特罗波维奇和他在莫斯科音乐学院的学生们的演出，那是我一生中最激动、最有意义的夜晚之一。他刚刚写了一封为自己的朋友亚历山大·索尔仁尼琴辩护的公开信，苏联当局已经开始用取消出国演出的方法来惩罚他。每个观众都知道这件事，在他眼含热泪开始演出之前，音乐厅里的观众们全体起立，为他鼓掌整整十分钟。

我后来才知道，直到罗斯特罗波维奇在苏联解体后的 1993 年重返莫斯科之前，这是他最后一次被允许在莫斯科演出。“音乐和艺术是俄国精神世界的全部，”当局强迫他离开祖国之后，他在接受我的采访时说，“在俄国，当人们去听音乐会时，他们并不是为了乐趣，为了娱乐，而是为了感受生活……艺术就是我们的面包。我想让这里的人们知道这一点。”①

罗斯特罗波维奇的话准确概括了俄国人在朋友之间分享的私密文化生活的方方面面。俄国朋友们对高雅文化的推崇为我打开了一片新世界。俄国家庭中的晚上很可能会上演一场即兴爵士音乐会，会朗诵20世纪伟大俄国诗人的诗篇——安娜·阿赫玛托娃、鲍里斯·帕斯捷尔纳克和奥西普·曼德尔施塔姆，他们的作品在苏联时代的大部分时期一直遭到查禁（因为一首对斯大林不敬的诗，曼德尔施塔姆在1938年被送进古拉格并死在了那里，他的作品从未公开发表过）。俄国朋友们也想要翻阅我带来的艺术书籍，仔细端详来自西方博物馆的名画复制品，那些博物馆在纽约、波士顿、巴黎、佛罗伦萨、伦敦、阿姆斯特丹，他们确信自己永远都无法去那里参观，因为所有和他们政治观点一致的人都不可能获得出境旅游的许可。我对一个艺术家朋友讲述了不久前的佛罗伦萨之旅，当我试着用不太流利的俄语去描述某处街道和景致的时候，突然间深感愧疚，我居然把四处欣赏西方文化杰作当成了理所当然的自由。

苏联有一种异见青年文化，和西方的青年文化不同，俄国的反叛青年与俄国文化史之间有一种紧密而自觉的联系。书面文字至关重要。文化“大事”指的不是摇滚乐队的演出，而是走进某人公寓的地下出版物文稿——也许是列宁格勒青年诗人约瑟夫·布罗茨基的新作，也许是奥西普·曼德尔施塔姆的遗孀娜杰日达极具影响的《回忆录》。② 我认识的俄国人是真正的知识分子——为思想和美而生，顶着巨大的压力培育着它们。如果有可能，他们绝不会选择那

---

① Susan Jacoby, "*We Love You, Slava*," *New York Times Magazine*, April 18, 1976.

② 曼德尔施塔姆夫人回忆录的英文版于1970年以《对抗希望的希望》(*Hope Against Hope*) 为题出版（安瑟纳姆出版社）。

样的社会，在那种社会里，全心投入俄国和世界文化中最优秀的一切，是一种生存策略。作为来去自由的美国青年，在这个短缺的世界中的生活经历十分可贵，在大多数西方人难以想象的外部束缚下，严肃认真的男女在这里追寻和护持着内心的自由。俄国岁月让我——事实上是强迫我——从一个迥然不同的视角来看待美国社会的方方面面，尤其是美国人对大部分公民无须争取、与生俱来的种种自由的洋洋自得。俄国人的喜好没有受到大规模营销的影响——不论是政府还是企业的推销——在易受外界影响的青年时代，我享受到了在这群人中生活两年的特权，莫斯科岁月因而大大改变了我对美国流行文化的看法。

回到美国的时候，我满脑子都是阿赫玛托娃和布罗茨基的诗，在这个把保罗·西蒙和鲍勃·迪伦捧作真正的诗人，有时还把迪伦与弥尔顿、拜伦、多恩和济慈等量齐观的文化环境中，我总是感到局促不安。如果之前有人预言说 2016 年的诺贝尔文学奖会授予迪伦，或者说他会以一种透着狂妄与虚伪的谦虚姿态拒绝前往斯德哥尔摩领奖，我一定会瞠目结舌。我喜欢迪伦的大部分歌曲，但它们并不足以同布罗茨基和多恩的词句并称。这并不是说我认同右翼对六十年代摇滚乐滑稽可笑的批评，布鲁姆、伯克和哈佛大学政治学教授哈维·C. 曼斯菲尔德（Harvey C. Mansfield）的批评建立在一个似是而非的基础之上，他们认为，对感官欲望的直接迎合使摇滚乐有别于其他流行音乐。“摇滚乐就是公开展示的性。”曼斯菲尔德一本正经地说。[1] 那么相应的，哪些流行音乐没有公开展示性呢？曼斯菲尔德表扬了爵士乐和布鲁斯音乐；他恐怕真的以为“蛋糕卷布鲁

① Harvey Mansfield, *Reassessing the Sixties* (New York, 1997), p. 36.

斯”里的“蛋糕卷”[1] 指的是一种食品。

另一方面，60年代左翼的草包神学家们想为反文化音乐封圣，似乎这种特殊的大众表达有股神秘的哲学意味，因而脱离了纯娱乐的层次。自命不凡的新一派学术评论家数十年来一直期待着2016年这样的诺贝尔委员会——他们试图和较为年轻的婴儿潮一代打成一片，把传统的文学批评技巧用在正在崛起的那一代流行明星身上。波士顿大学人文讲座教授、牛津大学诗歌教授克里斯托弗·里克斯（Christopher Ricks）把迪伦那首让女士躺在一张“黄铜大床”上的《躺下，女士，躺下》（*Lay, Lady, Lay*）和约翰·多恩“哀歌”中的《献给就寝的情侣》（*To His Mistress Going to Bed*）相提并论（作为一名研究真正的英语诗歌的杰出学者，里克斯莫名其妙地忽视了迪伦的坏影响，迪伦让在这首歌的魔咒中成长起来的婴儿潮一代没法分清lie和lay之间的差别[2]。）里克斯2003年出版了厚达517页、枯燥无趣的大部头著作《迪伦的原罪想象》（*Dylan's Visions of Sin*），在对60年代流行文化持续不断的吹捧当中，这本书可谓里程碑之作，简直叫人想唤出德怀特·麦克唐纳，给它来一通应得的批判。

碰巧，迪伦和西蒙总会很快地站出来反驳那些毫无意义的说法。在1968年的一次采访中，西蒙无比有力地回应了这个问题，他说：“流行歌曲的歌词都无聊透顶，只要闪现一丝智慧光芒，你就会被叫作诗人。假如你说自己不是诗人，人们就会认为你是故作谦虚。但

---

① 暗指女性生殖器。——译者
② lie是不及物动词，意为“躺下，平卧”或“撒谎”；lay为及物动词，意为“放置，安放（某物/某人）”。lie在表“躺下，平卧”意时的过去式为lay，易于和单独作为动词原形的lay混淆。——译者

叫你诗人的那些人从来都不会去读诗。好像诗歌就是鲍勃·迪伦那样的东西。比如，他们从来不读华莱士·史蒂文斯（Wallace Stevens）。那才是诗。”① 西蒙还说，他从不认为他自己、迪伦或披头士是真正的音乐家，因为真正的音乐家一定能将自己的乐器演奏得出神入化。迪伦在被问及他的歌“唱了什么”的时候，他有一个著名的回答：“有的唱了三分钟，有的唱了五分钟。”②

当然，大部分流行音乐迷都不知道或不在乎学者对他们最爱的歌曲有何见解，但广受认可的知识分子的正面评价与大众娱乐业日益精妙的营销机制的结合让我们得以一窥未来，日后，所谓评论界权威和评判艺术品质的客观标准的整套理念都将被一笑了之。对审美等级制度这个概念的反抗无疑是60年代最有力的文化遗产之一，也是婴儿潮一代如今为主流媒体撰写的大部分艺术、音乐和文学评论的主动机。原《纽约时报》古典音乐乐评人，有时也掺和流行音乐话题的艾伦·科津（Allan Kozinn）有篇文章堪称这种文体的完美代表。科津比较了新乐队为披头士经典歌曲录制的新版本——业内称作翻唱。

> 作为一个不只是随便听听的披头士乐迷，最近我一直在思考，为什么我对向披头士致敬的那些乐队在音乐层面十分完美的翻唱不感兴趣。然而，作为古典音乐乐评人，我总是乐于在晚间倾听贝多芬交响曲和海顿弦乐四重奏的再创作——某种意义上说，属于“翻奏”。那么，区别何在呢？

---

① Josh Greenfeld, “*For Simon and Garfunkel All Is Groovy*,” *New York Times Magazine*, October 13, 1968.

② Donald MacLeod, “*Christopher Ricks: Someone's Gotta Hold of His Art*,” *The Guardian* (London), July 13, 2004.

显然，这比较的是两种完全不同的东西：我们最早从披头士自己的录音上听到了他们的音乐，唱片中的声音印在记忆里，成为标准之声。而以贝多芬的第九交响曲为例，不论我们初次听到的演奏多么美妙，都和贝多芬本人没有直接联系。然而，贝多芬的乐曲总谱是一张详细的蓝图，告诉人们他希望自己的乐曲如何响起，任何演奏都要受它支配，但其中也有或大或小的演绎空间。希望再现原始录音的翻唱乐队却享受不到那么大的弹性。①

那么，到底区别何在呢？那就是贝多芬的第九交响曲（或贝多芬的任何一部交响曲）和披头士的任何一首歌或歌曲合集之间的区别，就是贝多芬不知高出几许的丰富情感、复杂技巧和美感。我也是披头士的乐迷，但面对现实吧，如果你听过某一版本的《佩珀中士的孤独之心俱乐部乐队》，那么足以说你听过了所有版本（90年代录制的一个不提也罢的杜沃普②版本除外）。科津内心一定知道这一点，否则他就不是古典音乐乐评人，而是摇滚乐乐评人了。当然，人们可能会同时喜爱贝多芬和披头士，而且这其实很容易，但任何认为他们音乐才华同样高超的观点都只是代际错觉，助长这种错觉的便是营销，以及营销人员费尽心机营造出的伤感情调。

查克·贝瑞1956年的大热单曲《超越贝多芬》（*Roll Over Beethoven*）③ 用大胆无礼的歌词预示了50年代摇滚乐的崛起："超越贝

---

① Allan Kozinn, "*Interpreting the Beatles Without Copying*," *New York Times*, January 13, 2007.

② 杜沃普（doo-wop），1940年代起源于纽约、费城、芝加哥、巴尔的摩等美国城市非裔社区的一种音乐风格，以多人和声、无意义的填充音节、简单的节拍和歌词为特征。——译者

③ Roll Over Beethoven，通常被译为"超越贝多芬"，但亦有观点认为，查克·贝瑞用"roll over"表达的是他的音乐会让贝多芬气活过来。——译者

多芬，把消息告诉柴可夫斯基。”这首歌现在依然能让我跳下沙发，扭动身体。后来，披头士把这首歌录进了专辑，而且经常在演唱会上唱起，让它在60年代越发流行。可是，六七十年代许多更加年轻的第二代《超越贝多芬》歌迷却从未听过贝多芬和柴可夫斯基。就像尼克松的啦啦队剥离了《这是你的国家》的历史背景一样，在对死白欧男作曲家感兴趣的年轻人越来越少的时代，《超越贝多芬》这个歌名也失去了其中的机智精妙。长期看来，没有什么比剥离流行艺术——好的、坏的与一般的——独特的文化背景更能有效地让文化退化了。

关于文化的知识一度在年轻人中十分普及，在整个60年代，促使这种知识衰落的，不仅是日益强大的娱乐巨兽的蚕食，还有公立中小学课程设置的变化。直到50年代中期，城市和郊区的大部分公立学校的课程标准中还有音乐课，要求学生学习古典音乐知识，哪怕只是贝多芬第五交响曲的头几个小节。不少学校还会让学生学习识谱。斯普特尼克恐慌①导致事情在50年代末起了变化，而且变化的趋势一直延伸到了整个60年代。为了强化科学和数学教育，确保我们在太空竞赛中不再被俄国人击败，公立学校匆忙放弃了被称作“花边”的音乐课和美术课。

反复无常的右翼人士、在60年代大部分时期被选举担任加州教育长的马克斯·拉弗蒂（Max Rafferty）为我们提供了又一个反-反文化作祟的例子，他把美术和音乐课程贬为“手指涂鸦”和“民间舞蹈”。②拉弗蒂是一位不知疲倦的拉丁语倡导者，但他对以经典作品为主的

---

① 1957年10月4日，苏联成功发射首颗人造卫星斯普特尼克1号，让美国陷入焦虑与恐惧，此后迅速在科学、工程、教育领域投入大量资金，设立了多项专门计划。——译者

② William O'Neill, *Readin, Ritin, and Rafferty!: A Study of Educational Fundamentalism* (Berkeley, 1969), p. 61.

美术和音乐课程既无兴趣，又无概念，加州的选民们却对他的反智言辞和反对教育改革的结合表示赞成。① 美国人仅以实用成效来评价教育的倾向跟这个国家的历史一样长，通过全国许多地方和州的教育委员会“不要花边”的决定进一步占了上风。那些被剪掉的“花边”曾让孩子们有机会接触到一种比流行文化更高雅的文化，但大众并不在乎。

电视助长了60年代所有的强大社会力量——反文化、反-反文化和流行青年文化。在一本专门记述1968年种种历史事件的著作中，马克·柯兰斯基（Mark Kurlansky）写道：“所有这一切发生在这样的时刻：电视高速发展，但依然属于新鲜事物，不像如今这样受到严密控制、浓缩提炼、包装成形。”是，也不是。诚如柯兰斯基所说，60年代晚期，“来自世界其他地方的新闻能在当天播送，这本身就是激动人心的新技术奇迹”。② 但从另一个关键角度看，对新闻和新闻人物的报道——不只是政治新闻，还有关于艺术、关于包括性行为和吸毒在内的广大私人领域的新闻——已经渐渐表现出了如今那种包装成型和浓缩提炼的形式。

媒体凭借其传播能力创造出了明星，他们能够出名，主要是因为媒体的关注，而不是某一件特定的事情，以此为特色的名人文化是真正属于60年代的产物。由青年国际党人③摇身变作企业家的杰

① 1970年，在一场典型的加州式大反转中，著名黑人教育家、自由主义者威尔森·C. 莱尔斯（Wilson C. Riles）击败了拉弗蒂。莱尔斯强烈支持约翰逊政府时期开始的用联邦资金支持教育项目的做法。

② Kurlansky，1968，p. xviii.

③ 青年国际党（YIP），1960年代自由言论和反战运动中一个以青年为导向的激进和反文化分支，成立于1967年12月31日，经常以夸张姿态讽刺社会现状，以大麻叶覆盖的红五星为旗帜。——译者

瑞·鲁宾（Jerry Rubin）的概括最为贴切，1976 年，这位时年 37 岁的成熟企业家在回顾 60 年代的冒险时自夸道："人们敬仰名人，他们会自动对我要说的话产生兴趣。没人真正知道我做过些什么，但他们知道我*有名*。"① 十年之后，鲁宾又抓住了另一种时代精神，为上流曼哈顿居民组织"网络化"夜总会活动，还试图通过开设全国性"网络餐馆"连锁店的空洞计划招徕投资人。

当然，名人——有些还是著名知识分子——在美国文化中的重要性并非新事。20 年代的查尔斯·林德伯格比 60 年代的尼尔·阿姆斯特朗名气更大；哪怕没有电视节目和图书巡回宣传活动，欧内斯特·海明威也还是比诺曼·梅勒更出名。② 60 年代的美国人对名人的热爱之所以不同以往，不仅是因为电视的威力越发强大，还因为大批涌现的各种运动和思想全都需要个人——也就是名人——作为例证。假如 60 年代真的存在右翼神话中的万能"运动"，媒体就没有必要去找出那么多"半名人"当作领导者。女性主义运动、反战运动和黑人权力运动都没有接受记者电话问询的大本营，也没什么可靠的办法能查清楚谁为谁发声、谁为多少人代言。

马丁·路德·金大概是美国最后一位经过了多年一线工作脱颖而出的真正的社会抗议运动领袖，而不是媒体为千百万美国黑人指定的代言人——尽管他的领导地位最后还是得到了媒体的认可与宣传。鲁宾、马克·拉德、艾比·霍夫曼（Abbie Hoffman）、蒂莫西·利里又是在为谁代言呢？天知道。正如鲁宾 1976 年的评论所暗示的，过了不到十年，美国人就忘却了他与反战运动和 1967 年旧金山"全人类大游行"等诸多活动之间的真正关联。在"全人类大游行"

---

① Jerry Rubin, *Growing* (*Up*) *at 37* (New York, 1976), p. 93.
② See Leo Braudy, *The Frenzy of Renown* (New York, 1986), pp. 19–28.

活动中，成千上万年轻和不那么年轻的人戴着彩色长念珠，在全国性电视台的摄像机前肆意抽着大麻，他们聚在金门公园，聆听鲁宾、艾伦·金斯堡和蒂莫西·利里等人的演讲。利里曾是哈佛大学心理学家，他的主要使命是推广迷幻药，还有传达“接通、调谐、离线”① 的讯息。

美国人在电视机上看到的集会看似自发，实际上却是熟谙媒体之道的表现主义画家迈克尔·鲍文（Michael Bowen）的精心策划，它融合了反战之声、对政府官僚的仇恨、违禁药品、宗教大师，还有永远在场的摇滚乐。重头演讲者中既有严肃的人，也有利里之类危险的骗子，但名人文化的毒气却是人们分发和消费的最强力的禁药。利里的吆喝是被社会学家、媒体评论家托德·吉特林精准地称作“违禁营销”的做法的典型体现，这种做法对60年代的违禁行为和违禁者来说十分有效，而且对21世纪最为流行的违禁产品依然有效，只是技巧越发精妙，影响越发广大。

50年前，还有些人没有被名人制造机所蒙蔽，他们知道，利里是个疯子。按照一位学生当时对他的评价，他不过是个“嗑了药的哈佛教授”，除此之外什么都不是。② 1959年，他凭借性格测试专家的声望被哈佛大学心理学系聘用，哈佛的面试委员会似乎对这方面的专业知识不甚了了。由于利里推广LSD③ 而引发的负面报道，哈佛

① 接通、调谐、离线（Turn on, tune in, drop out），蒂莫西·利里在“全人类大游行”活动上的一次演讲中的名言，用电子工程术语来描述吸食迷幻药的过程。利里于1983年在自传中称，“接通”指走进内心，激活自己的神经和基因设备。“调谐”指与身边的世界和谐互动——使内心的新视角外化、具象化、加以表达。“离线”指自立，发现自己的独特性，致力于行动、选择与改变。——译者

② Michael Rossman, “*Letter to Jerry Rubin*,” in Todd Gitlin, *The Whole World Is Watching: Mass Media in the Making and Unmaking of the New Left* (Berkeley, 2003), p. 173.

③ 效果极强的致幻剂之一，利里等人认为LSD具有成为精神成长工具的潜力，导致LSD使用范围大幅扩大。——译者

又在 1963 年解雇了他。不过，利里能够成名，很大程度上是因为他能让一些媒体人士相信，所谓迷幻药能够激发潜在创造力（也许还能把报纸或者电视记者变成诗人或小说家）的说法确有道理。利里还很擅长勾搭富豪，让他们来资助他的宣传与药品。60 年代中期，梅隆家族财富的三位继承人在纽约的米尔布鲁克为利里提供了一幢房子，他在那里举办了很多奢华的迷幻派对。地区助理检察官 G. 戈登·利迪盯上了这位曾经的大学教授，让他吃了无数官司。那时候，利迪还没有以水门大厦民主党全国委员会总部窃密事件主谋的身份扬名天下。

1973 年，利里因贩毒的联邦罪名被捕，并决定通过揭发同伙来避免 25 年刑期，他对世人的玩弄至此告终。罗伯特·格林菲尔德（Robert Greenfield）为利里写了一本读来很是累人的传记，厚达 704 页的《蒂莫西·利里：一部传记》（*Timothy Leary: A Biography*, 2006）巨细无遗，展现了利里传奇故事的所有肮脏细节。这本吸引了无数目光的书是对名人营销——包括过气的名人——持久影响力的致敬。有些名人虽然一无是处，可他们的名气倒也不止 15 分钟。①

怀念或怒斥 60 年代的人都需要把名人立作稻草人，把他们当作那个伟大或可悲的年代中正面或负面的例子。利里在 60 年代毒品文化中的角色证明，时代造就人，而不是人造就时代；他毕竟是 1920 年生人，引导他接触迷幻药的“入门毒品”不是大麻，而是那一代人钟爱的合法化学物质：酒精。诸多因素导致毒品的魅力在 60 年代触及了更多的中产阶级公众，这种东西过去的影响从未真正脱离“用可卡因找点刺激”的放荡不羁的亚文化。假如利里的表演没有在

① 语出波普艺术开创者安迪·沃霍尔的名言：“在未来，每个人都能出名 15 分钟。”——译者

电视上“接通、调谐”，除了那些不幸当面碰上他的学生之外，他恐怕不会产生任何文化影响。

有一点是肯定的：在越南对大麻、LSD 和海洛因成瘾的美国孩子，肯定比在国内因为听了利里在哈佛广场和金门公园的演讲而变成瘾君子的人更多。和摇滚乐一样，毒品文化也跨越了种族、阶级和政治界限。媒体把注意力集中于一个名人，把他当成渗透美国上下的毒品现象的化身，这样的宣传在渲染毒品之恶的同时又将之美化，但却回避了对毒品使用率上升和这种变化的未来意义的真正剖析。在晚间新闻上目睹“全人类大游行”的普通美国人也许会觉得利里是个大傻冒，也许会因为看到女孩乳头的轮廓在念珠之下若隐若现而大感震惊。那些较为年轻的观众——他们确实是观众，因为那场活动本身就是一种表演——也许在想，要是能去旧金山亲眼看看那些奇人异事该多好。就此而言，恐怕没多少观众——不论他们支持的是反文化还是反-反文化——会想起西贡的窄巷和妓院中对海洛因上瘾的美国男孩们。

我在前面谈的主要是作为媒介的电视传播名人文化的作用，但那时地位比现在重要得多的平面媒介同样扮演了重要角色。在一家给予记者时间和空间，让他们能够以电视所无法达到的深度讲故事的报纸工作，我十分自豪。当时，我并不认为平面新闻媒介是电视的竞争对手。华盛顿那时还有三家报纸，《华盛顿邮报》的主要竞争对手是《晚星报》(*Evening Star*)。我当时认为，电视的作用是当日呈现发生在世界各地的新闻画面，而报纸的职责——我的职责——是阐明那些事件发生的原因。但即便是 40 年前，在我手拿记者笔记在华盛顿奔走，用电话向本地新闻部报送突发新闻的时候，电视新闻的扩张已经在悄然改变着报纸记者的工作方式。

我发现，那些自封的发言人总是最先走到电视台麦克风前的抗议者，他们总能在我的报道次日见报之前现身晚间新闻，这种感受给我带来了额外的压力，促使我去寻找自己的发言人，也就是选出属于我自己的地方名人。一般说来，我的办法是找出那些和电视上的人相比不太浮华、更有思想的代表人物。引发混乱的学生抗议活动原本主要出现在各地以白人为主的大学校园里，那种冲击在1968年春以同样的方式影响了美国最著名的黑人高等教育机构霍华德大学。包括战争和言论自由受限在内的某些议题与白人学校中类似，但其他一些争议却引发了年轻黑人与他们的父辈和祖辈在“黑人应当在多大程度上顺应白人的世界”这个问题上愈演愈烈的争执。

登上电视的霍华德大学学生大多是一脸愤怒的青年，他们留着富有动感的埃弗罗发型、戴着太阳镜，想成为斯托克利·卡迈克尔①却未能如愿。我决定去采访学生报纸编辑阿德里安娜·曼斯（Adrienne Manns），这部分是因为她当过校报编辑，部分是因为她看起来比其他一些学生领袖思考得更深入，部分是因为她也是女性，而且，在那个前女性主义的时代，我已经厌倦了总是只有男性被当作能说了算的运动领袖。曼斯让我知道了“猪肠教育”② 这个讽刺性的词，那是一种源自种族隔离时代的哲学。因为白人大学不会雇用黑鬼（他们那时就是这样称呼自己的），霍华德大学在当时是所有杰出黑人学者所能到达的巅峰。丢掉霍华德大学的工作意味着无处可去，因此，教职员工沉默不语。

① 斯托克利·卡迈克尔（1941—1998），黑豹党领袖，曾任学生非暴力协调委员会主席，后退出该组织。—— 译者

② 猪肠（chitterling，亦作 chitling），多用于指代黑人文化，含贬义。美国废除奴隶制前，黑奴经常被迫以猪肠等下脚料为食。—— 译者

霍华德大学的抗议者们认为，猪肠教育代表了老一代教职员工的期待，他们希望学生不要对自己正在接受的教育作出任何批评，因为学生们应当对自己有幸接受教育这件事心怀感激。如果说白人老兵属于感激的一代，霍华德大学的年长黑人可谓倍加感激。上一代人还希望学生对白人恭顺相待，曼斯举例说，霍华德大学学生把社会保障署署长刘易斯·B. 赫尔希（Lewis B. Hershey）轰下台去之后，校方对校园中的言论进行了严格管制。曼斯的说法让我印象颇深：当征兵人员出现在校园里的时候，霍华德大学学生的所作所为其实不比全国各地的白人学生更甚。“校方无法体恤黑人学生的情绪变化，”曼斯对我说，“他们中的大部分人并不理解；就算他们真能理解，也会把我们的话看作对他们的成就和自身认同的挑战。”

后来，当我采访这所大学67岁的校长小詹姆斯·M. 纳布里特（James M. Nabrit, Jr.）时，他突然打断了我，提醒我注意，哈里·S. 杜鲁门总统通过行政令废除军队中的种族隔离制度距今仅有20年。学生们的声浪压过了前来演讲的将军，他说，对他那一代人而言，20年的时间还不足以让他们认同这种做法。纳布里特用同样的语气回顾了他在西北大学法学院的生活，那时，他是班上唯一的黑鬼。

> 当我还是西北大学学生的时候，每当我要开始背诵，白人同学就会一齐跺脚……教授从来都没有叫过我。有一天，我还是提出了我的问题。教授却转而面对全班说：“正如我在被打断之前讲的……”。假如我那时过于敏感，我一定会离开，但我坚持了下来，拿到了全班最高的绩点。如今的黑人学生以另一种方式自卫……但我们这些年长的人很难为了接受新思维而抛弃

自己的经历。①

纳布里特和曼斯都是对的，但在采访结束时，我确信，霍华德大学的校长对学生的理解远比学生们意识到的更加深刻，而且他对学生的理解远胜过学生对他的理解。我为《华盛顿邮报》撰写的日常报道中充满了暴力冲突，但事件全貌要复杂无数倍。采访曼斯和纳布里特的很多内容原原本本地登在了报上，我并不认为自己把曼斯或霍华德大学的其他任何学生领袖变成了名人。尽管如此，我还是讲不透这个故事——这实际上是个关于美国白人对黑人志向的长期压制，以及不同代际的黑人对那些压制的不同观点的故事——直到走下坡路的中流杂志《星期六评论》给了我机会，让我写一篇关于霍华德大学的4 000字文章。篇幅限制越大，依赖半名人讲故事和轻率对待那篇事实上的历史纪事的诱惑就越强烈。如果说我为《华盛顿邮报》撰写的大量文章没能完全展现霍华德大学种种争端复杂的历史根源和历史意义，那么电视画面只能算是一种每日漫画，主角只有身穿劣质花衬衫的愤怒青年和穿西服打领带的窘迫老者。

霍华德大学的学生抗议发生后不久，哥伦比亚大学的学生暴动也走向了高潮，纽约的报纸对这一事件的报道更加充分地体现了媒体的造星作用。纽约的电视台和报纸把马克·拉德当作最重要的校园领袖紧抓不放。拉德能言善辩，颇具激动人心的感召力，而且是个优秀的犹太男孩，他的目标是对抗"体制"，而不是朝着"我的孩子，当个医生"的期许努力。在纽约这个美国的媒体之都，拉德一下子就从区域性的发言人变成了全国名人。《纽约时报杂志》没有

① Susan Jacoby, "*Howard University: In Search of a Black Identity*," *Saturday Review*, April 20, 1968.

撰文讲述学生运动的全貌，没有描写哥大与军队的关联，而是企图鼓捣出一篇拉德的特写，这个决定印证了名人文化对平面媒介的影响。①

托德·吉特林在《新左派运动的媒介镜像》（*The Whole World Is Watching*，这本书最初出版于1980年，原先担任编辑的那些人的回忆相对而言还很清晰）中，颇为深入地描述了那本杂志的编辑流程。那是一种循环：文章越是重要，要求文章“个人化”的压力就越大，而文章越个人化，就越有影响力。知名大学与国防机构的关联本身就是真正的新闻，无论有无校园动乱、有无电视摄像机在场都值得深究——这种理念无关紧要。要是没有学生游行示威，那么从报纸和电视的角度来看就等于没有新闻，要是没有媒体指定的领袖，那么新闻报道便失去了焦点。相比电视，报纸能够作出深入的报道，但它们却无法采取一种全然不同的传播策略。如果记者没有引用电视新闻片段中的人说过的话，编辑就会找过来问个究竟。

随着新一轮女性主义运动开启，对名人作个人化报道的执念变得越发强烈，因为新闻文化和整个美国文化都觉得对女性以貌取人没什么大不了。被那些希望推进女性主义事业的记者们选作女性运动代言人的，自然是魅力四射的格洛丽亚·斯泰纳姆。斯泰纳姆的长发做了挑染，在为了一篇杂志文章做研究的时候还曾凭借窈窕的身材扮作《花花公子》兔女郎，她鲜明地颠覆了对女性主义者的负面刻板印象——找不到男人的丑女人。斯泰纳姆确实是一位真正的领袖，但这并不是关于她的报道远多于其他真正的女性主义领袖的原因。相比之下，反女性主义的记者喜欢重点报道安德烈亚·德沃

① See Gitlin, *The Whole World Is Watching*, pp. 150-153.

金之类的作家，有些人认为肥胖且不拘小节的德沃金是见解独到的杰出思想家，但她身上完全找不到传统意义上的女性魅力。那些毫不关心外貌，毫不在意如何吸引男性的女性主义者们是刻板印象的证明，“妇女解放者”们被看作约会游戏中失意的输家。形象变成了讯息。

在一篇犀利的文章中，小亚瑟·施莱辛格探讨了当代思潮如何影响了所有历史学家对过去的看法，他指出，不可能“把硬币放进投币口，历史就从货物出口吐了出来。过往是种种人和事交织而成的混沌之物，我们无法将它看透。它无法找回，无法重建。所有历史学家都对此了然于心”。他补充道，“对过往的理解远称不上可靠”，而且一旦“我们自己的时代和生活中出现了新的突发事件，历史学家的目光就会转向阴影，投身探寻那些一直鲜明存在，却被先前的历史学家在集体记忆中草率丢掉的东西”。[①] 施莱辛格谈论的是广义的历史，但在论及相对较近，而且“历史学家”自己就是剧中人的历史时，他的论述却显得更加贴切。

关于以“60年代”之名为人所知的那一段过往的理解不仅不可靠，而且就目前来说充满了矛盾。今天的我们对60年代的政治遗产完全没有达成共识，因此，当前对60年代的评述与50、60和70年代写就的有关30年代美国的诸多著作完全无法相比。相比之下，在战后岁月里，几乎每个社会群体都接纳了新政的遗产，而乔治·W.布什政府直到开始推动社会保障政策私有化，导致大多数选民感到恐惧和愤怒的时候才意识到了这一点。没有哪位政治家比罗纳德·里根更能理解某些新政准则的不可逆转，他足够精明，从未对社会

---

① Arthur Schlesinger, Jr. , “*History and National Stupidity*,” *New York Review of Books*, April 27, 2006.

保障制度和由此衍生出的联邦医疗保险妄加反对，他总是煞费苦心地强调，政治保守主义绝不会影响他对富兰克林·罗斯福的敬重。

然而，60 年代这个话题依然不断引发激烈争议，1992 年到 2008 年间的美国总统先是反文化的代表比尔·克林顿，然后是保守的“另一个 60 年代”的产物乔治·W. 布什（尽管关于布什狂野青春的报道暗示，他同样体验过反文化大集上的商品）。今时今日写下的 60 年代“历史”其实大多是回忆录，作者们或是要为年轻时的自己辩解，或是要在否定过往的同时再给曾经的敌手一记重击。关于 60 年代文化遗产的争议往往发生同样的政治化氛围之中，人们因此忘记了，那个年代中最持久、最重要的反智力量都跟政治无关：它们可以 —— 而且确实 —— 为任何形式的政治服务。

60 年代在美国思想史上真正的重要性在于，它标志着视频文化开始侵蚀印刷文化：60 年代晚期的街头政治剧场非常适合通过视频传播，反之亦然。也许我们永远都无法梳理出因果，因为视频几乎对政治舞台上的每个演员都大有裨益 —— 不论是大学图书馆前的台阶上拿着扩音器高喊的学生名人，还是航母甲板上吹嘘“任务完成”的总统。唯一一种不会屈从于视频影像的政治，是那种能够启迪思虑、理性与逻辑的政治。视频如今已经延展到了广阔的数字世界，它和名人文化、青年营销的结合是 60 年代真正的反智遗产。如果 —— 如果那样就好了！—— 这三驾马车只是在政治领域活动，它们就绝无可能拥有如今遍及美国文化每个角落的强大威力。

第八章

宗教翻新：新瓶装旧酒

1960年代末，关于“上帝已死”的诸多宣言五花八门，但我们却看不到宗教从美国生活中消失的任何可能。不过，从当时的情形看，20世纪晚期的宗教格局的确有可能变得不那么教条，而且战后的繁荣和教育机会的增加可能会削弱那种狂热、死板、狭隘且反理性的信仰形式，在异常自由的美国宗教市场上，那些信仰总是繁荣兴旺。我成长在密歇根州中部的一个小城，五六十年代，宗教在私人生活中有其地位，但却没有扮演公共角色。我既上过公立学校，也上过罗马天主教的教区学校，父母的择校依据是对街区附近公立学校教育质量的判断——出于世俗因素，而非宗教观念。他们让我的弟弟从公立学校转出，因为他在那儿学不好阅读；他们没有选择天主教高中，因为他们认为附近的公立学校能让要上大学的学生更周密地为未来做好准备。

对儿童来说，教区学校和公立学校最大的区别在于，公立学校里没有弥撒、祈祷和教理问答课。人们认为，公立学校里理应没有祈祷和宗教教育：如果你想让子女在课堂上接受宗教教育或精神劝诫，那就得给教区学校交学费。我们所在的密歇根市郊社区里，几乎人人都会在星期日去教堂，而且有人——个别人——星期六会去做礼拜，但假如有教师决定要以一段祷文开始自己的课程，或者在足球比赛之前用大喇叭播放一段祈求奥克莫斯高中获胜的祷词，那么学校就会遇上大麻烦。

美国最高法院1962年在恩格尔诉瓦伊塔尔案的判决中指出，即使学校要求的祈祷不限于某个基督教教派，那依然属于违宪。判决激怒了全国范围内保守的新教和罗马天主教神职人员，但在我们这片学区中却没有掀起什么波澜。我们本来就不会在学校中祈祷，那么又何必为此操心？密歇根州奥克莫斯在公立学校中免除祈祷的做法属于常例，并不少见。判决公布次日，一项针对教育官员的调查显示，全国各学区中仅有三分之一将祈祷当作惯常做法。① 校园祈祷往往只出现在生源较为同质化的地区，大多是农村或小镇。奥克莫斯的公立学校里没有基督教社团或传教者，因为不管是谁，不管属于哪种宗教，大事张扬地展示信仰都极为罕见。街对面的耶和华见证派一家和街区另外一头的基督教科学派们就那么做了，然后被人们断然视为异类。

如今我已经意识到，和父母同辈的奥克莫斯居民有很多是移民后裔，成长在把宗教和种族看作预知未来的头号要素的城市社区里。这些第二代、第三代美国人成为各自家庭中的第一批大学生，他们移居到战后不断扩张的郊区，投身于不同的生活方式。郊区化和高等教育都是世俗化的动力，信仰和种族背景不同的人住到同一片地区，不可避免地侵蚀了某些传统的忠诚。直到六七十年代，很多宗教领袖依然反对婴儿潮一代中前所未有的跨宗教通婚，

① Fred M. Heckinger, "*Challenges Are Predicted — 30% of All Schools Use Some Rite*," *The New York Times*, 26, 1962.

但这种结合无比有力地证明，战后20年中成长起来的儿童家中，对各种教派的宗教忠诚在私人生活中的重要性不断下降。婴儿潮一代的很多人长大之后都不会害怕因为与信仰不同的人结婚而下地狱，犹太人也不用担心父母会因为自己与信仰不同的人通婚而“坐沙瓦”①。

至于公共生活方面，假如宗教的分化作用没有弱化，约翰·肯尼迪就不可能成为第一位天主教徒总统。肯尼迪把宗教描述成非公共性的个人事务，这是他的竞选策略中不可或缺的一部分。“在公共议题上，我并不代表我的教会，教会也不代表我”是这位总统候选人在新闻发布会上对休斯敦的新教牧师们的著名承诺。就算我们不是乔治·华莱士所谓的“顶呱呱的尖脑袋”，也能得出这样的结论：在20世纪最后几十年的美国文化和政治中，吸纳了世俗价值观，到60年代中期已经变得不那么传统的宗教形式将发挥更大的影响力。关于这一点我拿不出什么证据，因为60年代的民调人员没有针对宗教信仰或宗教信仰对公众议题的影响提出过什么问题。但我认为，要是听说有人认为《创世记》应该在公立学校的生物课上和达尔文占同等分量，我所在的街区中的多数成人都会大加嘲讽。我相信，这个问题一定会让他们大惑不解，因为在当时，和校园祈祷相比，讲授进化论更算不上是个问题。

这并不是说父母的朋友和邻居们漠视或反对宗教，而是说他们坦然接受了恺撒和上帝各司其职的理念。他们与当时的很多学者和自由派神职人员一样，把基要主义的圣经直译主义看作一种原始的

---

①“坐沙瓦”，犹太教葬礼习俗，死者最亲近的人要撕破外面的衣服，丢掉鞋子并坐在家中的地上或矮凳上，朋友们来拜望和安慰死者的亲属，拉比们整日为死者祈祷。“沙瓦”的意思是七，表明丧礼要持续七天。正统犹太教严禁异族通婚。——译者

信仰形式，属于教育水平较低、宗教尚未接受现代知识的往昔。“另一个60年代”及其右翼宗教基要主义复兴的迹象，不但没有进入我所成长的中产阶级郊区中满怀中流抱负的各家各户的视野，就连政界和学界的精英们也没有察觉。

正如我们如今所知，美国的基要主义者濒临灭绝的论断是空前的误判（有人敢说这是《圣经》之误吗?）。基要主义教派的扩张在50年代起步，在60、70和80年代加速，一方面催生了基督教右翼，一方面挤压着主流新教和自由派新教的空间。2003年，仅有46%的美国新教徒认为自己属于“主流”教派，这一比例在1960年是59%。[①] 圣公会、长老会、循道宗和一位论派是四个最古老、最具影响力的主流新教教派，它们在隶属美南浸信会的教会面前节节败退，在动荡的60年代，美南浸信会再次强化了它的基要主义认同。1960年，光是循道宗的成员就要比美南浸信会多出200万，到了21世纪初，美南浸信会的信徒比循道宗、长老会、圣公会和联合基督教会加在一起还多。

1979年至1985年间，美南浸信会中的铁杆基要主义者逐步控制了这个组织的选举和行政机关，他们认同W. A. 克里斯维尔牧师视宗教自由主义者为“无赖”的观点。[②] 关于蓄奴问题的分歧导致浸礼会在1845年南北分裂，北方兴起了如今叫做美北浸礼会的教派，在更加开明的福音派美北浸礼会中，认同浸礼会那部分较为自由的传统的很多教会成员找到了新的精神家园。基要主义在

① Walter Russell Mead, “*God's Country*,” *Foreign Affairs* (September-October 2006).

② Nancy Ammerman, “*The New South and the New Baptists*,” *The Christian Century*, May 14, 1986.

美南浸信会中的影响力恰恰在1980年总统大选之际大大增强，罗纳德·里根则成为了第一位公然取悦保守基督徒选民的共和党总统候选人。新教基要主义者向共和党的渗透代表着重大的政治转折，让忽视了“另一个60年代”中的宗教右翼暗涌的政治分析家们大吃一惊。

很多观察家认为，当前的基要主义复兴与18世纪中期的第一次大觉醒和19世纪初的第二次大觉醒无异，不过是一直在美国文化中扮演着重要角色的情绪化、个人化宗教的又一轮兴替。从这个角度看，基要主义近30年中的复兴只是对六七十年代之交，以最高法院在罗诉韦德案上的堕胎合法化判决为标志的社会动荡的反应。正如第二次大觉醒发端于独立革命之后的社会混乱，20世纪晚期的基要主义回潮也可以看成纷乱社会中的“路线修正”。有些非宗教人士相信，让他们感到困惑不安的现象将会终结，这种解释对他们而言无疑是种宽慰；世俗主义者认为，尽管美国的基要主义者们在“被提”之前似乎不太可能消失，但他们还是会沉寂相当长一段时间，不再插手世俗事务。

但这种安慰性的分析忽视了如今的基要主义信仰和整体人类知识之间的分歧：美国人转向与上帝热情高涨的“重生”关系，在其中寻求人生问题的答案，如果这发生在1800年，要比在2000年容易理解得多。而且，随着实证科学和信仰之间的鸿沟愈发宽广，致命的现实后果也越来越有可能发生。在19世纪初，如果牧师声称疾病与死亡必须被视为上帝对罪孽的惩罚而加以接受，造成的危害相对很小，因为作为接受天意之外的选择，那时的医学和科学几乎起不到任何作用。但在今天，新教基要主义者和右翼天主教徒无视一切科学证据，坚持认为安全套完全无助于防止艾滋病传播，认为节欲——上帝认可的唯一方法，也是人类最不可能采取的方法——是对抗致命疾病的唯一一种合乎道德的举措，这些观念会导致莫大的危害。在第二次大觉醒时期，如果大批美国人相信地球的历史真的只有4000年，那也没什么大不了。但在今天，这种思想危害极大，因为否定了19和20世纪大多数关键科学发现的创造论严重影响了美国很多地区的公共教育，这也是美国高中生的科学知识不及欧亚同龄人的重要原因之一。

在21世纪头十年，身为美国的基要主义者意味着什么？针对美国人宗教认同的调查中极少使用“基要主义”这个词，一个重要原因是，许多基要主义者自己都认为这是个贬义词。调查人员往往会问美国人是否认为自己属于“福音派”，因为这个词含义更广，而且少有言外之意，将神学上的自由主义者和保守主义者都包括其中。吉米·卡特和乔治·W. 布什这两位前总统都属于福音派，但布什的言辞表明他是基要主义者，强烈支持在学校中讲授进化论的卡特却位于福音派分水岭的自由主义一侧。基要主义信仰和福音派信仰的基础都是人和上帝之间密切的个人联系，但两者的主要区别在于，并非所有福音派都认为《圣经》上的每一个字都是真的，但基要主义者全都这么想。

三分之一的美国人相信《圣经》是原原本本的上帝之言，但其中还是有些矛盾之处。他们认为，《圣经》不只是“上帝的启示”，而且，从伊甸园里的蛇到耶稣的复活，都是上帝传下的详细蓝图，蓝图的第一部分直接交给了摩西，第二部分则通过耶稣传给了十二使徒。甚至还有更多美国人（四成）相信，上帝在过去一万年里的一次明确的创造中造出了如今这样的人类。还有一点比较奇怪的发现是，美国人更愿意相信《创世记》中描述的创造，却没那么愿意相信整本《圣经》都是真实记载。显然，很多人相信上帝用尘土造出了亚当，用亚当的肋骨造出了夏娃，但他们又会畏惧无上的天主后来的心血来潮，比如用一场洪水毁灭了地上所有人，只留下一家，又比如让犹太人的祖先亚伯拉罕在一百岁时使九十岁的女子受孕，尔后又要求亚伯拉罕杀死独子。另一个类似的矛盾是，调查显示，近三分之二的美国人相信天堂，却只有不到半数相信地狱。[①] 看样子，不只是天主教徒会在神学自助餐的菜单上随意挑选。

不论基要主义者们对自己的信仰作出什么样的精细调整，宗教基要主义同教育欠缺之间的密切关联都是不容否定的事实。高中及以下教育程度的人群中，约有45%相信《圣经》是真实记载，接受过一定程度的大学教育的人当中只有29%怀有这种旧式信仰，在大学毕业生中仅有19%。随着教育水平的提高，世俗主义和怀疑主义势力渐长，人们对主流科学的接受度也有所提高。三分之二的大学毕业生相信，生物会随着时间流逝进化——不论是否得到了造物者的指引——高中毕业生相信这一点的仅有约三分之一。[②]

意料之中的是，将低下的教育水平和圣经直译主义联系起来的任何说法都会让基要主义者愤愤不平，尤其是在世俗主义者提起这一点的时候。但事实上，南方现在依然是全国教育水平最低的地区，而且相比美国其他地区的居民，南方人怀有基要主义信仰的可能性要大得多。从斯科普斯审判时代到现在，尤其是在二战之后，南北方之间的教育差距当然有所缩小，但南方的大学和高中毕业生占总人口的比例依然比东北部、中西部和西部低好几个百分点。包括路

① "*Many Americans Uneasy with Mix of Religion and Politics*," Pew Forum on Religion and Public Life, August 24, 2006; www. pewforum. org.

② "*U. S. Public Becoming Less Religious*," *Religious Landscape Survey*, Pew Research Center, November 3, 2015.

易斯安那州、密西西比州和阿肯色州在内的南方腹地各州的高中毕业生比例比西部和东北部低了至少10个百分点。①

法定种族隔离制度终结以来的“新南方”振兴运动掩盖了一个事实，那就是“老南方”在未能满足黑人或贫困白人需求的很多公立学校体系当中依然存在。直到2005年的卡特里娜飓风无情地曝光了许多新奥尔良居民的穷困之后，全国其他地方才了解到了那个城市糟糕至极的公立教育状况。南方的教育缺陷成因十分复杂，而且和那里的种族隔离遗产难分难解，但毫无疑问的是——尤其是在60年代之后——宗教基要主义导致公立教育投入更加不足，而低下的教育水平又会助长圣经直译主义。在政治领域，借助基要主义和低下教育水平之间的关联，右翼基督教候选人可以利用人们对受过良好教育的“精英”的猜忌。

与此同时，基督教右翼越来越注重通过极端保守的基督教大学网络培养自己的“精英”。特朗普在右翼福音派教徒中原本不存在的声誉似乎是在杰瑞·福尔韦尔（Jerry Falwell）的自由大学树立起来的，这类大学不仅要提供纯粹世俗性的高等教育机构之外的另类选择，而且还想取代贝勒大学和南卫理公会大学等真正有着宗教渊源的高校，在基要主义者们眼中，那些大学已经遭到了世俗价值观的侵蚀。华盛顿特区以西约50英里的帕特里克·亨利大学是专门为训练保守基要主义者从事政府工作而设立的，大部分学生都是基督教极右翼大肆吹捧的在家教育②的产物。为了让学生们从以信仰为基础的初等和中等教育中获得的宗教和思想保持纯

① Baier, et al., *Income and Education of the States of the United States*, 1840—2000.

② 在家教育（homeschooling），指不进入学校系统，而靠家庭与社会资源的学习方式。在美国，可依据种族、语言、宗教信仰、文化、地区教育水准差异等因素申请在家教育。各州法律对于在家自学教育的规范不一。——译者

洁，校园生活受到了严密监管。2004年总统大选前，因为在布什的连任竞选团队中工作的学生太多，这所学校取消了好几天的课程。[①] 与世俗教育机构的使命相反，这所学校把学生放在强化儿时习得的价值观的环境中，而不是向他们的价值观发起挑战。美国基要主义者们试图以此培养一代新人，那些年轻人所接受的教育足够驱散外界认为他们蛮荒落后的成见，但又有限得只够保护他们在世俗文化对相信《圣经》是真实记载的基督徒的攻击面前免受荼毒。

基要主义今昔的复兴之间还有一个关键区别，现代基要主义者在政治上与一个党派联系紧密，而且他们认为，让自己的道德价值观制度化既是权利，也是宗教责任。威廉·詹宁斯·布莱恩长久的政治生涯无比有力地证明，基要主义者永远都不会完全超然于政治，但他们所参与的公民活动却极少以宣传宗教信念为核心——布莱恩的反进化论运动除外。相较于将自己的宗教习俗强加于他人，18和19世纪的基要主义者和并不严格坚持基要主义的福音派信徒们更关心的，是让政府不要干涉他们的宗教活动。现代基要主义者们忘了——如果他们曾经知道的话——他们的信仰自由要归功于被妖魔化的启蒙理性，正是它带来了世俗化的《宪法》。

皮尤论坛2006年的一项调查中提了这样一个问题，“以下哪一项应当对美国的法律构成更重要的影响？是《圣经》还是美国人民的意志，哪怕在后者与《圣经》相冲突的情况下？”60%的白人福音派基督徒回答，美国的法律应当由《圣经》而不是人民的意志来决定。这个比例高得惊人。仅有16%的主流白人新教徒、23%的天主

① Hanna Rosin, “*God and Country*,” *The New Yorker*, June 27, 2005.

教徒和7%自称世俗主义者的人持有同样观点。黑人新教徒是仅有的另一个倾向于《圣经》而非人民意志的群体，支持和反对这种观点的比例分别为53%和44%。人们经常注意到，在非裔美国人群体中，圣经直译主义带来的是对自由主义，而非保守主义社会政策的支持，这种思维方式是奴隶制时期的直接遗产，当时，黑奴们把《圣经》，尤其是《出埃及记》的故事，当作上帝带给他们的脱离奴隶制桎梏的希望之源。①

2008年总统大选中，颇有影响力的福音派“宗教左翼”在民主党人中的兴起表明，圣经直译主义和宗教狂热未必是同一回事。在对自由主义福音派团体“呼唤重生”（Call for Renewal）发表演讲时，巴拉克·奥巴马说，对《圣经》的尊重并不需要遵守《利未记》中的全部禁忌——可以吃贝类，鸡奸或手淫大概也可以——他赢得了听众的掌声。奥巴马的讲话让极右福音派组织“爱家协会”（Focus on the Family）的创始人詹姆斯·多布森（James Dobson）大发雷霆，他指责这位民主党候选人为了“支持他对《宪法》的疯狂诠释”，“要把《圣经》带到沟里去”。对于多布森和帕特·罗伯逊等致力于将美国公共机构基督教化的铁杆基要主义者来说，尽管麦凯恩曾在获得提名后竭力奉承基督教右翼，他和奥巴马都不是他们可以完全接受的候选人。对于真心相信《圣经》应当成为美国法律基石的六成福音派信徒来说，这次大选给他们上了值得警醒的一课：即便在这个最为虔诚的发达国家，宗教机构依然可能因为自视过高而失败。

① “*Many Americans Uneasy with Mix of Religion and Politics*,” Pew Forum.

可能会被归为“精英”的很多知识分子并不了解今日美国圣经直译主义信仰的深厚与虔诚。经常有世俗的怀疑论者在我的讲座之后的问答环节中问我，在宗教问题上毫不掩饰的政治领袖是真的相信他们关于自己信仰的说法，还是纯粹地在以伪善和利己的方式利用宗教来满足他们的政治支持者。我的观点是，布什相信他说出的有关宗教的每一个字，宗教方面的伪君子当总统反倒可能不太危险——我的听众总会对这种说法大感惊讶。布什在《华盛顿邮报》的鲍勃·伍德沃德①面前有句名言，说他在对伊拉克开战问题上请教的是“天上的父”，而不是他尘世间的父亲、前总统乔治·H. W. 布什。那些话给了人们一把了解他思想的钥匙，不论你是反对他还是支持他，只看他的字面意思就足够了。当布什政府因为处置在押恐怖分子嫌犯的问题而遭遇党内反对之后，这位总统自我安慰说，他的外交方针只是还没有得到正在经历“第三次（大）觉醒”的美国人拯救而已。布什对保守派专栏作者说，他知道这一点，因为有那么多的普通公民告诉过他，他们在为他祈祷。②

布什口中的“觉醒”一词发人深省，它告诉我们，不论这位总统对世界历史的了解多么局限，他都深深沉浸在自己的宗教历史当中。参议员约翰·麦凯恩在越战中当过战俘，经受过北越的酷刑，在以事实为基础的宇宙中，那样的共和党人考虑的并不是美国人在祈祷着什么，而是其他国家会不会在美国单方面撕毁《日内瓦公约》规则的情况下肆意折磨美国战俘。

在这个国家真正的知识分子精英中，我们也能发现对现代美国

---

① 鲍勃·伍德沃德，《华盛顿邮报》著名记者，1972 年通过“深喉”提供的情报率先披露“水门事件”。——译者

② Maureen Dowd, “*Awake and Scream*,” *New York Times*, September 16, 2006.

基要主义本质的严重误解。沃尔特·拉塞尔·米德（Walter Russell Mead）顶着外交关系协会美国外交政策事务亨利·A. 基辛格高级研究员这个重要头衔，他在2006年10月号的《外交》杂志上发表了一篇题为“上帝之国”（*God's Country*）的文章。美国外交关系协会在权势集团中地位甚高，《外交》杂志则是它的圣经。在探讨福音派对外交政策，尤其是对布什政府的外交政策的影响时，米德无意间表现出，他就是自己所说的“国内外研究外交政策的大部分学生相对而言都对保守的美国新教缺乏了解”的典型例子。他先是含糊地划出了基要主义、自由派新教和福音派之间的分界：

> 关于美国在世界上的角色，当代美国新教的三股潮流（基要主义、自由派和福音派）形成了不同的理念。就此而言，三者最重要的区别在于对待稳定、和平和文明的国际秩序可能性的乐观程度，以及对信教者和不信教者区别的重视程度。简而言之，基要主义者对世界秩序的前景极度悲观，认为信教者和不信教者之间的鸿沟不可逾越；自由派对世界秩序的前景感到乐观，认为信教者和不信教者之间几无差异；福音派则位于这两种极端中间。①

放在一个世纪之前，这种划分还有些道理——尽管很多宗教史学家会认为米德的描述是对19和20世纪福音派神学过于粗略的简化——但如今却没什么意义。米德的基本错误在于，他没有意识到，如今大多数保守的福音派教徒，也就是认为应当由《圣经》来

---

① Mead, “*God's Country.*”

决定美国法律的六成美国人，属于基要主义者，致力于以他们的圣经图景来重塑美国和世界。如果说伊拉克战争不是给一个黑暗中的国家带去“文明的”民主的愚蠢而又乐观的努力，那么这场战争算是什么呢？按照米德的说法，美国对以色列的绝对支持是“福音派”影响美国外交政策的突出例证，但这实际上代表的是基要主义的影响。基要主义者们支持以色列占领《圣经》上的所有土地，强烈反对巴勒斯坦建国，因为他们认为，犹太人出现在圣地是上帝的耶稣再临计划的一部分。耶稣再临意味着犹太人和其他再无神圣意义的非基督徒将会消失，这在外交关系协会成员看来大概不是乐观景象，但对那些秉持利己性质的锡安主义的极右基督徒来说，无疑是极致的乐观。

包括前总统卡特和比尔·克林顿在内的自由主义福音派传统的代表人物致力于避免（隐喻和现实意义上的）哈米吉多顿，因此努力促成以色列人和阿拉伯人之间的磋商和解。不可思议的是，米德坚持认为，基要主义者“尽管人数和政治参与有所提升，但影响力（相对福音派）依然较小”。对于现实政治的倡导者来说，相信影响重要的政府决策的是名叫福音派，虽无固定组织但大体还算理性的团体，而不是对真实国际形势的了解相比在伍德罗·威尔逊政府中任国务卿的布莱恩不知差了几何、期盼着“被提”的基要主义者，这种幻觉无疑能让他们感到宽慰。

除了以色列问题之外，基要主义福音派对美国在境外实施军事和外交干预的意愿仅限于基督徒本身或其传教自由受到威胁的地方。美国基要主义者们很少关心中东的什叶派和逊尼派穆斯林之间的暴力冲突，只有那些对美国军队构成威胁的地区除外。但在所有犹太人和基督徒受到穆斯林威胁的地方，他们却态度强硬，呼吁美国展开行动。2016 年大选中，希拉里和特朗普都强调了恐怖分子对基督徒的迫害，但几乎完全没有提及激进穆斯林对反对恐怖主义的穆斯林、鲜为人知的宗教少数派和自由思想者的攻击。在总统候选人当中，特朗普最常提到对基督徒的斩首行动，好像恐怖分子从不把其他群体当作目标，他最后赢得了绝大多数基要主义福音派教徒的选票。作为总统，为了报答基要主义支持者，他发布了一条颇有争议的行政令，对七个以穆斯林为主的国家的公民施行旅行禁令。特朗普的首条命令被联邦法院裁定暂停执行之后，换成了另一条不那么笼统的禁令，将有移民倾向的非穆斯林排除在外。特朗普和宗教建立联系的尝试仍然面临一个政治难题，美国新教基要主义对伊斯兰教和对外政策的态度与教宗方济各（面向欧洲和美国）大力倡导的支持移民立场差别显著。针对美国天主教徒的政治号召收效甚微，因为天主教徒彼此之间的政治和宗教观点天差地别。教宗方济各在主流和自由派天主教徒中颇受欢迎，但极端保守派天主教徒却把他看作背弃教廷历史的自由派叛徒。

当今美国宗教生活中最大的讽刺之一，也是今昔美国基要主义的关键区别是，如今以《圣经》为基础的宗教奋兴运动中并不存在普遍性的反天主教态度，这种态度既有种族因素，也有宗教基础。新教基要主义领袖如今已和美国天主教中最保守的一派结成同盟，这在 50 年前根本无法想象。为了当选总统，肯尼迪需要向新教自由派和保守派保证，他在椭圆形办公室中决不会接受来自梵蒂冈的指令。那时候，天主教徒还是铁杆基要主义者口中的教皇党人，尽管他们都反对“无神论共产主义”。如今，基要主义者对自由派天主教徒和自由派新教徒同样心怀猜忌，但新教右翼已经和作为少数派的右翼美国天主教建立起了紧密的联盟，后者的典型特点是笃信教宗无误论，以及随之而来的对堕胎、同性恋、婚前性行为和避孕的反对。

这个群体信奉的教条与大多数在俗的美国天主教徒更加开明的观点相悖，但美国的主教几乎全都属于这个群体（虽然方济各正在努力甩开其中最反动的年长领袖）。在同性恋和堕胎等问题上，天主教俗众的立场更接近于不信教的人、主流新教徒和犹太人，而不是新教福音派基要主义者。超过三分之二的白人天主教徒和主流新教徒认为，教育委员会无权开除同性恋教师，但六成白人福音派认为同性恋应该丢掉饭碗。只有37%的天主教徒要求施行更加严格的堕胎法律，但却有58%的新教福音派支持那种观点。也许主流天主教徒和右翼新教徒最突出的差异是，只有不到四分之一的天主教徒认为《圣经》是真实的历史记载。[①]

新教和天主教右翼的联盟其实起源于60年代，尽管它在1973年的罗诉韦德案之后方才得以稳固。教宗若望二十三世去世之后，厌恶第二次梵蒂冈会议改革措施的异见天主教徒希望重新肯定传统信条和教宗无误论。若望二十三世的继任者是谨慎和保守得多、从1963年至1978年担任教宗的保禄六世；保禄六世去世后，枢机团选出的接任者是极富个人魅力的波兰总主教卡罗尔·沃伊蒂瓦（Karol Wojtyla）。[②] 作为教宗若望·保禄二世，沃伊蒂瓦将对大众媒体的控制和庇护九世以来最为保守的神学立场结合在一起——庇护九世在19世纪通过第一次梵蒂冈会议推行了教宗无误论的教义。随着受到60年代影响的教会领袖们在若望·保禄长达26年的任期中陆续去

① “*Many Americans Uneasy with Mix of Religion and Politics*,” Pew Forum.

② 沃伊蒂瓦被选为教皇前，教廷经历了一个月的过渡期，阿尔比诺·卢恰尼（Albino Luciani）当选教皇仅一个月便突然去世。

世，通过任命和他一样倾向宗教保守主义的主教与枢机，他成功地毁掉了第二次梵蒂冈会议的大部分成果。方济各如今正在努力扭转若望·保禄留下的保守遗产。

美国天主教内部的持续分歧导致教徒分裂成两派，一派赞成第二次梵蒂冈会议时代所期望的现代化和民主化潮流，另一派欢迎若望·保禄二世对教宗无误论和传统天主教性道德信条的坚持，根据那些信条，人为控制生育、手淫、同性恋和离婚之后再婚都属于不可饶恕的大罪。传统主义的美国天主教徒和基要主义新教徒之间的政治结盟不仅将对性道德的共同看法作为基础，还对正式宗教仪式怀有同样的虔诚与热情。大选之后的研究发现，不论是新教徒还是天主教徒，预测他们对乔治·W. 布什支持程度最可靠的指标不是教派归属，而是去教堂的频率。2004 年总统大选中，不论宗教立场如何，每周至少去一次教堂的选民绝大多数把票投给了布什，每月去一次教堂的人投给两方的票数基本相当，而每年只去几次教堂的人绝大多数把票投给了民主党。“在这次大选中，所谓天主教选票的说法完全没能体现，”美国天主教大学政治学教授约翰·K. 怀特（John K. White）说，“差别似乎存在于定期去教堂和不会定期去教堂的人之间。”① 在天主教徒和新教徒群体中，频繁去教堂的人都以“传统主义者”自居，他们把超过四分之三的选票投给了布什。

而米德却不顾一切证据，依然把对抗天主教的影响说成美国基要主义的主要目标之一。新教基要主义者和右翼天主教当今在宗教和政治领域的联合，发端于对文化和公共生活中的世俗主义和世俗价值观影响的共同仇恨。天主教神职人员和新教基要主义领袖之间

① Patricia Zapor, “*End of ‘Catholic Vote’?*”, *Catholic News Service*, November 9, 2004.

存在着一些明显的差别；天主教的主教们在性议题上和新教右翼立场一致，但在经济和社会公平议题上并不支持保守的政治价值观。例如，很多天主教的主教强烈反对严厉打击未登记移民的提议。但在其他关键文化议题上，天主教和新教内部各自的极右派别达成了完全的一致。与新保守主义的犹太人和基要主义新教徒一样，右翼天主教徒也明确地把教会内部的自由主义倾向同六十年代的世俗化反叛联系在一起。

华盛顿著名神父、鲜为人知的右翼组织主业团[①]成员约翰·麦克洛斯基（John McCloskey）说，第二次梵蒂冈会议之后的那些年（60年代晚期）“对于我们的国家和我们的教会，大抵是段不幸的时期”。他激烈抨击圣母大学和乔治城大学等“有名无实”的天主教大学，因为它们居然骇人地公开支持“开放、公平社会……多样性、专业训练”等理念。[②] 麦克洛斯基接引了来自堪萨斯州、原属循道宗的共和党参议员萨姆·布朗巴克（Sam Brownback）和犹太人专栏作家罗伯特·诺瓦克（Robert Novak）等华盛顿名人皈依天主教。麦克洛斯基让知名人士改宗皈依的热情紧跟着富尔顿·J. 希恩的脚步，希恩不但在四五十年代擅长让前共产主义者悔改，而且还抓住了克莱尔·布思·鲁斯和亨利·福特二世那样的名流。

保守派天主教徒反对世俗主义的出发点不是圣经直译主义，而是另一种信仰——如果否定上帝的至高无上，那么个人道德和合法政体便无从立足。可想而知，在反堕胎策略大会上，在阻止青少年采取避孕措施、把守贞当作唯一避孕办法的“节欲”大会上，当天

---

① 主业团（Opus Dei），又称奥帕斯代伊会，罗马天主教组织，1928年成立于西班牙，以在社会中重树基督教理想为宗旨。——译者

② Chris Suellentrop, “*The Rev. John McCloskey: The Catholic Church's K Street Lobbyist*,” *Slate*, August 9, 2002; http://www.slate.com/id/2069194.

主教和新教右翼的代表坐在一起时，他们并不会探讨彼此关于《圣经》和教宗权威等问题的不同观点。而在政府最高层，与天主教右翼的结盟为新教基要主义者提供了掩护，让他们得以回避“美国基要主义的真正目标是建立右翼新教神权政治”的指责。布什选择了约翰·G. 罗伯茨和塞缪尔·A. 阿利托这两位极度保守的天主教徒填补了他任总统期间最高法院的两个大法官职缺，这种做法并不让人意外。

2005 年，在布什提名他的私人律师哈莉特·迈尔斯（Harriet Miers）为最高法院大法官人选之后，新教右翼掀起了反对大潮，这是过去八年来的政治史上最不可思议的场景之一。迈尔斯不仅属于保守的美南浸信会，而且还是经常在布道中谴责堕胎的达拉斯教会的成员，但布什的核心支持者竭力反对迈尔斯的提名，因为他们怀疑，她不能全心全意地致力于推翻罗诉韦德案的判决。她确实曾在 1993 年的一次演讲中暗示，有关堕胎的争议最好在州而不是联邦层面解决。谁知道那是怎么回事？也许迈尔斯曾经因为在吃烤肉时喝多了啤酒（或者冰茶，如果她是绝对禁酒的美南浸信会成员的话）而口吐真言，说她认为可以存在例外，可以为了拯救母亲的生命允许堕胎。不论真相如何，一贯忠于老板的迈尔斯从乱局中抽身，布什立刻提名了虔诚而保守的罗马天主教徒阿利托，他的妻子是一位反堕胎活动家。绝大多数新教右翼认可了这位教皇党人的提名，就像他们在上一年秋天支持布什选择罗伯茨接替威廉·H. 伦奎斯特那样。

提名保守派天主教徒担任高层职务如今还有额外红利：任何怀疑对美国法律的忠诚和教会教义之间存在冲突的人都难免被指为反天主教者。最高法院现任大法官中有五位罗马天主教徒，罗伯茨、阿利托、克拉伦斯·托马斯、安东尼·肯尼迪和索尼娅·索托马约尔，从他们对政教关系的态度上看，只有在涉及堕胎等宗教相关案件上长期持中间立场的肯尼迪，和由奥巴马任命的倾向自由主义、坚定支持女性生育权的索托马约尔可以被视为主流天主教徒。肯尼迪支持俄勒冈州的安乐死法案，而罗伯茨、托马斯和已经去世的安东宁·斯卡利亚为了支持撤销这项由俄勒冈州选民三次投票认可的法律，全都放弃了他们通常支持州权的保守主义立场（阿利托和索托马约尔当时还没有进入最高法院）。就像在反堕胎问题上一样，多数美国天主教徒并不支持教会的反安乐死立场，最高法院中的天主教徒似乎也同样分为两派。

作为极度保守的天主教徒和极度保守的法官，2015 年去世的斯卡利亚曾经直率地说，对于信奉天主教的公职人员来说，如果有人要求他们支持有违教会教义的公共政策，他们都应该辞职 —— 和当初帮助约翰·肯尼迪当选总统的那种立场毫不相容。把无上忠诚献给了教规而非国法的人是否适合进入最高法院，这个问题显然算不上是“反天主教”，而且与法律和个人的信仰之间的冲突无关 —— 面对这种选择，不论多么痛苦，法官们都必须选择法律。这是一个关乎对教会的忠诚度的问题，不同于其他教会组织，天主教会自称在信仰和道德问题上永无谬误。很多天主教徒并不会在字面意义上相信教宗无误，但斯卡利亚却说他相信。此番评论的背景是他对死刑的强烈支持，但这有悖于梵蒂冈和美国天主教主教会议的反死刑立场。可是，正如斯卡利亚准确指出的，反对死刑不是教义，只是神职人员的指导性意见。于是，斯卡利亚认为，作为一名天主教徒，他可以自由遵从自己的司法与政治倾向 —— 他据此得出的结论是，政府甚至有权处决儿童和智力发育迟缓者。

斯卡利亚在死刑问题上的逻辑值得仔细推敲，因为它直接源于《圣经》，与新教基要主义者反对世俗政府与世俗价值观的说辞是同一回事。在斯卡利亚看来，政府的权力来自上帝而非被统治者的许可，这是世俗民主制度必须遵从的原则，因此，要为反对死刑负责的是民主制度本身。“在那个相信君权神授的时代，极少有人质疑死刑的道德性。”斯卡利亚在芝加哥大学神学院的一次演讲中说道。他接着指出：“一个国家越是信奉基督教，就越不可能认为死刑不道德。废除（死刑）在后基督教的欧洲得到的支持最强烈，在人们经常去教堂的美国却支持率最低。我将此归因于这样一个事实，对于信仰基督教的人来说，死亡没什么大不了。”① 死亡对信仰基督教的人没什么大不了，我觉得这个说法不太可靠，就算确实如此，那也属于杰斐逊式②的观点，不会冒犯那些对死亡不那么乐观的人。然而，如果美国最高法院大法官把他对来世的宗教信仰当成作出重要司法决定的基础，影响到怀有各种信仰和无信仰的美国人，那么这可是件大事。

斯卡利亚的论点严格说来属于神学范畴，与法学、内政或外交无关。说那些论点反智，倒不如说它们反理性更准确些。事实证明，新教和天主教反理性主义者都曾有效地借助哲学或科学语言来掩盖非理性，这也是新的旧式宗教的特征之一。提名圣公会信徒、总体而言立场保守的尼尔·戈萨奇填补斯卡利亚留下的空缺，这是特朗普当上总统之后最初的动作之一。（众所周知，即便斯卡利亚在奥巴

① Antonin Scalia, “*God's Justice and Ours*,” *First Things: The Journal of Religion and Public Life* (May 2002).

② 杰斐逊注重人的精神自由，他主张，人人有发表宗教见解的自由，任何人不得受强迫参加或维护某个宗教组织，政府影响并保护人民的信仰自由。杰斐逊认为，宗教的作用是对缺乏道德观念的人进行教育。——译者

马卸任前 11 个月便已去世，共和党人还是不可能考虑奥巴马的任何提名。）戈萨奇是否同斯卡利亚一样反对政教分离，这一点依然有待观察。

右翼宗教少数派的规模和影响力自 1970 年便开始增长，但世俗少数派也在扩张，最显著的增长发生在过去十年中成年的千禧一代当中。皮尤研究中心发布的一项民调结果显示，从 2007 年到 2015 年，不属于任何宗教团体，而且认为宗教在自己的生活中完全不重要的美国人从 2 100 万人增长到了 3 600 万。千禧一代只有半数说自己在一定程度上相信上帝，在全部美国人当中则有 70%。[①] 和包括犹太教徒和穆斯林在内的美国宗教少数群体相比，世俗少数派的规模是他们的 15 到 20 倍，但在那些被认为必须让基督教代表出席的重大活动中，世俗主义者往往会被忽视。[②] “9·11”恐怖袭击后举行的仪式上，牧师、神父、拉比和伊玛目都受邀参加，布什总统在国家大教堂讲坛上的致辞则是仪式中最重要的环节。活动中完全没有世俗价值观的代言人——考虑到宗教狂热对袭击者动机的决定性影响，这种缺位尤其让人吃惊。

在基要主义者和世俗主义者之间，还有一个大得多的宗教中间派，或者叫作温和派的群体，但是，宗教温和派在如今的美国究竟意味着什么，答案还不完全明朗。中间派信徒们认同一般意义上的宗教，认同公共生活中礼貌的宗教表达，但他们并不认可极端立场，

---

① Graduate Center, City University of New York, *American Religious Identification Survey, 2001*, exhibits 1, 3.

② 宗教意义上的犹太教徒（而不是作为种族而言的犹太人）仅占美国人口的 1.3%。穆斯林的比例则不到 0.5%。

比如禁止干细胞研究或中止对美国计划生育联合会①的资助。这个群体在政治上往往没有那种“虔诚信徒”心态，但宗教温和派通常会选择阻力最小的路径，基要主义者和反现代主义者因此才能在公共议题上自行其是。

在公立学校中同时讲授创造论和进化论的提议得到了二比一的多数公众支持，这种看似荒唐的情况的解释之一是，宗教中间派倾向于接受妥协方案，同时并不重视立场的前后一致。② 基要主义者可以有效达到目的，因为宗教是他们人生中坚定不移的绝对核心。宗教温和派则同大多数人一样，希望万事皆可两全——上帝与科学，对永生的信仰和对延长尘世生命的医学方法的追求。基要主义者却不一样，他们从不犹豫。和宗教信仰更加灵活的人不同，中产阶级基要主义者不可能因为世俗的自由主义候选人比共和党人更可能施行帮助年收入 10 万美元以下家庭的税收政策而动摇。在斯卡利亚那样的天主教徒看来，和上帝通过教会之口表示拒绝的信仰相比，胚胎干细胞研究有助于治愈他们的帕金森病或阿尔茨海默病的可能性一文不值。堕胎和同性婚姻之类关乎宗教的文化和道德议题战胜了自私自利。

当宗教中间派在选举中与基要主义者对垒的时候，他们往往不会以对宗教反理性主义的公开反对作为竞选活动的基础。相反，他

① Planned Parenthood Federation of America，又译美国家庭计划协会，提供堕胎、避孕等生殖健康服务的非营利组织，积极捍卫堕胎权。1970 年，尼克松签署“公共卫生服务法第十条生育计划法案”（U. S. Title X Family Planning Program），基于自愿、保密及可负担等基本原则，向低收入女性提供计划生育服务。依照该法案，作为服务提供者的美国计划生育联合会开始在医疗补助项目下接受联邦拨款，共和党议员长期以来试图立法中止对美国计划生育联合会的资助。2019 年，美国卫生与公众服务部发布行政规定要求相关资金不得用于堕胎等服务后，美国计划生育联合会决定自愿退出联邦资助项目。——译者

② “*Public Divided on Origins of Life*,” Pew Forum.

们会强调候选人自身那种对科学较为友好的信仰形式，安慰选民们说，科学和宗教可以完全相容。就美国独有的这种忌讳直呼宗教狂热之名的宗教宽容而言，那些坚定的世俗主义者的意见相当中肯。萨姆·哈里斯（Sam Harris）在《信仰的终结：宗教、恐惧与理性的未来》（*The End of Faith: Religion, Terror, and the Future of Reason*）一书中指出，美国人“不能说基要主义者是疯子，因为他们只不过是在践行自己的宗教自由；我们甚至都不能说他们在宗教意义上是错的，因为他们的经文知识往往无人可比。作为宗教温和派，我们唯一能说的是，我们不想承担全盘接受经文所带来的个人和社交成本”①。

21 世纪的美国人依然比其他发达国家的国民虔诚得多，而且以《圣经》为基础的基要主义以侵蚀较为温和的宗教信仰为代价扩大着自身的影响力，这种虔诚即便在 20 世纪初的美国知识分子和科学家看来都难以理解。我的叔祖、哥伦比亚大学天文学教授哈罗德·雅各比（Harold Jacoby）在 1902 年发表的一篇有关伽利略的文章中指出，那种认为宗教会再次像天主教廷反对伽利略的日心说那样站在科学对立面的想法不值一哂。“当我们思考三个世纪之前发生的事情时，”雅各比写道，“我们能够冷静地论证，而不是面红耳赤地争吵。我们很容易记起，那是暴力与残酷的时代，而如今，很难再认为公众是无知的；那时人们普遍认为，教会有责任在很多问题上树立权威，那些问题如今已和教会完全无关。”② 我的叔祖致力于普及科学

① Sam Harris, *The End of Faith: Religion, Terror, and the Future of Reason* (New York, 2004), p. 20.
② Harold Jacoby, *Practical Talks by an Astronomer* (New York, 1902), p. 48.

知识，在1932年去世之前一直定期接受报纸有关科学新发现的采访，他很难想象21世纪的美国宗教各派依然在纠结在他看来早在19世纪末便有定论的问题。①

20世纪初的科学家和知识分子当然并不指望宗教在美国主流中的地位会被世俗主义取代，但他们确实认为，较为倾向理性的宗教形式不但会取代圣经直译主义信念，还将取代19世纪出现的那些美国特有的基督教怪异分支（最有名的就是摩门教、基督教科学派和耶和华见证派）。美国一直不太可能变得像所谓“后基督教的欧洲”那么世俗化，它建国以来一直没有国教，这意味着美国人——与法国人和意大利人不同——几乎从来都不必在信仰与公民身份之间作出选择。甚至当小众宗教遭遇到强烈的社会歧视和不时发生的公开迫害时，美国的法律总是站在信仰自由一边。政府只有一次明确要求宗教教派遵从公众共识，在核心信仰上作出永久妥协——1896年，为了让摩门教徒聚居的犹他正式成为美国的一个州，耶稣基督后期圣徒教会同意禁止一夫多妻制。尽管如此，摩门教一夫多妻制的过往依然不时意外浮出水面，破坏教会长老们竭力营造的诚实中产阶级形象。摩门教会和犹他州指责说，那些顽固好斗的一夫多妻制支持者是极端分子和叛教者——还能怎么说呢？

立国以来的大部分时间里，美国人都乐于把自己看成一个拥有世俗政府，以基督教信徒为主的群体，这是一个民间悖论，一种微妙的平衡，在大多数时候都显得自然而然，就像我的父母和他们50年代的邻居所认为的那样。1970年代以来，狭隘的基要主义回潮扰

---

① 叔祖哈罗德全名为列维·哈罗德（Levi Harold），他是来自布雷斯劳的犹太移民之子。在成为哥伦比亚大学第一批犹太裔全职教员之后，他去掉了名字当中的“列维”，并在遇到非犹太裔的未来妻子后改宗加入了圣公会。

动了平衡，这种情形的成因还不太清楚。从美国独创的政教分离制度和信仰“自由市场”的存在中，我们找不到解释，遥远的过往难以解答当下的问题：那些宗教形式早在一个世纪之前就已经被受过教育的男男女女所抵制，为什么现在还有那么多美国人受其吸引？

兴起于70年代的女性主义对基要主义关于女性、男性和家庭角色的设想构成了挑战，时常被看作刺激宗教右翼的主要因素。诚然，作为20世纪后半叶的女性主义运动不可分割的一部分，关于堕胎的斗争为右翼新教徒和右翼天主教徒的联合提供了动因。但人们经常忘记，绝大多数美国人在1973年其实都支持放宽州一级的堕胎法律，民意在不太长的时间里发生了巨变。盖洛普公司1968年的一次民调发现，只有15%的美国人支持放宽堕胎限制；到了1972年，支持率达到了64%。①

基督教右翼反对放松严格堕胎限制的任何举措，因此，他们把罗诉韦德案渲染成对当时社会标准的彻底破坏。当时的民意支持更多选择②，对希望解决意外怀孕问题的女性表示同情。最高法院的判决也许经常超前于民意，但在此案中却与普遍潮流相一致。大法官哈利·A. 布莱克蒙（Harry A. Blackmun）主笔的多数意见以一个明确的主张为核心，“第十四修正案中所指的‘人’不包括尚未出生的人”③，由此点燃了延烧至今的宗教烈火。布莱克蒙早在大众听说“胚胎干细胞研究”这个词20多年前就已经提出了他的意见，宗教右翼的立场却自那天以来始终如一：不光胎儿享有第十四修正案赋

---

① See Susan Jacoby, *Freethinkers*, p. 343.

② 在美国有关堕胎的争议中，支持堕胎的一方通常持“支持选择”（pro-choice）的观点，认为女性有权选择是否继续怀孕；反对堕胎方则“支持生命”（pro-life），认为胎儿有生存权。——译者

③ 410 US 113.

予的一切权利，一团只发育了六天的胚胎细胞也一样。

宗教右翼试图推翻罗诉韦德案的四十年战史错综复杂，超出了本书的探讨范围，但如果认为堕胎问题和其他与女性、男性、家庭的社会地位有关的“价值观问题”不同，那就错了。无论过去还是现在，想重新把堕胎行为列为刑事犯罪的，正是那些成功挫败了美国宪法平权修正案的人——这个修正案1971年在国会通过，却从未得到足够的州的批准。在当今美国，包括无性别厕所和女性战斗人员等不断被翻出来反对这个修正案的传统论据都显得十分陈腐，这个国家的公众知道，有些女兵是装在运尸袋里回国的，还有像来自伊利诺伊州的参议员塔米·达克沃斯（Tammy Duckworth）那样的女兵，她在战斗中失去肢体之后，坚持扮演着诸多角色。征兵制的结束，以及随之而来的扩大志愿服兵役人群的需求，带来了制定宪法修正案的动议无法实现的结果：人们事实上已经认同，女性也可以应召入伍，为国献身。

尽管面临着来自宗教保守主义者的强烈反对，但女性传统的社会和经济地位天翻地覆的变化已是无法否认的事实，美国文化中的反理性冲动因此火上浇油，而非销声匿迹。认为堕胎和同性恋婚姻等“分化议题”只具备“纯粹的象征性”，这是一种错误的观点，因为大多数选民对这些问题的关注远重于伊拉克、恐怖主义和经济议题。象征性问题之所以具有象征性，恰恰是因为它们代表着比占据了大部分人的大部分时间的日常问题更深刻的东西。世俗主义者和宗教温和派经常说要在堕胎问题上寻找“共同点”，但那种理性、务实的妥协只存在于自然世界。希望强迫女性接受意外怀孕的美国人坚持的却是超自然的责任：堕胎是上帝的律法所禁止的谋杀，因此必须用人间的律法加以禁止。根本问题在于，一般来说仅具象征性的宗教问题在美国的影响为什么比在其他发达国家大得多。

和美国一样，欧洲也经历过始于1960年代的社会大混乱。和美国人一样，欧洲人也受到了近年来生物医学研究的影响，那些研究在最基本的生理和心理层面挑战了我们对于何谓人类，以及人类可以和应当在多大程度上掌控自己的命运这两个问题上的观念。但欧洲人的反应是对传统宗教教义更深，而不是更少的怀疑：在大多数欧洲国家，同性恋、堕胎和讲授进化论已经不再是会引发分歧的政治议题。在欧洲大陆和英国，原教旨主义几乎是少数穆斯林的专利——这样的社会现实和恐怖主义一起，引发了与帮助特朗普上台的反移民情绪相当的欧洲白人民族主义运动。但总体而言，美国宗教图景中的反理性部分让世俗的欧洲人大惑不解。《经济学人》2003年的一次调查得出了这样的结论："欧洲人认为宗教是……美国例外主义中最怪异、最让人不安的特征。他们担心那个国家被基要主义者挟持。他们认为，相信处女生下耶稣的人三倍于相信进化论的人，实在是匪夷所思。他们担心美国会……向伊斯兰世界发起'圣战'，或是为了避免经费被用作节育而减少对穷国的援助。"①

以英国进化论生物学家理查德·道金斯为代表，坚决反对宗教的世俗人士近年来指出，温和宗教——不以《圣经》的字面解读为基础的信仰形式——在反理性方面和基要主义别无二致。道金斯认为，美国人高度尊重所有宗教的倾向本身就是危险的。"我认为，有了温和宗教，极端分子才能更加安全地呆在这个世界上，"他说，"因为孩子们在襁褓中就被教导，要把信仰本身当作好东西。"② 英

① "*God and American Diplomacy*," *The Economist*, February 6, 2003.
② Quoted in Stephen Phelan, "*Oh Come All Ye Faithless*," Sunday Herald (London), January 8, 2006.

国的电视台播出了道金斯的两集反宗教纪录片《万恶之源?》(*The Root of All Evil?*),但美国的媒体高管们却认为这部片子太过棘手,不好处理——连小众有线电视网络也这么认为。

道金斯在美国遭到攻击,不仅仅是因为他对宗教整体上的批评,还有他对达尔文进化论的坚定辩护。一位保守的美国作家把道金斯说成“拙劣的公共知识分子”,因为他在阐述自己关于自然界中的随机性的观点时,“似乎全然不顾他的著作会导致很多读者陷入精神和情感困境”。① 我们很难想象,如果一个人要回避引发读者的精神、情感或智识危机的一切可能,他还怎么可能当好公共知识分子。但是,如果说道金斯对一般所说的“温和”宗教代表的那种信仰与理性的妥协所作的评判不太准确,这种说法其实和受众的情感危机并无关联。道金斯认为,宗教——任何宗教——应当容许批评,这一点明确无误,但道金斯纯粹的无神论并非以对现实世界或宗教在美国社会运作方式的深入分析为基础,而是更多地建构在哲学思想之上。不论现在还是过去,温和宗教和基要主义的区别是,温和的信仰试图顺应世俗教育和世俗政府,宗教右翼却同时拒绝这两者。假如美国境内顽固不化的基要主义分子真的只是极少数,美国的宗教例外主义也许就不会让那么多欧洲人感到那么怪异、那么可怕。

《经济学人》的调查还引用了波士顿大学宗教与国际事务研究所所长彼得·伯格(Peter Berger)的话,伯格的大意是,世俗化的欧洲,而非深受宗教影响的美国,才是世界上的真正例外。和很多其他著名宗教学者一样,伯格认为,激进伊斯兰势力在中东和远东的兴起,以及天主教和新教福音派在非洲和南美的吸引力,否定了国

① Carson Holloway, “*The Public-Intellectual Menace*,” *National Review*, June 19, 2006.

家的现代化必然通向世俗化的传统观点。然而，如今发生在第三世界的那种“现代化”与19世纪至20世纪初发生在欧美，得到世俗势力支持的现代化几无共同之处。以中东和非洲大部分地区的现代工业发展为例，获益的是一小撮贪婪的精英，大多数人依然生活在贫困之中，往往还要忍受暴虐的独裁统治。在那样的情况下，信仰在那些几乎无望在尘世间获得更好生活的人群中肆意蔓延——一如往昔。在世界上很多地方，助长最反动的宗教形式和宗教暴力的不是现代化，而是因为基础广泛的经济和政治现代化没有实现。在印度，现代化触及的人口比例远高于非洲，即便如此，狂热的印度教民族主义也在那些很大程度上被全球化、讲英语的经济部门所忽视的人群中蓬勃发展。

在非洲，尽管罗马天主教会希望在不发放安全套的情况下对抗艾滋病，它依然收获了很多新的信徒；在大部分人对艾滋病的传播方式有基本了解的其他地区，我们很难想象这种传教活动会取得同样的成功。在女性拥有平等的教育机会和政治权利的地区，我们也很难想象极端伊斯兰势力对女性的压迫会广泛存在。美国是唯一一个能让五旬节派和灵恩派①——他们的宗教习俗包括“说方言”②和信仰疗法——收获新信徒的发达国家。同样让人吃惊的是，自称属于五旬节派或灵恩派的美国人的比例（23%）和尼日利亚（26%）差不多。③

① 灵恩派指的是20世纪初以来美国兴起的新教“灵恩运动”中的主要成员。五旬节派和灵恩派基本观点相同，但两者是否可视为同一派别，学者和宗教界人士仍有争议。——译者

② 说方言（speaking in tongues），指流畅地发出类似话语、但一般无法被人理解的声音。五旬节派相信，说方言是受圣灵洗礼的证据，接获圣灵后还有治病等异能。语出《哥多林前书》14：2，“那说方言的、原不是对人说，乃是对神说。因为没有人听出来。然而他在心灵里，却是讲说各样的奥秘。”——译者

③ “*Spirit and Power: A 10-Country Survey of Pentecostals*,” October 5, 2006, Pew Forum on Religion and Public Life.

从反理性宗教的盛行程度看来，外星来客一定会认为，美国充满了贫穷、饥饿和争斗不休的人，只能仰赖超自然力量在悲惨的尘世生活中寻求解脱。真正的现代化以教育机会的普及和整体生活水平的提高为特征，在经历过真正现代化的国家中，美国在宗教方面是个异类。

在宗教化的美国与世俗化的欧洲之间，在美国国内虔诚的宗教信徒与世俗主义者之间，形成深刻隔阂的核心因素是超越了狭义基要主义影响的超自然力量的吸引力。“为了从有形世界逃往无形世界，人们四处乱撞，”小乔治·盖洛普（George Gallup, Jr.）2002 年对《美国新闻与世界报道》（*U. S. News & World Report*）记者如是说，“人们深切渴望着一个精神港湾 —— 上帝。”① 但盖洛普一定预料不到最近十年中的变化 —— 认为宗教在他们的日常生活中并不重要、并不企盼上帝的美国人数量激增。这位著名的民调人只能想象出既有情形的延续与加剧，犯了奥威尔指出过的那种错误。此外，从有形世界逃往无形世界的欲望，并不只出现在那些坚持极端保守的信仰形式的美国人身上，也不限于那些秉持任何形式的正统信仰的人。“逃”是这里的关键词：美国基要主义复兴的背景是非宗教性的反理性主义的盛行，它让较为极端的宗教形式得以强化，又影响了广大公众对科学、教育和事实本身的看法。20 世纪初，像我叔祖那样的科学家们颇有道理地推测道，关于自然知识的全方位扩展将让美国公众不再那么容易上当。他们推想，科学、历史和人类学证据越来越容易获取，将会阻止那些不但缺乏事实基础，而且经常与事实相悖的宗教与非宗教信仰的传播。这个当时看来颇有道理的假想，是错误的。

---

① Jeffery L. Sheier, “*Faith in America*,” *U. S. News & World Report*, May 6, 2002.

第九章

垃圾思想

“垃圾科学”近些年成了时髦的贬义词，不过，它的含义恐怕和理智的人们预想的不太一样。在科学家看来，从占星术到“智能设计论”都属于垃圾科学，大抵是伪科学的同义词，它们试图用既无法证实、又无法证伪的方式来解释物理世界与人类社会。就像 19 世纪的社会达尔文主义和如今的智能设计论，伪科学披着科学话语的伪装，铅做的心却丝毫不为事实挑战所动。诚如天文学家卡尔·萨根所说，真正的科学与伪科学的区别在于，前者“在犯错中成长，将错误逐一排除”，后者却包含了“往往经过了精心编织，因此不受实验反证影响，大体说来无法被推翻”的理论。可是，当真正的科学家拒绝接受伪科学主张时，“却会招来打压后者的阴谋论”。[①]

垃圾科学还有一层政治化的含义，与真正的科学家对它的定义截然不同。右翼政客和时事评论家盗用了这个词，用来描述与他们的政治、经济或文化议题相冲突的一切科学共识。从关于全球变暖的气候学研究，到表明安全套能减少性病传播的研究在内的一切，都被互联网上无穷无尽的右翼网站打上了“垃圾科学”的标签。就连 DNA 测试也被右翼归为垃圾科学，因为它推翻了以目击证人和间接证据为基础的旧有判决——在极右世界里，导致囚犯被释放的所有因素都被视同对犯罪的软弱，哪怕他们当初是被冤枉的。

右翼对“垃圾科学”的扭曲与政治化，只是那种可以恰如其分地用垃圾思想来描述的普遍现象的一部分。垃圾思想在人文社会科学与自然科学领域中皆有体现，它的典型特征是反理性主义，以及对事实反证与专家观点的轻蔑。垃圾思想来自左右两翼，这一点再怎么强调也不为过，尽管学界、政界和文化机构中的左右两方都乐于将对方指为唯一的非理性之源。

右翼喜欢给垃圾思想打上政治正确（其实指的只是违背右翼价值观的一切）的标签，左翼则倾向于强调垃圾思想是宗教基要主义和迷信的副产品。此外，被大为吹捧，有时亦称作温和派的中间派美国人也无法置身事外，有些信仰体系的吸引力大得让中间派无法抗拒，它们把事实证据视为更深层的直觉性“通晓之路”上讨人厌的绊脚石。假如接受垃圾思想的只有疯子和宗教极端分子，它的影响就不会那么恶劣。有些普通人怀有一种宽容的信条，相信应当平等看待一切观点，而且极少区分观点与事实；垃圾思想真正的威力恰恰在于它对那些人的影响。美国最高法院 2007 年以 5∶4 的票数支持禁止实施“部分生产堕胎术”②，大法官安东尼·肯尼迪撰写的投票意见就是结合了垃圾科学的垃圾思想主流化的典型案例，肯尼迪将堕胎可能导致的“严重抑郁和丧失尊严”作为最高法院的判决依据之一。他甚至承认“我们没有发现度量这种现象的任何可靠数

① Carl Sagan, *The Demon-Haunted World* (New York, 1996), p. 21.

② 又称“完整扩张吸取术”，一种妊娠中后期流产术。反对者认为，此时胎儿已有感知，进行流产相当于“部分生产”。——译者

据”，但还是说“似乎可以得出无可非议的结论，有些女性会后悔让自己孕育的婴儿流产”。①

事实上，肯尼迪这里提到的“堕胎后综合征”是一个垃圾科学概念，它是反堕胎组织以收集到的传闻为依据发明出来的。没有一项经过科学设计的研究能够证明与创伤后应激障碍（PTSD）类似的“堕胎后综合征”的存在，美国心理学会在8年时间里针对5 000名女性进行的大型随机研究发现，有过堕胎经历的妇女罹患抑郁或压力相关疾病的几率并无显著提高。② 尽管如此，最高法院的多数派选择了无视真正的科学研究，依据基于传闻的结论作出了判决，那样的结论反映了垃圾科学的本质。当然“有些女性”会在堕胎之后深有悔意，就像很多女性会经历严重的产后抑郁一样（与“堕胎后综合征”不同，产后抑郁是一种得到了科学记录的疾病）。但是，我们并不会立法禁止所有女性——或者仅仅是患过危及她们自身和婴儿生命的产后精神疾病的女性——继续生育。

站在思想谱系的边缘生产和传播垃圾思想的人——阴谋论博客写手——和靠近思想谱系中央，甚至身居这个国家最高法院威严大厅里的人们之间只有一个区别，后者下毒的时候更注重配伍。还有别的可能吗？对于普通美国人，包括那些并非天生倾向非理性的人而言，这个国家的垃圾思想菜单就和它供应的垃圾食品一样，种类丰富，简单易得。垃圾思想是一种很难避免的精神状态。按一下遥控器，点一下鼠标，反理性的世界便会敞开大门。我们来看两个例

---

① US05-380, Gonzales v. Carhart.

② See N. F. Russo, and K. L. Zierk, "*Abortion, Childbearing, and Women's Well-Being*," *Professional Psychology: Research and Practice* 23 (1992), pp. 269-280 and N. Stotland, "*The Myth of the Abortion Trauma Syndrome*," *Journal of the American Medical Association* 268 (October 1992), p. 15.

子，报道它们的不是罔顾事实的博客圈子，而是主流媒体和科研人员。

《新闻周刊》2005年的一篇名为《男生脑，女生脑》（*Boy Brains*, *Girl Brains*）的封面报道一本正经地如此开篇："三年前，肯塔基州欧文斯伯勒的福斯特小学校长杰夫·格雷（Jeff Gray）意识到，他的学校需要帮助——迫切需要……于是格雷参加了一个颇有争议，面向教育工作者的有关大脑发育的培训，随后调整了一二年级的课程，按性别分班是其中最大的变化。格雷通过培训了解到，男性大脑中血清素较少，因此可能更加好动，于是他撤去了男生班级的课桌，让他们可以在一天中安排几次短暂的活动时间。因为女性有较多与感情相关的催产素，女生教室里设置了一块铺着地毯的区域，她们可以坐在那里交流自己的感受。由于男生睾酮水平较高，理论上更富竞争性，他们的测试题是有时间限制的选择题。女生也要做选择题，但她们的答题时间更充裕……"①

关于祈祷对康复的促进作用的一项令人期待已久的研究发现，陌生人的祈祷完全不会让处于心脏手术后恢复期的病人获益——尽管研究中并未涉及任何来自亲友的祈祷。② 这项研究耗资240万美元，前后十年间覆盖了1 800名病人，它的主要资金来源是长期资助灵性研究的约翰·邓普顿基金会（John

① Peg Tyre, "*Boy Brains*, *Girl Brains: Are Separate Classrooms the Best Way to Teach Kids?*", *Newsweek*, September 19, 2005.

② Herbert Benson et al., "*Study of Therapeutic Effects of Intercessory Prayer (STEP)*," *American Heart Journal* 151 (April 2006), pp. 762-764.

Templeton Foundation)。美国政府也不愿在连通科学与宗教的奋力尝试中落后，2000 年以来为有关祈祷的研究投入了 230 万美元。为邓普顿基金会研究中的病人祈祷的是罗马天主教会的修士和修女，还有新教福音派的祈祷牧师团，两者的祈祷都没有效果——这让人想起了克里斯托弗·迪朗（Christopher Durang）的戏剧《修女玛丽·伊格内修斯为你解释一切》（*Sister Mary Ignatius Explains It All for You*）中的话："上帝总是会回应我们的祈祷。他有时候回应说不行。"祈祷研究的支持者们并未因此丧失信心，他们表示，还需要进一步研究，而且不论结果如何，他们都知道祈祷有用，因为他们可以亲身感受到祈祷的力量。

这两个看似不相干的垃圾思想案例有一个共同点，它们几乎都和事实证据毫无关联。对祈祷的研究是为笃信宗教之人一直相信的东西——祈祷能治病——找出科学依据的失败尝试。如果上述研究得出了相反的结论，报纸就会在大标题里写上"科学证明了祈祷的威力"。事实上，相信那些东西的人并不在乎研究结果。参加了这项祈祷研究的福音派团体"沉默联合"（Silent Unity）的精神导师鲍勃·巴思（Bob Barth）对研究结果不屑一顾，宣称"我们已经祈祷了很久，我们见过祈祷起效，我们知道它有用，对祈祷和灵性的研究才刚刚起步"①。

"男生脑，女生脑"实验是一个更复杂的垃圾思想案例，因为它的依据是与事实有一定关联的教育理论，那些事实首先就是两性之间显著的激素和解剖学差异。出于文化或生理因素，男女生的学习

① Quoted in Bendict Carey, "*Long-Awaited Medical Study Questions the Power of Prayer*," *New York Times*, March 31, 2006.

习惯的确存在一些可以验证的差异，但这些并不足以成为改变公立教育，转而强调两性差异而不是两性之间大得多的相似之处的理由。以《新闻周刊》的文章为例，当那些曾经被允许在教室中跑动的男生要在设有格子间的普通办公室中工作的时候会发生什么，当那些曾经可以在测试中得到更长时间的女生要和男生在同样时限内做完测试的时候，又会发生什么？文中完全回避了这些问题。垃圾思想也许会强调，男人来自火星，女人来自金星，但事实是，男人来自地球，女人也来自地球。［这句话要归功于《理性》（*Reason*）杂志的特约编辑凯西·扬（Cathy Young）。］可是，如果让垃圾科学的践行者在公立学校中设立足够多的男女分班，他们一定能找到办法证明，迎合男女生之间任何天生差异都有好处。

用科学和理性的语言来推行非理性，这是垃圾思想最令人气恼的一个特点。血清素和催产素是“男生脑，女生脑”这个学校实验中的咒语；如果那位校长因为研究证明女生喜欢粉色而把她们单独放在粉色教室里，他一定会沦为笑柄。垃圾思想领域中，催产素这个咒语反复出现。埃里克·凯鲁亚克博士（Dr. Eric Keroack）由乔治·W. 布什选任为唯一一个由联邦资助的针对低收入青少年的生育控制和生殖健康项目负责人（由于他此前在马萨诸塞州经营的诊所卷入了一场不断发酵的医疗补助丑闻，他在 2007 年 4 月意外辞职），但他事实上对避孕措施持反对态度——至少反对未婚女性避孕。①在前往华盛顿之前，凯鲁亚克积极鼓吹一种伪科学论点，声称婚前性行为会损害建立长期稳定关系的各种可能，因为进行婚前性行为的人每次性交都会“损失”能够提升亲密程度的催产素。凯鲁亚克

① Christopher Lee, “*Family Planning Chief Seen as Political Pick*,” The Washington Post-Los Angeles Times News Service, in *San Francisco Chronicle*, November 17, 2002.

的催产素理论似乎依据的是对一种名为草原仓鼠的小型啮齿动物的研究，而且还让我们想起了电影《奇爱博士》中杰克·D. 里珀将军，他对共产主义者控制“宝贵的体液”的恐惧令人印象颇深。凯鲁亚克没有简简单单地说“坏女孩下地狱”，而是为自己以信仰为基础的伪医学找到了看似有科学依据的解释，这是他属于垃圾思想群体的确证。

宗教基要主义和世俗反理性主义相结合，是过去五十年来垃圾思想传播的独特特征。我们完全无法确知，相比 20 世纪中叶，如今有多少美国人相信结果无法以科学手段衡量的自助运动，相信效果不明的心理或生理疗法，相信占星术和通灵术这类传统的垃圾思想源泉。这些现象难以量化的一个原因是，它们既无固定组织，又无处不在，超越了人们可以同时对各种反理性哲学加以定义的种种界限。1980 年代登上垃圾思想舞台的新纪元灵性运动远比传统宗教灵活，它的信徒可以同时心怀逻辑上与之不相容的其他信仰，又几乎没有精神和智识上的不安。

我们可以相当肯定地说，过去 50 年来，反理性的垃圾思想在美国赢得了尊严，与世俗和宗教思想中最容易上当的部分形成了有害的互动，而且事实证明，它们拒绝接受同一时期广泛拓展的科学知识。60 年代晚期以来，那些从信徒情绪性的坚定信仰中收获无穷力量的理论越发普及。反疫苗运动错误地把预防麻疹、腮腺炎和风疹的麻腮风三联疫苗同自闭症（autism）联系在一起（针对许多国家超过 100 万名女性的多项研究证明了这种看法的错误），是这种现象过去 14 年来最重要的例子。麻腮风三联疫苗往往在婴儿 15 至 17 月龄之间注射，刚好是警觉的父母们开始注意到自闭症早期症状的时候。自闭症的真正病因尚不明确，许多痛苦的父母要求得到解释的心情完全可以理解。相关电视报道经常采访认定疫苗导致子女患上自闭症的心碎父母，可当医学研究人员试图在同一段报道中提出相反的科学证据时，他们总是显得冷血无情。

60年代，从左翼对与军方有关的一切研究的怀疑，到右翼对人文与科学领域的自由主义知识分子同样强烈的质疑，种种偏执观念导致垃圾思想公然反对科学和诉诸情绪的特点都有所加强。但是，垃圾思想王国影响力的大规模扩张发生在70年代，那时，曾经的社会抗议者们已经退到了自我陶醉的新纪元运动和自助运动之中。到了80年代，反理性主义已经变成了一种规模庞大、融合多种媒介、完全无关政治的商品，与60年代的青年文化相当，由曾经驻守左右营垒的婴儿潮一代加以推销。兜售反理性主义很简单，因为垃圾思想总能带来捷径，不论是无须减少卡路里摄入的减肥饮食，为不当行为推卸责任的虚假歉意（“你受伤了我很难过”，而不是“把你弄伤我很抱歉”），还是那种疗效主要取决于病人态度是否积极的疗法。

最后，反理性主义在20世纪晚期的骤然暴发还有一个根源，那就是美国思想中的一种古老得多、非政治性的倾向——对专业知识根深蒂固的猜忌与普通人更有智慧的民间信仰的结合。既充满讽刺意味又意料之中的是，对专家权威的猜忌在七八十年代急剧增加，而在之前几十年里，公众对科学权威的敬意达到了前所未有的高峰——有时简直高得过分。

在我50年代的童年时期中，美国人对科学与医学的尊重近乎崇敬。美国科技对二战中盟军的胜利居功至伟，投向广岛和长崎的原子弹为太平洋战场画上了句号，那时的普通美国人极少质疑核武器的道德性。苏联于 1957 年发射斯普特尼克卫星之前，公众一直都觉得，美国在科学方面的领先是顺理成章的事。对俄国人赢得太空竞赛的担忧让政府有理由大幅增加基础科研和科学教育支出，事实上提高了科学的声望。假如美国的优越感没有在 1957 年受挫，登月也许就不可能在 12 年后实现。但是，尼尔·阿姆斯特朗的月面行走代表的不仅是国家和民族的成就：在那个特殊的时刻，不仅启发了美国人和地球上其他千百万人的非凡的技术，还有他们科学探索的创新潜能。

7 月的那一天，我恰好身在佛罗伦萨，跟大批游客和当地人一同在一家电视机商店观看月面着陆。当阿姆斯特朗说出那句著名的“这是一个人的一小步，却是人类的一大步”（That's one small step for a man，one giant leap for mankind.）时，我们全都屏住了呼吸。一个意大利人口出妙语：我们特别荣幸，能在“伽利略的脚步”踏过的圣地见证这件大事。似乎很多人听错了阿姆斯特朗从月球传回的带着杂音的话语，以为他说的话不那么有诗意、不太通顺：“这是人的一小步，却是人类的一大步（That's one small step for man，one giant leap for mankind.）。”将美和情感力量赋予宇航员情不自禁的感叹的，自然是句子里强调了个人与人类的对比的冠词“a”（一个）。少了这个词，恰似一句普遍得令人生厌的话，“我还有点兴趣（I could care less）”——其实表达的是“我一点兴趣都没有（I couldn't care less）”。

我们那些在佛罗伦萨的电视机商店外的人全都没听错阿姆斯特朗的话，但直到原始录音带在 2006 年完成数字修复之后，媒体才最终把这句话弄明白了。（阿姆斯特朗本人说，他知道自己说的是“一个人”。）应当对越战负责的军工复合体同样也是把人送入太空的军工复合体，这个事实在1969年丝毫没有让我感到焦虑；这种不协调是婴儿潮一代成长中的一部分，自称对阿姆斯特朗的月面行走无动于衷的人要么是在说谎，要么当时已经吸毒吸嗨了。

虽然武器和太空探索在国家自我形象的构建中不可或缺，但在培养普通美国人对科学的尊重方面，医学的作用更加重要。二战结束后的15年里，抗生素和疫苗战胜了每年导致成千上万儿童死亡或残疾的常见重疾。在抗生素的帮助下，肺炎和产后并发症等过去死亡率较高的疾病不再危及儿童和成人的生命。1930年代中期，分娩死亡率高达1/150，到了50年代，这个残酷的统计数字降到了1/2 000，能够将青霉素用于治疗产后感染是原因之一。（产妇死亡率如今只有万分之一。）① 我的同龄人都忘记不了脊髓灰质炎的恐怖阴影笼罩的夏天——让我们得知这种恐惧的不仅仅是我们的父母，还有常见的穿戴着支架的脊髓灰质炎患儿——1954年投入使用的索尔克疫苗消除了我们的恐惧。

我的母亲担心，未经大量人群验证的医疗手段可能存在严重的副作用，因此一直没能下决心让我和哥哥接种疫苗。但和那时大多数人一样，当儿科医生告诉她我们应该接种的时候，她接受了医生的建议。“这办法管用，”医生对她说，“你的孩子们将成为我们这个时代最伟大的医学奇迹的一部分。”确实如此。40年代末和50年代是属于医学奇迹的时代，和器官移植等较为晚近的医学奇迹不同，发生在我儿时的医学进步战胜的是威胁着每一个人的疾病，因而更加令人赞叹。如果有人在1969年的时候告诉我，90年代会爆发一场被新闻媒体带着敬意报道的反疫苗运动——垃圾思想和垃圾科学的

① Atul Gawande, “*Annals of Medicine: The Score*,” *The New Yorker*, October 9, 2006.

代表——我会觉得这种预言纯属瞎扯。

垃圾科学与垃圾思想的无法分割充分体现在其中缺乏逻辑的特征上，这个特点往往又和蓄意的操纵联系在一起。无法区分巧合与因果关系，是其中第一个，也是最重要的警示——区分巧合与因果是科学素养的基本要求。因此，如果孩子在接种疫苗后数周到数月间发病，痛苦的父母们很容易把疫苗当作元凶。反疫苗运动中充斥着阴谋论，它们与右翼对政府的不信任和左翼对传统疗法的不信任都有关联——后者是60年代后期到70年代的整体医学①与新纪元运动极端派别留下的遗产。近25年来，自闭症的发病率似乎在世界各地都出现了明显增长。（我想强调的是“似乎”一词，因为很多流行病学专家对自闭症病例是否真的有所增多持怀疑态度，他们认为，这是因为一些患有其他不那么严重的神经或行为障碍的儿童也被算在了“自闭谱系”当中。）为什么幼儿会患上这种在大部分历史时期会被看作上帝意旨的神秘疾病，人们也对可能的环境影响进行了研究，但科学界还没找到确切答案。不论导致自闭症报告病例数上升的原因究竟是什么，与之相关的一个巧合是，推荐儿童接种的疫苗种类也增加了。反疫苗组织特别关注相对较新，于1987年引入的三联疫苗，它可以帮助儿童对麻疹、腮腺炎和风疹免疫。语言发育迟缓和拒绝玩闹属于自闭症最初的一些征兆，父母们自然会在儿科医生按常规为孩子们注射麻腮风三联疫苗的同一时段或不久之后注意到孩子的症状。自闭症早期症状往往在孩子出生后第二年年末出现，但反对疫苗接种的人对这样的事实无动于衷，他们只是继续寻求扩大疫苗接种的法定豁免权，以实现所有疫苗的自愿接种为最终

---

① 另类医学的一种，相信心灵会影响“身体机能和症状”，声称可以通过探索身心联系来维持健康。——译者

目标。所谓疫苗导致自闭症的观点遭到了越来越多的科学证据的驳斥，但无论是反疫苗运动，还是倾向于把故事说成爱心父母大战冷血科学家的媒体，都对此视而不见。2014 年，一批澳大利亚科学家分析了覆盖了丹麦和日本 120 万名儿童的 10 项研究。所有这些研究都对比了接种和未接种过疫苗的儿童，发现两者的自闭症发病率并无差异。① 2016 年大选中，已经惯于诋毁任何领域的任何专家言论的特朗普自然而然地又给反疫苗运动扔了一根美味的骨头。特朗普声称，他有一个朋友的孩子原本很正常，但在接种麻疹疫苗之后患上了严重的疾病。特朗普说，这样的经验让他得出了结论，他的政府一定要新设一个委员会，去调查自闭症和疫苗的关联。忘了那些涵盖全球 120 万名儿童的研究吧，忽略丹麦、芬兰、日本和澳大利亚那些蒙昧国度的科学家的话吧，就这样让美国再次伟大。

在出于宗教原因不接种疫苗的阿米什人等群体中，麻疹频繁且严重的暴发引发了公共卫生担忧，反疫苗斗士们却毫不在意。这些暴发表明，如果足够多的人成功规避了要求儿童进入公立学校前接受免疫接种的州级法律，致命的儿童疾病很容易卷土重来。带着近乎宗教的狂热，强制免疫的反对者们认为，政府法令不应当给任何一个孩子带来哪怕一点点危险——众所周知，所有药物都有一定的副作用风险。反疫苗运动是左右两翼共同的产物，这一点怎么强调都不为过。很多受过良好教育、倾向自由主义的父母是 70 年代的整体医学运动的后裔。与右翼对气候变化专家的质疑相比，他们在疫苗问题上对医学专家的质疑毫不逊色。

---

① In Vivian Chu and Daniel Utter, "*To Vaccinate or Not to Vaccinate? Searching for a Verdict in the Vaccination Debate*," *Science in the News*, Harvard University, the Graduate School of Arts and Sciences, January 4, 2016.

而且，反疫苗斗士们都知道，只要大多数人依然接种疫苗，他们的孩子们事实上就可以搭便车：讽刺的是，只有在反疫苗运动成功推翻旨在保护所有人免受古老灾祸侵袭的强制性法律之后，没有接种疫苗的孩子才会面临真正的危险。垃圾科学利用了那些对风险—收益平衡，或对免疫接种预防恶疾的历史知之甚少的父母的恐惧和无知。"今日针灸"（Acupuncture Today）网站上提到了这样一个典型例子，死于百日咳的几率如今仅有数百万分之一，而接种百日咳、白喉、破伤风三联疫苗后发生严重不良反应的几率为 1/1 750，而且"疫苗导致的死亡人数高于相关疾病的致死人数"。[①] 在如今的美国，死于百日咳的风险当然小到可以忽略，因为千百万儿童在疫苗的保护下完全不会患上这种疾病。垃圾思想的宣传者们正在呼吁公众放弃的，正是那些大大降低了传染病死亡率的疫苗。为垃圾科学的传播提供了文化媒介的垃圾思想控制了他们。

垃圾思想的另一个明显特征是，他们搬弄的好似科学的语言背后并没有科学证据和科学逻辑。下面是《纽约时报杂志》对国家疫苗信息中心（National Vaccine Information Center）主任芭芭拉·洛·费希尔（Barbara Loe Fisher）的采访，这个中心其实是个反对疫苗强制接种的组织，但它的网站却用标题吸引着寻找真正的医学建议的人。

问：很多人认为疫苗是 20 世纪最伟大的医学成就之一。你不同意这种评价吗？

---

① Jake Paul Fratkin, "*The Treatment of Pertussis (Whooping Cough) with Chinese Herbal Medicine, Part Two: Risks and Benefits of Vaccinations*," *Acupuncture Today* (September 2006); www. acupuncturetoday. com.

[费希尔答]：大规模免疫政策的实施确实在过去40年中降低了儿童传染病的发病率。但与此同时，我们发现哮喘和学习障碍的发病率翻了一番。糖尿病发病率是原来的3倍。每500名儿童中就有一个患有自闭症。我们需要研究的是，这种用在每个儿童身上的疗法是否可能是慢性疾病和各种障碍背景发病率上升的原因。①

费希尔先是承认了传染病发病率的下降，然后巧妙地转移了话题。“与此同时”“哮喘和学习障碍的发病率翻了一番”“糖尿病发病率是原来的3倍”，这是混淆巧合与因果的典型伪论证。如果你对科学一无所知，那么她的话会显得很有道理。过去50年来，离婚率提高了，劳动力队伍中的女性也变多了，却没有人推断说疫苗与这些现象有关。费希尔提到的学习障碍、哮喘、糖尿病和自闭症四种现象当中，只有自闭症依然是医学上的未解之谜。原本只会发生在成人阶段，如今却在儿童和青春期的少年身上出现的Ⅱ型糖尿病发病率确实出现了急剧增长。这种变化和美国人肥胖率的增长高度相关，基于无数临床研究，医疗主管机构目前的观点是，每年新发糖尿病病例中超过半数可以通过减肥控制病情。学习障碍则是另一回事，这种情况在50年前极少得到鉴别和诊断，因此我们无法判断它们如今是否更加普遍。患有读写障碍综合征的儿童智力正常，但却很难学习读写，人们现在已经广泛接受读写障碍综合征的概念，而在我小时候，这种情况往往被看作懒惰、愚蠢或是逆反。现在，确诊读写障碍综合征的儿童可以在学习读写的过程中得到适当的帮助，

① *New York Times Magazine*, May 6, 2001; interview conducted by Arthur Allen.

能够过上完全正常的生活。

数学知识欠缺——对基本的数学和统计概念缺乏认识——是诸多垃圾思想的第三个要素。媒体和公众对医疗风险相关研究反应过度，很大程度上是因为数学知识不足。新闻报道经常说，服用某种药品或摄取某种特定类型的食物，会大比例地增加或降低患上某种疾病的风险。风险的变化幅度并不是关键，最重要的其实是风险的发生率。为了便于讨论，我们假设某种药品会让人们在 20 岁时患上某种致命疾病的几率变成原来的两倍。假如发病风险原本只有百万分之一，那么从公共卫生的角度来说，从百万分之一到百万分之二的变化其实毫无意义。但假如原本有两成的人面临患上这种疾病的危险，从两成到四成的变化足以让这种药品退市。

数字和理解数字的能力十分重要。费希尔 2001 年接受《纽约时报杂志》采访时，引用了儿童中自闭症发病率为 1/500 这个当时的标准数字。2006 年，标准数字变了，美国疾病控制与预防中心发布的一份报告指出，可能有多达 1/150 的儿童患有自闭症“及相关障碍”。大部分报纸的头条新闻和电视报道都没有就“相关障碍”是否和典型自闭症同样严重这个问题提出疑问——典型自闭症通常被定义为一种罕见病，患儿无法清晰说话，难以和他人进行情感交流。可是，标准的大标题只会写上，“自闭症发病率高于预期”。①

事实上，疾控中心的统计标准包含了如今被统称为“自闭谱系障碍”的所有与发育有关的疾病，从情绪管理障碍到语言障碍等严重性远不及典型自闭症的各种问题都被包括在内。两位顶尖流行病学专家在《纽约时报》评论版上撰文揭穿了把自闭症描述成“流行

① Josh Goldstein, “*Report: Autism Rate Higher Than Thought*,” *Philadelphia Inquirer*, February 9, 2007.

病”的垃圾思想正统理论。他们指出，尽管“较早期的研究依据的是对自闭症的狭义定义，往往基于某家诊所或医院中自闭症患儿数量的统计。现代研究方法采用了更广义的标准，不遗余力地找出特定地区中的所有自闭症患儿，包括那些之前并未被诊断为自闭症的孩子。疾病的实际流行情况并无变化，但这种研究方法使得新的评估数字一定会高于之前”①。这篇文章为编辑们招来了多得不可思议的愤怒信件，对于写信的那些代表所属的组织而言，相信自闭症暴发的存在和罗马天主教会的圣餐变体论②一样属于核心教义。突然发现某种广为人知的疾病的发病率远高于原有的评估，对这种发现的怀疑丝毫没有低估自闭症——还有相对较轻、带有部分自闭症特征的学习障碍——的严重性。如果说1/150的美国儿童患有典型自闭症，而不是可以通过各种方法治疗的不那么严重的发育障碍，那么这意味着最严重的公共卫生危机。

在种种流行心理学理论和以情绪与个人体验为基础的运动当中，数学知识的欠缺以更加微妙的方式发挥着作用。20世纪八九十年代被越来越多的心理治疗师们接纳的“记忆恢复”理论就是一例，它的基本理念是，大部分儿时遭遇过性侵的人都压抑了自己的痛苦记忆，但是通过治疗唤起意识中被遗忘的那些事，将对她们有所帮助。记忆恢复的鼓吹者们列举了与童年时受到过性骚扰的女性有关的数字，但那些数字既无旁证，又不可靠。社会工作者、《秘密的幸存者：解密乱伦及其对女性的影响》（*Secret Survivors: Uncovering Incest and Its Aftereffects in Women*, 1990）一书的作者E. 苏·布卢姆（E. Sue

① Paul J. Shadtuck and Maureen Durkin, "*A Spectrum of Disputes*," *New York Times*, June 11, 2007.

② 该理论认为，尽管圣餐面包和葡萄酒的外表没有变化，但已经变成了耶稣的身体和血液。——译者

Blume）声称，多达半数的美国女性幼年受过性侵。[1] 半数。对于像美国这般辽阔和多元的国家来说，如果说半数人口受到了某种现象的影响，那一定是种种社会力量强有力的联合造成的结果。是不是有超过半数儿童在吃快餐呢？当然是的，因为快餐消费受到了多种力量的推动，叠加在一起的因素包括电视广告、快餐相对低廉的价格、越来越多需要上班的母亲没有时间来准备传统餐食、年轻人烹饪技能欠缺和单亲家庭数量的增加。更重要的是，美国人的快餐消费与压抑记忆的普遍性不同，可以通过客观标准来衡量。

但什么样的社会力量会导致半数女性经历过童年性侵的恐怖，而后又忘记了她们所经历的恐怖呢？除非所谓的“半数”只是虚指，否则这种说法没有任何意义。当然，为了自圆其说，压抑记忆产业对性侵的定义非常笼统，情感和身体上的伤害都囊括在内，而笼统到毫无意义的定义是垃圾思想的又一个显著特征。“遭受侵害之后的通常反应是把它们从意识中清除。”精神科医生朱迪斯·赫尔曼·刘易斯（Judith Herman Lewis）在《创伤与复原》（*Trauma and Recovery*，1992）一书开头如此写道，对于那些相信很多受害者压抑了儿时乱伦记忆的治疗师和病人，这本书成了他们的圣经。[2] 谁说的呢？告诉那些开始接受治疗的病人吧，他们前来，恰恰是因为需要帮助，要去对抗那些无法遗忘的可怕的真实经历。

压抑记忆理论的主要驳斥者弗雷德里克·克鲁斯（Frederick Crews）指出，此类垃圾思想最恶劣的影响是，它们让对抗性侵儿童行为的重要而真诚的持续努力蒙上了阴影，对儿童的性侵如今仍然

---

① E. Sue Blume, *Secret Survivors: Uncovering Emotional Incest and Its Aftereffects in Women* (New York, 1990), p. xiv.

② Judith Herman Lewis, *Trauma and Recovery* (New York, 1992), p. 1.

被低估。70 年代初，女性主义运动的压力迫使父母和公职人员正视此前从未得到讨论，也不可言说的儿童性骚扰真相，为美国社会作出了巨大贡献。但是，说对儿童的性骚扰——犯下这些罪行的往往是父母、看护人、教师和神父等一般来说值得信赖的人——比美国人在 70 年代之前所认识和承认的严重得多是一回事，说这些罪行报告不足是因为受害者们遗忘了发生过的事情又完全是另一回事。动摇了美国天主教会的恋童癖丑闻证明，儿时遭受过神父性侵的人成年之后永远忘记不了玷污他们童年的性侵者。他们并没有无意识地压抑记忆，而是因为羞耻感、因为担心没人相信自己、因为想要保护自己的家庭与信仰而刻意抑制了它们。

只有在公众无法区分好科学、坏科学与伪科学的情况下，左右两翼对专家的非难才能起效。过去 20 年来，医学研究详细分析了美国肥胖率攀升带来的严重公共卫生后果，其中又以Ⅱ型糖尿病的暴发最为显著。与此同时，一种名为“肥胖研究”的新型非科学学术专业出现在不少大学校园之中。开始以肥胖研究为业的教授们很多是原本专攻女性研究的社会学家，他们认为，关于肥胖影响健康的科学数据只不过是针对超重人群的社会偏见的产物。加州大学洛杉矶分校社会学教授阿比盖尔·C. 萨吉（Abigail C. Saguy）说：“由此引出了一个非常有趣的社会学问题：为什么这件事（肥胖）现在那么受关注，为什么我们那么担心体重?”① 为什么呢？引发这种担忧的，难道不是明确证明了近三分之一的美国人达到了医学上的肥胖标准——而不只是通常所说的超重——因此面临着糖尿病、中风和多种癌症风险的医学研究吗？肥胖研究领域的阴谋论者却不以为然。

① Abby Ellin, “*Big People on Campus*,” *New York Times*, November 26, 2006.

流行文化协会（Popular Culture Association）把肥胖研究列入了它认为适于学术研究的话题，洛约拉大学历史学教授罗伯特·巴克霍尔兹（Robert Buchholz）在这个协会2005年年会上提交的一篇论文指出，1702年至1714年间统治英国的安妮女王仅仅因为肥胖就遭到了历史学家的忽视。但是他无法解释的是，为什么同一批仇恨胖子的历史学家非常关注俄国的叶卡捷琳娜大帝，她在位的大部分时间里也很胖。还有维多利亚女王，她在十几二十岁的时候按当时的标准不算丰满，在即位钻禧①纪念之前倒是长胖了不少。

专家有时会作出完全错误的预测，左右两翼的垃圾思想传播者都把这个无可争辩的事实当作他们最爱的论据。来自右翼的全球变暖批判者们喜欢把当前的科学共识比作60年代末70年代初部分人口学家对不受控制的人口增长的糟糕预言。② 垃圾思想中总会留有些许真相，确实曾有著名人口学家警告过，如果政府不去推行严格的强制节育，美国和世界都会面临饥饿的危险。《人口炸弹》（*The Population Bomb*，1971）的作者保罗·埃利希（Paul Ehrlich）预言道，到80年代，美国的城市将陷入食品骚乱的动荡之中。我们现在已经知道，人口学家的末日预言在很多方面犯了错误，其中最明显的就是误判了这个世界为自身供给食物的能力。如今依然有人挨饿，但世界上的饥饿问题是政治上的失败和资源分配不均的结果，而不是因为农业生产满足不了这个星球上的人口。末日人口学家们错就错在，他们认为主动节育不会发生，就算在发达社会中也不可能。但他们当然没有误判所有方面：例如，假使中国没有采取强制一胎

① Diamond Jubilee，通常指个人事件的60周年纪念（如结婚纪念、君主即位纪念）或集体事件的75周年纪念。——译者

② See John Tierney, "*The Kids Are All Right*," *New York Times*, October 14, 2006.

政策等从西方角度看显得残忍与不民主的措施来控制人口增长，中国就无法实现经济发展。

垃圾思想对人口学和气候学的类比是有意无意的误导，因为人口学并不是和气候学、物理学和生物学一样的自然科学。人口学属于社会科学领域，社会科学是关于人类各种社会关系的研究的统称。我在这里用“科学”这个词，只是因为它被学术界、新闻界和公共话语广泛接受。然而，对人类生育决策的研究不可能像对恒星和循环系统的研究那么客观，也不可能像后两者那样接受客观检验。包括人口学家在内的社会科学研究者使用着很多自然科学工具（包括计量和数学），但当他们把人类过往的行为当作依据，对人类未来的行为下结论的时候，他们的论证往往非常不科学。和研究生育模式的人口学家一样，研究女性堕胎后反应的心理学家只能告诉我们人类过去的行为方式，而不是在发生重大变化的未来条件下可能的行为。今日圣诞鬼魂对斯克罗吉说，他预见到，如果未来的影子不变，小蒂姆就会死去。[①] 无论是埃利希在说出他的预言，还是我们在听他的预言时，都应该秉持和那些小说人物同样的态度。在埃利希的预言中，未来的影子变了——女性大规模进入职场，生育年龄推迟导致生育数量下降，而且人们意识到，在后工业时代的经济中，过多的子女不是财富，而是负担。相反，今天的气候学家却没有假定人们不能或不愿改变自己的行为，他们小心翼翼地说，如果我们不减少化石燃料消耗，地球的气温将继续上升，给这个星球带来不利影响。同样值得一提的是，因为气候学属于自然科学而不是社会科学，它评估现状依据的是事实证据，而不是意识形态。当人口学家说美

① 出自狄更斯的小说《圣诞颂歌》（*A Christmas Carol*），今日圣诞鬼魂、斯克罗吉、小蒂姆都是小说中的人物。——译者

国如今依然人口过多时，包括埃利希在内的很多人说的，其实是他们对多少人、哪些人算是太多作出的主观评价。影响他们观点的可能是拥堵的高速公路，名牌大学激烈的入学竞争（在加州等地，第三代和第四代美国白人正在竞争中输给第一代和第二代亚裔美国人），还有可能是因为他们相信，增长中的拉丁裔人口是对美国说英语的盎格鲁-撒克逊传统的主要威胁。

不论人们是否认同那些担忧，它们都属于观点，而非事实。但是，当气候学家谈及当下的全球变暖时，他们说的是一种可以客观度量的现象：极地冰盖缩小、高山积雪消失、海平面上升、北极熊等濒危物种找不到赖以为生的寒冷气候、热带植物突然在温带盛放。想象一下穿着泳装攀登乞力马扎罗山的景象吧，不论这让你感到高兴还是惊恐，积雪的融化都是可观察到的事实。真正值得讨论的问题是，我们如今是否愿意为了遏制气候变化而改变自己的行为，假如我们什么都不做，会在多久之后面对全球变暖最严重的后果。

垃圾思想不应跟愚蠢和单纯的无知混为一谈，因为运用垃圾思想的人往往非常聪明，他们的目的是误导和迷惑大众，而大众又对看穿那些拙劣的研究所必需的逻辑、科学方法和基础算术掌握不足。20 年来的历次国际调查表明，相比其他发达国家，美国学校的基础数学和科学知识教学乏善可陈。国际学生能力评估计划（Program for International Student Assessment）2015 年针对数学、科学和阅读能力的教学评定是最近的一次国际性调查，此次评定发现，美国 15 岁学生的数学水平在被调查的 72 个国家中排行半数之后，阅读和科学方面的得分也只是略高于平均分。① 在数学方面，美国落后于除希腊之

① 国际学生能力评估计划由总部设在巴黎的经济合作与发展组织（OECD）筹划，每三年进行一次。

外的所有欧洲国家，也不及保加利亚和摩尔多瓦等曾经与前苏联帝国关系紧密的国家或前苏联加盟共和国。排名低于美国的亚洲国家和地区只有寥寥几个，新加坡排名第一，其后是中国的香港、澳门和台湾地区，日本，中国大陆，韩国等等。① 国际学生能力评估计划的标准以学生运用数学解决实际问题的能力为重点，它所测试的正是理解科研人员和媒体提出的各种说法中的分数和百分数所需要的技能。也就是说，在识别以垃圾科学和垃圾思想为基础的研究所需的基本数学技能方面，美国高中生远远落后于其他发达国家的学生。

美国学生在学校中的学习年限更长，能力却不如欧洲和亚洲的大部分发达国家，这样的现实与美国作为全球科技领袖的自我形象的落差世所罕见。在土耳其和墨西哥，不会一直有人对那里的人说他们是“第一”，或者应该成为第一。更重要的是，恰恰因为强大的国家拥有恃强凌弱的能力，在辽阔而强大的国家中，公众的无知对世界其他国家尤为危险。

特朗普政府中颇有争议的教育部长贝齐·德沃斯等人相信，将公共资金投入私立特许学校②可以解决美国的教育问题，但国际学生能力评估计划的调查结果并不支持这种观点。在加拿大，从来都不存在推动税金支持私立学校的运动，但加拿大在国际学生能力评估计划的数学、科学和阅读能力评定中名列前十。③ 值得一提的是，与

---

① Abby Jackson and Andy Kiersz, "*The Latest Ranking of Top Countries in Math, Reading, and Science Is Out — And the US Didn't Crack the Top 10*," Business Insider, December 6, 2016.

② 特许学校（charter school），指由州政府立法通过，特别允许教师、家长、教育专业团体或其他非营利机构等私人经营，由公共资金负担经费的学校，不受例行性教育行政规定约束。—— 译者

③ Abby Jackson and Andy Kiersz, "*The Latest Ranking of Top Countries in Math, Reading, and Science Is Out — And the US Didn't Crack the Top 10*," Business Insider, December 6, 2016.

韩国、日本等前十名中的其他国家不同，加拿大人口结构的多样性与美国十分相似。在德沃斯的家乡密歇根州，为了削弱公立学校，20 年来她投入了大笔家族财富，也许德沃斯更应该做的是从底特律跨过边境，看看加拿大温莎市的公立学校是如何取得成功的。

科学素养和对科学方法的尊重并不等于迷信专家，对以事实为依据的科学的仇恨也不能与对科学研究进行伦理监督这种完全正当的关切混为一谈，这两点自不必多言。但是，垃圾思想在美国已经极为普遍，一旦人批评对干细胞研究的宗教性限制，非逻辑思想贩子就会跑出来提醒大众，要他们想想那些进行过毫无医学意义的残忍人体实验的纳粹医生、前苏联的李森科生物学，还有广为人知的 2005 年韩国科研人员胚胎克隆研究造假事件。揭穿这些欺骗行为的自然是其他科学家，因为所有真正的科学研究都必须经过严格的同行评审。科学与伪科学和垃圾思想的区别正在于此。如果对什么算是好科学这个问题缺乏基本了解，不论是普通公民，还是代表他们的政客，都难以作出缜密判断，无法把江湖郎中、骗子和坏科学的吹鼓手同有着真知灼见的专家区分开来。

人文社科领域的思想骗局更难证伪，哲学、文学和艺术领域类似垃圾思想的东西可以轻描淡写地说成见解问题，也许它们正是因此才更为普遍。思想骗局的推手们以知识分子自许，这很可悲，但在学术史的记载上却并不引人注目。这种垃圾思想眼中没有任何种族、政治和性别界限；其中最重要的例证之一，是学术性的女性主义当中一股虽然滑稽可笑，但却很有影响力的运动，它执意攻击人类探索中最伟大的功绩，认为男性的暴力欲和统治欲无可救药地玷污了它们。这些被男性至上玷污的探索无所不包，科学和古典音乐都被列入其中。在1986年出版的一本著作中，特拉华大学哲学教授桑德拉·哈丁（Sandra Harding）把科学方法比作“婚内强奸，科学家以丈夫的角色强迫自然遵从他的意愿”①。哈丁还提到，女性主义历史学家（我想说的是，只是少数不合格的女性主义历史学家）关注的是“弗朗西斯·培根和其他……对新的科学方法心怀热情的人作品中强奸和折磨的隐喻”。她接着写道：

> 连贯的分析会得出这样的结论：把自然理解为一个对强奸并不在意甚至持欢迎态度的女性，这对那些关于自然和探索的新理念同样至关重要。这些隐喻想必也为科学带来了丰富的实践、方法论和形而上学成果。那么，我们为什么不像富有启发且真诚地把牛顿的定律称作“牛顿力学”那样，称之为“牛顿强奸指南”呢？②

音乐学方面的类似人物是苏珊·麦克拉里（Susan McClary），她指出，17世纪和20世纪之间的古典音乐的独特形式在音乐层面汇集了暴力释放之后失意的男性欲望。贝多芬第九交响曲第一乐章再现部的音符“释放出了音乐史上最骇人的暴力片段”，整部交响曲是“自启蒙运动以来形成的父权文化的矛盾冲动在音乐上最强烈的表达”。③ 在学术性的女性主义中，麦克拉里的批评并没有被贬作荒谬的边缘理论，相反，她在1995年获颁人人渴望的麦克阿瑟奖金，也

---

① Quoted in Marcia Angell, *Science on Trial: The Clash of Medical Evidence and the Law in the Breast Implant Case* (New York, 1986), p. 180.

② Sandra Harding, *The Science Question in Feminism* (Ithaca, N. Y. 1986), p. 113.

③ Susan McClary, *Feminine Endings: Music, Gender, and Sexuality* (Minneapolis, 1991), pp. 128–129.

就是众所周知的“天才奖金”。

这种最为恶劣的垃圾思想已经体现出了从政治谱系的一端向另一端转移的趋势；它们以一种与自然选择的进化论相反的怪异方式改变和被改变着。经过重新包装的垃圾思想必然会带着与原先大不相同的新貌、顶着看似新鲜和富有争议的伪装出现，无论是不是知识分子，都难以看穿它新瓶装旧酒的本质。

智识生活中不适者生存近来最突出的例子之一，是重新出现的对两性之间传说中的先天差异的过分关注，这些差异被用来解释从科学界顶层女性的缺位到小学男生的注意力问题（比如《新闻周刊》的报道）的一切。这些差异有时归因于激素，例如前面提到的对男女生课程差异化设计的营销，那样的课程设计旨在让受到睾酮荼毒的男生摆脱课桌的暴政，让催产素丰富的女生在课堂上叽叽喳喳或者用短信来交流彼此感受而不被老师批评。这种所谓的差异有时还会归咎于基因，随着基因研究的发展，随着用于大脑成像的技术工具变得越发精妙，这样的趋势无疑将更加明显。对“男生脑，女生脑”二分法新理论的热情跨越了政治和文化边界，从自由派学者延伸到了宗教基要主义者，后者坚持认为，神为男女规定了各自的职责范围。

在担任哈佛大学校长前曾任比尔·克林顿政府财政部长的劳伦斯·H. 萨默斯掀起过一场最终导致他离开哈佛的轩然大波。他当时暗示说，女性的身影之所以在顶尖科学领域较为少见，可能是因为男女两性在科学和数学方面的天赋生来不同。（萨默斯日后被重新起用，担任过巴拉克·奥巴马总统的首席经济顾问，他对经济学的了解恐怕要远多于先天和后天的关系。）在 2005 年的一次演讲中，萨默斯把科学领域中少有女性身影和投行中少有天主教徒、NBA 中少有白人球员、农业领域少有犹太人相提并论。这种不恰当的类比并不适合用来引出对“天生”才华的讨论，因为除了黑人篮球运动员的平均身高之外，萨默斯的其他例子都很好地说明了文化和社会对职业选择和机遇的重要影响。不用说，以色列的农业领域有的是犹太人，负责梵蒂冈金融运作的则是天主教徒。如果天主教廷在两千年前把总部设在了刚果，我能肯定，教宗和他的高级金融顾问必定是非洲黑人。

萨默斯的臆测之所以属于垃圾思想，原因并不是男女的天赋可能存在差异的想法，而是因为他得出了一个毫无根据的结论。他的看法是，如果那些差异真的存在，在是否有望在科学领域中取得成功这个问题上，它们比男女生所接收到的极为不同的文化信息更重要。为了便于讨论，我们假设对数学或科学表现出兴趣的男女生得到了同样的鼓励，而且在这种假想的公平竞争中，男生的基因优势注定可以在一个世纪中造就两个阿尔伯特·爱因斯坦水平的思想家，而女生中只能产生一个。天才的这种可以预测的分布当然明显是个荒谬的前提，但公平竞争的存在却是个更加荒谬的假设。相信天赋差异对教育者来说是个很方便的借口，让他们不用为了激发女生的科学兴趣而多费力气，研究机构和企业也不用作出改变，不用设法支持而非阻碍身为母亲的科学家的事业选择。此外，如果女性真的天生不如男性适合从事科学工作，学术界的大人物们就不用参加各种旨在推动多元化的烦人会议，因此也就避开了祸从口出这种难免存在的风险。

女性学者，尤其是那些在职业生涯早期持续忍耐和对抗了歧视之后才取得了成功的科学家，对萨默斯的批评最为强烈。听到哈佛校长自以为是地说着女性在科学方面先天不足，女性科学家和医生一定会倍感屈辱，因为萨默斯这样的男人永远无法想象，在科学或医学领域取得成功的每位60岁以上的女性忍受过什么样的歧视。《新英格兰医学杂志》名誉主编（也是这份令人敬重的刊物创刊以来唯一一位女性高级编辑）玛西娅·安吉尔博士（Dr. Marcia Angell）曾经回忆说，大学时有人说她“思考起来像个男人”，而她已经将女医生技不如人的刻板印象内化于心，因此“没有足够的意识来为这种恭维感到不快”[①]。最激烈地为萨默斯辩护的是右翼学者和记者，他们认为，这位哈佛校长遭遇批评，是因为他说出了政治不正确的真相。右翼人士发现，萨默斯的立场虽有些陌生，但却让他们颇感痛快，既能驳斥政治正确的左倾哈佛员工，又能通过支持与民主党有所关联的哈佛校长来显示他们的公正无私。萨默斯在哈佛教职员工当中不受欢迎的真正原因，似乎是他不懂得对任何大学校长来说都至关重要的自我激励技巧——大概是因为基因缺陷吧。

萨默斯关于女性缺乏科学和数学天赋的猜测是在一个颇具讽刺意味的背景下提出的，越来越多的人指出，男生才是真正在各个教育阶段陷入学业困境的群体。这些说法共同的主题当然还是老一套，认为男女大脑中的差异导致了不同结果，甚至需要区别对待。2006年10月25日，《纽约时报》以相对无害的标题刊发了一篇本应让人感到震惊的头版文章——“联邦规则转变，鼓励单性别公立教育”（Change in Federal Rules Backs Single-Sex Public Education）。报道称，布什政府引入了一项新政策，允许公立学区在自愿和男女生班级“基本平等”的前提下设立单性别班级，甚至是单性别学校。换言之，隔离但平等。这一政策违背了里程碑式的《1972年教育法修正

① Angell, *Science on Trial*, p. 189.

案》第九条，根据这条法律，公立学校在体育和性教育课程之外不得实施性别隔离教育。单性别学校的好处现在已经成了特许学校拥趸最热衷的话题。

一直以来，特许学校拥护者们最大的问题是，他们找不到充分的证据来支持自己的宏愿。从布什时期的做法开始，到特朗普政府开启的私有化尝试，研究只是证明了有些特许学校效果不错，有些则不然（对公立学校的研究往往也是同样的结果）。早在 2005 年，布什政府的教育部民权办公室负责人斯蒂芬妮·门罗（Stephanie Monroe）就承认，政府内部研究未能明确证实特许学校的优越性。"尽管教育方面的研究仍在继续进行，而且有些结果并不明确，但这些研究确实表明，单性别教育在特定条件下可以为部分学生带来一些好处。"门罗说。[1] 并不明确……特定条件……一些好处。这项政策抛弃了女性主义者 45 年来争取女性教育平等的努力，也放弃了公立学校中务实合理的男女同校制度——立国以来一以贯之的常规做法。代价如此之高，而研究结果却不能提供严密，甚至负责任的依据。小小红校舍[2]并不全是虚构，男女生之间也并没有帘幕分开：他们一起学习读写和算术是当然之事。

很多保守主义者相信，如果课堂上没有异性让孩子们分心，男女生的表现都会更好，因此，他们对推动单性别教育获得税金支持颇为重视。但这项事业也得到了很多被男生危机营销所欺骗的自由主义者的支持。（包括奥巴马在内的）很多自由主义者同样支持特许

---

① Diana Jean Schemo, "*Change in Federal Rules Backs Single-Sex Education*," *New York Times*, October 25, 2006.

② 1936 年的电影《小小红校舍》（*The Little Red Schoolhouse*）中的学校。电影中，一位 17 岁男生因为不愿遵守纪律而逃学前往纽约，发现自己遭遇的问题比上学更难对付。——译者

学校。过去20年中所谓男生危机的吆喝愚弄了一些自由主义者。可想而知，男生危机的始作俑者正在通过这个新发现的威胁大把捞钱。家庭治疗师、《男孩奇迹》（*The Wonder of Boys*, 2006）一书的作者迈克尔·古里安（Michael Gurian）1997年创立了古里安研究所，为费用高昂的研讨会提供赞助，向教师灌输男女生之间存在固有神经差异的理论——我在这里是在非科学的日常意义上使用“理论”这个词的。来自休斯敦，专门研究捣乱学生的神经学家布鲁斯·佩里（Bruce Perry）认为，从幼儿园开始就男女同班的标准公立学校体系“从生物学角度看，是缺乏尊重的教育形式”①。因为小女孩一般比小男孩更擅长语言，对读写能力的重视据说会让低年级男生处于尤为不利的地位。女性——女性主义者和反女性主义者——同样卷入了这场运动。自称女性主义者，在旧金山开了一家针对女性的激素诊所的神经精神病学家卢瓦安·布里曾丹（Louann Brizendine）带着自己的书《女性之脑》（*The Female Brain*）在脱口秀上大出风头。“对话沟通激活了女孩大脑中的快感中枢，”她解释说，“我们要说的不是微弱的快感。它非常巨大。那是多巴胺和催产素的大爆发，是除了性高潮之外你能感受到的最大、最强烈的神经奖赏。”② 学校的使命难道是用仅次于性高潮的神经奖赏来引诱学生学习吗？如果你不是个垃圾思想者，那么这个问题连想都不用想。

右翼也毫不逊色，他们把男生危机归咎于女性主义者，认为他们要么厌恶真正的男人，要么希望把男孩变成女孩。所有那些关于校园中男生问题的言论都有一个大漏洞，那就是男生危机很大程度上只出现在贫困或以少数族裔为主的社区之中。富有白人家庭中的

① Peg Tyre, “*The Trouble with Boys*,” *Newsweek*, January 30, 2006.
② See Joe Garofoli, “*Femme Mentale*,” *San Francisco Chronicle*, August 6, 2006.

男孩并没有落后于同样背景的女孩。危机在非裔美国人社区中确实存在，在小学就已出现，到了高中阶段更显严峻。城市研究所（Urban Institute）研究发现，在波士顿的学校中，完成高中教育的白人女孩与男孩的比例为 104∶100——有差距，但算不上危机。在非裔美国人中，这一比例为 139∶100。确实是一场灾难，但如果将这样的结果归咎于“从生物学角度看缺乏尊重”，但对上层中产阶级的白人男女生效果不错的学校体制，那就太荒谬了。从全国范围看，超过半数的非裔男孩在高中退学，这个数字背后有深刻的社会动因，政治立场各异许多的黑人作家和学者都探讨过这个问题。和钟爱“男生危机”说辞的白人不同，那些非裔美国人就此发表评论的时候，没有一位把重点放在男女生的基因差异或所谓的学习风格区别上。他们关注的是把暴力美化成男性气概，贬低知识的街头文化，以及很多贫困非裔美国人家庭中父亲的缺位。类似的情况在低收入拉丁裔社区和贫困白人当中同样存在，贫困白人的离婚率远高于较为富有的白人。即便是在饱受暴力和贫困问题困扰的社区中，女生们的表现依然好于男生，在生活中缺乏积极向上、遵纪守法的成年男性的情况下，男生更容易受到负面因素影响——包括毒品、帮派和蔑视女性的大男子主义，女生较好的表现必定与此有关。尽管如此，（真是不敢相信！）白人学者和媒体人士还是更倾向于关注男女生的大脑“语言处理”方式的不同。男生大脑中掌管情绪的杏仁核与负责用语言表达情感的那一部分连接较差，因此教男生读写的方法要和女生不一样。照此逻辑，鉴于 18 世纪之前的大作家全都是男性，也许那个时代的女性大脑中杏仁核的螺丝松动了。还是因为在启蒙时代之前，女性很少学习读写，而且被系统性地排除在智识探索之外呢？

在男生危机的沉寂期中拉响警报的第一人，无疑是《纽约时报》评论版专栏作家大卫·布鲁克斯。认为老左派和新左派都要为中流文化之死负责的布鲁克斯把男生的阅读问题归咎于女性作家写的“青年”小说。男生讨厌阅读，因为他们“要带着有关青年问题的新浪潮小说回家，书中似乎全是内向阴郁的女青年，她们的父母不是不要命的瘾君子，就是不可救药的抑郁狂”①。要激发男生的阅读兴趣，布鲁克斯说，必须让他们读海明威、托尔斯泰、荷马和马克·吐温。托尔斯泰？肯定不能读《安娜·卡列尼娜》。男生大脑中的语言处理中枢连接不佳，怎么可能会对一本用女人的名字当标题的小说感兴趣？而且，布鲁克斯的整个理论建立在一个靠不住的前提上，他以为学校布置的阅读书单会让男女生变成爱读书的人——或者让他们完全远离阅读。假如真是这样，每一个通过“迪克和简”识字书②开始学习阅读的人都不可能再去翻开其他的书。

19 世纪自学成才的男男女女的回忆录表明，他们都是从同样的书——《圣经》和莎士比亚——开始阅读的，因为当时很多小型社区中只能找到这些书。如今的美国儿童既没有习得阅读能力，也没有养成阅读习惯，早在他们年长到足够理解托尔斯泰、荷马、马克·吐温和海明威的十分之一之前，有些东西就已经南辕北辙。就连那些乏味的青年小说（没错，朱迪·布卢姆写过很多这种书）也在十几岁女孩的视野之外，除非她们从小就养成了阅读习惯。成年男性，包括那些早在女性主义据说开始侵蚀男生教育之前就已经长大的男人，读的书——尤其是小说——也比女性要少，但愉悦性阅

① David Brooks, “The Gender Gap at School,” *New York Times*, June 11, 2006.

②《迪克和简》（*Dick and Jane*），20 世纪三四十年代美国最受欢迎的儿童基础分级读本。50 年代后，《迪克和简》的整词法教学受到强烈批判，自然拼读法教学渐占上风。——译者

读的减少是一种普遍现象，在不同性别、不同收入、不同族裔的美国人当中都有明显体现。这些因素和大脑差异有关系吗？“女性对大脑左右半球的使用比男性更均衡，”布鲁克斯解释说，“男女听和嗅的方式不同（女性敏感得多）。男孩和女孩对颜色的选择不同（小女孩喜欢红色、绿色和橙色的蜡笔，而小男孩大多喜欢黑色、灰色和蓝色）[①]。男性和女性对风险的感受也不同（男性更爱冒险）。”也许，除了要督促学生阅读马克·吐温和海明威，教师们还得准备一堆包着黑色、灰色和蓝色书皮的“男孩书籍”，把颜色更鲜亮的封皮留给女生。

取笑这种形式的垃圾思想实在是太过容易，就好像拿枪打折翅的鹌鹑一样。但是，在这种重新强调男女大脑先天差异的进程中，真正令人不安的元素是，不论源流何在，它们都是过往的非科学和反科学思想的直系后裔。各种不同的人群天生不适合某些形式的学习，这种观念并不新鲜，我们过去都听过这样的说法——古代圣贤说，女性不适合研究哲学；种植园主确信，黑人太笨，学不了阅读（似乎也没笨到足够让南方人放心的地步，他们还专门制定了法律禁止教黑人读书）；19 世纪的男性坚持认为，女性身体太弱，没法经受高等教育的艰辛；最后，十分值得一提的是，美国土生土长的一代代白人新教徒始终认为，爱尔兰人、华人苦力、东欧犹太人、斯拉夫人和意大利人移民永远都学不会体力劳动之外的东西。公平地说，必须承认，“男生脑，女生脑”二分法的支持者们坚持认为，他们的理论并不意味着某一性别的优越或低劣，而单性别教育的唯一目标就是通过最符合男女生大脑化学因素的教育方法来体现对生物

---

① David Brooks, “The Gender Gap at School,” *New York Times*, June 11, 2006.

学的尊重。这只是名义上的区别，不论意图如何，学校中的男女隔离——而且要用公共资金买单——无异于对“男人来自火星，女人来自金星”这种思想的官方背书。这样的臆断也让美国的统治阶级和不同族裔的公民摆脱了他们对持续存在的美国贫困阶层的责任，真正陷入了永恒危机的，是那个阶层中的男孩和男人。

“男生脑，女生脑”的闹剧主要是心理学和社会科学研究者的功劳。和自然科学领域相比，垃圾思想在社会学和心理学领域中更为普遍，也更容易推广，因为要支持站不住脚的社会科学，并不需要完全拒绝专家意见。顽固反对进化论的人很难找到支持他们的严肃科学家，只能指望那些偶尔出现的怪人，他们反对科学共识，声称控制着大学和研究机构的精英分子的阴谋压制了异见者。相比之下，社会科学领域从来不缺既有资格、又有意愿为任何观点背书的专家，不论那些观点与常识和学术证据有多大的冲突。如果没有那么多拿了一堆学位的心理治疗师用专业权威去宣扬女性很容易遗忘儿时性侵经历，而且成人之后——当然要通过足够的治疗——很容易“恢复”那些记忆的理念，压抑记忆运动就不可能在 90 年代那么盛行。也有值得尊敬的精神病学权威反对记忆恢复运动，但这只是让公众越发情绪化（就像媒体对自闭症患儿父母的情绪渲染被赋予了不成比例的分量一样），而不是去重视冷血科学家展示的证据。

近年来，站不住脚的社会科学与盲目的政治激情（也就是我所说的政治正确）相结合的最危险的例子是这样一种观点：高等教育机构应当成为“安全空间”，应当保护学生免受可能引发不快的任何观点或话题影响。有文章引述了艺术史教授因为提到提香的“欧罗巴的劫掠”（The Rape of Europa）而被学生批评的经历（应该向女性发出“触发警告”，以免公牛驮走女子的画面唤醒性骚扰的记忆），英语教授的学生因为约翰·多恩的《献给就寝的情侣》而感觉被冒犯（“前前后后，里里外外，上上下下”那些话多么可怕!）。刚看到那些文章时，我以为这一定是想搏出位的右翼教授的夸张描述。在此，我为自己未经事实核查就过早得出政治性结论的做法作出最诚挚的道歉。在大学里做的讲座越多，越能听到学生的类似抱怨。大部分来听我的讲座的学生都清楚地知道，我是无神论者，会提到一些有关无神论的内容，他们（不论是否信教）前来是为了听到我的观点。但总有些学生——往往是那些为了学分来听讲座的——会因为我关于《圣经》、基督教历史或任何宗教话题的言论而大为光火。在一所世俗性的公立大学中做讲座时，我回忆起上天主教小学的时候，上帝要求亚伯拉罕牺牲独子的圣经故事对我的潜在影响，让我开始怀疑慈爱的神的存在。（在这段《创世记》故事中，上帝其实只是在考验亚伯拉罕是否顺从，但这个故事一直以来都让很多非基要主义的犹太教徒和天主教徒感到恐怖，在大多数宗教圈子里，我的反应并不会引起争议。）我特别记得当时一位学生的反应，那位学生自称“真正的天主教徒”，说她根本不该被要求来参加一场鼓吹“亵渎神明”的讲座。如果不是因为担心纪律处分，她对我说，她会直接扇我耳光。学生有权接受一种不会冒犯他们珍视的各种信仰，不会引发不快，或者不会强迫他们思考他们希望忽视的话题的高等教育，这种想法实在荒唐。政治右翼所说的“政治正确”过于狭隘，而且不够细致，不足以概括这种现象。事实上，我认为没法从极右翼那里找出合适的词来描述那位学生的做法，因为右翼博客圈子把所有世俗大学都想象成了反宗教的堡垒。在从保守主义立场出发反对所谓政治正确的人看来，这个词只能用在对倡导创造论的演讲者提出反对的学生身上。如果一名学生想通过扇耳光来与创造论者或无神论者打交道的话，用“政治正确”来描述她并不合适。“愚昧”才是形容这类人的准确用词。

假如没有在大学校园中花过大量时间，就无从理解鼓吹专制性非逻辑思想的人对专业训练及科学及人文通识教育造成的危害。哈佛大学法学院教授、纽约客网站专栏作家珍妮·苏克·格尔森（Jeanie Suk Gersen）向我们展现了一种令人不安的场景，在这个国家的一些最优秀、历史最悠久的法学院中，讲授关于强奸罪的法律困难重重。格尔森指出，在1980年代中期之前，法学院课程中没有关于强奸罪的法律，因为人们认为它不太重要，而且认为（在大部分情况下，这种看法是正确的）受害者几乎不可能在法庭上占据主动。而后，随着女性主义运动通过斗争改变了盲目指责受害者的法律和心态，几乎所有主要法学院都把关于强奸罪的法律纳入了课程。但是，近十年来，学生组织（和一些懦弱的教职员工）颠覆了女性主义，他们坚称，会让很多女生感到不安的关于强奸罪的法律不应列入必修课程。“代表女性利益的学生组织如今对学生的例行建议是，他们不该被强制学习以性暴力相关法律为重点，可能会让人感到痛苦的课程，”格尔森写道，“这些组织还要求刑法教师在上课时提前告知学生，关于强奸罪的法律单元可能会‘触发’关于创伤的记忆。经常有学生要求教师在考试时不要考关于强奸罪的法律，因为他们害怕那些材料会让自己表现不佳。”① 更糟糕的是，很多学生反对一种在所有法学院中运用了数百年的教学方法，这种方法要求学生依据他们个人可能并不认同的观点，从检方或控方的角度展开论辩。格尔森说：“来自不同机构的十多位新入职的刑法教师告诉

---

① Jeannie Suk Gersen, “*The Trouble with Teaching Rape Law*,” www.newyorker.com, December 14, 2014.

我，他们在课程中取消了关于强奸罪的法律，说没有必要去承担因为让学生感到不适而被投诉的风险。”

遗祸莫甚于此。什么样的强奸受害者会聘请不教学生如何赢得强奸诉讼的法学院训练出来的原告律师？而且，如果一个学生的感情脆弱到了无法忍受关于强奸罪的法律的课堂讨论的地步，他/她又怎么可能成为合格的律师？任何学科的男男女女所要接受的训练都是这个道理，不论那门学科会带来多大的痛苦。对于那些相信男女生要在小学中得到保护，不能让他们受到异性的不同学习风格影响的人来说，这个道理同样适用。当那些脆弱的孩子长大之后，走进男女一道工作的世界，将会面临多么大的冲击啊！从儿童教育到高等教育，垃圾思想的本质是一种专制性的非逻辑思想，试图保护我们远离那些令人不适的真相。

第十章

娱乐文化

1989年，《芝加哥论坛报》时任总编詹姆斯·D. 斯夸尔斯（James D. Squires）邀请甘尼特集团[1]新任董事长同美国报纸编辑协会成员探讨新闻业的未来。编辑们的担忧包括美国年轻人中报纸阅读率的急剧下降，以及甘尼特等媒体巨头对地方报纸造成的内容同质化影响。按照斯夸尔斯的描述，甘尼特集团董事长约翰·柯利（John Curley）一笑了之："你是说跟一群你这种人谈话？斯夸尔斯，你们已经完蛋了。"[2]

斯夸尔斯时年46岁，他并不是电影《满城风雨》里的那种头发花白、不懂电脑，在传统报业中挣扎求生的编辑。随着利润至上的企业精神掌控了越来越多风雨飘摇的报刊，代表着那种有损于企业精神的价值观的斯夸尔斯还是会被人无视。当时，平面媒体控制权的快速转移已经开始，从认为自己有责任尽可能深刻地向公众提供信息甚至是教育公众的人手中，交给了精于裁剪文字，徒劳地试图与视频和数字文本竞争的人，从这个意义上说，那位毫不客气的甘尼特高管当然没错。斯夸尔斯那一代人之后，报刊编辑费劲力气还是没法让文章变得够短，没法让彩色配图足够花哨，没法同只需一瞥电视屏幕便能获得的瞬间印象与刺激，同互联网上不断飞舞闪现的图片大军争夺年轻受众。1980 年代末，互联网并不是报纸出版人关注的重点。尽管个人电脑已经问世，但使用电脑的主要是被称作“早期用户”的科技迷。我们可以很有把握地说，大部分和斯夸尔斯同代的编辑很久之后才会意识到，互联网对报业的威胁甚于针对单个报纸的任何收购行为。电视业高管们也没有意识到，威胁着报刊业的文化力量同样会让他们传统的新闻采访角色成为牺牲品。报纸阅读率的下降始于 70 年代初，预示着公众的注意力集中时间持续加速缩短，在互联网和 iPhone 的时代，公众的注意力退缩到了持续数字化产出的娱乐之中，正是它们构成了我们如今的生活方式。

尽管如此，致力于发现和曝光政商领袖希望掩盖的事实的新闻业和新闻记者还没完蛋。有些新闻机构的所有者依然愿意为了挖掘公众有权知晓的事实而投入资金，它们往往被称作“媒体遗老”，我是从一个二十来岁，自以为是的新闻网站编辑那里听说这种居高临下的说法的，那个网站几乎不给作者任何报酬，它的评论则以所谓媒体遗老的报道为基础。特朗普总是把他不喜欢的新闻报道都打上“假新闻”的恶意标签，要想辨认出媒体遗老机构，只需留意一下特朗普最讨厌的记者、报刊和电视网络。这份名单倒是不长，包括《纽约时报》、《华盛顿邮报》、《华尔街日报》、NBC、CBS、ABC、CNN 和 BBC。能被称为媒体遗老的是些什么样的人呢？想想 NBC 的理查德·恩格尔（Richard Engel），在饱受战火蹂躏的叙利亚，他多

① Gannett Corporation，曾是美国发行量最大的报业集团，长期通过收购扩大规模，旗下报纸有《今日美国》《印第安纳波利斯星报》《得梅因纪事报》等。2019 年，甘尼特集团同新媒体投资集团（New Media Investment Group）合并，将数字化作为主要业务拓展方向。——译者

② James D. Squires, *Read All About It: The Corporate Takeover of America's Newspapers* (New York, 1993), p. 208.

次冒着生命危险发回关于叙利亚人民真实遭遇的第一手报道。想想那些为了研究表明特朗普团队工作人员在大选期间接触俄罗斯情报机构的电话记录而工作到深夜的《纽约时报》记者们，还有在特朗普的国家安全顾问迈克尔·T. 弗林于特朗普就职前违背“以现任总统为准”的惯例，私下与俄国大使对话的事件中揭露出证据的《华盛顿邮报》记者们。弗林承认曾就与俄国大使接触一事向副总统麦克·彭斯撒谎之后，特朗普解除了他的职务。而后，在一场新闻发布会上，愤怒的总统指责“不诚实的媒体”应当为弗林下台负责。“媒体已经失控了，”特朗普说，“他们的不诚实已经失控了。”他接着又强调：“公众再也不会相信你们了。”① 最后那句话也许是对的。要想识别假新闻，首先必须熟悉新闻，美国人过去 40 年来渐渐抛弃了平面媒介，铺平了通往新世界的道路，绝大多数 65 岁以下的人几乎完全依靠网络或电视获取新闻，30 岁以下的成人当中仅有 5%阅读实体报纸，30 至 50 岁和 50 至 65 岁人群阅读报纸的比例分别为 27%和 29%。② 关于美国人新闻知识的所有调查都有一个重大缺陷，它们都未能探明，线上读者是否曾经从平面媒体记者在数周到数月的深度调查之后写成的长篇文章中获取过信息。和主要通过移动设备获取新闻的年轻人交流之后，我的体会是，他们倾向于只看标题或者文章头几段话。不管是谁，不分老幼，用 iPhone 读过新闻的人都知道，想不受广告、短信或另一条标题的干扰连续阅读超过一分钟几乎是不可能的事。为了诠释疯帽匠的话，美国人吃着他们看见的，他们看见的更可能是 140 个字符的推文，而不是 2 000 字的报纸

① Peter Baker, “*Trump Delivers Heated Defense of First Month*,” *New York Times*, February 17, 2017.

② Amy Mitchell et al., “*The Modern News Consumer*,” Pew Research Center, July 7, 2016.

文章。

在关于美国当前反智大潮的讨论中，强调报纸的不幸会招来一种毫无新意的反对意见，认为美国的大部分报纸和大众杂志从来都不具备较高的智识水平。确实，除了拉尔夫·沃尔多·爱默生和阿尔伯特·爱因斯坦这样的名流之外，通俗报刊对知识分子和他们的作为要么无动于衷，要么公然蔑视。报纸过去和现在的智识缺陷与这里的问题并不相干，因为今日的视频和昨日的平面媒介之间的真正区别不是内容，而是情境——在当前的情境中，视频/数字时代喷涌而出的图像与噪声充斥着生活中的每分每秒。读报曾经是千百万人上班前后的习惯，报纸并不能持续不断地入侵个体的思想意识，最低劣的报纸和最崇高的文学作品具有一个同样的关键特点：人们可以随心拿起、阅读、思考和放下它们。印刷品的存在本身无法占据精神空间，只有投注了自己的注意力之后才能真正吸收其中的内容，无论那些内容是繁是简。平面媒介需要有意识的注意力，与信息娱乐媒介所催生的反射性娱乐相对立，不论我们谈论的是 iPod 上的音乐、网页上闪现的图片、短信、电子游戏还是最新的电视“真人秀”。正因如此，主要通过移动设备获取信息的人不大可能去仔细阅读任何篇幅的任何文章。所有这些信息和娱乐来源都能同时带来娱乐和沉浸体验，它们的诱人魅力很大程度上正是由此而生。正如托德·吉特林所说，把媒介当成单数名词的“某个媒介”这种常见的误用不仅仅是语法错误。

非常注重语法的人（比如笔者）总是会在媒体本身或大学生像说着“某个天空”——好像天空可以论“个”——那样说

> 起“某个媒介”的时候颇感尴尬。但是，除了忽视语法之外，这个错误另有原因。某些体验导致我们想以单数的“它”来称呼媒介。“媒介”是技术还是文化规范？这个问题也许会让我们感到困扰……但透过所有这些困惑，我们感知到了一种以类似统一体的方式在运作的东西……就算我们随意浏览，还是会有种一致的感受——不间断的步伐、打断我们的同样方式、要求我们不再严肃的压力、准备接受喧嚣的状态、对下一个新事物的期盼。不论文本差异多大，媒介大体具有一种同样的气质……①

由此，媒体形成了生态学意义上的那种媒介，就像自然界中有机体——更确切地说，人类有机体——栖息的生境。无所不包的媒介蕴含了很多对智识有所助益的要素，但总体而言，对于严肃的高层次智识探索，以及为不同层次的文化带来活力与进步的更加普遍的思想交流，这样的生境并不友好。那种媒介并非作为反智力量而生，但不论结果是有意还是无意，都证明了它微妙而显著的力量。很多人不同意将本质上属于被动性媒介的电视和互动性更强的数字媒介产品归为一类，但两者的差异在莫大的共性面前不值一提——它们都能通过视觉图像带来近乎实时的快感。

对印刷文化愤愤不平的悼词和对以视频为主的信息娱乐媒介控制美国文化的责难早已毫无新意，除了还在以印刷文字为业的人，几乎无人注意随意用“XX 的兴亡”当作标题的种种批评。对印刷媒介的衰落所带来的智识和政治后果态度悲观的人要是想证明自己的

① Gitlin, *Media Unlimited*, p. 7.

真诚与善意，就必须公开声明，对于电脑不仅在人类的进步之路上带来了技术突破，也带来了智识突破的说法，他完全不会反对。如今，勒德分子这个称呼比骗子、瘾君子和荡妇更让人无法接受。评论家要是想给对手安上精英主义的罪名，就得抢先承认，自己同样享受痛苦的一天过后在电视机前悠闲自在的“放松”。要是想做得更好，还得去掉“放松”两旁的引号，因为引号暗含某种优越感，带有精英主义的禁忌意味。最后，在谈起媒介对儿童尤为不利的影响之前，还得加上一段必不可少的陈述：对年轻人看待智识的严肃性和他们的智识成就，每一代人都会感到悲观。

既要对付媒介所传播的文化疾患，又要避免听上去像个古怪的勒德分子，最简单的办法就是把讨论集中在信息娱乐的内容和它最恶劣的表现上，致力于通过改变信息来改变媒介的大部分消费者团体采取的就是这样的策略。反对儿童节目中没完没了的广告、各种电视节目中的暴力、诸多流行音乐产品中野蛮和厌女的歌词与意象、互联网上层出不穷的儿童色情网站，以及反对电视电台和网络节目中数不胜数的其他各种垃圾的各类斗士们都接受了一个同样的假设，内容决定情境，而不是情境决定内容。他们的基本理念是，只要清除掉某些特定种类的毒素，媒介就不会伤害儿童和一切生灵。这样的工作当然十分重要，哪怕只是为了对这个将要交给下一代的世界免于愧疚。但是，媒介事实上已经变成了能够自我更新的统一化有机体，单单切除较为恶性的细胞组织，无法从根本上控制和缓解病情。

没有人会质疑过去40年来美国文化，尤其是工作、休闲和收集信息的方式的巨大变化，但重要的研究仍然不足以让我们得出确切的结论。皮尤研究中心 2015 年的一次调查显示，72%的美国成人（2011 年则有 79%）报告称，他们在前一年里读过一本书——“或是读完，或是读了一部分，而且任何形式的书都算在内”。[①] 在我看来，这种统计毫无意义，因为我们完全没法知道“或是读完，或是读了一部分”是什么意思。是在搜索特定短语的时候在谷歌图书上读了一页，还是读完了一本 400 页的传记？更好的问题应该是：“过去一年里，你是否购买过任何形式的书或从图书馆借出过书？”愿意花钱买书、愿意去图书馆借书的人更有可能去阅读那些书，这样的推断相当合理。政府关于人们如何利用时间的研究得出的结果同样让人沮丧。美国劳工统计局每年都会让人对自己利用时间的方式进行精确到分钟的记录。结果很有趣，但却无甚新意。仅举一例，报告表明，从 2004 年到 2014 年，20 多岁的人日均看电视时长从 144.9 分钟下降到了 137 分钟。30 多岁的人看电视的时长却从 141.6 分钟增长到了 150.5 分钟。[②] 是啊，美国人每天多看少看 10 分钟电视有什么意义呢？多数调查还存在一个问题，从购物到“社交、放松和休闲”，它们无法准确描述数字设备的使用与传统的利用时间方式有无重叠。社交指的是和朋友共进晚餐，还是 5 个字的短信？也许那条短信还会将你和朋友的晚餐粗暴打断。

有种说法看似有理，说只要关掉电视、iPad 和电脑，就能控制媒介对生活的影响，这一点应当如何理解呢？关掉媒介没那么容易，用一条著名的纯棉服装广告的话说，媒介已经成为构成“我们生命

---

① Lee Raine and Andrew Perrin, “*Slightly Fewer Americans Are Reading Print Books, New Survey Finds*,” Pew Research Center, October 19, 2015.

② American Time Use Survey: 2014 Results, Bureau of Labor Statistics, June 24, 2015, in Dan Kopf, “*How Young Adults Spend Their Time: 2004 vs 2014*”, Priceonomics.com, January 5, 2016.

的纤维”。在很多家庭，包括自认为属于知识分子的家庭中，不论有没有人看，电视都会开着。映着电视似有似无的光亮，听着电视似有似无的声音，人们会感到更加轻松自然，而不是相反，而且，成长于电视时代之前的人和现在的年轻人全都这么觉得。1985 年，尼尔·波兹曼把电视描述成我们对所有媒介的依赖范式。在那个人人开始谈论个人电脑，但没几个家庭真正拥有电脑的年代，波兹曼指出，很大程度上说，是电视告诉了大众，电脑将很快成为人人生活中的必需品，而且“如果孩子们‘不懂电脑’，就无法完成学业，就会在人生中落后”①。互联网已经接过了电视和报刊承担的许多信息传播和营销使命，但作为范式的电视形象——我们生活的屏幕——依然站得住脚。电视与电脑的区别在于，前者所能处理的任务较少。电脑既是信息娱乐媒介又是工具，凭借极高的效率取代了打字机、黄页电话簿等用途单一的早期工具。

除了音视频之外，电脑的生活方式中也包含了文字，即时性是它最大的魅力。可以看图片、听音乐——往往同时进行——的便携设备的出现进一步拓展了媒介的影响范围，延伸到了原本可以让人们有意无意独自沉浸在自己思想中的空间。啊，我听到了技术爱好者们说，这些新设备都是定制化的，提供了与个人的智力和兴趣相匹配的无数选择，跟 50 年代只能看三个台的“傻大粗”电视完全不同。照此看来，新生的数字音视频实际上对智识生活大有好处，因为它们并不要求个体观众屈就大众的最低品位。但是，不论新老，音视频媒介同样要求每个人成为观众之一，很多电脑程序具有互动性，但这种互动也只能发生在软件限定的宇宙之内。持续且专注的

① Postman, *Amusing Ourselves to Death*, p. 78.

阅读和对话对于有成效、高水平的智识活动必不可少，人们在电脑屏幕或任何其他屏幕前花的时间越多，留给它们的时间和欲望就越少。媒介侵入了有益于阅读的寂静，侵入了独自思索和社交对话所需要的自由时间，有时甚至将它们摧毁殆尽。更重要的是，通过让越来越低龄的儿童的思维——不论是男生还是女生的大脑——接触到剂量越来越大的预制娱乐，媒介对文化生活的控制力不断强化。

近十年来，儿童视频生产者的目标受众已经不仅是上幼儿园的3到5岁儿童，还加上了刚学会走路和连坐直都不会的婴儿。也许有一天，2006年会被看作媒介全面渗透人类市场之战的转折时刻。酷炫的《小小爱因斯坦》系列节目已经稳稳立足，它的目标是希望让孩子们在进入顶尖幼儿园的竞争中夺得先机的父母，进了那样的幼儿园，就能上顶尖中小学，最终奔向常青藤盟校。但在2006年初，在针对学步期儿童的视频节目之外，出现了第一个专门针对摇篮中的婴儿而不是已经老于世故的两三岁幼儿的电视频道——“第一宝贝”（BabyFirstTV）。

“第一宝贝”可以在各种数字屏幕上收看，它标榜自己没有广告，但这整个项目恐怕都可以看成为电视本身作宣传的广告，而且早在目标受众肉体和精神上有能力关掉它之前便已开始播放。一如既往，在“第一宝贝”开播之初，也有些所谓的专家从正反两个方面考虑问题。“刚听说它的时候，我是有点怀疑的，”美国出生缺陷基金会现任医学负责人爱德华·麦凯布博士（Dr. Edward McCabe）说，“但我后来确信，这是儿童媒介的一大进化。”① 麦凯布对美联

① Colin Mahan, “*Babies Get Some Infatainment*,” May 12, 2006, http://www.tv.com/story/4511.html.

社说的这番话被重现在“电视”网站（TV. com）上（还能在哪?）的一篇关于“婴儿娱乐”的文章中，他同时是第一宝贝的顾问委员会成员，也一直是与此项目有关的专家中被引用最多的。麦凯布博士是杰出的遗传学家，是在由染色体缺陷引发的代谢障碍甘油激酶缺乏症相关问题上最值得咨询的医生，但从他的医学背景中，我们看不出有什么能让他比美泰克洗衣机广告中的修理工更了解电视对普通儿童智力发育的影响。既然毕生致力于研究普通儿童发育问题的医学专业人士几乎全都强烈质疑让婴儿接触更多视频的做法，营销人员只好找专业领域不相干的医生来凑合了。

芝麻街工作室推出的一套以 6 个月到 2 岁之间的幼儿为对象、名为《芝麻启蒙》（*Sesame Beginnings*）的半小时 DVD 节目在某些方面更加令人不安。作为针对年龄稍大的幼儿园儿童、深受喜爱的《芝麻街》系列节目的制作者和所有者，芝麻街工作室在美国人心目中就是品质和教育价值的代名词：谁会反对芝麻街布偶的品质保证呢？正好，确实有些著名儿科医生和儿童心理学家反对——包括继本杰明·斯波克博士①之后成为美国父母的非官方总顾问的 T. 贝利·布雷泽尔顿博士②、《拔苗助长》（*The Hurried Child*，2001）的作者大卫·埃尔金德博士（Dr. David Elkind）、专注于研究黑人社区中儿童成长问题的非裔精神病学专家阿尔文·F. 普森特博士（Dr. Alvin F. Poussaint）。他们强烈反对让儿童接触视频，并且引用了美国儿科学会让 2 岁以下儿童完全不看电视的建议。他们的声明激怒了几乎所有

---

① Benjamin Spock，美国儿科医生，1946 年出版《婴幼儿保健常识》（*The Common Sense Book of Baby and Child Care*），影响了数代父母。斯波克是第一个积极研究并运用精神分析的儿科医师，主张父母在对于婴幼儿的教育中应该运用理解和灵活的方式，而不是体罚。——译者

② T. Berry Brazelton，美国儿科医生，《婴儿和母亲》（*Infants and Mothers*）等作品影响深远，强调要引导父母看到孩子的能力以及他们自己的能力。——译者

靠视频过日子的人，包括一些为报刊撰稿的电视评论家。

在包括平面媒体在内的主流媒体上，婴儿电视产业的卫道士以“精英主义”来指责公开抨击那些 DVD 的德高望重的儿科专家和儿童发育专家。《纽约时报》的电视评论家弗吉尼亚·赫弗南（Virginia Heffernan）写了一篇尖刻的专栏文章，批评“那些来自波士顿的专家”——包括布拉泽顿、艾尔金德和普森特这三位博士——的傲慢。地名“波士顿”成了“脑袋尖尖的东部知识分子当权派之都和‘精英’之家”的代名词。按照赫弗南的说法，反对视频的专家“对《芝麻启蒙》的态度不仅是稍稍反对进步，在他们看来，好像技术本身——任何屏幕！——会伤害那些就该只盯着落日、摇着拨浪鼓、抱着玉米皮洋娃娃的儿童。”① （赫弗南的词汇量比特朗普多不少，但她那反对精英主义和专业知识的长篇大论看起来还是有点像特朗普。）照此看来，反对让儿童接触罐装娱乐的可能原因就只剩下了知识分子的自命不凡，对将技术运用于任何年龄的任何人的条件反射性的反对，当然还有对肩挑重担、辛勤工作的父母们的冷漠。不管怎样，视频营销者都不必担心儿童接收不到他们的讯息。早在 2003 年的一项开创性研究中，恺撒家庭基金会（Kaiser Family Foundation）就准确地提出了“屏幕媒介”这个词，作为以儿童为对象的各种视频的统称。2003 年，43%的 2 岁以下儿童已经每天都看电视，高达 68%的 2 岁以下儿童每天都会接触电视、DVD 或录像带上的各种视频。30%的 3 岁以下儿童、43%的 4 至 6 岁儿童卧室中有电视机。② 这些熟识媒介的幼儿想必已经抛弃了玉米皮洋娃娃

---

① Virginia Heffernan, "*The Evil Screen's Plot to Take Over the 2-and-Under World*," *New York Times*, April 14, 2006.

② "*Zero to Six: Electronic Media in the Lives of Infants, Toddlers and Preschoolers*," Kaiser Family Foundation and the Children's Digital Media Centers, October 28, 2003.

和木制拨浪鼓，会看着夕阳在他们的视频屏幕中而不是地平线上落下。21 世纪初以来，移动数字屏幕的普及只是让婴幼儿更多地走进了那些脑袋尖尖的儿科专家不让他们接触的世界。

营销人员坚持说，这些有益身心的幼儿 DVD 旨在促进亲子互动：爸爸妈妈应该和孩子一起看《芝麻启蒙》。这些视频中更加发人深省、更加可悲的片段是对母子玩耍的重点展示，那些母亲有些是名人，有些只是无名的普通人。父母为什么要去看别的父母和别的小孩玩耍的 DVD，而不是抱着自己的小孩和他们对话呢？不论父母们是否愿意承认，答案在于，他们希望小家伙们盯着屏幕——是的，任何屏幕——上最爱的视频进入习惯性的催眠状态。这样一来，大人们就不用照看他们，可以享受一杯红酒，进行一些成人的对话（如果他们自己没在看电视的话）。假如视频不是一种成瘾性镇静剂，这样做本来也无可厚非。但它在大多数家庭中确实成了一种成瘾性镇静剂，这就是制作那些视频的本来目的。还没有表明让婴儿看电视存在危害的大规模研究，因为直到目前，一直没有足够大的婴儿群体作为研究对象。关于这个问题最早的严肃研究发表于2007 年，华盛顿大学和西雅图儿童医院研究发现，像《小小爱因斯坦》和《天才宝宝》（*Brainy Baby*）那样的视频节目事实上可能会妨碍 8 至 16 月龄婴儿的语言发育。研究人员发现，和没有在那么小的时候接触视频的婴儿相比，婴儿们每多看一个小时的电视，他们所能理解的单词数量平均就会少 6 到 8 个。① 如果任凭营销人员自由行事，我们很快就没法找到在学会走路和说话之前没有对视频着迷的对照组婴儿了。

---

① Jeneen Interlandi, "*Are Educational Videos Bad for Your Baby?*", August 7, 2007, *Newsweek*, http://www.msnbc.msn.com/id/20167189/site/newsweek/page/2/.

恺撒基金会的研究还有一个尤为让人难过的发现，6 岁以下的儿童平均每天阅读或听家长给他们读书的时间只有 39 分钟。[①] 还需要更多研究来告诉我们通过对毒品的医学研究和千百年来的教育实践已经了解的东西吗？—— 无论好坏，任何物质或体验对人的影响都会随着接触时间增长而加深，在尚未发育成熟、更具可塑性的生物身上，这种效应表现得最为明显。给我们一个婴儿，还你一个终身视频消费者。

对数字信息的痴迷取代了愉悦性阅读，这个说法确有必要加以解释。当你玩着电子游戏的时候，不可能同时阅读一本严肃的书。当近四成成人一年中连一本书（虚构和非虚构类）都没读过，半数以上没读过虚构类作品的时候，事实不言自明。文学性阅读的衰落并非新事，早在 20 世纪最后 25 年中就已开始。国家艺术基金会调查发现，从 1982 年到 2002 年，全体美国人的虚构类作品阅读率下降了 10%，而最严重的下降 —— 28% —— 发生在 25 岁以下人群中。更糟糕的是，1992 至 2002 年，文学性阅读的下降速度几乎增长了 3 倍，个人电脑正是在这 10 年中走进了美国中产阶级的日常生活。[②] 另外值得一提的是，国家艺术基金会用了“文学性阅读”这个词最广义的定义，把任何虚构类或诗歌作品都计算在内。因此，在以愉悦为目的而读小说的少数美国人当中，不少人也许只是沉迷于“青年小说”、言情小说，或者是那种被称为“小妞文学”的恶俗的新型女性幻想小说。相比那些小说的作者，50 年代的中流作家简直可以

---

① Jeneen Interlandi, “*Are Educational Videos Bad for Your Baby?*”, August 7, 2007, *Newsweek*, http://www.msnbc.msn.com/id/20167189/site/newsweek/page/2/.

② “*Reading at Risk*,” July 8, 2000, National Endowment for the Arts.

算作莎士比亚和托尔斯泰。相对于“小妞文学”，并没有类似的“小伙文学”分类，这不是因为性别歧视导致以男性为受众的文学被视为常态，而是因为年轻男性读的小说比任何其他群体都要少。

这些近期的统计数字尤其重要，因为它们记录下了文学性阅读在一个少有文盲的社会中的困境。就算两个世纪之前的阅读率统计数字与现在相当，2000 年和 1800 年的比较完全没有意义，因为 1800 年只有很少人能识字。然而，近 40 年来严肃阅读的衰微只能归因于其他娱乐方式的竞争。赞赏数字/视频新常态的人只需宣称，因为其他媒介事实上提供了新的学习方式，严肃阅读——数百年来人们所理解的严肃阅读——普及率的下降并不能代表文化方面的不利发展。技术爱好者史蒂芬·约翰逊在《一切坏东西都对你有益》中争辩道：“没错，我们阅读文学性小说的时间变少了，那只是因为我们花在过去常做的一切事情上的时间都变少了……我们买的 CD 越来越少，我们不再经常去电影院。这些旧式的事情做得少了，是因为很多新式活动近十年来已经真正成为主流消遣：互联网、电子邮件、DVD、有线点播电视、短信聊天。我们读书少了，因为一天只有这么长……如果阅读是唯一出现下滑的文化活动，那恐怕确实值得警惕……只要读书依然是我们文化菜单的一部分，只要新型的流行形式可以继续带来认知奖赏，我们短期内就不大可能陷入一种精神萎缩的文化。”① 这种论调的不幸、遗憾和无解之处都体现在了“认知奖赏”这个词上。不同媒介和不同活动当然可以通过刺激大脑不同部位带来不同的认知奖赏。骑自行车、给奶牛挤奶和阅读需要不同的神经元分工协作，但唯有阅读是智识生活中无法分割的一部分。

① Johnson, *Everything Bad Is Good for You*, p. 184.

（我并不是说骑自行车和给奶牛挤奶意义不大，也没有否认这些活动有时能让人感到快乐。）较为复杂的电子游戏需要注意力高度集中，但游戏高手最后得到的认知奖赏不过是打通更复杂的其他电子游戏的能力。相反，阅读好书几乎不能——在你七八岁之后完全不能——提升阅读技能，但却可以在人类能想到的几乎所有方面拓展阅读者知识与想象力的深度和广度。当安娜·卡列尼娜卧轨自杀的时候，读者要面对关于背叛的本质、性的双重标准、婚姻的妥协、家长责任与个人实现、对家庭的忠诚、宗教等方方面面的无穷问题——任何时代的生活中伟大而平凡的两难困境，以及智识论述的本质。游戏玩家通关之后，他想的几乎只有去找下一个更复杂的游戏。约翰逊说对了一半。我们读书少了，因为一天只有这么长时间，但另一半答案是，越来越多的人，尤其是青少年，更乐于把这些时间花在各种各样的视频娱乐上，既包括在无互动性的屏幕上完全被动的娱乐，也包括电子游戏这类更具认知挑战的互动娱乐。只要读书依然是文化菜单的一部分，那就无须为文明担忧，这种说法毫无意义，就像说只要儿童生活中还有锻炼就无须担心他们的身体健康一样。“一部分”可能很大，也可能小到微不足道。和阅读一样，儿童们过去花在体育活动上的玩耍时间也在稳步被视频所占据。如果美国儿童的锻炼时间继续减少，就算体育活动依然是生活的“一部分”，他们还是会不可避免地变得更胖。如果阅读在我们的文化菜单中的份额继续减少，智识生活将不可避免地变得更加贫乏。

当游戏发烧友谈起电子游戏的好处，说它们通过要求玩家建设城市而不是炸飞对手来激发创造力时，他们听上去和过去自称为了阅读高质量文章才去买《花花公子》的读者差不多。我们必须承认，确实有些游戏制作精良，而且少有暴力色情元素，但那些严肃的智力游戏并不在大多数男孩的心愿单上。每种电子游戏当中都有一个奖赏系统，那和约翰逊吹捧的一般性认知奖赏几乎完全无关。那些奖赏包括能让玩家升级的经验值、与“大富翁”游戏中的金钱相当的虚拟财富，还有让人想起“好狗狗”的赞赏。约翰逊正确地写道：“大多数游戏营造了一个虚拟世界，和真实生活相比，那里的奖赏更高、更强、更明确。”① 人们总是认为，因为游戏要求参与者反复试错，所以它们是让青少年开始接触科学方法的不二法门。但是，真正的科学往往意味着多年的挫折与困境；在科学研究中，就算真能拿到比日常生活更大的奖赏，它也不会像游戏中的图标那样有规律地跳出来。

注意力集中时间的缩短导致很多孩子认为书本太过无聊，但他们似乎并不觉得弹出奖赏的电子游戏无聊，因此，在课堂上用“教育性”游戏作为书本的补充成了当下的重要举措之一。理论上说，并没有什么理由不让影响有限且目标明确的教育性电子游戏成为书本的补充，但在实践中，鉴于电子游戏的成瘾性和巨大的经济利益，阅读和其他的传统学习方式被技术取代才是更可能发生的结果。十几岁的男孩们会一连玩上好几个小时游戏，却不会想着花同样多的时间读小说，那是我这一代十几岁的书呆子的特点，他们更有可能成为守正之人，可能会比讨厌读书的家伙作出更大的贡献。问题在于，为什么。我怀疑，所谓的奖赏（在从未玩过电子游戏的人听来相当荒唐）就是电子游戏主要的魅力所在，而引诱人们读小说的只不过是连贯叙事的吸引力。更重要的是，游戏中的奖赏不仅带来了激励，它们同时还是一种断续的间隔，代表着一个谜题的结束和下

① Johnson, *Everything Bad Is Good for You*, p. 36.

一个谜题的开始：奖赏本身是一种能在提供新鲜感的同时让玩家继续沉浸在游戏中的娱乐方式。

美国人花在游戏上的时间和金钱多得让人难以置信。代表游戏产业的公关团体娱乐软件协会（Entertainment Software Association）报告称，美国消费者2015年在游戏上花了235亿美元。买游戏来玩的人当中约有六成为男性，40岁以下的男性比女性更有可能自认为属于“游戏玩家”——每周都会玩游戏或在游戏上投入大量时间的人，要么和别人一起玩，要么自得其乐。[①] 就游戏的文化冲击而言，游戏心理学比经济统计数字更能说明问题。承认自己对游戏上瘾的作家弗兰克·关（Frank Guan）在《纽约》杂志上的文章给出了（对于不玩游戏的人来说）最富洞见、最让人不安的解释之一。关指出，游戏的诱惑力相当强大，因为，和人生不同，游戏的规则是可预测的。他说透了“游戏”可以带给我们，但真实世界无法提供的东西。

> 首先，与人生不同，游戏意义明确：游戏和所有体育运动一样，不论是数字空间的运动还是现实中的运动，成功都有详细的规则（和在社会上不同，这些规则人人可见）。和现实社会不同，游戏中的目标直接可见而且从不打折。和只能看着他人表演的电影和电视不同，你永远都是主人公，在游戏中，你就是原动力。和体育运动不同，你不用出门就能参赛、探险、交流、展现实力或感受快乐，而且这一切可以在游戏中同时做到。游戏中的环境可能具有挑战性，但从另一个角度看，它设计出来就是为了让玩家获胜的——在多人游戏当中，玩家取胜的概率

① Entertainment Software Association, 2015 Annual Report.

也不小。在这类游戏中，玩家往往起点相同，而且就决定地位的要素和取得这些要素的方式达成了公开的共识。**换句话说，游戏看上去就像是我们从小就被教导要去争取，但在成人之后却永远都找不到的“事在人为”。**①

关补充道，游戏会带来一种鸦片般的迷幻感，除了游戏之外，“好吧，只有真正的鸦片”能带来这样的感觉。② 我认识的多数游戏玩家都喜欢这篇文章，认为其中的描述完全准确。我想这是我读过的最吓人的文化分析之一，我并不怀疑它的真实性，本质上说，这位作者所谈论的，是借以逃避成长的游戏，在游戏中不用和必然不完美，有时甚至完全不存在的“事在人为”打交道，但恰恰是它们构成了成人生活。在游戏当中，你永远都不会因为爱上的人不爱你而苦恼，永远都不会在奋力创造之后一无所获，永远都不会发现信任的人对你撒谎。任何一个 5 岁孩童都懂得更多人生道理，当然，前提是他还没接触到游戏娱乐文化。

针对学校的“教育性”电子游戏研发已经不再苦于资金短缺，没什么好奇怪的。为了研究和采购新型数字知识媒介，麦克阿瑟基金会过去十年来投入了 5 000 万美元。美国科学家联盟 —— 一个以向政府机构提供国家安全建议著称的组织 —— 呼吁为能够传授“演绎分析、问题解决、计划制订与实施和适应快速变化等……更高层次的思维技能”的游戏投入更多联邦资金。③ 美国陆军已经在征兵和某些训练中广泛运用“视频模拟”，但几乎还没有人研究过游戏和传

① 粗体为本书作者所加。
② Frank Guan, “*Why Ever Stop Playing Video Games*,” *New York*, February 20, 2017.
③ *Harnessing the Power of Video Games for Learning*, Federation of American Scientists, October 17, 2006.

统学习方式的效率对比。但我基本可以肯定，越来越多的“教育性”游戏将成为课堂上的主力军，在本就爱视频胜过爱书本的孩子当中，阅读大部头书籍的场景将越发少见。别忘了，婴儿时期观看的视频和DVD已经让新一代小学生做好了接受教育性电子游戏的准备，不论他们是否自知，从生命的最初几个月里就开始陪伴左右的动态画面已经让他们觉得，书籍不像动画那么有趣和刺激。不用说，把电子游戏卖给学校是笔大买卖。2006年，与美国科学家联盟联合发布《将电子游戏的威力用于学习》（*Harnessing the Power of Video Games for Learning*）报告的是美国娱乐软件协会，这一点很重要。（游戏市场的规模当时只有70亿美元。）大多数新闻报道忽视了这份报告和营利性软件公关公司的联系。大部分报道中只有一个不和谐的音符，发布过无数份美国中小学教育缺陷报告、颇受尊重的智库机构托马斯·B. 福特汉姆基金会时任主席查尔斯·E. 芬恩（Charles E. Finn）颇有勇气地指出，美国科学家联盟的建议是“胡闹”。他质问道：“难道他们接下来要建议政府出资研究漫画书、真人秀电视节目和即时通讯的教育价值吗？”事实上，答案是肯定的。芬恩无疑也是个傻乎乎的勒德分子。

没有理由认为毫无保留地赞同“后古登堡”教育的趋势有逆转的可能，因为年轻人不光得到了认知奖赏，还有电子游戏技能带来的其他更加现实的奖赏。2006年春天，我拿到了密歇根州立大学传播艺术学院的杰出校友奖，仪式开始时，我刚好听到了一位系主任和他的副手在台上的对话。这位系主任说，从有才华的高中毕业生——拿到SAT高分、高中成绩优异的学生——当中选出“顶尖”申请者的最好办法是，“顶尖”学生在电子游戏方面技高一筹。我在前一晚的颁奖晚宴上遇到了一位荣誉学生，交谈中我恰好提到，富兰克林·D. 罗斯福的炉边谈话是20世纪政治传播的一大创新。她看起来一脸茫然，我意识到，就算她知道罗斯福是谁，她也从来没听说过炉边谈话，也就是说，她已经临近毕业，却不太了解新政和罗斯福的历史地位。传播艺术学院的高年级学生也许应该听说过炉边谈话，听说过肯尼迪与尼克松的辩论，如果系主任们把精通电子游戏当作“顶尖”学生的特质，那么在学校和日后的“媒体界”职业生涯中，历史知识也许就不会被看作获得成功的重要因素。如果学生因为精通电子游戏和其他技术知识而得到了最高的奖赏，那么技术无疑将是他们最看重的东西。

更重要的是，要衡量人们赋予某种行为的文化和个人价值，投入其中的闲暇时间长短是个明确的指标。要一窥美国人的头等大事，只需看看感恩节次日清晨（其实是午夜）排大队争抢的顾客——有时还会发生只有警察才能平息的拳脚之争——他们要抢占最早的节日促销时机购买平板电视、新发布的电子游戏和最新款iPhone。（事实上，如今很多人在感恩节当天就开始排队了。）美国人会为了抢先买到打折图书而拳脚相向吗？除非签名售书的作者是他们在电视上见过的名人。

在取代了传统阅读的新科技王国中，并没有“够用”的概念。苹果公司2007年夏天推出的iPhone已经俘获了差不多三分之二美国人。除了那些过去十年间一直不问世事的人，众所周知，iPhone是一台强大的手持电脑，可以连接互联网，融合了电话、存储音乐的iPod、相机和很多原本要靠家中的大型设备（至少是一台沉甸甸的笔记本电脑）才能实现的大部分（尽管不是全部）音视频功能。iPhone的魅力，或者说智能手机的魅力，在它2007年发售之后的最初几天就已显而易见。那年六月最后一周，纽约的气温升高到了30

多摄氏度，城市忍受着头一次连续季节性断电的煎熬，为了在等待iPhone发售的队伍中排到最前，人们要在苹果零售店前酷热难耐的人行道上扎营三天。作为手机，iPhone取得了真正意义上史无前例的成功。但是，成人们低着头花在这台娱乐设备上的大量时间确实带来了某些问题。首先，低头看手机给颈部造成的压力会让人颈椎疼痛。成人的头部平均重14磅，但在低头60度时——像iPhone用户经常做的那样——颈椎实际承受的压力高达60磅。① 另一个问题是，由于iPhone让用户忘记了周遭环境，iPhone用户本身、其他行人和司机都会面临危险。前不久，我拦住了一位正在把婴儿车推向骑来的自行车前的母亲，当时，她正一边低头看着手机，一边过马路。而那位骑车人——他也在用着手机——正在单行道上逆行。

被动和主动的视频消费者对通过书面语言获取信息的过程越发失去耐心，所有的信息娱乐提供者都面临着极大的压力，需要尽可能快地传递讯息、获得回应，今天的“快”要比过去的“快”快得多。文化历史学家伊库·阿达托（Kiku Adatto）的一项知名研究表明，从1968年到1988年，电视上的总统候选人原声片段——候选人自己的声音——平均时长从42.3秒降到了9.8秒。到了2000年，候选人原声片段平均只有7.8秒。② 在这个以特朗普的推文为特色的总统时代，那样的研究听起来有些落伍，但它明确告诉我们，早在数字时代来临之前，公众的注意力集中时间就已经开始缩短。特朗

① Khaleeli, Homa, "*Text Neck: How Smartphones Are Damaging Our Spines*," *Washington Post*, November 24, 2014.

② Kiko Adatto, *Sound Bite Democracy: Network Evening News Presidential Campaign Coverage, 1968 and 1988*, Research Paper R-2, Joan Shorenstein Barrone Center for Press, Politics, and Public Policy, June 1990. Thomas L. Patterson, *Diminishing Returns: A Comparison of the 1968 and 2000 Election Night Broadcasts*, Harvard University Faculty Research Working Papers Series, RWP03-050, December 2003.

普的独特之处在于，不论话题是严肃还是琐碎，发推永远是他最钟爱的交流模式。奥巴马时期，白宫通过 Twitter 发布的一般是无须冗长解说的日常通告（通常是日程信息）。特朗普的推文五花八门，既有亚历克·鲍德温在《周六夜现场》中模仿他表演之类的琐事（“不值一看”），也有美国历史上最严重的大规模枪击事件——针对佛罗里达州奥兰多一家夜店的恐怖袭击。我们无法想象，在 2016 年 6 月 12 日奥兰多惨案之后，奥巴马或他的前任布什会像特朗普那样做。“谢谢祝贺，”这位未来总统在推文中写道，“对激进伊斯兰恐怖主义看法正确。我不要贺。我要坚强与警惕。我们一定得聪明！”贺（Congrats）。如果只能写下 140 个字符，当然没法把这个词写完整。在此事一年之前，南卡罗来纳州查尔斯顿的 9 名黑人教徒在《圣经》学习班上被枪杀，如果奥巴马在事件发生后吹嘘他关于美国生活中种族主义的延续“看法正确”，我们不妨想一想，他会为自己招来什么样的反应。在本应臻于至善的政治话语中，特朗普的推文是否会留下永恒的印记？公众是否会厌烦那种粗俗自大的咆哮，选出一个能意识到总统的交流应当庄重得体的继任者？要回答这两个问题还为时过早。鉴于过去 8 年里断章取义的交流越发普遍，我不会小看 Twitter，除非特朗普的咆哮式周六晨推——他与任何人为敌，从（在一次颁奖典礼上批评他的）演员梅丽尔·斯特里普，到前总统奥巴马（他庄重的矜持总是显得更加高贵）——让这个国家集体精神失常，导致特朗普被弹劾下台。

过去 25 年来，所有平面媒体——不光是报纸，还有以受过良好教育的读者为受众的杂志——都学着电视的样子，大大压缩了文章篇幅。既然电视新闻主管认为长过 8 秒的声音片段就会让节目失去观众，杂志编辑们又有什么理由认为读者们会花半个小时甚至是15分钟，坐下来读一篇冗长的文章呢？80年代末以来，为任何形式的平面媒体写文章的人都得应付编辑的严苛要求，必须用六七十年代类似文章四分之一到一半的篇幅把故事讲完。1974年，我在离停刊不久的《星期六评论》杂志15周年纪念特刊上发表了一篇3 000字的文章，评论安娜·阿赫玛托娃、约瑟夫·布罗茨基和奥西普·曼德尔施塔姆等人的俄语诗歌的新译本。如今，根本无法想象再把如此之长、题材如此生僻的文章兜售给超小众文学刊物、《纽约书评》和《纽约客》之外的杂志——后者是当前唯一一个能在中流和上流之间架起桥梁，而且还能在不靠基金会支持的情况下盈利的大众杂志。

70年代后期，甚至还包括进入80年代之后的很长一段时间，我都能通过给女性杂志撰写严肃文章获得不错的收入，这些文章的长度一般在3 000到5 000字之间，主题既有家庭暴力，也有苏联妇女的地位。1988年，《魅力》杂志颇受敬重的老编辑鲁斯·惠特尼（Ruth Whitney）派我去俄国，研究米哈伊尔·戈尔巴乔夫发起的政治改革是否意味着苏联妇女地位的变化，最终成稿将近5 000字。如今已经无法想象女性杂志的编辑还会给如此严肃的话题留出那么大的空间。我当时还为另一位大名鼎鼎的编辑、《时尚》（*Cosmopolitan*）的海伦·格利·布朗（Helen Gurley Brown）写稿，她同样偏爱篇幅较长的文章：她认为，她的女性读者对阅读和性感模特照片同样兴趣浓厚。“布朗夫人”（深得宠爱的作者们总是这样称呼她）曾经因为我在一篇文章里引用了弥尔顿的“同你谈着话，我全忘了时间/时辰和时辰的改变，一样教我喜欢”给我写了一条表示赞许的便笺。德怀特·麦克唐纳一定会感到不屑，因为《时尚》当中也有和脚踏轮滑鞋的马类似的内容，那就是一页页关于如何引诱男性、打造日进斗金的事业，也许还能钓得美婿的建议。但是现在，引自《失乐园》的诗句 —— 而且沿用17世纪原文中的标点 —— 绝不可能出现在以年轻女性为受众的杂志上。和报纸一样，女性杂志代表不了最高层次的精神生活；但和报纸阅读率的下降一样，女性杂志过去20年来的内容变化是流行文化水准降低的又一证据。

当布朗不再担任《时尚》编辑的时候，我手里还有好几篇约稿没有完成（长存我们心间的布朗已经预付了全部稿费），一位新编辑告诉我，我要做的第一件事就是把文章长度缩减一半。“字数，字数，字数。”她怒气冲冲地说。不知何故，她似乎希望我继续为这份杂志撰稿，又对我要完成的第一篇稿子十分不满。她希望我写一篇关于喜欢看女友自慰的男人的文章，而且内容全得是第一人称的采访。我一开始以为这只是个拙劣的玩笑 —— 换作戴安娜·特里林会怎么说呢？—— 但我很快意识到，是时候跟这个稳定的收入来源说再见了。

当然，长未必好，大卫·雷姆尼克执掌下的《纽约客》杂志内容丰富的报道质量更高，因为它们比威廉·肖恩时期的文章稍短（尽管按目前杂志的标准来说还是很长）。编辑以对自身和公众的较低期望为基础，习惯性地将各种文字裁剪得短到不能再短，由此产出的必然是只适合粗俗读者的粗俗内容 —— 简洁不再是智慧的灵魂，却成了庸俗的内核。我怀疑，过去的女性杂志编辑甚至从来都没有想过让作者写一篇关于看着女人自慰的男人的文章，不论长短；不仅是因为他们认为这样的主题在普通读者看来太过低俗，而且很难想象对这个话题的“深入”探讨会探讨些什么。

一旦像近年来的少女杂志那样甘于粗俗，我们就可以想象，如何通过生编硬造或是从傻到愿意接受那种采访的男人那里榨出足够数量的下流文字，凑成一篇不足千字的文章——这正是女性杂志如今想要的篇幅。当平面媒体的编辑们不再试图与其他报刊竞争，而是以 YouTube、真人秀节目和能够即时反馈的博客为对手的时候，他们就必须选择那些用极少的文字就能对付的话题。平面媒体总是在宣传，它们很适合选择“忙碌生活”的人。出版物开始以“适合讨厌阅读的人的杂志”自夸只是个时间问题。

报纸管理层对小众艺术——尤其是文学和古典音乐——相关报道的残忍是印刷文化之困的另一个表现。书评版面的缩减始于 60 年代末，近十年来又由于三个原因进一步加速。首先，像《洛杉矶时报》那样原本为家族所有、颇受尊敬的地方报纸已经被大企业收购，那些企业决心裁员，毫不在乎把文化报道当作社会责任的古板理念。其次，所有报纸都面临着读者群的老龄化和缩小，它们不再重视传统的艺术报道，又为了吸引年轻读者而在纸质版和网络版上着重报道流行视频和数字文化。最后，岁数渐长的婴儿潮一代和他们的父母相比，不但对文学性阅读兴趣不大，而且对 60 年代青年文化所排斥的包括古典音乐在内的任何表演艺术都不感兴趣。报纸出版人赌的是现年五六十岁的婴儿潮一代读者像二三十岁的读者（和期待中的新读者）一样对书评和古典音乐评论不感兴趣。仅在 2007 年，《洛杉矶时报》把独立的周日书评并入了评论版块，把书评从 12 个版压缩到了 10 个；《旧金山纪事报》则把每周一期的书评版从 6 个版压缩到了 4 个；《亚特兰大宪政报》完全消灭了书评编辑职位（相比直接开除员工，通过自上而下的“改组”来削减职位是致力于把艺术版拉低到通俗品位的管理人员最爱的计策）。根据美国书评人协会的说法，全国范围内的小型报纸越来越依赖粗疏的书评电讯服务，如果他们还为书评留出空间的话。①

哀叹报纸书评消亡的作家和评论家们很像一个老犹太人笑话里的人物，笑话的场景往往是下东区的熟食店，顾客不停地对服务员抱怨饭菜质量太差。抱怨的结尾一针见血："东西这么难吃——分量还这么小！"报纸上的书评无疑是中流格调的体现，它们的消逝又是中流文化价值的又一例证。文学博客的兴起并不能取代报纸上定期刊载的书评，尽管在印刷文化本身更健康的情况下，那些博客可以为文学讨论锦上添花。网上也有些像"优雅变奏"（The Elegant Variation）那样较为出色的文学博客，会刊登对相关领域确有了解的作者撰写的长篇评论。但很多书评博客上只有那些想当作家，却被编辑和出版人拒稿的人忿忿不平的胡言乱语。那些博客上有很多阴谋论，讨论为什么有些书在《纽约时报》和《纽约书评》上得到了评论，但别的书却被忽略了（和经常在博客之外的文学圈鸡尾酒会上传播的那种阴谋论一样）。网络的民主性让几乎所有想要评论一本书的人都能发声，这对评论者本人有好处，但对作家和希望了解哪些书该买的消费者来说却未必如此。如果我在报纸上读到一篇评论，我往往会对作者的资格有一个整体概念，会了解他是否别有政治或个人目的。但我怎么能决定是否要花 5 分钟去读一篇"图书荡妇"（bookslut. com，较为活跃的文学博客之一）上的评论呢？我翻了翻"图书荡妇"上对大卫·马克森（David Markson）《最后的小说》（*The Last Novel*）的评论，发现评论者因为马克森不赏识鲍勃·迪伦而心怀不满。② 评论者接着气势汹汹地写道，他还没见过有人要先用

---

① John Freeman, "*The National Book Critics Circle's Campaign to Save Book Reviews*," http://www.bookcritics.org/?go=save BookReviews.

② Justin Taylor, "*The Last Novel by David Markson*," http://www.bookslut.com/fiction/2007_06_011196.php.

谷歌搜索才知道大名鼎鼎的美国作曲家内德·罗雷姆（Ned Rorem）是谁。至此，这位评论者在文化方面的诚意已经昭然若揭，但我已经浪费了好几分钟。[在文章最后，我发现他是末日短篇小说集《末世读者》（*The Apocalypse Reader*）的编辑贾斯汀·泰勒（Justin Taylor）。] 对罗雷姆的履历一无所知并非不可饶恕的文化重罪，但以无知为傲却不是书评人应有的品质。任何一位写过千字以上的书评的人都能证明，报纸对特约撰稿人和书评编辑的要求更高。正如美国书评人协会主席约翰·弗里曼（John Freeman）所说："公众对知识和书面文字的渴求是从平面媒介诞生之初就赋予了报纸生命的两大要素，报纸为平面媒介的未来焦虑不安，同时又在摧毁与那两大要素联系最紧密的板块。"①

古典音乐评论的未来看起来更不乐观。在明尼阿波利斯和芝加哥这两个拥有历史悠久的音乐文化和世界级乐团的城市，报纸的乐评人们接受了强制收购，被特约作者所取代。"他们开除的不是我，"在明尼阿波利斯《明星论坛报》任职多年的乐评人迈克尔·安东尼（Michael Anthony）说，"开除的是我的职位。"② 亚特兰大的《宪政报》试图像取消书评编辑一样取消古典音乐乐评人职位，但在当地富有影响力的艺术赞助人的激烈反对下作出了让步。

在压缩图书和古典表演艺术报道的同时，报纸同时也在纸质版和网络版上增加对流行文化、信息娱乐和一切数字媒介相关内容的报道，让人想起了《星期六评论》等以往的中流杂志注定失败的努力——它们试图屈从 60 年代末和 70 年代初的新趋势，以此来吸引年轻读者。

① Freeman, "*The National Book Critics Circle's Campaign*."
② Quoted in Daniel J. Wakin, "*Newspapers Trimming Classical Music Critics*," *New York Times*, June 9, 2007.

平面媒体当然需要对流行文化和数字世界的深度报道，但那些报道不大可能让报纸发行量止跌。问题在于，人们越是沉迷于信息娱乐，就越不可能再去阅读。编辑们也许可以在艺术版上填满对嘻哈音乐最新趋势的分析、对最新 YouTube 上视频的报道和（用来安抚年长的婴儿潮一代的）对已经关节僵硬却还不愿优雅谢幕的60年代摇滚明星的最新音乐会和 DVD 的评论，但那些评论却未必能吸引人们离开 iPad、iPhone、电脑和电视。信息娱乐消费者们可以用那些数字玩具听到（或者既看到又听到）真实的东西，而不是去读对它们的描述。

有一个思想流派把互联网誉为拯救印刷文化的弥赛亚，但这种救赎的期望却把基础搭在了文字的可得性与真正的读写之间根本性的混淆上。互联网确实带来了文字和视频的高速公路，向所有能用谷歌的人开放，但文字和具有重要智识意义的阅读材料之间几无相似之处。即便谷歌没能实现它那扫描世上所有书籍的狂妄目标，未来岁月也必然会见证一个不断扩大的在线文本库的诞生。虽然我和其他作者一样担忧谷歌对版权的侵害，我还是希望它能如愿（好像它需要我的祝愿似的）。假如谷歌想要扫描我那本 1972 年出版、只卖出不到 2 000 册的关于俄国的书，如果乌兹别克斯坦有人想要在线阅读那本书，那么，再加把劲吧。

然而，不论我们多大年纪，不论多么通晓电脑，没有预设目标的传统阅读并不是我们在网上会做的事。和正在觅食的飞鸟一样，我们不过是在盘旋俯冲，搜寻特定类型的信息。在网上阅读的时候，不管那些材料多有趣、写得多好，我几乎从来都不会停下来思考，因为节约时间是我的首要目标，不会像阅读一本引人入胜的书那样忘记时间。如果那些信息足够重要，我会把它们打印出来，和其他线下来源加以对照。这是必要的预防措施，我在为上一本书进行事实核查时发现，网络信源的错误率是从书本中摘选出的事实内容的三倍。不管怎么说，我都不是在真正地阅读，而是在为某个非常明确的目的收集文本，我觉得，未来那个无所不包的虚拟图书馆的用户将不再区分这两者。那位猜想中的乌兹别克读者也许是个大学生，在为关于前苏联民俗的学期论文收集传闻逸事，他几乎不可能会把我的《莫斯科对话》从虚拟的封面一直读到虚拟的封底。想想一位《连线》杂志撰稿人对未来数字图书馆潜在研究用途的描述吧：

> 搜索引擎正在改变我们的文化，因为它们控制了关系的力量，所有链接实际上都属于关系……这种对关系的提升即将改造书本知识的静态世界，从书中的每一页上都能发现其他页、其他书。文本的数字化一旦实现，书本的封皮就将解体，让各种书本编织在一起。从图书馆的整体智慧当中，我们可以发现孤立的书本里看不到的东西。
>
> 与此同时，数字化一旦完成，书本就可以拆解成一张张单独的页面，或者进一步分解，变成页面上的一个个片段。这些片段将被混剪成重组的书和虚拟书架……无所不包的图书馆将促进虚拟“书架”的诞生——它们是文本的集合，有些短到一段话，有些长如一本书，形成堪比图书馆中满满一架书的专门知识。这些“书架”会像音乐播放列表一样，一创造出来就会发布到公共空间，供人们彼此交换。确实，有些作者将开始书写会在未来被当作片段阅读或是被混剪成页面的书。①

---

① Kevin Kelly, “*What Will Happen to Books?*” *New York Times Magazine*, May 14, 2006.

我确信，这个可怕的预言在未来二三十年中必将实现，至少是部分实现，因为这样的进程早已开始。“混剪”这个词极具暗示意味，让人想起了它在电影和录音方面的意义。从大学的学期论文到商业化出版的图书，很多（广义上的）作者生产出的手稿除了作为混剪原料之外别无用处。这个进程还有一个别名：抄袭。2002 年，罗格斯大学管理教育中心所做的一项全国性调查发现，超过半数的高中生剽窃过网上的内容。[1] 但在这个问题上，如果把互联网描述成唯一元凶，甚至只是罪魁祸首，将是巨大的错误。佛蒙特州明德学院历史系因为禁止学生在研究论文中引用维基百科而引发了一场风波，但他们的规定没有触及真正的问题：研究项目中不应引用任何（线上或线下的）百科全书。这一点过去会在中学阶段教给学生，我高中时的社会科教师戴尔·布鲁贝克（Dale Brubaker）对他那些闷闷不乐的学生明确提出的头几个要求之一，就是不能在学期论文中把《不列颠百科全书》当作引用来源。现在有谁还知道，在那个百科全书推销员带着轻松获取知识的诱惑上门叫卖的时代，家中的孩子却不能依靠那些书来写高中学期论文呢？大学教授居然要把本应在刚上高中时学到的基本研究要求教给学生，没有比这事更加明确地标志着以印刷文字为基础的中流文化的衰退了。

电脑时代的技术当然也导致了对文学原创性的尊重加速下滑，“混剪”材料的生产相比过去既简单、又快捷。这样的技术非常适合“包装”公司拿来实现它们的目标，它们鼓励作者生产与已经具有明确商业价值的产品十分相似的文学产品。这些预制产品不应该被称为书，就像网上为了包装成段和混剪成页面而写出的文字不该称为

---

① “*New Study Confirms Internet Plagiarism Is Prevalent*,” Office of Media Relations, Rutgers University; http: //urwebsrv. rutgers. edu/medrel/viewArticle. html? ArticleID = 3408.

书一样。事实上，这些产品的作者都不该叫作家，他们的工作更适合用约瑟夫·斯大林那句令人难忘的话来概括。斯大林说，作家是“人类灵魂的工程师”。（人们误以为这个说法最早是由斯大林在1932年的一次作家集会上提出的，但它的原创者其实是一位籍籍无名的苏联小说家。几年之后，那些没有足够的才华充当工程师的作家们就将消失在古拉格之中。）

围绕一本“小妞文学”读物，爆发了一桩近十年来较为发人深省的包装—剽窃事件。那本书由利特尔-布朗出版社出版于2006年，作者是19岁的哈佛大二学生卡薇娅·维斯瓦纳坦（Kaavya Viswanathan）。作为第一本由印度裔美国人写作，以印度裔美国人为主人公的小妞文学，《梅塔的哈佛之旅》（*How Opal Mehta Got Kissed, Got Wild, and Got a Life*）声名大噪，在看上去注定要大卖的时候，有人发现这位作者大量抄袭了另外两本著名的小妞小说——梅根·麦卡弗蒂（Megan McCafferty）的《糟糕的初恋》（*Sloppy Firsts*）和《第二次恋情》（*Second Helpings*）。维斯瓦纳坦声称，“模仿”是无心之举，因为她有着过目不忘的记忆力。

但是这远不只是一个雄心勃勃的少女的道德问题。为了让女儿更有机会进入常青藤盟校，她的父母请了一位私人教师，似乎在高中最后一年，维斯瓦纳坦就在那位教师的提议下构思出了这个计划。那位教师碰巧写过一本关于大学申请信写作的书，她把维斯瓦纳坦的一些作品给了她在威廉·莫里斯经纪公司（William Morris Agency）的经纪人。这位经纪人又把维斯瓦纳坦推荐给了阿劳娱乐公司（Allow Entertainment），这家为出版商提供策划方案的图书包装公司聘请了通晓女孩心思，能够根据预设的情节和人物制作图书的工程师。《纽约时报》引述了利特尔-布朗青少年图书出版公司主编辛迪·伊根（Cindy Eagan）关于包装的说法，“这有点像是制作电视节目。我们为了雕琢每一本小说而一同工作”①。利特尔-布朗青少年图书出版公司是“女校风波”（Clique）、“A 级明星”（A-list）和“绯闻女孩”（Gossip Girl）这三个系列伪青少年小说的出版商，这些面向 9 到 13 岁女孩的小说足以让女性主义者痛哭流涕，因为它们的故事设定是，女孩只会欺骗和伤害男孩，只会争风吃醋，别的什么都做不了。

“绯闻女孩”之类的系列小说事实上是类似梅根·麦卡弗蒂的作家生产出来的更加“成熟”、以 20 岁左右的女孩为受众的小妞文学的“小师妹”。那些包装出来的小说有些根据包装公司的详细要求写出，有些则给了作者更大的自由度，可以偏离常规套路。在维斯瓦纳坦的案例中，这种自由意味着描写印度裔女性，而不是挤满小妞文学的白人、非裔美国人和拉丁裔女性。整体而言，那些书的问题在于，就算文字各不相同，它们还是显得千人一面，因为它们的基本套路全都一样：就像维斯瓦纳坦所证明的，一本书中的一大段话可以无缝合成到另一本书当中。一位出版业高管承认，那些系列小说“整体上存在某些相似之处”，他补充说，“少年人的经历都差不多”。②

套路化的包装和写作在出版界并不新鲜，不同的作者几十年来一直都在用同样的笔名生产“少女妙探”（Nancy Drew）和“哈迪男孩”（Hardy Boys）系列小说。其中的巨大区别在于，早期系列小说的读者几乎都是小学生，“少女妙探”和“哈迪男孩”从来都不打

---

① Motoko Rich and Dinitia Smith, “*First, Idea, Plot and Characters. Then, a Book Needs an Author*,” *New York Times*, April 27, 2006.

② Motoko Rich and Dinitia Smith, “*First, Idea, Plot and Characters. Then, a Book Needs an Author*,” *New York Times*, April 27, 2006.

算成为面向十几岁的少年和二十多岁成人的类似图书的过渡和范本。如果一个女孩到了 12 岁还没对“少女妙探”失去热情，那么她一定哪儿有点毛病。当你长大到能够通过书本探索性和成人世界的奥秘时，你就会转而去找由成人撰写、关于成人的成人小说。60 年代初，准备进入常青藤盟校的女生读的是玛丽·麦卡锡和菲利普·罗斯，而不是那些十几岁或是刚刚二十出头的作者们鼓捣出来的东西。“青年”文学和小妞文学伪小说千篇一律，就像成功的电视节目出现之后层出不穷的模仿者。

卡薇娅·维斯瓦纳坦也许再无出头之日，但她对待文学的态度却并不鲜见。她的辩解是《纽约时报》的采访中最可悲的地方，她说，她模仿爱丽丝·西伯德的畅销书《可爱的骨头》（*The Lovely Bones*）写了一个原创故事，但威廉·莫里斯公司的经纪人认为那个故事“太阴暗”。经纪人和图书包装公司建议维斯瓦纳坦，“最好写些轻快点的东西。他们认为那样更有可能大卖”。① 当然了。如果模仿较为严肃的作家写出的作品看起来销路不佳，那么为什么还为要不要模仿小妞文学而犹豫呢？

把“文本”视为一种可以互换的商品，这种观念源自一种想法：作为文化生活的一部分，阅读本身可以与电子游戏等其他文化商品互换，只要读书这种行为没有完全消失，个人和社会就不会受到伤害。技术爱好者们在这个问题上犯了错误，保护文学性阅读的独特重要性的人才是对的。约翰·厄普代克形象地说过：“花钱买来的实体书曾经——而且现在仍然如此——对它的生产者和消费者要求更高。这是两颗心无声邂逅的场所，一颗心跟随着另一颗心，却又受

① Motoko Rich and Dinitia Smith, “*First, Idea, Plot and Characters. Then, a Book Needs an Author*,” *New York Times*, April 27, 2006.

邀在高于个人邂逅的层次上去想象、去争辩、去共鸣，虽然其中也有社交习俗，也有零碎的唠叨和彼此的谅解。读书和写书的人正在变成老顽固，就像乖戾的隐士，拒绝走入后古登堡时代的村庄中的电子阳光，拒绝在那样的阳光下玩耍。”①

如果说书籍是精神生活中最强大、最不可或缺的支柱，那么对话就是第二重要的。近40年来，向对话发起的侵袭比对文学的攻击更加猛烈，大众媒介要在很多方面为此负责。对话遭受的第一轮重击发生在50年代，那时，很多家庭开始在晚餐时开着电视。我妈妈不让我们这么做，但很多家庭并不觉得那样有什么不妥，那块黑白屏幕太吸引人了，我总是期待着在伙伴家中过夜，因为他们的父母对吃饭时看电视的行为更加宽容。电视节目不会终结对话，却改变了对话的本质，关上电视的时候，我们谈论的更可能是日常生活，而不是屏幕上的一举一动。21世纪头20年里，那些堪称对话阻碍器的设备迎来了大爆发。

在一本关于对话历史的有趣著作中，史蒂芬·米勒（Stephen Miller）指出，阻碍对话的设备不仅包括电子游戏和配有耳机的音乐播放器等显而易见的对话终结者，还包括看似便于对话的手机、电子邮件和短信。所有这些信息传输设备都让交流变得更加便利，但交流和对话之间的关系大体就是文本和优秀书籍之间的关系：前者未必能成就后者。在评论米勒的书时，罗素·贝克如此描述30年代他成长过程中无处不在的家庭对话。

① John Updike, “*The End of Authorship*,” *New York Times Book Review*, June 25, 2006.

> 在大萧条时期，我的儿时记忆之一便是躺在床上似睡非睡，听着人们——大人——的低语，不停交谈、交谈、交谈，直至深夜。我们的屋子狭小而融洽，住着太多失业许久的大人，钱总是不够花。他们就那样不停交谈、交谈、交谈。这大概是我最怀念的。他们是来自一个大家庭的兄弟姐妹，有着需要不断深入审视的记忆。他们一定开过玩笑，因为常常能听到轻轻的笑声，但他们也会谈论严肃话题。他们经常讨论伍德罗·威尔逊。他们想知道威尔逊到底是不是"理想主义者"。这是不是他失败的原因？他是不是上了英国人的当？美国是不是被骗去欧洲火中取栗的？听着声声低语入睡，让人十分安心。①

对那些艰难走过大萧条的人来说，不用花钱是对话的一大优点。世纪中叶的生活要比前一代人宽裕很多，但我对那时的家庭对话的记忆却和贝克非常相似。我也记得八九岁时伴着隔壁房间中的低声对话打盹的经历——同时还要努力避免睡着，因为我想偷听大人们关于他们认为不该让"大耳朵的小家伙"（我已经几十年没听过有人用这个词了）听到的那些话题要说些什么。那些话题包括父母对核武器的担忧——当新闻节目提到这个屡屡出现的话题时，他们总是会轻描淡写一带而过；朱利叶斯和埃瑟尔·罗森堡的处决；还有要不要警告我不要告诉小弟弟圣诞老人不存在。当我长大了几岁，到了足够参与和理解大人的谈话，又没年长到会觉得他们无聊的时候，我就会熬夜等着加入成人的对话。

如今，十来岁孩子们会在晚饭后独自待在自己房中，做着各个

① Russell Baker, "*Talking It Up*," *New York Review of Books*, May 11, 2006.

年龄的孩子都必须完成的无穷无尽的家庭作业——愉悦性阅读的另一个敌人——或者是上网、在手机上发短信，或者是玩电子游戏。父母们往往各自沉浸在自己钟爱的娱乐形式之中，尽管在办公室中整日辛劳但还是要做家务的女性晚上往往没有那么多时间上网。

本质上说，任何智识和情感生活都是从出生就已开始的对话。如果说家中的餐桌曾经为半正式的社交对话之乐提供了第一个面对面的场合，之后还会有学校餐厅、朋友家中的过夜、深夜里的寝室卧谈、咖啡厅、酒吧等各种场所——能让朋友之间交流思想、倾诉心声的所有地方。无论家里家外，个人化的社交接触是娱乐文化的另一个受害者。各个年龄段的成人都说，相比25年前，他们的朋友变少了，能讨论重要问题的人也变少了。四分之一的美国人说，他们找不到可以谈论重要话题的人，这一比例是1985年的两倍。最严重的下降发生在与非家庭成员的社交接触上：1985年，45%的美国人会和朋友讨论重要问题，但这一比例在2004年只有20%。[1] 出现在21世纪头十年里的这种趋势近年来进一步加重。我相信，手机已经对真正的对话形成了阻遏，尽管我清楚地知道，这是个反直觉的结论。在手机出现之前成年的所有人都知道，相比过去的交谈，我们通过手机和他人的对话变短了。智能手机尤其妨碍了深入而亲密的对话。总有别的人、别的事来打扰我们——打进来的另一通电话，消费过的商户发来的促销信息，还有文字短信。不论是短信还是大部分电子邮件，都无法取代能让我们听到他人声音的真正对话。在线交流的时候，我们顶多会说："我在这里，我在想你。"而在最糟的情况下，它们只是让你承认，确实有些让你不愿和他们真正对

① Lynn Smith-Lovin, Miller McPherson, and Matthew E. Brashears, "*Core Discussion Networks of Americans*," *American Sociological Review* (June 2006).

话的人，而且往往还是出于高度工具性的理由。这一点我们都清楚。如果屏幕告诉你，那通来电只会让人心烦，你还会接起电话吗？

能够交谈的朋友减少无疑有很多原因。美国人花在工作上的时间比过去更长，在夫妻二人都工作的家庭中，忙乱的日程安排让他们极少有自由时间来培养友谊和维持社交。但是，科技的孤立作用强化了文化中的其他反对话元素。耳机不但轻松屏蔽了讨厌的噪声，也屏蔽了与朋友和家人之间有时同样讨厌的对话。在不得不与他人对话的情况下——长途汽车之旅、海滩上的慵懒下午、学校餐厅——年轻人总是将年长者排斥在外，也经常不理会同龄人。如今寂静的学生住所必定会让任何一个在1980年前大学毕业的人大吃一惊；一代代学生生活中必不可少的深夜或通宵对话已经让位给了学生宿舍中的种种个人化的体验，几乎人人都在上网，要么就沉浸在iPod的茧房之中。有次我在大学演讲之后，不得不在学生宿舍中住了一晚，想着学生时代持续入夜的强烈噪声和高声大笑，我以为自己会难以入眠。不用担心：宿舍里静得可怕。我在公共厨房中遇到了两位正在做咖啡的学生，我们连招呼都没打，因为她们都在跟着iPod中的节拍摇头晃脑。60年代初，哪怕是在像我上过的密歇根州立大学那样不关心政治、专注于职业发展的学校里，我敢肯定，一位真正的作家——尽管远非名人——会吸引来一小群学生，展开一场紧张的讨论。

米勒所说的“对话代用品”在电波和博客中的统治地位是另一个重要因素。这些代用品包括电台和电视脱口秀节目中由意识形态推动的激烈争吵，还有以奥普拉·温弗里为代表的一些人所偏爱的更加圆滑的圈套——虽说是直播，但也有剧本。还有比尔·奥莱利那样的主持人，他甚至都懒得去装对嘉宾的话感兴趣，只要对方的话与他的政治观点相左就会粗暴地打断。2017 年 4 月，因多起性骚扰指控被揭露（公司私下了结了其中数起事件），奥莱利被迫离开了他在福克斯新闻台颇受欢迎的节目。虽然奥莱利不愿与嘉宾对话，我在 2008 年还是应出版商的要求上了《奥莱利因素》（*The O'Reilly Factor*）节目。出版商指出，奥莱利肯定会反对我的想法，但我的书将有机会出现在一定比例的观众面前，那些观众收看这个节目只是为了对右翼主持人那个晚上说的任何一句话发火。奥莱利称呼我“夫人”，后来有人告诉我，我因为以“先生”称呼他而占了上风。也许吧，但发生在那里的完全不是真正的对话。（奥莱利没有对我说出任何带有性暗示的话。也许我不是他喜欢的类型，也许在有那么多好欺负的女性雇员的情况下没有必要打嘉宾的主意。但我的出版商是对的：我收到了很多自由主义者发来的电子邮件，他们因为奥莱利不喜欢而买了那本书。）

温弗里凭借她的日间节目《奥普拉》（*Oprah*）建起了一个金融帝国，在类似《奥普拉》的脱口秀上，出现了一种对话的代用品。温弗里当然是共情女王，而且还把她的对话方式教给了以艾伦·德杰尼勒斯（Ellen DeGeneres）为代表的下一代人。在大多数情况下，嘉宾都知道制作方希望他们如何表现，会遵循有感染力的剧本，按要求向听众讲述他们的磨难与痛苦、为了生存的努力，还有最终的胜利与精神重生。《奥普拉》的剧本不是对话，而是缩编版的《天路历程》，温弗里的角色就是防止嘉宾和观众跌进绝望泥潭①。她的眼中可能满是泪水，但在数百万观众面前卷入这种虚假的亲密，既不

---

①《天路历程》（*The Pilgrim's Progress*），17 世纪英国新教牧师约翰·班扬的代表作，讲述了一位基督徒奔走天路的过程，一路上经过“绝望泥潭”“屈辱谷”“死荫谷”“浮华市集”“怀疑堡垒”，最后到达天国。—— 译者

正常，也非私密。

每天发生在博客上的千百万所谓的对话同样是虚假的代用品。博客写手彼此之间的交谈看似直接，但往往也会因为评论与回应之间毫无联系而显得别具一格。人们的粗疏言论在博客上肆意奔流，那些言论往往没有经过编辑完善，他们通常难以通过书面文字有条理地自我表达，而且还缺乏在线交流所需的虚拟对话技巧，就像他们一定也缺乏面对面交流的技巧一样。博客重在自我表达，而非彼此对话。我曾多年担任《华盛顿邮报》和《新闻周刊》主办的博客“论信仰”（On Faith，现已关闭）的定期撰稿人，我的文章频繁招来不合逻辑的推论，它们让我感到困惑，尽管偶尔也显得好笑。当我在每周评论中提到民意调查一直都表明女性整体而言比男性对宗教更虔诚之后，引发了一场典型的争论。一条署名为“我”的回复直截了当地说，女性比男性更虔诚，是因为她们比男性更蠢。“我”先生接下来大骂女性，说她们求助于信仰是为了让上帝给她们带去能掏钱养孩子的男人——这大概就是笃信宗教的额外好处。

“最常见的祈祷是，”他写道，“亲爱的上帝，请不要让‘他’丢掉工作，没了他的抚养费支票，我还能怎么过。”这种标点用法和自我中心的语气，和“我”这个名字一样是博客聊天的特色。不论那些评论是合理的言论还是明显的胡话，它们都和真正的对话完全不同，在真正的对话中，实实在在的个人要为自己的言论负责，有时还要举出能够支持观点的事实。当然，现实生活中的讨论也会遭遇很多令人讨厌和粗鲁的人，他们从来都不知道对话的艺术既需要发言，也需要倾听，但这种人终将受到惩罚，不是被他人回避，就是被当场否定。这样的事在虚拟世界中就不会发生，除非博主违反了某条特定的规则，比如对人身攻击或污言秽语的限制。我经常指出，匿名言论的价值往往比署名言论低得多，没有什么话比这一句更能激怒读者了。很多匿名写手在社交媒体上的表达方式如果放在他们的亲友和同事面前，都会让他们蒙羞。

现场对话的艺术还在继续衰落，让人痛心的是，关于老派、流畅、热情的智识对话最好的一些例子如今只能在书上读到。想要一瞥知识分子过去彼此之间，和他们与任何他人谈话的风采，我们也许可以看看作家安德鲁·帕特纳（Andrew Patner）1988 年对特立独行的记者 I. F. 斯通（I. F. Stone）精彩而简练的描写，这些内容是从斯通和帕特纳的对话录音中整理出来的（略去了帕特纳的回应）。作为一位大三时退学的自学成才者，斯通谈论的是他对一本关于苏格拉底审判的书的研究。

> 我常说，没人能像柏拉图那样，单凭魅力就能让大批恶劣至极的谬论流传于世。那是谬论，彻头彻尾的谬论。虔诚的柏拉图主义者就像邪教信徒一样，就像统一教徒。我的意思是，柏拉图是位迷人的思想家，非凡的写作者，而且还拥有戏剧天赋。奥林匹奥多罗（Olympiodorus）说，他想成为喜剧作家，去写正剧和喜剧——据说他在去世的时候床上放着一本阿里斯托芬（Aristophanes）的书——但在见到苏格拉底之后放弃了……你也该读读他的书，不但要了解他的体系和思想，还要了解他的行文方式，还有那些副产品，比如其中的欢乐与思考。没有别的哲学家能把自己的哲学变成一幕幕短剧。他的哲学因此魅力经久不衰……《斐多篇》真的——我在美国大学读了《斐多篇》，一直读到最后。我真的流出了眼泪。孩子们一定认为我很滑稽。它非常动人。那是一部伟大的戏剧。

> ……由此，你会理解希腊戏剧及其自由之源，远比能从罗马正剧和喜剧中所能看到的更多。同样的差别也体现在希腊法律和罗马法律，希腊和罗马的国民大会程序和法律上……我并不怎么在乎罗马。西塞罗就是个大粪坑。像个典型的公司律师，跟在有钱有势的人后边拍马屁。但他在雅典学习过，那已经是伟大时代几百年之后，他的哲学著作虽不深刻，却很有价值。你可以翻翻他在《论神性》《论感悟》和《图斯库卢姆谈话录》中的话……不过我同意恺撒的话。他说那种散文风格是小亚细亚式的，他想说的是，那些文字太多矫饰，我认为那些言论有些华而不实。①

热情的智识对话听起来就是这个样子——真正的学问、集中的精力，还有那种与生活和死亡在几千年前的人进行精神交流的感觉。我希望我也能加入那场谈话。我已经很久没听到过有人说柏拉图宣扬的是恶劣至极的谬论，说西塞罗是个大马屁精了。关于阅读的衰落和智识对话的衰落之间的联系，我们已经不用再去寻找恰当的例子了。

另一种形式的对话——过去发生在信件中的对话——不仅衰落了，而且实际上已经死亡。电子邮件往往被称作书面交流的救星，过时的蜗牛邮件颇为优秀的后继者，早在人人开始发短信之前，电子邮件已经给了传统信件致命一击。前不久，我在整理书房时，碰巧发现了厚厚的一沓1968年的信件，那时我在华盛顿当记者，我的未婚夫正作为《华盛顿邮报》驻非洲记者在肯尼亚首都内罗毕驻

① Andrew Patner, *I. F. Stone: A Portrait* (New York, 1988), pp. 23-24.

站。刚刚订婚而且深爱彼此的我们互致长信——两到五页、密密麻麻——至少一周两封。几十年后第一次拿起这些薄薄皱皱的航空信纸，我记起了每次打开信箱，看见里边有个厚厚的信封时的激动。我的信是年轻自我的写照，也是1968年诸多痛苦事件的微缩历史。在其中一封信里，我努力想告诉托尼，在马丁·路德·金遇刺之后，随着暴力和劫掠在华盛顿最贫困的黑人社区中爆发，看着火焰和烟尘升起在华盛顿上空是什么感觉。我又怎么能忘记被没注意到我进入骚乱地区的媒体通行证的警察拿枪指着的恐惧，还有金去世第二天早上绝望至极的心情，那时，一位黑人出租车司机转过头说："我得告诉你，假如我负担得起今天不载白人的损失，我就会让你们站在街角干等着。"

托尼的信生动地记录了南非的种族隔离制度，记录了尼日利亚与比亚法拉之间毫无意义的悲剧性内战——他在那儿也曾被枪口指着，还有他对殖民主义的终结不会给非洲贫民带来社会和经济平等，而是会催生一个腐败的非洲独裁者新阶层的担忧。这样的信件不只是个人记忆的仓库；它们多年来一直是历史学家和传记作者重要的第一手信源。

在缺乏个人通信联络的纸质痕迹的情况下，我不知道传记作者们将如何重现1950年后出生的人的人生，写信不是知识分子的专利，无数识字的男男女女也会彼此通信。和报纸阅读的衰落一样，信件的衰落——在电子邮件出现之前很久就已开始——也是印刷文化式微的早期征兆之一。70年代早期，随着长途电话费不断下降，写信已经是少有的做法，不再属于日常活动，而且日益被当成负担——尤其是在我这一代人看来。如果我和未婚夫那时就能通过电子邮件联系，我敢肯定，信件丰富的内容和有声有色的氛围都将黯然失色。我们会联系得更加频繁，但交流的总长度会大为缩短。就算我把所有电子邮件都保存下来（我也许真会那么做，毕竟那时我们已经快结婚了），我也知道，40年后它们带来的思考会少得多。

我之所以这么认为，是因为我和一些密友如今在阅读和写作电子邮件时匆匆忙忙、心不在焉。不论是我，还是我认识的其他人，面对电子邮件时完全不会像我过去打开信箱时那样心怀期待和愉悦。怎么可能有呢？每天收到的无数垃圾邮件和商务交流信息——就算其中有些信息值得期待——全是烦心事。收到在乎的人发来的电子邮件，我会感到高兴。但邮件的内容往往是，“嘿，我有一天读到这篇文章时想起了你”，后面跟着一条链接。我的回复也同样不着边际。刚开始上网时，电子邮件很是让我激动，以为它会取代过去收发的长信，但我很快发现，很长的电子邮件带来的却是很短的回复——哪怕发信者是喜欢或爱我的人，于是，我也开始用同样的方式回复邮件了。

毫无疑问，有些人会保存与好友之间的电子邮件，有人会像我们很多人在蜗牛信件时代写信那样写出有趣的电子邮件。但在大多数情况下，作为媒介的电子邮件确实是讯息——而且是很短的讯息。未来的历史学家再也找不到像约翰·亚当斯和托马斯·杰斐逊之间、居斯塔夫·福楼拜和乔治·桑之间、约翰内斯·勃拉姆斯和克拉拉·舒曼之间、汉娜·阿伦特和玛丽·麦卡锡之间、拜伦勋爵和他的世界中的每一个人之间来往的那种信件。他们将徒劳地寻找一种智识生活的踪迹，在那样的世界里，作为促进热爱思想的人彼此深入交流的方式，阅读、写作和面对面的对话无缝衔接在了一起。

找到我和未婚夫60年代的信件之后不久，我又偶然发现了另一个信件的宝藏，那些从80年代初一直延续到九十年代中期的信件是友谊的证明，也肯定是我最后一段成熟的书信之谊。和我通信的是伟大的英国翻译家、欧里庇得斯和埃斯库罗斯的译者菲利普·维拉克特（Philip Vellacott），他于1997年去世，享年90岁。为了写1984年出版的《野蛮的正义：复仇的进化》（*Wild Justice: The Evolution of Revenge*），我读了所有的古希腊悲剧，正是在那时第一次读到了菲利普的译作。他拥有能够用兼具永恒性与当代感的语言重现古老文本的天赋，他的语言高贵却不浮华，他的译著是那么让我激动，感觉好像是第一次阅读那些戏剧作品。事实上，由于质量不佳的高等教育，我确实是第一次认真阅读欧里庇得斯。我想给菲利普写一封信表示崇拜，告诉他我是多么仰慕他的翻译风格，但是——因为已经习惯于没有回信——我始终没有落笔。1984年的一个早晨，我带着惊喜打开信封，里面是菲利普笔画颀长的便条，留下了威尔士的回邮地址。他写道："我刚刚读完你那本出色的《野蛮的正义》，我在伦敦的一家书店偶然发现了它，你的论说让我那么入迷，促使我立刻写下这封信以示崇敬。"

我们的通信关系由此开始，还没见面就成了真正的朋友。有了一位杰出的老师作为向导，我终于开始接受在大学时错过的古希腊悲剧教育。菲利普和我还在信中彼此讲述对巴赫的热爱，对美国汽车旅馆中冷漠的舒适的享受，还有我们对80年代大西洋两岸右翼政治得势的反感。菲利普讨厌玛格丽特·撒切尔，但觉得她比罗纳德·里根还要好些，因为，按他的话说，"撒切尔夫人的样子跟她的社会政策一样糟糕"。在大多数时候，我们谈论的是书籍。他向我介绍了威廉·燕卜荪（William Empson）的《弥尔顿的上帝》（*Milton's God*），我向他介绍了阿尔弗雷德·卡津（Alfred Kazin）的《纽约行者》（*A Walker in the City*）和《纽约犹太人》。（*New York Jew*）菲利普的兴趣之一——我们的另一个共同兴趣——是女性主义。他认为，欧里庇得斯的悲剧是对女性恶行的评说，这个观点比女性主义文学评论领先了二十年。在他衰老到不能旅行之前，菲利普一直强烈期待着作为加州大学圣克鲁斯分校的古典文学客座教授定期前来工作。美国学术界的语言堕落让他痛心不已，但他却在自己所形容的“一口大锅，但如果你愿意，便是修正主义学术研究的热水浴池”中颇为自在。他欢快地讲述了和一位以教条主义闻名的女性主义文学评论家客客气气的争执，她带着赞赏把美狄亚谋杀子女的行为归因于“争取性别平等的激情”。菲利普回应道：“平等当然不分男女，就像圣灵一样。”

菲利普谈起有史以来最伟大的作家时，好像他们是他的朋友——他们当然是。最后一次见他的时候，我们正在去拜访一位共同朋友的路上，因为86街地铁站有人在列车进站时跳下轨道，我们在地铁里被困了半个小时。为了从幽闭恐惧和地铁自杀事件上转移我的注意力，菲利普充满激情地为我做了一场关于延迟教育好处的专题讲座。

“我很羡慕你，在35岁时才第一次接触到欧里庇得斯，”他说，好像我们正在去找这位剧作家小酌的路上，“为什么呢，这就好像你在年长到能够真正理解他人之后才坠入爱河。多么美妙啊！我这么说很有把握，因为我在遇到一生挚爱时已经32岁了，能与她结婚真是幸运之至。”在闷热的车厢里，一个脏兮兮的十几岁男孩脱下了衬衫给自己扇风，他认真倾听着这位激情四射的老人那种世纪之交的优雅措辞。当地铁工人终于领着我们走出车厢的时候，那个孩子转身对菲利普说：“嘿，听你说话真是愉快至极。”

确实愉快。那次地铁之旅发生在80年代末，耳机和个人音乐播放设备还没普及，不然的话，那位菲利普的小小崇拜者也许就会关在私密的噪声世界里。伴随着娱乐文化的胜利，和印刷文字一同兴起，与知识世界一同终结的对话，正在变成一种只属于往昔的愉快。

第十一章

公共生活：等而下之的愚蠢

1968年4月4日，当罗伯特·F. 肯尼迪得知马丁·路德·金在孟菲斯遇刺时，准备发表竞选演说的他刚刚抵达印第安纳波利斯。肯尼迪的助手强烈建议他取消演讲，但他还是决定，要亲自向以黑人为主的人群传达这个悲痛的消息。他首先称听众为“女士们、先生们”，让他们放下竞选标志。接下来的演讲，堪称一篇美国公共修辞之法的简短的即兴杰作，也许是长久政治传统中的最后一篇。肯尼迪语带哽咽，动情地引用了埃斯库罗斯的诗句，兄长遇刺之后，慰藉他的正是这样的诗作：

> 即使是在我们的梦中，不能忘怀的痛苦
> 一点一滴落在心头，
> 直到，在我们自己的绝望中
> 明智
> 违背我们的意愿，
> 在神的庄严感召下来临。[①]

肯尼迪接着宣告：“在美国，我们需要的不是分裂；在美国，我们需要的不是暴力与不法，而是爱、智慧、对彼此的同情，还有对我们这个国家还在受苦的人们的正义感，无论他们是黑人还是白人。”他的演讲以对美国人民的希望作结，希望他们献身于“希腊人很久之前写下的话：驯服人的野性，让尘世生活变得温和平静。让我们为此献身，为我们的国家和人民祈祷”。②

除了即兴的特质之外，这篇演讲的不凡之处在于高雅的格调和语言。肯尼迪相信，普通男女——女士们、先生们，而不是伙计们——组成的听众能够理解希腊剧作家数千年前写下的句子。他引用了一段从自己的志趣和情感中自发浮现出的话，完全没有想着俯就听众，从流行文化中寻找更简单易懂的掌故。结尾的谦逊是这篇演讲的另一个特点。在1960年代，也就是那个右翼迷思中的罪恶十年里，政治人物的演讲还不必用充满必胜意味的“上帝保佑美国”收尾。让人们为我们的国家和人民祈祷，意味着承认错误——这是美国人自身的错误，不应归咎于外来的非美国影响。

我并不是要让人们怀念卡米洛时期，也不是要带着伤感美化罗伯特·肯尼迪。然而，肯尼迪1968年的这次演讲如今听上去简直像埃斯库罗斯本人的语言一样古老。在现今的文化气候下，我无法想象还会有受欢迎的政治人物作这样的演讲——哪怕他的文学品位能让他自然而然地想起古希腊悲剧——因为他怕被贴上自命不凡和精英主义的标签。假如当今束缚政治话语的那些力量也影响到了肯尼迪，他也会引用鲍勃·迪伦、披头士或“彼得、保罗和玛丽”等当

① 这些诗句摘自埃斯库罗斯的《阿伽门农》，因千百年来翻译家的不同处理而形式不同。
② Robert F. Kennedy speech, Indianapolis, April 4, 1968, John F. Kennedy Library; http: //www. cs. umb. jfklibrary/r0 40468. htm.

代流行偶像，而不是用埃斯库罗斯的话表达哀思。渴望掌权的人们对陌生的典故和修辞敬而远之，由此可见，在近50年来的美国公共生活中，愚蠢的标准已经低到了何种程度。① 至于近年来政治人物在公开场合运用古老文学意象，像肯尼迪的演讲那样产生强大情感冲击的情形，我只能想起一例：2015年，查尔斯顿的9名《圣经》学习班成员被一位白人至上主义者枪杀，巴拉克·奥巴马在悼念仪式上声音洪亮地演唱了《奇异恩典》。作为英语世界中最著名的圣歌之一，创作于1772年的《奇异恩典》不光会在教堂中演唱，很多流行歌手也录制过这首歌。运用雅俗共赏的典故，是奥巴马作为公共演讲者的独特天分。

和媒体人士一样，政治人物创造了对复杂性、微妙的差别和深刻的知识深怀质疑的公众，同时又是这些公众的产物。面对复杂的政策问题，乔治·W. 布什说“我是决策者”，唐纳德·特朗普说“我，我一个人就能搞定”。如果人们已经惯于听到领导人或即将上位的领导人这么说话，他们肯定很难想象，在美国加入二战最初几个月的黑暗时刻中，富兰克林·罗斯福要承受多大的痛苦才能向公众解释为什么美军会在太平洋战场连遭败绩。1942年2月，在珍珠港事件后的首次炉边谈话中，罗斯福在广播中请美国人展开地图，以便了解战争的地理格局。《纽约时报》引用了曼哈顿一家书店的销售经理E. O. 施密特（E. O. Schmidt）的话，展现了公众对总统请求的反应。根据预估的需求量，施密特搜罗了2 000份新地图，到了炉边谈话当晚全部售罄。罗斯福对听众们——80%的美国成人——

① 当参议员丹尼尔·帕特里克·莫伊尼汉（Daniel Patrick Moynihan）在1970年代首创“非正常拉低标准”（defining deviancy downward）这个说法的时候，他指的是犯罪现象。

说，希望他们打开地图，更好地理解一场不同以往的波及“世界上每一块大陆、每一个岛屿、每一片海洋、每一条航线”的战争。在向公众解释战略局势的过程中，罗斯福利用了他早年间通过众所周知的集邮爱好而掌握的丰富地理知识。他对演讲撰稿人说，他确信美国人可以理解向部队运送给养所必须经过的漫漫长路，“如果他们能够理解这个问题和我们的目标，他们一定能够承受任何坏消息”。而当布什入侵伊拉克的时候，他觉得美国人完全没必要去了解战场的地理形势；也许他认为，公众了解的地理知识越多，就越难接受坏消息。总而言之，对地理的无知是美国人如今在地球村中的一种生存之道。美国国家地理学会和罗普民调中心（National Geographic-Roper）在 2005 年 12 月到 2016 年 1 月间——战争打响三年多，2 400 名美国人死于伊拉克之后——进行的联合调查发现，18 至 24 岁的美国人当中有三分之二在地图上找不到伊拉克。[①] 奥巴马固然对地理有所了解，但他还是没有解释俄罗斯占领克里米亚并入侵东乌克兰的地缘意义和缘由，也没有说清楚那些地区在俄罗斯与欧洲各国历次战争中的历史作用。也许奥巴马比谁都清楚，一旦他流露出国家首席教员的姿态和语气，竞争对手（和部分支持者）就会把他称作迂腐的知识分子。鉴于前总统比现任总统自由得多，可以畅谈相关话题，假如奥巴马在回忆录中深入探讨他作为教员的得失，那一定会是引人入胜的一章。

至于特朗普，几乎没有证据能够表明，他能在世界地图上找到自己的高尔夫球场以外的东西。就任总统后，特朗普在与中国国家主席习近平通电话时，（至少在当时）弥补了此前由于暗示美国将重

---

① 2006 National Geographic-Roper Survey of Geographic Literacy, May 2, 2006. http://www.nationalgeographic.roper.com/roper2006/findings.html.

新考虑一个中国政策而给两国关系造成的伤害，让国际政策专家们长出了一口气。（当选总统后不久，特朗普与台湾地区领导人通了电话，触怒了中国。）按照很多媒体的说法，这位当选总统后来“转过弯来”了。想必他屈从了那些高级智慧，他们让他知道了承认台湾地区是第二个“中国”将摧毁与中国合作的一切可能。但愿吧。我猜特朗普恐怕根本就不清楚台湾地区与中国大陆之间在政治和地缘意义上是什么关系，他陷入麻烦的主要原因是无知，而不是因为他有什么信念。不过，特朗普无论如何都不必担心有人指责他炫耀知识，指责他想当国家首席教员。

在当前的媒介环境中，我们也许会过于强调总统的个人品质，忽视了公众的知识和无知对领导风格的塑造。罗斯福时代的美国没法使用引入了卫星技术的谷歌地图，但那时的美国公众注意力集中时间更长，因此能够更好地学习。难道真有人认真地认为，大部分美国公众如今还会在晚上坐下来，听任何一位总统讲一堂 20 分钟的地理课吗？2006 年的地理知识调查表明，18 到 24 岁的美国人中，近半数认为没有必要了解正在发生重大新闻的国家位于何处。超过三分之一认为掌握外语“完全不重要”，认为“非常重要”的仅有 14%。这样的结果并不意外：在 2002 年的同一调查中，美国人在被调查的各国中排名倒数第二，落在加拿大、法国、德国、英国、意大利、日本和瑞典之后。没有任何迹象表明，美国人的地理知识在过去十年间有所提升。

而且，调查对象的年龄段表明，美国的高中和大学教育非常失败：人们小时候掌握的地理知识只多不少，因为课堂上教的东西那时在他们的脑海中还很清晰。调查报告中有个“好消息”，和只上过高中的美国人相比，有过大学教育经历的人在地图上找到伊拉克、沙特阿拉伯、伊朗和以色列位置的概率是前者的 4 倍。坏消息是，大学组中只有 23% 的人能找到这些中东国家，高中毕业生中只有 6%。换句话说，教育程度在高中或以上的美国青年中，近八成不知道与美国利益密切相关的四个国家位于何方。

至于互联网那颇受吹捧的教育价值，似乎只在灌输基础知识的时候有点用处。也许唯一的问题是，大多数人上网浏览时寻找的并不是真正的知识。在美国国家地理学会和罗普民调中心的测试中，如果用传统的评分体系衡量，在网上看新闻的年轻人拿了 69 分，不上网的人则得了 59 分。（测试中一共有 53 个问题。）这么看来，这两个群体都不及格①，但网民的得分比不上网的人稍高。在其他方面都很不乐观的情形下，这是唯一的亮点，这样的情况本身就证明了期望之低。虽不及格，但得分稍高——比 F-高一档的 F 在健全的社会中可不是竞争力的标志。这份研究的作者们用保守得出奇的说法给出了结论，他们指出，“这些结果说明，美国的年轻人……尚未准备好迎接日益全球化的未来”②。这份报告的标题也许可以改成“无知，并骄傲着”。

公众的无知和反智主义当然不是一回事，但它们却是近亲。两者都有助于那种把关于历史、科学、文化的渊博知识和对母语的得体运用看作政治负担而不是财富的候选人的崛起，为了迎合把展现学识当成秀优越的公众，他们就算拥有那样的智识品质，往往也会自掩锋芒。

要衡量过去 50 年中政治方面的自我呈现和言论标准刻意而为的堕落，我们不妨比一比约翰·克里 2004 年和约翰·肯尼迪 1960 年的竞选活动。他们都是权贵子弟，都接受过国内外的顶尖教育，都

① 按照 7 分制评分法，69.69 以下的得分属于不及格（F）。——译者
② In ibid., including all statistics.

是教养的象征 —— 从对旅行的偏好、对世界历史的兴趣，到他们选择的颇具异国风采、懂得多种语言的优雅夫人。为了让自己看上去和听上去更像普通人，克里在竞选中做了很多无用功，他穿着迷彩服去猎鹅，这显然是为了取悦乡村中热爱打猎的人，结果却是自取其辱。原来，那身猎装和克里在摄影师面前挥舞的 12 号双管猎枪都是从一个俄亥俄农民那里借来的，他还献出了自己的鹅当作政治祭品。在竞选旅程中，克里开始吞掉单词中的字母 g、t 和 n，而且还留意着在话中提到不可或缺的“伙计们”，他试图摆脱那颇有教养的口音，到头来却是白费力气。

相反，约翰·肯尼迪竭力渲染自己的高雅气质，既拉开了他和 1960 年的普通选民之间的距离，又牢牢抓住了他们的想象力。众所周知，他拒绝戴上牛仔帽、印第安头饰、棒球帽等等意在让他融入众人的一切帽子，而且，冒充南方和中西部乡村口音之类的建议一定会让他瞠目结舌。他那融合了波士顿和哈佛语调的口音一直未改。肯尼迪是否像他看上去那样有教养，是不是一个本可成为历史学家 —— 或者，至少是个像赞赏他的沃尔特·李普曼和理查德·罗维尔那样的上层中流记者 —— 的兴趣广泛的阅读者，都不如他想展现出知识分子特质并以此赢得赞赏的愿望更重要。他说，自己最爱的小说是司汤达的《红与黑》。问题并不在于他是否真的喜欢那本书（我总是想象着肯尼迪抱着雷蒙德·钱德勒的侦探小说放松身心），而是在于这位总统并不害怕提到一本大多数人无疑都不知道的法国小说。（奥巴马拒绝挑出一本最爱的书，他认为，不同心境下需要读不同类型的书，这种态度似乎更加真诚。）阿尔弗雷德·卡津指出，肯尼迪的性格中最迷人的元素之一，是“那么热切地向公众宣传他对书籍的热爱、他的才华与优雅、他与知识分子专家交往的爱好，毫不担心民众会为此大为惊诧，众所周知，这些特性如果放在其他人身上，民众一定会心生猜疑”①。

不论真相如何，毫无疑问的是，肯尼迪具有世界眼光的博学形象——代表着美国人希望自己，更可能希望自己的孩子所成为的那种人——对他的魅力至关重要。总统候选人的文化素养曾是公众眼中颇为可取的优点，肯尼迪兄弟向世界展现了通达文化的形象，进一步提升了他们在美国国内的感染力。理查德·M. 尼克松虽然才智过人，但却没有对手那种潇洒知性。

44年之后，美国人口中的大学毕业生比例远高于60年代初，但选民们却再次把这个国家的最高职位交给了一个以毫无求知欲为最突出的个性特征的人。这个上溯三代全都有钱有势的“嘟布亚”②是三流绅士的鲜活代表。要是不靠家族声望和关系网，布什凭头脑根本没法靠近耶鲁和哈佛商学院，也不可能拿下一支棒球队，更别提当上总统了。尽管如此，这个天生特权的活证据还是能让选民们相信，他只是个普通人，不属于讨厌的“精英”。

他是怎么做到的呢？我认为，“做自己”就是他的成功之道，最明显的表现就是他对母语的拙劣运用。与克里（还有2000年的对手阿尔·戈尔）不同，布什无需刻意努力，就能表现得像个没受过精英教育的普通人。他在肯纳邦克港度夏，在常青藤盟校读书，但他总是能把总统们经常要说的“核”和“政府”轻松地说成“活”和“增府”。面对这种会让其他发达国家的中产阶级感到羞耻的丑陋表演，美国大众——至少在他们开始坚决反对伊拉克战争之前——要么无动于衷，要么为之倾倒。比如，在和法国总统雅克·希拉克于巴黎举办

① Alfred Kazin, “*The President and Other Intellectuals*,” p. 463.
② 乔治·W. 布什的外号，衍生自他带着南方拖腔的“W”发音。——译者

的一场联合新闻发布会上，当 NBC 记者大卫·格雷戈里（David Gregory）用流利的法语向希拉克提问之后，布什的反应相当任性。“很好，”这位美国总统不耐烦地说，“这家伙记得四个词，好像自己很懂洲际交流。”十分惊讶的格雷戈里正要回应：“我可以继续……”但布什打断了他：“我很佩服—— que bueno①。我也懂两种语言。”

问题并不在于布什是否真的像听上去那样是个普通人，而是他与美国国家地理学会和罗普民调中心调查的美国年轻人一样，好像并不以狭隘为耻，甚至颇以为荣。选民似乎也不觉得有什么问题，直到伊拉克战争看上去好像没完没了，暴露出了布什“我是决策者”的断言所代表的政治领导风格中的固有危险。2008 年两党初选中，伊拉克战争成了主要辩论话题之一。在开战问题上，一位总统难道不该三思而后行吗？哪怕是去问问比他更了解世界其他国家的人。巧合的是，最有力地给出肯定回答的，是来自伊利诺伊州，不太为人所知的年轻资浅参议员②巴拉克·奥巴马，初选早期，也就是他在 2008 年 1 月的艾奥瓦州民主党初选大会上意外大胜之前，政界人士认为他不可能获得提名。相较于特朗普和希拉里·克林顿激烈得多的 2016 年大选，2008 年总统大选显得平淡无奇，好像伯罗奔尼撒战争那般遥远。回到 21 世纪头十年的旧时光，奥巴马高超的演讲技巧与语调柔和的理性的结合已经足以让厌倦了布什、厌倦了战争、期待有些新东西的潜在选民留下深刻的印象。奥巴马确实说了些新东西，除了外交政策等谁都会提的议题，他还谈到了学习和知识方面的个人责任。关于提升公立教育的重要性，奥巴马的标准说法之一，

① 西班牙语，意为“很好”。—— 译者

② 美国各州在参议院中均有两位议员作为代表，任职期间较长的一位通常会被称为“资深”参议员，而任职期间较短的一位则被称为“资浅”参议员。—— 译者

是强调不论政府的行动多么积极，都无法代替愿意“关掉电视，收起电子游戏，花上更多时间为孩子们读书、与孩子们对话”的父母。（鉴于游戏行业的指数级增长，我们如今已经知道，很多美国人根本没听进去那些话。）那句话代表了一种很多人会在日常生活中忽视的理想，赢得了各种肤色和族裔的听众的热烈掌声，在黑人社群中的反响最为热烈。作为哈佛大学法学院毕业生（奥巴马后来当上了《哈佛法学评论》的首位非裔总编），巴拉克·奥巴马和米歇尔·奥巴马都享受到了美国最顶尖的教育。他们通过自己的努力争取到了那样的教育和让他们有条件接受那种教育的奖学金。奥巴马的肯尼亚父亲在他还是婴儿时就离开了他的母亲，单亲母亲和外祖父母在夏威夷将他抚养长大。他的成长是为自己争取荣耀的故事。比尔·克林顿也是一样，他来自阿肯色农村的工人阶级家庭，完全凭借自己的努力进入了乔治敦大学、牛津大学和耶鲁大学法学院。

成为一名强有力的候选人之后，奥巴马也成了曾让克里折戟的反精英主义和反智主义攻击的目标，也许正是他为自己争取荣耀的努力给了他些许保护。2008 年总统竞选的最后两个月，共和党人疯狂地想从股市暴跌、无数住房被银行收回和失业率上升等等日复一日的悲哀新闻上转移公众的注意力，他们发起了反精英主义的猛攻，掀起了阶级仇恨和对非美行为的指责。为了把奥巴马渲染成货真价实的“精英”，共和党候选人约翰·麦凯恩欣然接受了“水暖工老乔”（Joe the Plumber，事实上，乔甚至都不是他的真名）这个称呼。不过，麦凯恩的副总统选举搭档沙拉·佩林才是反精英主义之战的主将，她扮演着竞选大剧中的西国魔女①，把奥巴马掌握的经济学概

①《绿野仙踪》中的反派人物，居住在奥兹国西方的邪恶女巫。——译者

念（比如说，税收是一种财富再分配手段）和彻头彻尾的反美主义联系在了一起。踩着四英寸高的高跟鞋，放言“踩上高跟，打出重拳”的佩林把奥巴马跟恐怖主义和社会主义挂上了钩。她还把奥巴马的语言才华作为攻击对象。奥巴马对口头和书面英语的运用被描绘成精英主义的负累，就好像德怀特·艾森豪威尔把知识分子说成“夸夸其谈、信口开河的人”一样。当佩林说她和丈夫不曾像奥巴马夫妇那样“通过写书”致富的时候——好像写书赚钱和贩毒差不多——她把阶级仇恨和反智主义完美地结合到了一起。

反精英主义的攻击在2008年没有奏效，部分是因为（包括麦凯恩在内的）很多公职人员对经济难题束手无策。奥巴马泰然自若，他的咨询对象有政府官员，还有克林顿政府中的哈佛系经济专家，不知为何，候选人倾听他人——而不是自己胡诌一通——体现的似乎不再是精英主义，而是理智之举。一位公职人员倾听专家意见，这当然并不意味着他属于霍夫施塔特所说的那种严格意义上的知识分子。专家本身都有可能不属于知识分子，而且知识分子也会犯错（正如知识分子曾经告诉约翰·肯尼迪和林登·约翰逊这两位总统，在越南已经可以看到隧道尽头的光亮）。奥巴马没有挖空心思去证明自己也属于普通人群，而是展现出了他所具有的担任这个国家最高职位的关键资格——在危机时刻和平常日子里有能力、有意愿去辨识意见建议的是非轻重。

真正的问题不是为什么我们在布什之后选上了奥巴马，而是为什么在奥巴马之后选上了特朗普——或者，更准确地说，从布什到奥巴马再到特朗普。对周期性政治变化相对直接的需求并不能解释选民心理，他们曾被奥巴马的知识和理性气质折服，而后又选择了一位粗俗且无知好斗的人。在特朗普面前，反观布什都显得像是伯里克利或托马斯·杰斐逊。（而且，鉴于特朗普主义中敌意十足的反移民和反穆斯林倾向，我们如今想起布什的时候，理所当然地会想到他在“9·11”事件之后对宗教自由的勇敢辩护，而不是他念错的词和恐法症的发作。）在对生活质量不满的情况下，选民可能，而且确实会想要给另一个政党机会——或者即便是在对生活相对满意的情况下，只是为了取乐——但他们很少会选择像特朗普和奥巴马那样在秉性、价值观和自我呈现方式上全都天差地别的候选人。在对选举的事后分析中，媒体集中探讨了希拉里的弱点，特朗普对蛰伏的种族主义、本土主义“狗哨”式的呼唤（事实上，那些呼唤更像是火警），以及（以白人为主的）蓝领工人当中普遍存在的怨气。蓝领岗位在过去30年中一直在减少，而且在奥巴马时期无可否认但却分配不均的经济复苏中，他们很大程度上被遗忘了。所有这些因素无疑有助于特朗普在密歇根州、威斯康星州和宾夕法尼亚州拿到刚刚好的白人选票，他的普选票比希拉里少约300万，但还是赢得了选举人团投票。然而，所有这一切都无法解释为什么特朗普能够赢得共和党提名（争夺提名的还有很多白人男性和一位白人女性，两党的绝大多数选民都已经忘了后者的名字）。选民们也许还记得本·卡森（Ben Carson），他是唯一一位非裔候选人，之后被特朗普选为住房和城市发展部（HUD）部长。卡森在从政之前曾是出色的小儿神经外科医生，对领导住房和城市发展部所需的专业知识一窍不通，也许正是出于这个原因，特朗普才选择了他担任此职，而不是给他一个在专业经验和训练方面更加合适的职位，比如说让他执掌美国国立卫生研究院。特朗普厌恶专业知识（将军们的专业知识除外），但他甚至都拿不准那些将军们是不是比他更懂军事问题。“我对伊斯兰国（ISIS）的了解比将军们还多，”特朗普在一次竞选活动中一如既往地咆哮道。在特朗普发出的反精英主义和反智主义讯息中，对种种专业知识真心实意的轻蔑是其中不可或缺的一部分。2016 年春，有人批评特朗普对外交政策缺乏了解，他在威斯康星州的一场竞选活动上用充满嘲讽、语无伦次的怒吼作出了回应。“你们知道，我一直想说——我之前从来都没有说过这些——所有那些专家。‘哦，我们需要一个专家——’那些专家们一塌糊涂。看看我们那些专家带来的混乱。看看那种混乱。看看中东。如果我们的总统和政客们每年去海边休假 365 天，我们在中东的处境会好得多。”①

特朗普无疑是当下美国人记忆中最为反智的总统，可能也是历任美国总统中最反智的。（我认为，那些拿安德鲁·杰克逊与特朗普相比较的人对杰克逊的评价还算公正，想想他那些无可否认的过失吧。）② 假如特朗普的竞选活动没有发生在标准加速降低的进程之中，他对专业知识的诋毁就不会大行其道。“后真相”（post-truth）被《牛津英语词典》选为 2016 年度词汇（之前的年度词汇还有“删除好友”和“自拍”），特朗普就是这个后真相时代的产物。

这便是为什么他能以白手起家者的形象到处示人，尽管他其实和布什一样生来就享有特权。特朗普的父亲是富有的纽约住宅地产开发商（他的成功部分源自他将黑人挡在了纽约皇后区的公寓住宅之外），1975 年，特朗普凭借来自父亲的 100 万美元贷款开始了日后变形为品牌运作的地产生涯，之后十年里，他又从弗雷德·特朗普及其公司借了 1 400 万美元。但在那些连通过服务人员通道走进特朗

---

① In "*Trump: The Experts Are Terrible*," by Nick Gass, *Politico*, April 4, 2016.

② 参见乔恩·米查姆（Jon Meacham）《美国雄狮：安德鲁·杰克逊》（*American Lion: Andrew Jackson*）一书中对杰克逊作为法官和律师的个人经历，以及他对联邦司法制度的观点的探讨。

普位于棕榈滩的海湖庄园都不敢奢望的选民们面前，特朗普顺利地把自己包装成了白手起家的人。在塑造形象的同时，特朗普还成功当上了近年来唯一一个拒绝公开纳税申报单的总统候选人，这些申报单或许会证明，由于多次宣告破产，他多年来完全没缴过税。他一开始说，无法公开税单的原因是美国国家税务局正在进行审计，但在国税局指出任何纳税人都可以合法地随时公开税单之后，毫不让步的特朗普继续说不。对普通美国人来说，哪怕是想到与国税局有关的小问题都会不寒而栗，特朗普却在那些按理说会激怒美国人的问题上蒙混过关了。如果不是在这个后真相时代，特朗普就无法凭借“正在接受审计的纳税人不得公布税单”的谎言来摆脱税单困境。

在“白手起家的特朗普”这个虚幻形象的营造过程中，后真相文化丝毫不为事实所动的特点至关重要。自 2014 年到此次总统大选前，我在俄亥俄州、宾夕法尼亚州、密歇根州和威斯康星州做了多场讲座。我的听众原本以政治和宗教上的自由主义者为主（我经常谈到无神论），但 2015 年下半年，特朗普的支持者们开始出现在我的讲座上。他们经常说两点，“他听起来像是我们当中的一员”和“我喜欢他，因为他说出了自己的心声”。特朗普的话听起来的确跟他的那些狂热支持者们差不多。他说话时含混不清，乱七八糟的语法和普通的纽约口音完全体现不出特权阶层出身，在那些 —— 和特朗普不一样 —— 因为教育和经济水平较低而语法混乱的听众面前，他的语言风格反倒成了优势。假如特朗普的说话方式和奥巴马一样，人们也许会把他当作富有的伪民粹主义者一笑了之 —— 其实那才是他的真面目。假如奥巴马和特朗普一样言语混乱，他就会成为种族诋毁的目标：黑人教育水平太低、头脑太蠢，不适合担任任何重要职务——更别提当总统了。特朗普（通过 Twitter 或当面）与支持者对话的语言更接近工厂工人，而不是住在第五大道镀金公寓里的企业高管，也许这让人们更容易忽视他真正的经济状况。而且，当有名的富翁说起话来跟没受过什么教育的傻瓜一样的时候，会勾起一种独特的幻想：如果他能这么说话，不论多大年纪都有美女陪伴，能挣大钱，还能竞选总统，我这样的人又有何不可？

因为特朗普"说出了自己的心声"而视其为领导人，这种想法就跟觉得他听起来像"我们当中的一员"一样，是他的魅力的反智本质中不可或缺的元素。不论是在公开还是私密场合，只有在你的心声值得说，而且有事实根据的情况下，说出心声才是美德。然而，在后真相文化中，相较于营造坦诚的表象，事实与领导人言论的关系无关紧要，哪怕政客的话全是无稽之谈或欺世之言，坦诚的表象依然可以在政客和人群之间建立起真正的联系。从声称自己看过穆斯林在世贸双塔倒塌之后的庆祝影片，到宣扬瑞典因为接收太多叙利亚难民而在 2016 年 2 月遭受恐怖袭击，致力于事实核查的主流媒体详细报道和驳斥了特朗普作为候选人和总统说出的种种谎言。要列出特朗普所有类似的谎言实在太占篇幅（特此说明：2016 年 2 月瑞典没有发生恐怖袭击，就像"9·11"之后并没有数千名穆斯林欢呼的场景一样），但特朗普的后真相主义并非一般的谎言，它们更加恶劣，那是一种关于世界的幻觉，即便被铁一般的事实证伪也面不改色。特朗普的所有幻觉中最让我惊讶的是，他说，在就职典礼那个细雨蒙蒙的阴天，太阳在他发表就职演说之时破云而出。每一个看电视的人都能看出那是谎言——出于安全考虑，观众不能带伞进场，镜头前的观众们用雨衣遮着脑袋——但特朗普还是照说不误。某种程度上说，他相信那是真的。他脑中一定有那样的场景，一定幻想着自己演讲时和观众一同沐浴着金色的阳光 —— 那是个比任何湿答答的事实都更有力的场景。这种幻想在个人生活中十分常见，而且并不一定是坏事，它帮助了很多新郎新娘度过了天气不佳的结婚日子，让很多作家熬过了书评不及预期的痛苦。但假如习惯性地沉湎其中，分不清幻想和现实，即便是在个人生活中，它也会带来危险。在公共生活中 —— 尤其是世界头号强国领导人的公共生活中 —— 可能会是灾难性的。当全国人民都能在电视上看出下雨的时候，说阳光照耀着你的就职典礼，这仅仅是愚蠢；说你输掉了普选票的唯一原因是数百万移民非法投票，则是在破坏对你立誓要去恪守、维护和捍卫的民主制度的信仰。你已经成了假新闻 —— 或者更准确地说，谎言 —— 的首席传播者，而不再是誓言维护宪法的总统。

既然“后真相”有资格成为《牛津英语词典》2016 年年度词汇，那么“假新闻”一定能算是年度短语。激烈的反智主义和好斗的无知影响着美国政治，假新闻在 2016 年大选期间的进化则是它们最有力的例证。最初发现假新闻现象时，人们谈论的是那种蓄意制造的虚假内容，它们往往由臆想网站生产，被社交网络上的无聊用户有意无意地传播开来。大选期间，有两条假新闻传播最广，其一是教宗方济各“支持”特朗普担任总统，其二是华盛顿一家由希拉里支持者经营的知名比萨店里有个儿童性奴圈子。第一条没造成什么真正的危害，因为罗马天主教廷教宗坚决称之为谎言，而且人们相信他。华盛顿那家比萨店的老板就没那么幸运了，儿童在家庭餐馆中遭受性侵的疯狂故事在社交网络上引发了延续甚久的轩然大波。为了亲自查探事实，一个荷枪实弹的怪人出现在那家店里，就连华盛顿颇为时髦的康涅狄格大街上的其他店铺也接到了威胁电话。似乎只有梵蒂冈才能够有效驳斥社交网络上的谎言。

臆想网站只要有个域名就能开，运作这种网站的人往往和新闻采访机构毫无关系，只是穿着睡衣道听途说。你可以自称为“基督教时报网”，没人会知道你只是怀揣政治恶意、有着大把时间的失业青年。基督教时报的故事很能说明问题，这个网站唯一的所有者、23 岁的卡梅伦·哈里斯（Cameron Harris）刚刚大学毕业不久，曾是大学兄弟会的领袖。《纽约时报》通过网站上的线索追查到了哈里斯，他们撰写的真实新闻详细讲述了这个网站的肮脏历史。启发哈里斯的似乎是特朗普登峰造极的怒吼，特朗普说，计票结果被朝着有利于希拉里·克林顿的方向“篡改”了。哈里斯想编出一篇看上去能支撑特朗普指控的新闻，他毫无愧意地向《纽约时报》记者详细讲述了他的决定。九月底，这篇文章在他的网站上出现。文章说，俄亥俄州哥伦布市的一个仓库里发现了好几万个投票箱，里头装满了预先填好投给希拉里的选票。为什么要选哥伦布市呢？因为特朗普正是在那里第一次提到了篡改选票的可能。发现那些选票的是谁呢？哈里斯凭空捏造了一个名叫“兰德尔·普林斯”的电工。为了更有说服力，文章还配上了从英国报纸《伯明翰邮报》（*The Birmingham Mail*）上找来的照片，这张从谷歌上盗用的照片里有个站在一堆票箱后头的中年男子（图片说明上写着“普林斯先生”）。伯明翰确实有场选举，只不过那不是美国总统选举。哈里斯的文章引出了一个说法，说希拉里的助手图谋在选举当天用——哥伦布市那位不存在的电工发现的——预先填好的假选票换走真选票。通过哈里斯建立的 Facebook 页面，这篇文章最终有 600 万人分享。① 哈里

① Scott Shane, “*How to Make a Masterpiece in Fake News*,” *The New York Times*, January 19, 2017.

斯发了财，网站的广告收入差不多达到了每小时 1 000 美元。（选举结束数天后，谷歌宣布，它将不再为假新闻传播者提供帮助，停止在推广明显的假新闻的网站上投放广告。）文章揭示的最令人沮丧的事实是，尽管他把选票投给了特朗普，但他捏造希拉里假选票新闻的动机并非狂热的政治信念：他只是为了赚钱。哈里斯告诉《纽约时报》，他本来打算制作诋毁特朗普的广告，但因为特朗普的支持者更狂热，所以反希拉里的广告点击量更高（因此可以通过谷歌广告获得更多收益）。哈里斯显然完全不觉得惭愧，不然他不可能接受采访。毕竟，他说过，“没有一场竞选活动和候选人说的话是完全真实的”①。

这个得到了充分报道的故事在相当程度上体现了数字文化和我们等而下之的民主之间的关系。回到 2000 年，那时也许已经有 600 万信息足够闭塞的美国人，相信偷换真假票箱能改变一场现代选举的结果。但在 16 年前，这个昭然若揭的谎言无法轻易在数百万人之间传开，因为这种消息不可能出现在有线电视新闻或任何值得尊重的报纸上，而且社交网络那时几乎还不存在。此外，这样的消息俘获了那么多受众，反映出了很多美国人在公民参与和公民教育上的缺陷。如果经常投票，见过选举工作人员对纸质选票和数字投票机的严密监管，不用细读文章，光从亲身经历中就能知道，至少从理论上说，装着假选票的票箱是不可能调包进投票点的。（偷换票箱的做法确实发生过，但在大城市的政党机构失去对选举机制的控制之后就已告终。）一般认为，轻信假新闻的原因是一种普遍存在的心理倾向，人们更容易接受能够证实原有信念的证据——不管是真是假。特朗普让他的支持者们准备好接受一场被“篡改”的选举中的

① Scott Shane, “*How to Make a Masterpiece in Fake News*,” *The New York Times*, January 19, 2017.

失败，他们自然就会相信能够支持那种预言的任何报道。但是，假如这种偏见反过来，假如哈里斯报道说装着预先填好特朗普选票的票箱正等着偷天换日，我可不会信以为真。任何熟悉数十年来美国选举运作方式的人都知道，这样的报道纯属胡扯。我怀疑，那篇文章之所以会在特朗普支持者中影响巨大，是因为他们的受教育程度整体而言低于希拉里的支持者，过去从未投过票的可能性更大。我们也许可以相信"基督教时报网"敢作敢为的创始人的话——他选择诋毁希拉里，只是因为特朗普的支持者们更容易上当，愿意相信立场一致的社交网络联系人发来的任何假新闻。

这并不是说真正的报纸和电视报道上从未出现过骗局。1980 年一篇关于 8 岁海洛因成瘾者的报道就是一个经典案例，稿件作者、原《华盛顿邮报》记者珍妮特·库克（Janet Cooke）还因为那篇报道得了普利策奖。区别在于，那场骗局是由媒体自身揭穿的——首先是《托莱多锋报》，之后则是相当尴尬的《华盛顿邮报》自己。《华盛顿邮报》当时的出版人唐纳德·格雷厄姆召开了新闻发布会，宣布文章不实并向公众致歉。事实上，《华盛顿邮报》至今仍在赎罪，网站上每一篇原创文章旁边都留有编辑的加工记录。每一位记者都能证明，在库克事件的影响下，所有主流新闻机构都大幅调整了匿名信源的处理方式。有些时候，在报道地方饮用水铅污染、家庭暴力或联邦调查局对政府高层的调查结果等问题时，很有必要使用匿名信源。但是，新闻机构目前普遍要求记者将信源身份告知至少一位责任编辑，通常是报纸或电视的总编。互联网上没有这样的制衡机制，没有把关人能保证你看到的是在俄亥俄州哥伦布市而不是在伯明翰拍摄的工人照片，保证真有那么一位工人存在。这就是为什么媒体总是错误地（我指的是诚实的错误，而不是"假新闻”）把特朗普当成一位独特的候选人。让他成为总统候选人的是周遭的文化：从他的电视节目《学徒》到Twitter，特朗普完全是由时代造就的人。

所以，毫不意外，特朗普在上任之初就完全改变了假新闻的意义。他给任何批评他和他的政策的文章贴上了这个标签，而且迅速指责报道中最富进取心的新闻机构是“假”新闻媒体。千百万美国人以为支持自己观点的消息全是真的，与自己观点相悖的消息全是骗人的，那位总统也只是其中一员。他之所以能够在这个后真相社会中利用美国反智主义的历史源流，因为他其实也是我们当中的一员。对于很多美国人来说，凡是不想听到的都是假新闻。

讽刺的是，特朗普针对媒体的战争，还有他把所有触怒他的新闻都变成假新闻的奥威尔式的尝试，为那些（在写作此书之际）仍然被选举结果和总统就职之初的几个月里的举动震惊不已的自由主义（和一些保守主义）知识分子带来了燃起希望的理由。特朗普时代之前，在讨论重大公众问题的时候，太多限于经济困境的“媒体遗老”所有者都会选择阻力最小的路径。而现在，他们的公民责任已被唤醒，就像《纽约时报》和《华盛顿邮报》纸质版新增很多订户一样。包括《纽约时报》《华盛顿邮报》《华尔街日报》和《洛杉矶时报》在内，在评论版上体现着不同意见的报纸网络版的流量和纸质版的订数都出现了大幅增长。在纽约，仅《纽约时报》就在大选之后的18天里收获了13.2万名新订户；《华盛顿邮报》的出版人杰夫·贝索斯宣布，这份报纸将新增60个编辑职位，主要是为了加强调查报道。① 亚马逊公

① Laurel Wamsley, “*Big Newspapers Are Booming: ‘Washington Post’ to Add 60 Newsroom Jobs*,” National Public Radio online, December 27, 2016.

司 CEO 贝索斯 2014 年收购《华盛顿邮报》的时候，很多人认为那是一次失败的投资 —— 和所有报纸一样，《华盛顿邮报》的订数多年来一直在下降，一直在裁员。如今，社交网络在后真相时代的选举中传播的极端谎言至少已经让部分公民认识到，为了准确报道具有重大公共意义的问题，必须（由他们和媒体所有者）投入更多资金。记者们似乎也有了更多勇气。以编辑方针强烈支持特朗普提出的降低企业税等政策的《华尔街日报》为例，撰写和编辑新闻报道的人据说每天（也许还要冒着丢掉工作的风险）都要争取在客观报道和评论版之间划清界限。对自由、独立的新闻界的重视程度是否会在特朗普任内继续提高，回答这个问题还为时过早。

就在十年前，为了用自己的方式击败社交媒体，传统媒体的所有者们还在努力迎合读者的文化和公民知识水准，而不是尝试提升公共知识和公共话语的水平。2006 年底，《时代》周刊在年度人物特刊封面上放了一张亮闪闪的塑料镜面，把“你 —— 对，就是你”选作年度人物。事实上，这里的“你”并不是指所有人，只包含了使用互联网或在万维网上创作新内容的人们。《时代》周刊的年度人物 —— 属于“新的数字民主”的公民 —— 可以是从 Netflix 订购 DVD、在 MySpace 上张贴个人信息、访问《时代》周刊网站（这一点有额外加分）、发送电子邮件、在 YouTube 上发布自己呕吐的照片、在“遗产”网站（Legacy. com）上撰写揭逝者疮疤的尖刻讣闻、为了背景调查用谷歌搜索情人的信息或是为政治博客撰文的任何人。

“美国热爱隐居的天才……，”《时代》周刊煞有介事地写道，“但那些孤独的梦想家们也许应该学着和他人一道玩耍。汽车公司举办了设计公开赛。路透社在常规新闻流旁边刊登着博客文章。微软为了对抗由用户创造的 Linux 加班加点。我们见证着生产力和创新的爆发，这种变化才刚刚开始，千百万原本会沉沦于默默无闻的灵魂被吸收进了全球化的知识经济。”至于那些本就该默默无闻的灵魂——要对数字世界呈指数形式增长的垃圾思想和戾气负责的灵魂——2006年的《时代》周刊向自己那越来越少的读者们保证，互联网上的一切都是“和所有值得尝试的实验一样可能会失败的大规模社会实验”的一部分。尽管如此，网络让我们有机会“打造不是政客对政客、伟人对伟人，而是公民对公民、普通人对普通人的国际交往。让人们看着电脑屏幕，真心实意地猜想有谁在那里注意着他们。继续吧。告诉我们你不只是有些好奇”①。鉴于游戏产业在2006年还没那么重要，《时代》周刊完全没有提到希望回归童年“事在人为”幻想的游戏玩家，没把他们算进应该从默默无闻中拯救出来的灵魂。

重点在于，“新的数字民主”的公民们不用投票、无需读书，在清醒的每时每刻都可以沉浸在信息娱乐产业通过视频媒介提供的迷人享受和人造刺激之中。《时代》周刊惊惶的高管们似乎从未想过，他们的逢迎不可能说服数字成瘾者们关掉屏幕，拿起杂志。和大多数政客一样，大部分媒体舆论制造者们决定假装愚蠢的标准并未降低，而且还要讨好美国人，告诉他们，他们和他们的子女们其实是这个国家有史以来最聪明、教育水平最高的一代人。

我在这本书2009年出版的平装本中写道：“在2008年总统选举中，18至29岁的选民投票率仅有54.5%，这一点清楚地表明，电脑知识与公民知识、文化知识之间不能画等号。”30岁以下的选民中，超过三分之二把票投给了奥巴马，投票率的提高（这一年龄层在

① Lev Grossman, “*Time's Person of the Year: You*,” *Time*, December 13, 2006.

2004 年的投票率不到 50%）显然是因为奥巴马对年轻人的强烈吸引力。尽管如此，“千禧一代”去投票的可能性还是大大低于年长的人 —— 欢庆奥巴马在年轻人中取得优势的媒体忽略了这个事实。整体投票率约为 64%。尽管奥巴马团队采取了密集和精细的手段来通过网络影响年轻选民，在这场 1932 年以来最富戏剧性、竞争最激烈的选举中，他们当中还是有超过 45%选择了袖手旁观。

如果我能预见未来，预测到整体投票率从 2008 年到 2016 年的进一步下降，我会把话说得更重。从 2008 年到 2012 年，有投票资格的美国人的投票率从 64%下降到了 60%。2016 年，投票率再次下滑，降到了约 55.4%这个 20 年来的最低点。和其他各年龄层一样，千禧一代的投票率在假新闻的围攻下继续下降，任何尊重知识、尊重公民参与的人都不该相信那些以垃圾思想为基础的假新闻。很多权威人士暗示，区分新闻真假是个爱因斯坦式的重大难题。这不过是垃圾思想的又一例证。要看穿数百万非法移民参与投票的假新闻，我们需要的只是投票的经验，监票员会仔细检查你的签名和上次投票时是否一致。至于那条说儿童被诱拐到邻家比萨店的新闻，在那种比萨店用过餐的人都能分辨真伪。只有天才才能成为负责任的明智公民，这种想法侮辱了这个国家的每一个人。

要当一个明智的选民，我们并不需要成为霍夫施塔特所说的那种“为思想而生”的知识分子。但我们确有必要严肃看待区分真假这回事，不论你是大学教授、高中毕业生还是博士。媒体人士和知识分子（这两个人群时有重叠）肩负着特殊的使命，要防止我们在通往建国一代告诫我们不要陷入的那种社会的歧路上越滑越远。

在每次国庆日庆典上，我们都应该重读詹姆斯·麦迪逊 1822 年写给朋友的信中的告诫之语：“一个民选政府，如果没有掌握来自民众的信息，或者缺乏获取那些信息的手段，就会成为闹剧或悲剧的序曲，或者两者皆是。知识将永远压制无知：如果一个民族要把握自己的命运，就必须以知识的威力武装自己。”① 当前，每个公民都必须面对的关键问题是，是否要让无知去压制知识。

① James Madison to W. T. Barry, August 4, 1822.

结语

文化保护

“这个国家的心灵，受着取法乎下的教诲，反噬自身。”拉尔夫·沃尔多·爱默生的这句话，在1837年的一个显然还在积累智识资本的年轻国度里主要是一种修辞。但在美国新的非理性时代中，爱默生的稻草人获得了生命，对记忆和知识的侵蚀成了无法回避的时代主题。记忆的丢失让我们成了糟糕的智识遗产管理人，文化宝库的耗竭又将引发新一轮遗忘。对信息娱乐的痴迷、各式各样的迷信，还有在基础技能和技能背后的逻辑的传授上了无成就的教育系统，种种因素加在一起，让反理性主义和反智主义繁荣兴盛。

有什么办法能遏制智识退化之势吗？——至于逆转就更不用奢望了。这种倾向在我们的娱乐文化中根深蒂固，又让美国的民主理想深受其害。反对力量确实存在，即便是在无知、反理性和反智之声在公众场合回荡得最响亮的时候，它们也没有离去。在乔治·W.布什总统第一个任期末尾的必胜狂热中，白宫的一位助手曾经对学者、科学家和记者出言不逊，说他们都是“相信解决方案源于对明确现实的审慎研究”的人。但是，以现实为基础的世界不能被无限否定下去。2008年9月15日，巴拉克·奥巴马和约翰·麦凯恩的总统角逐迎来了转折，那一天，投资银行雷曼兄弟公司申请破产、历史悠久的美林证券为避免破产将被出售的消息震惊了市场，股市暴跌500多点，创下了华尔街在2001年9月11日恐怖袭击事件后重新开始交易以来的最大跌幅。丧失抵押赎回权的住房数量达到新高，失业率不断上升，麦凯恩却在那天声称“经济基本面强劲”。他的表态和美国中产阶级的现实感受大相径庭——他们发现，投入股市的养老基金已经跌去了三分之一——奥巴马甚至都不需要去问问他的对手究竟来自哪个星球。自此之后，所有从文化角度向奥巴马发起的反精英主义攻击日渐无力，每个美国人都能亲眼目睹的金融灾难改变了最重要的问题：谁能更好把握事实，谁更有本事解决经济问题。我们不妨称之为以现实为依据的世界的复仇。

在为特朗普主义提供了土壤的后真相时代，无法撼动的现实会在什么时候，以什么方式打破美国人的错觉、粉碎美国人的幻想呢？我不会假装知道答案。如果特朗普在增加国防预算的同时削减企业税和国内支出，他那重建美国衰败的基础设施，并在这一过程中带来充足的蓝领工作岗位的许诺必然无法实现，也许要到人们意识到这一点的时候，上面的问题才有答案。

由于美国人不愿做那些原本由未登记移民劳工承担的辛苦的低薪工作，假如大批移民被遣返，庄稼就会烂在田间，餐馆就会关门。当美国本土再次发生大规模恐怖袭击的时候，可能没有一个恐怖分子来自特朗普的旅行禁令上列出的国家。我不知道新的以现实为依据的世界会以何种形式呈现，但我知道，它一定会回归，这只是时间问题。

关键问题在于，厌恶所谓后真相社会的美国人现在能够为现实回归的那一天做些什么准备，那一天也许会成为心理学家所说的

“受教时刻”①，而不是更多怒火和否定的诱因。总会有那么一个时刻，让我们的公民在无法忽视的种种事件面前大吃一惊，让他们意识到，基于信仰和情绪而不是事实和逻辑作出的决策有多危险。到那时候，人们也许会愿意考虑他们普遍想要回避的思想，甚至在行为上有所改变。但是，要把握那样的时刻，美国人必须先要对他们的生存状态有所认识——记忆和知识的重大危机影响着国家生活的方方面面。不论是普通公民还是他们选出来的代表，不论是否身为知识分子，都必须有这样的认识。有什么能让美国人警惕智识缺陷的严重影响呢？

否定是最重要的第一步：我们必须丢掉技术可以解决问题的错觉，不论新设备在多大程度上造成了当前的状况，本质上非技术性的问题都无法靠技术手段解决。2007 年，比尔·盖茨在发布 Windows Vista（十年之后还有谁记得这个名字？）的时候认真地说，他们夫妇可以用新系统来限制年幼的孩子们使用电脑的时间，旧版 Windows 却不行。我并不认为盖茨只是在为了推销最新产品而吹嘘，他只是沉醉于父母们——对他来说，是企业家——愉快的错觉，以为能够利用技术手段来约束对技术手段制造出来的强烈情感刺激的渴求。

一方面，微软创始人比尔·盖茨知道，聪明的 12 岁孩子肯定可以，也许还可以很快地找出办法，绕过那个据说能让爸爸妈妈控制电脑使用时间的系统。就像把果树放在伊甸园中，又警告亚当和夏娃远离那棵树的上帝一样，作为父亲的比尔·盖茨想要相信，有办

① 受教时刻（teachable moment），指易于学习掌握某种知识或技能的时刻。——译者

法可以防止孩子们过度暴露在由他努力创造的诱人物品面前。假装可以通过相对简单的机械手段来打破信息娱乐成瘾的代际循环，标志着我们这个社会尚未意识到文化损失的深度和广度。当等而下之的文化被当作几无关联的种种问题的集合时，商界、政界和教育界心存忧虑的头面人物只能拿出无关大局的解决方案。在左右两翼政客眼中，当代美国的教育危机仅仅是条件较差的少数青少年面临的困境，可以通过提高标准化测试得分的协同努力来帮助他们。这个办法相当于教育方面的“家长控制”功能：同是看似合理的体面办法，同样基本无助于缓解文化弊病，假如标准略有提升，多数儿童都会被算作落后群体。较低的标准才是真正的问题，标准已经低得不能再低，但那么多贫穷的黑人和拉丁裔儿童还是无法达标，证明了一直存在于美国社会中的巨大的种族、阶级和经济裂痕。家境较好的儿童能够通过要求不高的标准化测试，但这并不意味着他们学到了有效的民主社会中的公民需要知道的东西。

公民知识、文化知识和科学知识的普遍退化加重了政治极化，因为辩论场往往完全留给了那些带着非主流的激情紧盯着特定的政治和文化事项的人。美式治国之道中的每个缺陷都和公众的知识欠缺有关——经过选举上任的政府官员和选出他们的人有着同样的智识盲点，所幸他们制定的政策尚未引起公愤。2006年，国会设立了由两党议员组成的伊拉克问题研究小组，深入检视伊拉克战争中各个层面的问题。这个小组发现，巴格达的美国大使馆的1 100名雇员中只有32人会说阿拉伯语，熟练掌握这门语言的只有6个人。政府为一个大使馆配备的外交官几乎全都不懂当地语言，虽说不太像话，但并不意外。毕竟在我们这个国家，六分之五的青年认为掌握外语意义不大。我们现在这位总统——支持者们认为他是“我们当中的一员”—— 主张通过减少国内外的外交官数量来支付增长的军费，削减为外语教学提供补贴的教育计划则是另一个办法。和很多美国民众一样，他似乎没有从近些年的历史中吸取什么教训。“受教时刻”尚未来临。大部分美国人依然想去相信简单办法的存在，特朗普就是那个提供简单办法的候选人。特朗普在就职后的头一个月里发现，“废止和替换”奥巴马医改的竞选承诺短期内不大可能实现，他哀叹道，“没人知道医疗保障能这么复杂”。事实上，只要在医保系统中工作过，或者了解下专家们关于过去25年中美国医保制度的说法，任何人都能知道，对奥巴马的《平价医疗法案》进行大幅改动会有多么复杂。当然，特朗普从未在医保产业中工作过，而且还以从来不读专家的“书”为傲。就此而言，特朗普不但强化了在他许诺废除奥巴马医改时欢欣鼓舞的那些选民的观点，而且还反映了他们的心声，但他们从来都不知道，《平价医疗法案》为他们提供的保险其实就是他们深恶痛绝的奥巴马医改。自选举以来，按照很多知识分子权威（既有自由主义的，又有保守主义的）的描述，“自由主义精英”看不起投票给特朗普的工人阶级，认为他们是容易上当的傻瓜。这种说法的问题在于，它认为所有公民（不分阶层，无关收入）都无须为自己的信息不足负责。在互联网时代，不用费什么力气（搜索主流网站，而不是极右网站）就能发现，《平价医疗法案》正是共和党人所谓的奥巴马医改。极右翼说得没错，讨厌奥巴马而又信息不足的很多选民根本想象不到，他们正受益于一朵换了名字的医保玫瑰[①]（至少能算是雏菊）。不论收入高低，懒得了解重大问题的美国人都不配赢得特别的尊重。他们也许不是傻瓜，但他

① 语出莎士比亚《罗密欧与朱丽叶》第二幕第二场，“玫瑰换一个名字，芳香依旧”。——译者

们是懒汉。我的祖母上学只上到了八年级，假如她不了解一位公民在关乎自身福利的两个政府项目上——老年医疗保健制度和社会保障——需要掌握的知识，她一定会颇感惭愧。为了掌握知识和信息努力学习是每个公民的义务。

随着智愚标准的降低——在知识分子和非知识分子群体中同样发生着——说服人们跟从极端立场变得容易许多。政治谱系两极的政策往往都建立在事实错误（而不是意见分歧）基础之上，要理解那些事实错误，不光需要基本的知识，还需要批判性思维能力。以政治右翼中的自由市场绝对论者常年鼓吹的为富人减税的政策（特朗普和右翼知识分子意见一致的寥寥几个问题之一）为例。多年来，自由主义者（正确地）认为，美国人中最富有的1%享受到了布什减税政策的90%。要理解这个论点，选民们必须懂得那些百分比的意义，还要知道他们自己的收入属于哪个层次。与之类似，右翼对“不经选举上任的激进法官”无休止的攻击，利用了公众对《宪法》中三权分立制度的无知，他们不明白为什么《宪法》起草者们首先要确立一个独立、不经选举的联邦司法体系。三分之二的美国人说不出政府三大部门的名称，也说不出任何一位最高法院法官的名字。把司法体系视为重要问题的选民明显属于少数，其中大多又属于极右翼。和报纸读者相比，主要依靠电视获取新闻的美国人对司法体系的了解要少得多。三分之二的报纸读者知道，解释《宪法》是最高法院的首要使命，电视新闻观众只有40%了解这一点。[①]（就此而言，目前关于人们对司法的态度的研究中，尚未涵盖主要通过社交媒体获取新闻的人群。但是，相较于社交媒体上关于公民生活其他

---

① “*Public Understanding, Media, and Communication*,” Annenberg Public Policy Center, 2006 public opinion poll, http://www.annenbergpublicpolicycenter.org.

方面的信息，关于《宪法》为法院规定的职能，社交媒体上的信息不可能更准确。）如果人们对《宪法》赋予最高法院的权力一无所知，他们会很容易相信"审判应当反映社会舆论"的说法——相信与民间智慧相悖的判决意味着司法体系出了问题。在法院挫败了特朗普禁止七个主要人口为穆斯林的国家的移民入境的第一条行政命令之后，连政府三大部门都说不出来的民众更容易接受特朗普说出"所谓的法官"时的轻蔑。

历史健忘症也许是如今最严重的公民问题，但在人们能够记住些什么之前，首先应该让他们吸收某些值得铭记的基本事实和思想，吸收那些对既不夸大又不轻视美国成就的公正的国家自我形象塑造至关重要的事实。包括很多大学生在内，美国人不但对基础的数学和科学知识掌握得不大牢靠，而且对美国历史中的里程碑式事件，对作为政府基石的根本思想和组织结构也了解有限。国家宪法中心（National Constitution Center）的调查表明，美国人崇敬《宪法》，但他们对建国文献的了解少之又少。在被问及能否想起第一修正案所保障的权利时，大部分人只能说出言论自由。超过三分之一的人对第一修正案一无所知；42%的人以为《宪法》明确规定了"英语是美国的第一语言"；25%的人以为《宪法》将基督教确定为国教。年轻人甚至比他们的父辈和祖辈更加无知。约有半数成人——13至19岁少年中只有41%——能够说出政府三大部门；四成成人——只有两成13至19岁少年——知道美国有100位参议员。绝大多数成人和青少年不知道《宪法》是在什么时候、由什么人起草的。13至19岁的青少年当中，近98%不知道美国首席大法官是谁。①

① 1997 National Poll, National Constitution Center; 1998 Teens Poll, www.constitutioncenter.org.

这就是我们的公民现状，而且，如果不设法遏止年轻人当中的无知大潮，我们的公民社会的未来将更加令人不安。1981 年，罗纳德·里根在对圣母大学毕业生发表演讲时说，他希望“当你们要向下一代人解释往昔的意义，并由此向他们传递未来的期许时，希望你们能记起那些……勾勒出我们的文明、构成了我们民族遗产的真理和传统。现在，你们要将它们保护和传承下去。”① 里根这里特指的是他那阳光版的美国往昔，虽然其中“也有悲伤片段，但任何客观的观察者一定会对美国历史持积极看法，那是一段希望实现、梦想成真的历史”②。

不论公民们如何诠释往昔，不论他们多么反对往昔对当下的启示，假如人们原本就对“真理和传统”无所了解，他们就无从记起那些东西。比如，在当下的公共生活中与宗教角色有关的诸多问题上，世俗的自由主义者和信教的保守主义者意见迥异。这场对话的参与者们可能，而且确实在政教分离之墙究竟应该建得多高这个问题上存在争议。但如果双方都不清楚第一修正案到底说了些什么——国会“不得制定关于下列事项的法律：确立国教或禁止信教自由”——就不可能形成有意义的讨论。2006 年，凯斯·埃里森当选为首位穆斯林众议员，引发了一场关于他是否应该以《古兰经》代替《圣经》宣誓就职的无谓争议。不论是自由主义者还是保守主义者，任何对第一修正案确有了解的人都知道答案是什么：阻止一位众议员以他的信仰典籍宣誓显然是违宪的。这位新当选的众议员最后用一本借自国家档案馆，据信曾为托马斯·杰斐逊所有的《古

① Ronald Reagan, Address at Commencement Exercises at the University of Notre Dame, May 17, 1981; http: //www. reagan. utexas. edu/archives/speeches/1981/51781a. htm.

② Ronald Reagan, Remarks at the Annual Convention of the National Association of Evangelicals, March 8, 1983; http: //www. ronaldreagan. com/sp_ 6htm.

兰经》完成了宣誓，了结了这场纷争。似乎埃里森不仅读过《古兰经》和《宪法》，还读过提到了托马斯·杰斐逊藏书书目的传记。（埃里森目前连续第六届担任来自明尼苏达州的民主党众议员，他还是民主党全国委员会副主席。）

近年来的任何一位政治领袖都没有勇气明确指出，公众，以及政客本身，应当为美国文化中声势浩大的无知负责。建议父母关掉电视和电脑，多花些时间与孩子们对话和阅读的奥巴马最接近这个目标，而且他的努力也值得赞扬。但对任何一位总统来说，他们都需要有非凡的勇气才能斩钉截铁地说出：“美国当前的社会困局并非只是上届政府政策的后果，也不是服务于意识形态的谎言。问题很大程度上在于，作为一个民族，我们变得太懒，懒得去了解那些在作出合理的公共决策之前需要知晓的东西。我们当中有三分之二的人在地图上找不到伊拉克。我们当中有三分之二不知道自己为信用卡付了多少利息。我们当中大部分人懒得读报，不论是在纸上还是网上。无知是我们最危险的敌人，对很多政府官员和其他美国人来说都是如此。”① 相较于暗示选民和他们选出来的两党代表都需要为自甘受骗负主要责任，说“你们都是谎言的受害者”要容易得多，在政治上也安全得多。我们当然没法指望特朗普提出这个问题，毕竟假扮凡夫俗子（尽管是富有的凡夫俗子）是他吸引选民的基础。这位总统像强迫症似的在凌晨发推，而且——据最了解他的人说——会沉迷电视直至深夜，他没有资格（即便他有意愿）去谈论公众的无知和公民生活之间的关系。

---

① 有关公众对利率的了解的数据，参见“金融素养调查报告”（Financial Literacy Survey），2007 年 4 月 19 日，普林斯顿国际调研公司（Princeton Survey Research Associates International）为国家信贷咨询基金会（National Foundation for Credit Counseling）编制。

即便是最高明的政治领袖也只能轻轻推动公众走上正确的方向，无法带来克服智识惰性的民众意愿。丹尼尔·韦伯斯特（Daniel Webster）在1826年为约翰·亚当斯和托马斯·杰斐逊（二人都在《独立宣言》通过50周年纪念日去世，这是美国历史上令人十分感伤的巧合之一）撰写的颂文中宣告，如杰斐逊和亚当斯所愿，这个年轻的共和国，已经凭借着“一种刚刚苏醒、不可战胜的自由探索精神，以及知识在整个社群中前所未有的播散”卓然于世。韦伯斯特写道，美国的未来“命运与这些伟大的兴趣紧密相连，牢固捆绑。如果它们倒下，我们也将一同倒下；如果它们站稳脚跟，那是因为我们的支撑和维护”。① 要重新树立起自由探索和传播知识的“伟大的兴趣”，塑造了企业、教育、媒体和政治的那种根深蒂固的心态必须得到根本性的改观。

为了让“后真相”有朝一日被视为不合时宜的东西，而不是年度词汇，所有尊重理性与知识的人都必须全力以赴，这是比我们很多人以往的一切努力都更为迫切的要求，恶劣的政治气候使得这项任务更加重要，而非相反。此刻，有一种（在保守主义和自由主义知识分子当中都存在的）倾向，在提到特朗普主义和信息娱乐成瘾时，好像它们已经成为我们的公民生活格局中不可避免的一部分。乔治·奥威尔（对后真相的不安已经让他的小说《1984》重回畅销书榜单）在1946年的一篇文章中，提到了认为未来只会是“当下事物的延续”的危险。他写道：“那种倾向不只是一种恶习……那是生死攸关的精神重疾，它的病根部分在于懦弱，部分在于和懦弱脱不

---

① Lester J. Cappon, ed., *The Adams-Jefferson Letters* (Chapel Hill, 1959), vol. 1, pp. 1-li.

了干系的权力崇拜。”①

特朗普主义就是我们的“当下事物”，就是奥威尔笔下的精神重疾，很大程度上导致了很多自由主义知识分子，尤其是媒体界的知识分子为现状哀叹，好像这种现象将永世长存。不少保守主义知识分子在低声抱怨，他们多半反对特朗普的提名，担心这将意味着他们眼中真正的美国保守主义的死亡。自由主义和保守主义知识分子——如果他们是真正的知识分子的话——都应该相信世无定事。因此，应当由受过训练的人全职来做文化保护，这是当前这段美国思想史上的阴郁时期的急迫任务。理智在后-后真相时代中来临之前，我们可以拯救些什么？又该如何拯救呢？

科学界中的杰出人士已经证明，真正的专家可以让公众辩论豁然开朗，让公众在科学问题上茅塞顿开。几十年来，顶级科学家一直超然于在公立学校中讲授进化论的争议，其中部分原因是，他们认为，对创造论者和智能设计论拥护者的回应反而会让反进化论主义更受认可。但在进入新世纪之后，很多科学家和科学组织突然改变了策略，他们加入了论战，在各种公共平台上讲起了进化论，为了将智能设计论和创造论排除在公立学校的生物课之外而在法庭上作证。正如约翰·E. 琼斯法官在奇兹米勒诉多佛学区一案判决书中明确指出的，在证明智能设计论不是科学理论，而是支持超自然造物主存在的宗教论证的过程中，来自科学界的大量证词发挥了关键作用。2006 年，理事会成员中有 16 位诺贝尔奖得主的非党派组织

① George Orwell, “*James Burnham and the Managerial Revolution*,” *New English Weekly*, May 1946; www. k-1. com/Orwell/site/work/essays/burnham. html.

“美国科学家和工程师”组织（Scientists and Engineers for America）宣告成立，它明确宣布将为支持主流科学立场的候选人背书，将在从能源政策到干细胞研究等各种问题上为“亲科学”候选人提供背景资料。科学家当然会有左右不同的政治观点，但科学没有左右之分，探寻自然世界真理的真正科学与为政治、宗教和社会目的服务的伪科学之间区别何在？在这个问题上，颇受敬重的研究人员达成了普遍共识。如今，让公众了解这个区别是最重要的任务，只有受过科学训练的知识分子——或者换句话说，身为智识通才的科学家——才能完成。在特朗普承诺要成立一个全国委员会，调查儿童疫苗与自闭症之间子虚乌有的联系之后，解决这个极端重要的问题的任务便交到了医学专家手中。他们在这个问题上意见一致，杰出的科研人员和医生必须站出来驳斥这种有害的谬论。一些勇敢的医生多年前便已开始这样做，可是在过去，反疫苗运动从未得到过美国总统的支持。

人文和社会科学领域的共识却没那么容易形成——很难从非政治的角度看待历史、经济，甚至艺术——但在这一领域的某些问题上，保守主义和自由主义知识分子曾经有过共识。教育史专家、政治保守主义者戴安娜·拉维奇（尽管她不受什么党派影响，在乔治·H. W. 布什和比尔·克林顿两届政府中都曾在教育部任职）二十多年前与坚定的自由主义者小亚瑟·施莱辛格合作完成了一篇非同凡响的文章，这篇最初发表在《华尔街日报》上的文章对新的全国历史教学标准（除了美国之外，所有发达国家都有这种标准）大加褒扬。作为政见不同的公共知识分子彼此协作的罕见事例，这篇文章流传甚广，它的目标是推动一项应对美国公民教育严重缺陷的重大行动。两位作者明确指出：

> 我们的孩子们对自己国家（和其他任何国家）的历史知之甚少。近年来，历史教育湮没在乱七八糟的“社会研究”之中，后者的目标是向孩子们讲授“社会动力学”、“人际关系”、提升“自信”以及其他所有无关历史的东西。我们毫不怀疑，美国人民希望自己的孩子——和成长中的整整一代人——清楚地了解我们是谁，我们的制度从何而来，我们如何对待行动和理想之间的差异。

在此之前，国家人文基金会拨款资助制定的一套自愿性历史课标引发了持续争议，拉维奇与施莱辛格的合作正是发生在这样的背景下。之前的标准由加州大学洛杉矶分校的全国学校历史教学研究中心制定，发布于1994年，那是公正的历史学家（不论是自由还是保守）的噩梦。《宪法》本身被漠然无视。标准中充斥着垃圾思想，不断提及“美国老百姓”——好像那是美国历史上每时每刻都在使用的习惯用语，好像《宪法》制定者们写下的序言开篇是“我们合众国老百姓……为建立更完善的联邦”。

两党政客也被激怒了，参议院以99∶1的票数通过了谴责这份标准（毕竟只是一份建议案）的动议。理应懂得更多，而且可能确实懂得更多的比尔·克林顿总统也加入了这个行列，他宣称，制定全国性历史课标的一切尝试都是错误的，学校中的教学内容只能由各州决定。相比欧洲儿童，美国儿童对祖国的历史知之甚少，全国性标准的缺位恰恰是这种情况的主要原因之一，克林顿的说法却忽视了这个事实。

但争议并没有到此而止，因为很多教育工作者和历史学家认为，尽管眼下这套标准是垃圾思想的样本，全国性课标依然是个好主意。

旨在推动学校教育创新的非营利组织基础教育委员会（Council for Basic Education）组织了一个由专业历史学家组成的委员会，他们认为，应当把教育标准从文化战争的角落之中拯救出来。全国学校历史教学研究中心根据历史学家们的建议修改了最初的提案，并于1996年发布了新的课标建议稿，除了学术界中的少数极左翼和死硬右翼疯子之外，几乎人人都很满意。施莱辛格和拉维奇批评第一套标准“没能把握多数和少数之间的平衡，没有把这个国家的民主理想作为历史的核心”。他们在文中称赞修订后的标准“是历史学家群体所能做到的最缜密、最真诚、最接近于精确的成果。他们没有偏袒任何一方，而且提出了有关我国历史的最根本的问题”。具体的变化有：“老百姓”这个词被删去了，更多内容留给了《宪法》和《权利法案》，还有像两位作者提到的，尽管“正确地注意到了我国种族、民族和宗教矛盾的坎坷历史，这些问题如今被放在了这个国家力求知行合一的漫漫征途的背景之下”。此外，新的标准删去了“关于那些只是因为他们不是死去的白人男性就能出现在书上的无名之辈的介绍”。① 换言之，这份标准不会让那些认为美国历史应当被看作持续不断的不公行为记事簿的人满意，也不会让像里根那样希望孩子们学习美化版历史——把奴隶制（仅举一例）说成无关痛痒的“悲伤片段”，而不是重要而可怕的事实——的人满意。在自愿的基础上，新标准交给了希望提升历史教学水平的众多学区。不幸的是，自愿提升学术标准的问题在于，最需要补救的地方学区极少会去拥抱这些改变。由于拒绝全国性标准，得克萨斯等州时常审查和删减与州教育委员会的历史观不合的教科书。在这个委员会的最

① Diane Ravitch and Arthur Schlesinger, Jr., “*The New, Improved History Standards*,” *Wall Street Journal*, April 3, 1996.

新一轮审查中，在对革命思想和革命运动贡献最大的人物列表上，13 世纪神学家托马斯·阿奎那（他对西方思想的主要贡献是把古希腊哲学融入罗马天主教教义的努力）取代了托马斯·杰斐逊。

施莱辛格和拉维奇之所以能合作呼吁制订全国历史教育标准，是因为他们都不从属于某个政界主子或某种僵硬的政治思想。2007 年逝世、享年 89 岁的施莱辛格在参与约翰·肯尼迪和罗伯特·肯尼迪兄弟的政治事务多年之后，数十年如一日坚持在关于美国历史的文化战争中发出理智与清晰的声音。在《历史与国家的愚昧》（*History and National Stupidity*）一文中，施莱辛格一针见血地指出：

> 有时，当我十分消沉的时候，我会把我们的行为归因于愚昧——我们的领导集团和我们的文化的愚昧。30 年前，我们在军事上蒙受失败，与一个我们毫不了解的国家打了一场无法取胜的战争……越南已经够糟糕了，但同样的实验 30 年后在伊拉克重演，有力地证明了这个国家的愚昧。
>
> 与此同时，要让历史百花齐放。历史从来不是已经完结的书，不是终审判决。它总在发展之中。不要让历史学家放弃对某种思想、某个国家、某个民族、某种性别或某项事业的知识的探求，无论这种探求多么艰辛，无论其中有多少难题。在自由社会中，历史实践最顽强的方面就是它自我修正的能力。①

所有公共知识分子只要有影响力，就都应当致力于发挥影响力，就像施莱辛格和拉维奇热情号召在历史教学中强调共同的公民文化

① Arthur Schlesinger, Jr., "*History and National Stupidity*," *New York Review of Books*, April 27, 2006.

那样。拉维奇现在相当活跃，在对公立学校私有化的反对中，她是最知名的知识分子之声，特朗普的教育部长贝齐·德沃斯则是这项右翼钟爱的事业的代表。

人文社会科学的每个领域都需要这样的努力。高等教育机构对显然希望主修信息娱乐的学生的纵容，是迫切需要自由主义和保守主义知识分子合作解决的问题之一。从“肥胖研究”到对科幻电视剧的剖析，有关流行文化的大学课程无所不包。只要一瞥这些五花八门的课程，我们就能发现，为了迎合学生和他们的教师——很多教师已经从1960年代最恶劣的要素和七十年代的流行文化中学到了经验——课程标准已经降低到了何等程度。一种令人遗憾的看法认为，全国无数大学设置的所有这些课程，都是2007年造成32人被杀的弗吉尼亚理工大学校园枪击案被大肆报道的副产品。惨案发生后数日，报纸的头版报道透露，枪手赵承熙（Cho Seung-Hui）的行为和写作内容曾让英语系师生十分不安。赵承熙上的似乎是研究当代恐怖电影和恐怖文学的英语课程，课上研究的流芳百世的英语作品有电影《黑色星期五》，还有史蒂芬·金和帕特丽夏·康维尔的畅销小说。这种课程的存在并不能让我们了解凶手和他的动机，但却很能说明许多机构现在对高等教育的认知。康维尔和金的小说非常适合在洲际航班上打发时间，那些书的主要优点是，它们的厚度和充斥其中的悬念与暴力足以让读者忘却真正恐怖的经济舱之旅。弗吉尼亚理工大学的课程还要求学生们写下“恐惧日志”，不但要写出他们对课堂上提到的作品的反应，还要记录下私人生活中害怕的东西。如果学生可以凭“恐惧日志”拿到学分，这样的机构还怎么能自称为大学？这样的学术团体还怎么能自称为英语系？高等教育的职责不是向学生传授流行文化，而是要让他们学习更有价值的东西。

真正的知识分子——大学校园中还有一些这样的人——应当奋起抗争，把那些垃圾扫出门外。有关流行文化的课程很受学生欢迎，讲这些课的教职员工争辩说，这些课程能够帮助学生“解构”大众娱乐，就此展开批判性思考。他们错了。流行文化课程实际上只会让学生继续受着取法乎下的教诲。如果开一门要求学生们阅读《罪与罚》和《呼啸山庄》的课程，他们也许就能懂得，为什么《黑色星期五》并不值得解构。

最后，保守主义和自由主义知识分子（不论是学生还是教师）必须坚决反对设置“触发警告”，从而保护学生远离可能激起痛苦回忆的令人不安的话题（比如强奸和虐童）的要求。在有些学校，学生们甚至坚持认为，他们有权退出教学材料有可能令他们不快的课程。提出这些要求的学生的政治观点往往与中左立场相去甚远，而自视为自由主义者的学生大多并不认为自己应当受到这种保护，应当远离可能会令自己不快的学术材料和观点。回顾六七十年代，我依然认为，很多教职员工放弃了他们作为教师和学者的责任，他们把女性研究、非裔美国人研究等整个领域隔离开来，而不是使之成为所有学生的课程标准中重要的必修部分。走遍全国许多大学之后，我认为，美国的高等教育如今面临着相似的决定性时刻。不论是自由主义者还是保守主义者，教职员工都应当直起腰来，在有人攻击学术自由和第一修正案时挺身而出，同时还要让学生们理解，让他们感觉不舒服就是教育的目的之一。聆听和驳斥种种不同观点可能会很痛苦，这种痛苦正是教育的一个明确标志。如果学生下课时没有感受到焦虑和挑战，也许他那天没学到多少东西。

我在这里谈论着政治领袖需要把美国人当作思想着的成人来对

话，知识分子需要走上前来把自己的知识而不是权力欲带给民众，教育家需要致力于教育和知识而不是跟着通俗心理学赶时髦，某种意义上说，我这也只是在健忘的边缘敲敲边鼓罢了。也许这个国家的记忆和专注力已经受创太深，哪怕是美国最高明的天才用尽全力也无计可施。但如果连最高明的天才都不愿承担这个任务，那么对于打破作为谎言文化核心的坚定不移的无知这个目标，我们又能抱有什么希望呢?

我的所有这些建议都无法解决媒介——时时处处影响着我们的精神镇静剂——带来的核心问题。几乎没有任何证据可以证明，美国人有意愿去减少自己对视频和数字世界带来的轻松满足感的依赖。相反，婴儿视频的成功营销表明，在孩子们有机会自主探索世界之前，很多父母就已经急匆匆地把他们拖进了信息娱乐的陷阱。有些作为公民的父母决心将视记忆与真正知识为至宝的火种保存下去，如果在娱乐文化之外可以另寻他途，那么这条路只能依靠他们逐门逐户地开辟。要将个人和历史的记忆传承下去，成人先要做到自我控制，而不是依赖数字工具的家长控制功能。有些父母每天晚饭后都会坐到电视机前，一边看电视，一边监视着孩子的电脑操作，防止他们在写完作业前上网查看 Facebook 和 YouTube 最新视频，这种做法关于书本所传递出的讯息并非好坏参半，而是完全负面的：对那些完成了乏味的古登堡时代苦差的孩子们来说，观看各种屏幕的时间是一种奖赏。我知道，年幼的我之所以会去读书，是因为父母总在阅读。他们当然也会看电视，但书籍却总像是步入成人世界的通行证。关于年轻人在屏幕之前花太多时间的危险，不断有人发出警告，但那些警告回避了孩子们只是跟着父母有样学样的事实——更直接地说，他们陷入了父母在沙发上压出的越来越大的凹痕。指望人们直接关掉电视机、电脑或 iPad 并不现实，因为信息娱乐之瘾更像是贪食症，而不是烟酒成瘾：酒精和尼古丁完全可以戒断，但食品和媒介一样，一边提供养料，一边提供无用的垃圾。我们需要的——也是大部分家庭和大部分学校中的孩子缺少的——是教导和身边的榜样，帮助他们区分能拉近真实世界的互联网和疏离真实世界的互联网。

几年前，我决定参加一个由异想天开的非营利组织“关电视网络”（TV-Turnoff Network）赞助的年度无电视周活动，借此衡量我对媒介的依赖程度。当然，只关电视还不够，我还得关掉所有屏幕，度过没有娱乐的一周。此外，作家的工作要求我不断使用网络进行研究。我不能说我把所有信息娱乐逐出了生活，但我确实做了比较彻底的清理。真正的痛苦在于如何禁止自己去摸遥控器，去打开手机查看邮件和短信，或者是观看猫咪视频，哪怕连一小会儿都很难。这种痛苦叫作戒断。让人羞于承认的是，尤其是在我们让心灵独处的时候，我们是那么频繁地用数字玩具来屏蔽自己的思考，屏蔽心爱之人的需要，回避从读书到户外漫步等更加主动的娱乐形式。关掉电视、不上心爱网站的做法让我承认，我把太多时间习惯性地扔进了信息娱乐的无底洞，但我也发现，在最初的戒断反应过去之后，把数字时间减半既轻松又愉快。我出乎意料地意识到，当我自以为是在读书的时候，余光中闪烁的电视屏幕让我错过了那么多内容。我不得不承认，在网上做的专业“研究”是那么频繁地让我点开了购物网站上的毛衣页面和 YouTube 上老的深夜喜剧视频。但是，我更加确信，我们在互联网上消费的时间——消费是个更合适的词——比内容重要无数倍。如果只是在周末玩一个小时《侠盗猎车手》，或者看一个小时老电视节目，头脑并不会因此变蠢。但如果每天为此花上好几个小时，你就稳稳当当地走在了通向放弃思考、假新闻和无休止娱乐的道路上，所有这些让我们更难认识到真实和重要的意义，更不用说加以关注了。限制屏幕时间会让所有崇尚自我奋斗的人变得更好，至于父母们——他们手中实实在在地握着未来——除了发挥榜样的力量之外，再也没有别的办法能培养出不被商业影像完全控制的孩子来了。

美国人2016年选出来的这位总统的政治事业正是从商业形象起步的。竞选活动开始之初，特朗普对千百万美国人来说就已经是名人，他早已作为《学徒》节目中霸道的面试官造访过千家万户。和他长期以来在电视上展现出的有力形象相比，他作为建筑商的信誉并不重要。作为一个看似个人化的数字平台，名人可以利用Twitter制造出假象，好像他们与崇拜者之间有着真诚贴心的联系。对于一个通过早期大众传媒俘获最初的大批受众的候选人来说，Twitter的兴起是绝佳的机遇。和电视上更古老的图像一样，社交媒体上对特朗普的核心支持者极具感染力的数字模因①有着同样强烈的商业动机。那些信息和图像妨碍了批判性思考，依赖那些模因的人会不可避免地被不能理性和批判性地思考的领导人所吸引。这就是美国人在谎言文化中选举出了如今占据着白宫的那个人的主要原因。我们把治国大权交给了一个利用技术来推广后真相文化的人，从这样的教训中，我们能否真正学到些什么，这才是问题所在。

---

① 模因（meme）这一概念1976年由理查·道金斯在《自私的基因》一书中首创，以生物学演化繁殖规则类比文化的传播过程。模因包含甚广，包括宗教、谣言、新闻、知识、观念、习惯、习俗甚至口号、谚语、用语、用字、笑话等。——译者

精选参考文献

Adams, Henry. *History of the United States*, vols. 1–2. New York: Antiquarian Press, 1962.

Adams, John, and Thomas Jefferson. *The Adams-Jefferson Letters*, vols. 1-2, ed. Lester J. Cappon. Chapel Hill: University of North Carolina Press, 1959.

Ahlstrom, Sydney E. *A Religious History of the American People*. New Haven: Yale University Press, 1972.

Allen, Frederick Lewis. *Only Yesterday*. New York: Harper & Bros., 1931.

Angell, Marcia. *Science on Trial: The Clash of Medical Evidence and the Law in the Breast Implant Case*. New York: W. W. Norton, 1986.

Avrich, Paul. *The Haymarket Tragedy*. Princeton: Princeton University Press, 1984.

Bagdikian, Ben H. *The New Media Monopoly*. Boston: Beacon Press, 2004.

Barnard, H. D. *Education and the French Revolution*. London: Cambridge University Press, 1969.

Beard, Charles A., and Mary B. Beard, *The American Spirit: A Study of the Idea of Civilization in the United States*, vol. 4. New York: Macmillan, 1942.

Beecher, Lyman. *Autobiography*, *Correspondence*, *Etc.*, ed. Charles Beecher. New York: Harper, 1865.

Bell, Daniel, ed. *The Radical Right*. New Brunswick, N. J.: Transaction Publishers, 2002.

Bentley, William. *The Diary of William Bentley*, vols. 1–4. Salem, Mass.: Essex Institute, 1905.

Blumenthal, Sidney. *The Rise of the Counter-Establishment*. New York: Times Books, 1986.

Bode, Carl. *The American Lyceum: Town Meeting of the Mind*. New York: Oxford University Press, 1956.

Bork, Robert H. *Slouching Towards Gomorrah: Modern Liberalism and American Decline*. New York: HarperCollins, 1996.

Braudy, Leo. *The Frenzy of Renown: Fame and Its History*. New York: Oxford University Press, 1986.

Brennan, Mary C. *Turning Right in the Sixties: The Conservative Capture of the Republican Party*. Chapel Hill: University of North Carolina Press, 1995.

Burton, David H. *The Learned Presidency: Theodore Roosevelt, William Howard Taft, Woodrow Wilson*. Rutherford, N. J.: Fairleigh Dickinson University Press, 1988.

Butler, Jon. *Awash in a Sea of Faith*. Cambridge, Mass.: Harvard University Press, 1990.

Carnegie, Andrew. *The Autobiography of Andrew Carnegie*. Boston: Houghton Mifflin, 1924.

Cherny, Robert W. *A Righteous Cause: The Life of William Jennings Bryan*, ed. Oscar Handlin. Boston: Little, Brown, 1985.

Clancy, Susan A. *Abducted: How People Come to Believe They Were Kidnapped by Aliens*. Cambridge, Mass.: Harvard University Press, 1995.

Crews, Frederick. *The Memory Wars*. New York: New York Review of Books, 1995.

Curti, Merle. *American Paradox: The Conflict of Thought and Action*. New Brunswick, N. J.: Rutgers University Press, 1956.

——. *The Growth of American Thought*. New York: Harper, 1943.

——. *Human Nature in American Thought: A History*. Madison: University of Wisconsin Press, 1980.

Decter, Midge. *An Old Wife's Tale*. New York: Regan Books, 2001.

Emerson, Ralph Waldo. *Selected Essays*, ed. Larzer Ziff. New York: Penguin,

1982.

Farrand, Max, ed. *The Records of the Constitutional Convention of 1787*, vol. 1. New Haven: Yale University Press, 1937.

Feldman, Glenn, ed. *Politics and Religion in the White South*. Lexington: University Press of Kentucky, 2005.

Fiske, John. *Essays Historical and Literary*. New York: Macmillan, 1907.

Frank, Thomas. *What's the Matter with Kansas?* New York: Metropolitan Books, 2004.

Gilligan, Carol. *In a Different Voice: Psychological Theory and Women's Development*. Cambridge, Mass.: Harvard University Presss, 1982.

Gitlin, Todd. *Media Unlimited*. New York: Metropolitan Books, 2001.

——. *The Whole World Is Watching: Mass Media in the Making and Unmaking of the New Left*. Berkeley: University of California Press, 2003.

Goldman, Emma. *My Disillusionment in Russia* (1923). Gloucester, Mass.: Peter Smith, 1983.

Goodwin, Doris Kearns. *No Ordinary Time: Franklin and Eleanor Roosevelt: The Home Front in World War II*. New York: Simon & Schuster, 1994.

Griffith, Robert. *The Politics of Fear: Joseph R. McCarthy and the Senate*. Lexington: University Press of Kentucky, 1970.

Hall, Bayard Rush (under pseudonym Robert Carlton), *The New Purchase: or, Seven and a Half Years in the Far West*, vols. 1–2. New York: D. Appleton & Co., 1855.

Handy, Robert T. *A Christian America: Protestant Hopes and Historical Realities*. New York: Oxford University Press, 1983.

Harding, Sandra. *The Science Question in Feminism*. Ithaca, N. Y.: Cornell University Press, 1986.

Harris, Sam. *The End of Faith: Religion, Terror, and the Future of Reason*. New York: W. W. Norton, 2004.

Herman, Judith Lewis. *Trauma and Recovery*. New York: Basic Books, 1992.

Hill, Samuel S., ed. *Religion in the Southern States*. Macon, Ga.: Mercer University Press, 1983.

Hofstadter, Richard. *Anti-Intellectualism in American Life*. New York: Knopf,

1963.

——. *Social Darwinism in American Thought*. Boston: Beacon Press, 1992.

——, and Walter P. Metzger. *The Development of Academic Freedom in the United States*. New York: Columbia University Press, 1955.

Howe, Irving. *A Margin of Hope: An Intellectual Autobiography*. New York: Harcourt Brace Jovanovich, 1982.

——, and Lewis Coser. *The American Communist Party*. New York: Da Capo Press, 1974.

Isserman, Maurice. *If I Had a Hammer*. New York: Basic Books. 1987.

——, and Michael Kazin. *America Divided: The Civil War of the 1960s*. New York: Oxford University Press, 2004.

Jacoby, Harold. *Practical Talks by an Astronomer*. New York: Charles Scribner's Sons, 1902.

Jacoby, Susan. *Freethinkers: A History of American Secularism*. New York: Metropolitan Books. 2004.

——. *Half-Jew: A Daughter's Search for Her Family's Buried Past*. New York: Scribner, 2000.

James, William. *Collected Essays and Reviews*. New York: Longmans, Green, 1920.

Jefferson, Thomas. *Basic Writings of Thomas Jefferson*, ed. Philip Foner. New York: Wiley Book Co., 1944.

——. *The Life and Selected Writings of Thomas Jefferson*, ed. Adrienne Koch and William Peden. New York: Modern Library, 1944.

Kazin, Michael. *A Godly Hero: The Life of William Jennings Bryan*. New York: Knopf, 2006.

Ketcham, Ralph. *James Madison: A Biography*. New York: Macmillan, 1971.

Koch, G. Adolf. *Republican Religion: The American Revolution and the Cult of Reason*. New York: Henry Holt, 1933.

Kristol, Irving. *Reflections of a Neoconservative*. New York: Basic Books, 1983.

Kurlansky, Mark. *1968: The Year That Rocked the World*. New York: Ballantine Books, 2004.

Lemon, Richard. *The Troubled American*. New York: Simon & Schuster, 1970.

Loftus, Elizabeth, and Katharine Ketcham. *The Myth of Repressed Memory*. New York: St. Martin's Press, 1994.

Lowell, James Russell. *My Study Windows*. Boston: Houghton Mifflin, 1885.

Lydenberg, Henry Miller. *History of the New York Public Library*. New York: New York Public Library, 1923.

Macedo, Stephen, ed. *Reassessing the Sixties: Debating the Political and Cultural Legacy*. New York: W. W. Norton, 1997.

Marcus, Daniel. *Happy Days and Wonder Years: The Fifties and Sixties in Contemporary Cultural Politics*. New Brunswick, N. J.: Rutgers University Press, 2004.

Matheson, Terry. *Alien Abductions: Creating a Modern Phenomenon*. Buffalo: Prometheus Books, 1998.

Mead, Sidney E. *The Lively Experiment: The Shaping of Christianity in America*. New York: Harper & Row, 1963.

Messerli, Jonathan. *Horace Mann: A Biography*. New York: Knopf, 1972.

Meyer, Adolphe E. *An Educational History of the American People*. New York: McGraw-Hill, 1957.

Miller, Arthur. *Timebends: A Life*. New York: Grove Press, 1987.

Miller, Stephen. *Conversation: A History of a Declining Art*. New Haven: Yale University Press, 2006.

Navasky, Victor S. *Naming Names*. New York: Viking Press, 1980.

Nye, Russell Blaine. *The Cultural Life of the New Nation: 1776—1830*. New York: Harper, 1960.

——. *Society and Culture in America, 1830—1860*. New York: Harper & Row, 1974.

——. *The Unembarrassed Muse: The Popular Arts in America*. New York: Dial Press, 1970.

O'Neill, William. *Readin, Ritin, and Rafferty!: A Study of Educational Fundamentalism*. Berkeley: Glendessary Press, 1969.

Patner, Andrew. *I. F. Stone: A Portrait*. New York: Pantheon Books, 1988.

Perry, Bliss. *The Praise of Folly, and Other Papers*. Boston: Houghton Mifflin, 1923.

Podhoretz, Norman. *Breaking Ranks*. New York: Harper & Row, 1979.

——. *Making It*. New York: Random House, 1967.

Radway, Janice A. *A Feeling for Books: The Book-of-the-Month Club, Literary Taste, and Middle-Class Desire*. Chapel Hill: University of North Carolina Press, 1997.

Rand, Ayn. *The Fountainhead*. New York: Bobbs-Merrill, 1943.

Roosevelt, Theodore. *History As Literature and Other Essays*. London: John Murray, 1913.

Sagan, Carl. *The Demon-Haunted World*. New York: Random House, 1996.

Saunders, Robert M. *In Search of Woodrow Wilson: Beliefs and Behavior*. Westport, Conn.: Greenwood Press, 1998.

Schlesinger, Arthur, Jr. *The Disuniting of America*. New York: W. W. Norton, 1992.

Silverman, Al, ed. *The Book of the Month: Sixty Years of Books in American Life*. Boston: Little, Brown, 1986.

Sperber, A. M. *Murrow: His Life and Times*. New York: Bantam Books, 1986.

Squires, James D. *Read All About It: The Corporate Takeover of America's Newspapers*. New York: Times Books, 1993.

Streiker, Lowell D., and Gerald S. Strober. *Religion and the New Majority*. New York: Association Press, 1972.

Sumner, William Graham. *Challenge of Facts and Other Essays*. New Haven: Yale University Press, 1914.

Talmadge, Irving DeWitt, ed. *Whose Revolution?: A Study of the Future Course of Liberalism in the United States*. New York: Howell, Soskin, 1941.

Tocqueville, Alexis de. *Democracy in America*, vol. 2 (1840). New York: Knopf, 1960.

Trilling, Diana. *The Beginning of the Journey*. New York: Harcourt Brace, 1993.

——. *We Must March My Darlings*. New York: Harcourt Brace Jovanovich, 1977.

Trilling, Lionel. *The Liberal Imagination*. New York: Viking Press, 1950.

Veblen, Thorstein. *The Higher Learning in America*. New York: Sagamore Press. 1957.

——. *The Theory of the Leisure Class* (1899). New York: Modern Library, 1995.

Wallace, Mike. *Mickey Mouse History and Other Essays on American Memory*. Philadelphia: Temple University Press, 1993.

Walling, William English. *The Larger Aspects of Socialism*. New York: Macmillan, 1913.

Walters, Kerry S. *Elihu Palmer's "Principles of Nature."* Wolfeboro, N. H.: Longwood Academic, 1990.

Ward, Lester Frank. *The Psychic Factors of Civilization*. New York: Johnson Reprint Corp., 1970.

致　谢

一如既往，我永远都无法回报纽约公共图书馆的帮助。这本书的新旧两版都写成于弗雷德里克·刘易斯·艾伦室——第五大道和42街路口上最重要的研究型图书馆中非虚构写作者的港湾。尤其要感谢梅拉妮·洛凯（Melanie Locay）和卡罗琳·布鲁姆黑德（Carolyn Broomhead），当我在2016年总统大选之后对这本书的新版作修订时，她们是那间研究室的管理员。

Pantheon出版社负责人丹·弗兰克（Dan Frank）之名不可不提，《新反智时代》第一版精装本2008年由该社出版。如果不是弗兰克在十多年前向我提出撰写第一版的想法，就不会有这本《新反智时代：谎言中的美国文化》。

本书的Vintage版的出版仰赖于Vintage Books和Anchor Books总编辑卢安娜·沃尔特，很少有机构会为一本最初出版于2009年的平装书推出新版，但沃尔特却乐于这样做。副主编玛丽亚·哥德瓦格（Maria Goldverg）对此版出版准备工作种种细节的关注，我不胜感激。

我还要感谢安娜·雅各比（我的侄女）重新录入了原始手稿，

否则修订工作将无法进行。我在 2006 至 2007 年撰写本书第一版时，使用的软件和现在大不相同，我和出版商手中都没有电子文稿。

我的出版经纪人与朋友乔治和安妮·博哈特（George and Anne Borchardt）夫妇过去 40 年来一直对我的作品给予支持。他们二人为我提供了莫大的帮助。

Susan Jacoby
The Age Of American Unreason
Published by arrangement with Georges Borchardr, Inc.
through Bardon-Chinese Media Agency

图字：09-2023-0453 号

图书在版编目（CIP）数据

新反智时代 /（美）苏珊·雅各比（Susan Jacoby）著；曹聿非译. -- 上海：上海译文出版社，2025. 1.
（历史学堂）. -- ISBN 978-7-5327-9722-6

Ⅰ. K712. 07

中国国家版本馆 CIP 数据核字第 2024Y1X720 号

新反智时代
［美］苏珊·雅各比 著　　曹聿非 译
责任编辑/钟　瑾　装帧设计/柴昊洲

上海译文出版社有限公司出版、发行
网址：www. yiwen. com. cn
201101　上海市闵行区号景路 159 弄 B 座
上海市崇明县裕安印刷厂印刷

开本 890×1240　1/32　印张 12. 625　插页 2　字数 282,000
2025 年 1 月第 1 版　2025 年 1 月第 1 次印刷
印数：0,001—6,000 册

ISBN 978 - 7 - 5327 - 9722 - 6
定价：68. 00 元